JN183405

# フリーメーソン・イルミナティの洗脳魔術体系

## CODEX MAGICA

そのシンボル・サイン・
儀礼そして使われ方

テックス・マーズ
Texe Marrs
宮城ジョージ訳

ヒカルランド

## これでイルミナティの秘密があなたの手に！

彼らは秘密が漏れることはないと誓った。彼らが表現した秘密のシンボルの意味を解かれることはないと思っていた。だが、彼らは失敗した。本書には彼らの秘密が暴露されている。読者は本書を読むことによってイルミナティの秘密のコードを解き、そして誰がイルミナティに所属しているのか知ることになる。そして群衆を洗脳し、群衆をコントロールするための恐ろしい計画をも知ることになるのである。

彼らは独自の「秘密の言語」でコミュニケーションをはかる。

『CODEX MAGICA（コデックス マジカ）』は素晴らしい暴露本である。1000枚以上もの写真が掲載されており、自分の目で大物政治家やセレブ、または全米屈指の大富豪がイルミナティの秘密のサインやシンボルを示している姿を自分の目で確かめることが可能だ。本書の秘密を知ってしまった以上、あなたは今までのようには生きられないでしょう。真実を知ることとなり、すべての秘密が明らかになる。それが運命なのだ。

カバーデザイン　重原隆
カバー／扉イラスト　Lucky Spark/iStock
校正　麦秋アートセンター
本文仮名書体　文麗仮名（キャップス）

CODEX MAGICA　フリーメーソン・イルミナティの洗脳魔術体系　目次

イントロダクション

# 巨大でとてつもない恐ろしい陰謀！

彼らはどこにでもいる。テレビ、雑誌や大手広告等にも潜んでいる。時には薄く、時には潜在意識的に、時にはストレート、時には挑発的で錯覚を起こす効果もある。不思議なシンボル、サイン、魔力、そして握手が我々をマインドコントロールする。彼らは悪魔の陰謀の重要な鍵を握り、私達に対して全力で働きかける、と機敏な発明家で随筆家のヘンリー・マコー氏は言う。だが、悪魔の陰謀が成功するのは人々がこんな巨大でとてつもない恐ろしい陰謀が存在するはずがないと、信じようとはしない、それだけの理由であるとマコー氏は警告する。この世界は私達にとって論争社会だ。商品の売り込み、不品行、暴力等は偶然ではなく、基本的には〝意図的に押し付けられている〟。彼らは自分達のロゴにはメソニックシンボルがあり、そのトップに立つ人達は肉体的に、精神的に気付かれずに私達を奴隷化してる。彼らは自分達だけが操ることができる巨大な〝刑務所〟を持っている。これこそがnew world orderであり、私達はその囚人だ。マコー氏はさらに警告する。地獄直営の〝サタン独裁刑務所〟は真実であり、私達はそこに投獄されている。週に7日間、24時間体制で地獄から精神的毒を送り込んで私達の頭脳を支配する。

## 心理的マトリックス

本書『CODEX MAGICA』を読むことによって洗脳が解け、マコー氏が警告していることに対してどうやって自分で対処してよいか知るようになるでしょう。もちろん、ほとんどの人にとっては理解するのは困難でしょう。身の周りにあふれている悪質なプロパガンダに何十年にもわたって洗脳されてきたので、この現実を受け入れることができないでしょう。そうした人のほとんどは心理的マトリックスによって封じ込められる。彼らのほとんどは昏睡状態のように移動したり、呼吸、睡眠をとり、食事をする。まるで「影なき狙撃者」に出てくるような態度、無反応で、鬱状態。明らかな真実を前にしてイエス・キリストに対して〝真実とは何か？〟と問いただしたポンテオ・ピラトのようである。

この『CODEX MAGICA』は600ページ以上にのぼるが、すべて真実である。さまざまな写真や絵によって人間の隠された歴史、彼らが古代と現代でどうやって、どんな暗号やシンボルによってコミュニケーションを取っているのか、読者は知るようになる。エリートというのは普通、自分の不正を曝し（さら）たがらない。彼らと彼らの発想は〝不法に目を瞑り（つむ）、不法を聞かず〟を社会に定着させること。そうすれば、暴かれたとしても否定して逃れることができるからだ。〝絵には隠された真相がある〟と彼らは訴える。〝あなたが想像をしているのと違う〟ってね。

## 〝嘘をつく自分の目を信じるのか？〟

グルーチョ・マルクスの番組を見ると彼らのくだらない訴えを思い出すことがある。マルクスは知らない女と寝室で寝ている夫を目撃する妻の姿を笑いのネタにする。〝決定的瞬間を見られた夫は妻にこう訴える「あなたが想像をしているのと違う！　オレの言うことを信じるのか、それとも嘘をつく自分の目を信じるのか？」〟と。

政府やメディアを通じて伝わってくるイルミナティの嘘をもう信じる必要がないことを神に感謝する。彼らのプロパガンダから伝わる真実を自分の目で確かめることができる。

この本は20年以上にも及ぶ調査の結果であり、私たちに真実を伝えていると信じている。これらのページに掲載されている絵、写真に証拠能力がある。恐ろしい陰謀の証拠書類を私達に提供しており、写真には本当の姿が描写されていると思う。例えば、ここに載っている写真に写る人々の手、手先、腕、体等はうっかり違う位置に写っている。一つの写真は中国のことわざのように複数の意味を持つことはあるが、騙すこともある。あなたにその決断をしてもらうために私は本書を著した。

陰謀、メーソン系の凶悪な人達に関する証拠を示すが、その審判を下すのはあなた自身だ。イラストに付けたコメント等はその決断を助けるため、観察するのに役立つだろう。可能な時はメソニックロッジのメンバーや薔薇十字団、または国際主義者や陰謀グループ、秘密結社や組織に関する情報をあなたが自分で決断できるように提供する。

写真からメソニックサインを見つける。その活動に加担する人々を確認する。描写されているポーズや背景から隠されている秘密を見つけることが容易ではないことは知っている。本書はその証拠を示すためにベストを尽くすために、オフィシャルテキストブックに記載されてるサインやポーズ、辞書、メソニックオーダーに載っているイラストとその見本を徹底的に調べた。ものによってはわかりづらいこともある。何らかの理由で一部の人にしかわからないように描写されているからだ。

見つけ出せない秘密もある。他人の心までは読むことはできないから、写真やイラストに基づいた証拠を元に裁くしかない。例えば、今日では〝エル・ディアボロ〟または〝イル・コルヌート〟といった悪魔の呼び方を、若年層が好むロックミュージック、ギャングやセックスを通じて、まるで〝アイ・ラブ・ユー〟を表しているかのようにして使うのだ。

『CODEX MAGICA』のセクションにある写真やイラストにはこのような問題のあるサインを示す人がたくさん写っている。私はそのハンドサインの種類と違いについて、誤解されている部分やわかりにくい部分を明らかにしていけるよう努めた。親愛なる読者諸兄はここに公開されている暗号を解くべきだ。『CODEX MAGICA』にはイルミナティ、悪魔教に関する1000を超える数の書類、写真、イラストが掲載されており、そこにエリート達の暗躍が示されている。材料の豊富さは懐疑主義者や反対論者を黙らせることができるだろう。人類の過去の歴史にも陰謀は確かに存在した。今日では暗躍のネットワークが存在している。リサーチャーの調査の成功の鍵を握るのは〝これは存在する〟と疑わない思いを最後まで貫き通すことだ。多くの犯罪では物的証拠がない場合でも、状況証拠が決定的な証拠として採用され、刑事裁判で有罪判決を受ける。だが『CODEX MAGICA』の場合はさまざまな事実から採取をした説得力のある物的証拠を集め、陰謀は今日も確かに存在する、という結論に至った。600ページ以上にも及ぶこれらの資料や証拠がすべて間違っているという可能性は皆無に近いだろう。

## 公平かつ良き裁き

誤解しないでいただきたいのは、ここに写っている人々が必ずしも悪魔崇拝者であるとは限らないし、必ずしもイルミナティやそれらに関する組織に属している、または彼らの方針に従っているとも限らない。ここに写る男女は誰か別の者の意図に従って悪魔崇拝者のサインを行っているとも限らないからだ。

数年にわたって私は秘密に通じる友人達から不思議な印、不思議なサイン、不思議なロゴに関するさまざまな書籍、オーディオテープ、ビデオを出す許可をいただいてきた。それが『Dark Secret of the New Age』『Mystery Mark of the New Age』『Circle of Intrigue』等となって世に出されている。だからこそ読者諸兄は私の著書と私の意見から情報を得て調査することができる。私はこのようなことを実行するために事実に基づいた調査にベストを尽くしたが、結局のところはあなた方が自分で比べて決断を下さなければならないのだ。〝我々はレポートし、あなたが決断する〟有名なあのニュース番組のように。

これまでに私の活動を見守ってきてくださった方々はわかると思うが、私は常に正確な情報を配信してきた。私が何か不正確や不完全な情報を発信したというならぜひ知らせてほしい。届いた情報に基づいて再調査をし、間違っていたなら修正する。私は常に明確な根拠を元に情報を提供したいと考えている。

## 膨大なデータの検証

さて、1つの問題はデータの検証だ。この本のように膨大な、1000枚以上にもなるイラストや写真から謎のサインや印を見つけ出すのは困難を極める。それは私の敵とも言えるイルミナティと秘密結社に属する人々ならよりよく理解してくれるだろう。フリーメソンの公式マガジンである「ザ・ローヤル・アーチ・メーソン」でウィリアム・L・クミングスは数え切れないほどの儀式と段級の存在について言及している。

実際多くのセレモニーで数え切れないほどの秘密の握手、サイン、印が実践されている。クミングスは「彼らは混乱状態にある」と言う。

「疑似儀式が100以上存在していた事実と過去にいかなる儀式にも目を向けたことがないメーソンが800以上も儀式を改訂した時は衝撃が走った」と。

ローヤル・アーチ・メーソンの編集局長である、レイ・V・デンスローはこの件に関して長い間コメントを避けた。もし何らかのコメントをしていれば「100以上存在する段級であなたはどのぐらいの階級をもらったの?」「90段級目の儀式は済んだかい?」また「改正された儀式は済んだ?」「もしかして、スウェーデンボリアン儀式?」とバカにされたことだろう。

パリのグランド・ロッジ、ロンドンのユナイテッド・ロッジとイスラエルのグランド・メソニック・ロッジは他の組織とは異なる、または一般に知られていない握手やサインを使用している。

## サインの秘密が鍵

イギリス出身のサタニストで「世界最悪の変人」と言われたアレイスター・クロウリーは東方聖堂騎士団（Ordo Templi Orientis、通称O.T.O）のグランドマスターを務めた経歴があり、そしてサタニスト集団で謎に満ちた銀の星団の創設者である。偽儀式の存在に失望感を覚え、本物のサインや儀式がどんなものでどのように行われるのかを確認するためヨーロッパを中心に町から町へと旅を繰り返し、多くの秘密結社の間で行われる数え切れないほどの謎のサインや握手の持つ意味を独学で学んだ。その結果、彼はほとんどの秘密結社の儀式やサインが誕生する神殿へ招待された。それらの神殿へ行くたびにクロウリー氏は秘密の握手をもって彼らに挨拶をしたため、ほとんどの秘密結社から〝サインの秘密を解く男〟として認められ、サインが作られる秘密会議への参加とサイン作りが許された。

多くの中流クラスのメーソン会員は彼が独自で作ったサインを知っている。この本を出版するにあたって、私は多くの元メーソン会員と接触したが、秘密のサインの謎を熟知して解説できる人は極わずかで、ほとんどの人は基本的なものしか知らない。私はメーソンの百科事典や最新のテキストを読んで調査し、この本を出版するために最大限の努力をしたつもりである。

## 筆者が信用する人々

本書を出版するにあたって、多くの人が筆者の元に貴重な情報を提供してくれた。この場を借りてその特別な友人達に感謝の意を表明するとともに、読者の皆さんに紹介します。

ラウレンス・パターソン
政治犯罪、国際金融学、投資等を中心に雑誌を発売する出版社に勤務。

アレックス・ジョーンズ
有名なラジオタレントで、多数の警察国家に関するドキュメンタリー番組の一流プロデューサー。

キャシー・バーンズ
『Masonic and Occult Symbols Illustrated』や『Hidden Secrets of Eastern Star』の著者。

ディーン・グレイス
『A Little Guide to the All-Seeing Eye Symbols On Our Dollar Bill』の著者。

ラルフ・エパーソン

『Masonry: Conspiracy Against Christianity』や『The Unseen Hand』等、多数の陰謀系書籍の著者。

ガイル・リフィンガー

ベストセラー級の『New Age Bible Versions』の著者。

デイビット・マイヤー

「Last Trumpet newsletter」の管理人。陰謀リサーチャー。

マイケル・ホフマン2世

『Secret Societies and Psychological Warfare』の著者。

フリッツ・スプリングマイヤー

『Bloodlines of the Illuminati（イルミナティの血統）』やその他陰謀系の本の著者。

ロバート・ガイローン・ロス

『Who's Who of the Elite』や『The Elite Don't Dare Let Us Tell the People』の著者。

その他にも本書を出版するにあたって非常に有力な情報を提供してくれた方々に礼を申し上げたい。

## 評論するのに経験は不要

イルミナティのメンバーでもないのになぜ評論できるのかと批判を受けることがある。私の独自調査の結果である『CODEX MAGICA』とあなたの独自調査はイルミナティ公認のものではないし、私もあなたもイルミナティのメンバーではないからだ。だが、経験そのものは不要だ。一流探偵は調査された経験がないし、ライフガードは溺れた経験がないし、ほとんどの弁護士は告訴された経験がない。精神科医が精神疾病を患って患者になった話も聞かないし、脳神経外科医が皆脳の神経に異常が見つかった経験があるわけではない。スポーツライターはサッカーや野球経験があるわけでもないのに経験があるかのようにレポートをするし、刑務所で働く刑務官は収監された経験があるわけではない。過去の歴史に起きた事実を解説する人はその時代に生きた経験等、あるわけがない。

連続殺人事件では実際に犯人に関する目撃情報がなくても犯人自体が存在することは明白だし、だいたい多くの場合は罪のない人がこんな残虐な事件に巻き込まれる。これはイルミナティが存在する証拠の1つであり、イルミナティや他の秘密結社のメンバーにならなくても、秘密結社の集いに参加しなくても存在そのものは確認することは可能である。『CODEX MAGICA』ではそれが可能であることを証明できる。

## 評論家への挑戦

筆者は第三者立ち会いの下でフリーメーソンやその他の秘密結社の会員に会って取材し、読者の皆さんに彼らについてもっと知ってもらいたいと思い、その内容をこの本に載せている。筆者が評論家に挑戦してリサーチしたことによって、一部の人の間でしか知られていなかった謎のシンボル、握手、サイン、マーク、ロゴ等、さまざまな秘密が公に知られるようになる。この本を読書中の懐疑主義者や否定論者は陰謀なんか存在するはずがない、この本の内容はきっと何かの間違い、イルミナティといった秘密結社のことを語る人々は間違っていると言うが、そう結論付ける前に本書に載っている数々の資料や証拠を注意深く見て検証してはいかがだろうか？　実際、陰謀を信じていなかった私の多くの知人は本書を読んで検証をした後、陰謀は今日も存在して、本書はその証拠であると言って私に連絡をして来た。聖書にもそれを勧める御言葉がある。

「事を良く聞かないで答える者は、愚かであって恥を被る(こうむ)」（箴言18章13節）

# 第1章 気をつけろ！　あなたは今、禁断の領域にいる！

脆弱な秘密だけが保護を必要とする。大きな発見は懐疑主義者が保護している。

マシャール・マクルーハン著書『Take Today』より

人々を従わせるのに、何をするべきか、騙す必要はあるのか？

ヘレナ・ブラヴァツキー著書『The Secret Doctrine』より

これから読んで知る内容で、あなたの身が危険にさらされるかもしれません。それは、死かもしれませんよ。実際に本書に載っている秘密を暴露して命を落とした人がいる。ドラマチックなことを言っているつもりはないし、感情的になっているわけでもないし、脅しでも何でもない。冗談抜きの警告である。ここから先の内容を読むのにはそれなりの勇気と覚悟がいる。だからよく考えた上で、ここから先を読んでいただきたい。

これから紹介する人々は、禁断の領域で知ったイルミナティの秘密を暴露をしたがために筆者とあなたより一足先にあの世へ行ってしまった勇気ある人々である。

**キャプテン ウィリアム・モルガン**

メーソンの秘密を暴露する内容の本を出版した後に誘拐され、監禁された後に殺害されて、その遺体は荒れ果てた状態で発見された。

**ダニー・カソラーロ**

ホテルの客室でリストカットによって大量出血した後の遺体が発見され、死因は自殺として処理された。だが、彼は有力な情報を持っている人と密会するためにそのホテルを訪れていた……。

**ポール・ウィルチャー**

当時米国司法長官を務めていたジャネット・レノに秘密を暴露する内容の原稿をメールで送信してから数日後、自宅のトイレで遺体となった状態で発見された。

また世界的に有名な演奏家だったモーツアルトも究極のペナルティーを受けていた。ヒ素毒殺によって彼はこの世を去ったのだった。

モーツアルトもかわいそうに……実は彼もフリーメーソンの秘密を暴露した1人だ。そして彼の埋葬には友人どころか、遺族でさえ怯えて参列することはなかった。彼の埋葬に参加したのは彼の愛犬だけだ。彼の遺体を墓地まで運ぶワゴンの後ろについて行ったというから最後まで忠実だったようだ。
だからもう一度聞く。本当にここから先を読む決心や覚悟ができてる？　禁断の領域の秘密を知る覚悟ができてる？

## 邪悪に囲まれた生活

説明するまでもなく、我々の生活は邪悪に囲まれたものである。あなたは幼少期からさまざまな邪悪を見て、経験しているはずだ。だが、〝騙す側〟の人間はこの邪悪は例外的なものであると我々を洗脳している。ほとんどの人は忠実で不正も行わないし、政治家は本気で国民のことを心配していると幼少期から教えられて育った。我々が生きている社会はそういうふうにできていて、悪人や犯罪者は例外であると。だからほとんどの人は〝前向きに生きようじゃないか〟と確信を持って口にするし、これを言われたほとんどの人が納得してしまう。懐疑論やネガティブ思考は良くないことだと錯覚させられてしまう。

## 大きな失望

マーク・クリストファーは「大きな失望」という記事の中で〝アメリカの強盗と世界〟についてこう述べている。「この世界はあなたが見る夢のように偽物で成り立っている。そして米国はおそらく世界で最も偽善が蔓延している国である」と。マークはさらに言う。

「あなたが存在すると信じている世界は、実は現実には存在しない。我々はマトリックスのような世界に生きている。ジョン・カーペンター脚本の映画『They Live』のように。真実を知っているのは一部のエリート、銀行家や要人だけで、あなたが見て聞いてそして存在すると信じている宇宙人でさえ、実は彼らによって描かれている。そして、この腐敗から我々を〝保護〟をしているのはメディアである。だが、我々はいつまでも騙されていてはいけない」

「ニュース番組は笑劇だ。あなたが見る経済に関する内容等は一部のエリートによって予め用意されたものだ。彼らは圧倒的な資金力にものを言わせてメディアを操作する。

あなたが毎日メディアで見て聞いている内容は全部作られているのである。だからあなたは毎日騙されて生活している」

これを聞いた哲学者のトーマス・マンは「マークが述べていることは間違っている。マークが口にした内容は絶対に表に出してはならない」と公言した。それは〝騙す側のエリート〟及び悪人達がどのように世界を操っているか暴露することになるからである。「この秘密は地獄のセキュリティであり、密かな楽しみとして取っておくべきだ。絶対に一般公開をしてはならない。講演のスピーチで使用されることがあっても、絶対に新聞やその他の記事に使用してはならない」と。

## 密かな楽しみ

面白いことにトーマス・マンは地獄と称しながら密かな楽しみとも言っている。秘密にしておくべきと表現するには面白い言葉だ。

箴言9章13～18節にはそれに関連する言葉がある。

愚かな女は、騒がしく、わきまえがなく、何も知らない。
彼女は自分の家の戸口にすわり、町の高い所にある座にすわり、
まっすぐに歩いて行く往来の人を招いて言う。
「わきまえのない者はだれでもここに来なさい」と。
また思慮に欠けた者に向かって、彼女は言う。
「盗んだ水は甘く、こっそり食べる食べ物はうまい」と。
しかしその人は、そこに死者の霊がいることを、彼女の客がよみの深みにいることを、知らない。

いったいなぜイルミナティの秘密はそんなに価値があるのか？　なぜ秘密の握手、サイン、ロゴ、コードや言葉が価値あるのか？　一つの発見に複数の理由があらわになる。イルミナティには、闇、秘密の対象になるようなさまざまな人々がいる。「闇に封印されていることほど、人々の感心を呼び寄せるものはない」とポール・フーストンが自身の著書『Mastering witchcraft（魔法をマスターする）』で述

べている。

魔法使用では秘密は絶対なものとされている。魔法の本質は啓蒙である。フーストンはさらに述べる。

「現在、知識の力によって魔法は成り立っている。だから秘密にされているその知識が知られたら魔法の力が失われる。水瓶座の時代に突入した今、我々の制限は大幅に緩和され、秘密にされてきた知識に触れることが可能になった」

『CODEX MAGICA』を読むことによってさまざまな知識を得ることになるからイルミナティは隠す対策を考えなければならないだろう。秘密が暴露されてしまうと、彼らは今まで密かに行ってきた大量殺人、人々へ与えてきた苦難、そして世界規模のテロの責任を取らなければならなくなるからである。もし人々が彼らの陰謀に気がつき、今まで彼らに騙されて生きてきたとわかれば、怒りを覚えて、必ずエリート達の責任を追及するだろう。

## 史上最悪の秘密

史上最悪の秘密を知ってしまうと、世界破滅のように思える。このことをマンリー・P・ホールが自身の著書『Lectures on Ancient Phisophy』で触れている。

「フリーメイソンは陰のメンバーを隠しながら表向きは友愛を持つ団体を演じている。この友愛団体はなぜそこまで〝謎の秘密〟を保護するのか？」

フリーメイソンは奥が深く、最大の秘密を知ることが許されるのは〝陰のメンバー〟のみである。ロバート・グーフィーは自身の著書『The Conspiracy Reader』で「エリートと呼ばれる人達は、一般市民からこれらの謎の秘密を保護しなくてはならない。彼らは単なる羊で、邪悪な秘密箱を彼らから隠さなければならないと思っている」と述べている。

またホールは著書『The Mysterious Secret』でこの邪悪な秘密箱の中身がどんなものなのか述べている。それは以下のとおり。

「メーソン会員達に拝まれる一般に知られていない神がいる。彼らには〝アバドン〟〝マハボーン〟または〝ヤブロン〟と呼ばれているが、サタン及びルシファーのことを指しているに他ならない。この邪悪な秘密こそ、イルミナティが公の場から必死に守っている史上最悪の秘密である」

この史上最悪の秘密を知っているイルミナティスト達は自分達は洗練され、礼儀正しく、頭が良く、聖書に出てくる神を信じる愚かな人々よりも霊的に抜け目がないと信じている。愚か者は騙すに値するとイルミナティストは言う。エミール・グリヨ・ド＝ジブリはこれについて「騙すために秘密を封印している」と述べている。

マリエ・レノはさらに言う。「秘密結社が存在するには儀式、印、シンボル等は一般に知られてはならない」と。

さて、これらの秘密を暴露しようとしている私と親愛なる読者をイルミナティやその他の秘密結社に所属する人々はどう思うのだろう?

## 秘密の印

イルミナティは活動するためにさまざまな印を暗号化している。儀式、握手といったものはシンボリズムに基づいている。ここでいうシンボリズムの起源は聖書である。それは創世記に出てくるカインが弟のアベルを殺害した後に神から印をつけられた話から採用されている。それからというものは人間の歴史にはさまざまな印が使用されるようになった。

トマス・カーライルの著書である『Sartor Resartus』では「印によって操られる人間がいる。幸せに見えるけど、可哀想に……どこ行っても知られている印と知られていない印だらけだからだ」とある。

読者の皆さんは『CODEX MAGICA』を読むことによってエリート達がどんな印を使って活動をしているのか知るようになる。彼らの謎めいた活動も。

ブルーロッジでは最初の3つの階級でこんな誓いをさせられる。「フリーメーソンの秘密を常に封印し、いかなる場合も部外者に教えるとこは絶対にしない」と。

東方の星の結社では新メンバーにこのような誓いをたてさせると言う。それと並行して秘密の印も教えられる。

印は絵やイラスト以上に印象的だ。愛国心の強い市民が赤、白と青でできたアメリカの国旗を見る時はさまざまな感情や記憶が浮かび上がる。それは生まれた国、家族または自由を得るために戦って死んだ人々であったりする。これらはすべて一つの象徴（アメリカ国旗）によって示される。同じようにイルミナティやフリーメーソンも一つの秘密の印や象徴で複数の意味を持たせている。アレックス・ホーンは自身の著書『Sources of Masonic Symbolism』で「象徴」と「印」を区別して解説している。象徴は物質的な何かを示すためにあり、印は霊的な何かを示すためにあると書いている。

邪悪な〝霊的な何か〟は彼らによって封印されてきた。というより、封印する必要があった。もしそこにスポットライトを当ててしまうと、彼らの活動はもちろんのこと、彼らの計画がすべて失敗に終わってしまうからである。しかし、秘密にすることによって強大な力が生まれる。フリーメーソン33階級のフォースター・バレーはこれについてこのように述べている。

「秘密にされた印は、強大な力を生み、とてつもない効果が出る」

だからこうした印を中心におき、その数え切れない印の秘密を守ると誓った人間の生活は普通ではなく、妄想の世界と化する。このような人間の精神状態は正常とは程遠く、非常に危険なものである。

## 印の起源はバビロン時代に始まった

エリート達が使用する印の起源は非常に古いと理解する必要がある。フリーメーソン33階級であったヘンリー・クラウゼンは1942年にルーズベルト大統領に指名されて真珠湾攻撃の調査委員会に抜擢された人物であり、無数の印についてこう述べている。

「非常に古い時代、何千年も前に作られた。何世紀にもわたって使われてきたこれらの印は町の本屋にある古代シュメール語に関する書籍で見ることができる。となると、エジプトが文明化される600年以上も前の時代になる」また、クラウゼンは他のリーダークラスのフリーメーソンメンバーにはこれらの印の起源は古代バビロンであると教えている。聖書を見ると、古代バビロンに存在した邪悪で謎の宗教は終わりの日に復活すると書かれている（ヨハネの黙示録13、17と18章）。

メソニックロッジのリーダークラスのメンバーが印の起源が古代バビロンにあると言っているのだから間違いない。

彼らにとってはこれらの印は単に幾何学模様ではなく、力を生み出す源とされている。また終わりの日に現れる獣をも表しているのである（ヨハネの黙示録13章）。

## 惑わされるメーソンメンバー

握手や印に隠されていたさまざまな秘密を明かされてしまったら、それはメーソンメンバー達にとってとてつもなく面白くないことだろう。だが、彼らが封印するのは印だけではない。自分達の仲間をも封印するのである。

支配階級のメンバーともなると特別な挨拶を交わす。互いが会う時に交わされるこの挨拶は一般市民を惑わす。それのみならず、ほとんどのメーソンメンバーをも惑わすのである。なぜならこの挨拶は封印されている。その目的は下のレベルにいる他のメンバー達をそ

初級のメーソンメンバーの入会儀式。目隠しされ、首に紐をかけられ偽儀式を教え込まれる。つまり、"愚か者候補"である。意図的に偽儀式を教えられるのである。この図は初級の偽儀式だが、33階級まで偽儀式が用意されているから驚きだ。メーソンメンバーになった男はかわいそうに……。伝統ある教えを伝授されたつもりが、実はまさか嘘を教え込まれているなんて夢にも思わない。

のまま下のレベルに留め置くためである。

33階級メンバーであるアルベルト・マーキーは封印する必要性について述べている。「我々の秘密は保護しなければならない」と。

だが、メーソンメンバーで神智学協会の創設者であるヘレナ・ブラヴァツキーはこう述べている。「人間社会でそこまでして欺く必要性があるのだろうか？　そんなことをしなくても、ほとんどの計画は成功したはず」と。

フリーメーソンは他の宗教同様、これらの秘密を一部の達人、賢者や選ばれた者以外には隠す。他の者を騙すためにこれらの印を悪用して惑わして真実を隠す。なんて厚かましくて傲慢な人達だ！　メーソンメンバーになった者は賢者、達人や選ばれた者に〝出世〟することが許されないのだ。ということは偽情報を教えられて騙されている彼らはメンバーではない！　一般市民と同じではないか！

## 封印された秘密の教え

フリーメーソン内に〝封印された秘密の教え〟が存在するとメーソンライターのジョージ・スティーンメッツは言う。これは一般に公表されることなく、一部の支配階級のメンバーの儀式でのみ、教えられるのである。

なんてことだ！　一般のメーソン会員は偽の儀式を教えられ、〝封印された教え〟には触れることはないのだ。

これで下の階級のメンバーを取材した時に、ほとんどの人が訳のわからない教えを誇らしく説明し、本物の教えを熟知していなかったことの説明がつく。この〝封印された教え〟は支配階級のメンバーにしか公表されないため、一般のメンバーから情報を得ることは困難で、第三者の調査からしか有力な情報を得ることができない。〝封印された教え〟は表で語られることはほとんどなく、印やサイン等からヒントを探るのが一番いい。

さて、どうやってこの封印された秘密に辿り着くことができるだろうか。筆者はその答えを見つけた。筆者の独自調査は長い年月がかかり、バビロン、ソマリア、ギリシャ、ローマ、中国等について多くのことを調べ、徹夜で古代の資料を読み、宗教や印等について調べ尽くした。また数年にわたってさまざまな教えについても独自で調査し、それが正しいのかどうかも検証をしてきた。サタニズムについても調べてきたし、そして聖書についても調べてきた。聖書を読まずしてここまで辿り着くことはなかったのは言うまでもない。

メーソンを熟知しているリーン・F・パーキンズは自身の調査でこう述べている。「真実の教えは部外者にだけではなくフリーメーソン内部の身内からも隠されてしまう」と。

このハイクラスのメーソン達は同じ仲間であるはずの低い階級のメンバーを騙すのだ。特に最初の3つの階級のメンバー達。この1〜3階級は通称「The blue degree（ザ・ブルーディグリー）」と呼ばれている。同じ仲間であるはずのこの階級のメンバーは意図的に欺かれ、伝統ある教えを受け継ぐと思い込まされる。しかし彼らはこの階級のために予め用意されている偽儀式を意図的に教えられるのだ。そして上の階級に昇級した時に初めて欺かれていた事実に気づく。違う言い方をすると、〝目をくらまされている〟。意図的に誤った方向へ導かれた彼らはその誤った方向の中で〝閉じ込められる〟のである。彼らはこの時期に他の〝騙す側〟のメーソンメンバー達よりも優位であると勘違いするほどの誤った方向へ導かれるが、実際には上階級のメンバーの操り人形に過ぎない。

P・T・バーナムが「操り人形は毎分誕生している」と叫んだのは間違っていなかったのだ。フリーメーソンの32や33階級のメンバーは常に「操り人形」を育てていることがこの言葉から読み取れるのだ。

## 闇に光を照らす

スタンリー・モンテースは著書『The Brotherhood of darkness』で、秘密にすることによってイルミナティの上の階級は数多くのサインを共有できると述べている。リーダークラスのメンバーは知られていないサインで余裕を持ってコミュニケーションできると思っているし、群衆がそれらのサインや印を見ても理解不能であるのも事実。

『Inside the Brotherhood』の著者であるマーティン・ショートはイギリスでメーソン内部事情を研究し、特定されることのない秘密が秘密のメンバー達の間で歌われるのだと言う。

〝我々の秘密保護のために、世界は苦しむ
彼らは我々を不思議に思うだろうけど
我々の秘密をけっして知ることはない。
自由で選ばれし者であるメーソンの世界
は永久不滅である〟

なるほど。でも本当に我々は彼らの秘密を暴露することはできないのだろうか？　けっしてそんなはない。この〝自由で選ばれし者〟の世界の闇を暴くことができることを『CODEX MAGICA』で証明してみせよう。エリート達が長い年月をかけて作り上げた伝統や秘密を明らかにする時がついに到来した。
読者諸兄よ、ここから先を楽しみに！

## 内側の無言の苦しみと絶望と共に生きる

さて、イルミナティのリーダー達の暗躍がなぜ今日まで成功しているのでろうか？
その答えは実に簡単だ。多くの人が彼らの存在や暗躍を信じずに否定して生きてきたからに他ならない。ほとんどの人間は内側で苦しみながら生きている。その苦しみをごまかそうとしてアルコールや薬に手を出し、その内側の苦しみを隠すために笑顔を作る。現実と向き合う勇気がない内側の無言と絶望の苦しみと共に生きているのだ。何かが間違っているとわかっていても、人はその現実に向き合おうとせずになんとかなるだろうと希望を持ち、自分自身を欺く。しかし、都合良くなんとかなるものではない。それに、その無言の苦しみと絶望の黒幕の存在を知る者はごくわずかだ。それが意図的に押し付けられているという事実もね。多くの死を目にすることによって初めて自分達が誰の〝奴隷〟なのか気づいてしまう。
スウェーデン出身の陰謀研究家のジュリー・リーナは自身の著書『Architects of Deception』で秘密結社の秘密を暴露する内容を書いている。
イルミナティを中心とした秘密結社の暗躍は我々一般市民にとっては脅威きわまりない存在であると

述べ、そこに所属するグローバルエリート達は過去に暴動や革命を起こし、数多くの出来事の黒幕であること、そして内側の無言の苦しみの首謀者であるにもかかわらず、人々はその現実から目をそらしていると述べている。彼女の著書の内容の一部を引用して紹介しよう。

「表に出ることのない陰謀を検証しない者は世の中の矛盾を理解することができない。我々が暮らす国の政府機関に勤めるエリート達はこれらの情報に触れないように操作している。いつまでも無知でいさせるために」

彼女は同書で政治家達は秘密結社に所属するグローバルエリート達の〝無知政策〟の共犯者であることを暴露している。悪を行う上で無知ほどに役に立つ政策はない。

## 小さいはずの男。実は存在しない

多数の陰謀関連書籍の著者であるピーター・ルックマンは聖書を弁護しながら「小さいはず男。実は存在しない」というレポートを書いた。彼は歴史研究家が書いた歴史書物には嘘が多く、信用して読めるものは少ないと指摘している。事実を書くのではなく、自分の信じたい内容だけを書いている。だから事実であるはずの出来事が嘘になり、また嘘が事実と化している。僕が子供の頃にピーターはこのレポートを書いていた。

「昨夜階段に座っていた小さな男を見かけた。でも今日その階段を見に行ったらその小さな男はいなかった。彼に帰ってもらおうと持ってきたのに！」

実は存在しない小さな男は幽霊なのかというとそうじゃない。ピーターは〝幽霊以上の恐ろしい存在である〟と指摘している。ピーターは注目を引くために〝昨日階段に座っていた小さな男は今日はいなかった〟と表現しているのだ。その男は実は小さくないという意味で存在しないと表現しているのだ。その男はとてつもなく大きい男だ。それは背が大きいか小さいかという次元の話じゃない。非常に大きな権力があり、邪悪で不正を働き、陰謀を行い、真実に繋がる階段の前に座って人々が昇らないように邪魔をする、とんでもない大きな男だということを指摘している。確かに幽霊以上に怖い存在だ。昇れば世の中が偽りで成り立っていることを知ることのできるその階段に座り込んで昇らないようにワザと邪魔をしている。その〝小さな男〟さえいなければ……。

そう、学校で習った歴史や世界のさまざまな仕組みが嘘であることを知ることができる。そこには苦しみ等がない、幸せな世界がある。

## 2+2=4

南カリフォルニア出身のボブ・ホワイターカーは自身の人生で興味深いことをしてきた人物だ。今日メディアから配信される情報や学校等で習うことを否定する人はバカにされ、陰謀論者、無知や差別者というような非常に不公平な扱いを受ける。時にはこれよりも酷い扱いを受けることもあると、「Voice of America」にレポートを送った。

「我々は本当は自由じゃないと、真実を語るべきである」と訴えたのである。

「ジョージ・オーウェルが『1984年』で書いた統制社会の内容は、ヒーローとそのヒーローの〝自由〟をやっつける内容だ。2＋2＝4という足し算を言えるのが自由とされているが、その自由は偽物である」

なんてことだ。彼は3億人以上もの人々が住む（というより洗脳されて生きている）〝自由の国〟のアメリカでこんなことを言ったのだ。そしてほとんどの人々に該当する現実としてこう言った。
「僕には階段で小さな男が見える。確かに彼はそこにいる。2＋2は4だ。これが現実である」

見たままに信じる人はなんて不幸だ。だが、その無知さが秘密保護を助長し、そして自分自身を自由のない奴隷にする原因だ。小さな男女のグループが本書を開き、陰謀を暴露するイラストや写真を見て、小さな勉強会を開いたらそれは実にすばらしい交わりになる。そして高い山へ昇り「真実を知った！無知でいることがどれだけ危険なのか気がついた！　自分の周りの人にもこのことを教えるつもりだ。そしたらいつの日かあの腐った秘密結社、イルミナティが解体されることになる」と大きな声で叫んでくれたらうれしい！

第2章

# サイコパシーとメガロマニア（誇大妄想）の暴走！イルミナティはどうして、どうやって活動するのか

私が用いる手段は合理的。終わりだけが非常識

ハーマン・メルヴィル著『白鯨』

イルミナティはいったいどんな団体でどんな活動をしているのか？　数年にわたる調査で彼らの欲望や野望を知ることになり、そして彼らはサイコパシー（反社会性パーソナリティ障害）及びメガロマニア（誇大妄想）という危険な人格障害者であるという結論に至った。辞書によるとその特徴はこう記されている。

［1］　サイコパシー（反社会性パーソナリティ障害）

極端な冷酷さ、無慈悲、エゴイズム、感情の欠如、結果至上主義が特徴で良心や他人に対する思いやりや社会性に欠けており、罪悪感や後悔の念もなく、社会の規範を犯し、人の期待を裏切り、自分勝手

に欲しいものを取り、好きなように振る舞う。

［2］ メガロマニア（誇大妄想）

現実的な状況から逸脱し、自己を過剰評価したり、実際には存在しない地位・財産・能力があるように思い込んでいる状態である。メガロマニアの原因として評価基準の甘さと自己と他者の評価のバランスの悪さがある。

これらの人格障害者は自分が何をやっているのか、はっきり自覚している。社会的マナーや常識を意図的に拒むが、犯罪や正しくないことを憎んで追及するのが主な特徴である。

だから自分は他人より優れている、他人より偉大であり、良い人格の持ち主だと思い込んでいる。そのため他人が決めた規則やルールに従うことを強く拒む。社会的マナーや常識がその代表的なもの。でも彼らは非常に危険だと多くの精神科医は警告する。彼らは過ちの後悔、良心、他人に対する思いやりなどをまったく示さないからだ。なんか、こうやって書くと大企業のお偉いさんや政治家のプロフィールのような内容に思える。

## 正気や道徳とは無縁であり、非常に危険——これが人格障害者の実態！

縛りのない生き方を求める人格障害者は集団生活ではその欲望が満たされないため、これに馴染むことなく、怒りを爆発させることで多くの人に大きな被害をもたらす。絶大な権力があり、そして責任が非常に重い大統領や独裁者といった立場に就くと、その被害はもっと危険なものになり、留まるところを知らない。

ウィリアム・クランスナーは1946年に人格障害者に関してこのようなレポートを発表している。「社会での不道徳や集団結束の分裂の背景にいるのは人格障害者。だが集団によっては逆に尊敬される対象になっている場合も見受けれられる。違う言い方をすると人格障害者はその集団で忍耐をもって迎えられることがある。だが、この人格障害者が受け入れられる体制こそ、不健全な社会を生む」

不幸にもアメリカはこういった人格障害者達の〝避難所〟と化してしまっている。事実、世界中にいる3000人以上ものイルミナティメンバー達が米連邦政府に受け入れられている。だから米連邦政府が〝人格障害者集団〟であることに疑いの余地はない。

## 嘘つき集団

人格障害者というのは、他人を欺く嘘つきである。事実、彼らは社会でさまざまな方法を用いて群衆を欺いている。だから米連邦政府の仕事に就く人や大企業のCEOの座に就く人は間違いなく異常人格の〝才能〟の持ち主である。だって彼らは〝2＋2は4ではない〟と言って表社会で平気で群衆を欺く。カメラの前にすら現れないイルミナティのリーダー達は比較にならないほど大きな嘘をつくことができるのだ。裏社会で活動する彼らは我々庶民の目を欺くことが簡単にできてしまう。簡単に欺くために、伝統ある教えを秘密にする必要があるのだ。彼らこそカメラの前に出て表で活躍する人を裏から操る嘘つき集団だ。彼らの秘密を暴露する内容が書かれている本書が出版されるずっと前から人々を欺いてきたのだ。

なぜ世界の富と権力を独占してる連中は表でバレるリスクを犯して謎のサインや印を示すのか？テレビ、新聞、雑誌やその他の報道機関に出てくる彼らは群衆に絶大な影響を与える。小説家だったエドガー・アラン・ポーの『The Imp of the Perverse』という小説は、犯罪者が自分の犯した罪を遠回しに教える欲望がある内容だ。イルミナティのメンバー達はこの小説にはまり、現実の世界でもやってやろうと思っているのだろうか？　それとも、自分達のごまかしや嘘が通用していると実験でもしているのだろうか？　それとも、彼らの絶大な権力を成し遂げるためにわざわざ表舞台でやっているのだろうか？

## 欺く者達

彼らは我々を欺くことをただ単に楽しんでいるだけなのだろうか？　群衆は非常に騙しやすい愚かな存在だと思ってからかっているだけなのだろうか？　全米を震撼させた連続殺人鬼ジョン・ゲイシーを思い出してほしい。彼は間違いなく人格障害者だったのだろう。彼はピエロのメイクをして子供が好きであるかのように装い、病院等を回って少年患者を信用させ、自宅に呼び込み殺害を繰り返した。

彼が起こした事件からイルミナティのメンバー達がなぜ表舞台で誰もわからないような握手や印を示すのかヒントを得ることができる。思い出してほしい。辞書を見ると人格障害者は幼稚な性格で自己中心的、傲慢で社会的マナーや常識に従わない等、社会性を欠き、そして他人より優れている特別な能力の持ち主だと思い込んでいることが特徴だ。他人よりも優れているのだから自分に及ばない人を満足させなきゃいけないと思い込んでいる。

### 理解するための12個のヒント

ここまで書いた事実を整理するとイルミナティのメンバー達はなぜ表舞台で一部の人間にしかわからない秘密の行動をするのかを理解する上で12個の理由がる。それらの理由を紹介しよう。

1 秘密
2 魔法
3 創造
4 権力
5 誇り
6 エリート意識
7 印
8 富
9 満足
10 崇拝
11 励まし
12 反乱

イルミナティがどうして、どうやって行動するのかを理解する上でこの12個の理由を理解する必要がある。第1章では1の秘密について書いたので、第2章では2の魔法の解説から入っていく。

### 2 魔法

ウィキペディアで魔法と検索すると〝常人には不可能な手法や結果を実現する力のことである〟と解説されている。他人より優れていると思い込んでいる人格障害者のイルミナティメンバー達が魔法をそこまで大事にする理由がウィキペディアでそのまま書かれている。だがここで解説する魔法は、マジシャンがテレビ等で行うような美女を真っ二つに切ったり、何も入ってないはずの箱からウサギを出したり、脱出できるはずのない箱に人を閉じ込めて、そこから脱出するイリュージョンパフォーマンスとは異なる。ここでいう魔法は、イルミナティが行うオカルト儀式のことである。

〝マジシャン達〟は人々や自然な出来事に影響を与えることができると信じている。本書で記載した数々の写真やイラストから、イルミナティのメンバー達は秘密の印、握手、サイン等を使った秘密のコミュニケーションやメッセージ交換をしているのが確認できる。彼らはこれらのオカルト儀式によって人々に影響を与えていると信じ込んでいるのだ。そして自然に見せかけて災害も起こすから確かに魔法を行っている。人工行為を自然行為に変える立派な魔法だ！　イルミナティは悪魔のスローガンを行っている。錬金術を用いた魔法に他ならない。秘密結社は秘密の計画によって成り立つ。

魔法で社会を変えることのできると考えているイルミナティのメンバー達はおそらく、宇宙エネルギーや第四次元の力をも手に入れることができると信じているに違いない。

社会に変化を与えるこれらのパフォーマンスを白魔術と呼んでいる。良い魔術であり、悪はないと悪魔崇拝者達の間で言われている。しかし、秘密結社の幹部クラスのメンバーは白魔術と黒魔術（黒魔術には悪意があり、悪を行うために魔術）に区別はないと断言し、認めている。悪は悪であると同様、魔術は魔術だ。

さて、彼らは魔法を行う時、いったい誰とそしてどこに、アクセスをしているのだろうか？

長年にわたるイルミナティ、悪魔崇拝、魔術、フリーメーソンに関する調査や研究の結果から、イルミナティのメンバー達は悪霊を呼び込んでいると断言できる。フリーメーソンをはじめとするさまざまな秘密結社は悪魔を崇拝し、悪霊を自分の元に呼び寄せているのだ。「魔法を行う＝自分の元に悪霊を呼び込む行為」であるという結論に至ったのである。

## 3　創造

本書ではいろんなタイプの人の写真を目にすることになる。これらの人々は多くの財産を所有するセレブや有名人達であり、そしてイルミナティやその他魔法を行う秘密結社に所属していたりする人々である。彼らが行う魔法は実にファッショナブルなものだ。ユダヤ系カバラと関係していたり、映画俳優や女優だったり、歌手や芸能人やその他表舞台で活動する者だったりする。彼らはイルミナティによって利用されている愚か者達だ。性接待や一般市民の注目を惹くために利用されているかわいそうな人々だ。若い娘はいつか年を経るわけだからその時はもう性接待には利用されなくなり、表舞台から追放されてしまう。だからエリート達の〝インナーサークル〟にいられる期間はそう長くはない。利用されるこれらの人々は、イルミナティは良い秘密結社と勘違いしている。だから革命、社会主義、グローバル化やイルミナティが実行するこれに似た出来事があっても特に影響はない。時にはカバラクラスのラビ（ユダヤ教の主教）から伝授された印を示すことがある。エリート達の出来事に巻き込まれるわけだから当然秘密結社に入会することは珍しいことではない。もちろん、一番低い階級に留まるが。これから映し出される人々は単に騙されて利用されている人々だ。

これでイルミナティの真相が少しずつ見えてきた。
公職で言えば官僚、首相、大統領、総理大臣をはじめとする政界の人々、金融界や大企業のCEOや報道機関に勤める人々等、これらの人々は大きな役割を果たしているのは間違いないが、あくまでも騙されて利用されている側の人間であることを忘れてはいけない。騙す側の人間は表に出ることなく、表舞台で活動するこれらの人々にどのように活動をするべきか、裏の世界から指示を出して操っている。このクラスのイルミナティメンバーは自分達は創造者と考えている。この〝創造者達〟はエホバと呼ばれる髪はアダムとエヴァをエデンの園から追放したのは酷い仕打ちだと考えている。バビロンの塔で王が混乱し、その結果エルサレムの神殿が崩壊した事実に対して苛立ちを覚えている。
この事実に対して怒りを覚えている彼らは神に復讐するために世界中に分散させられた人々を再び一つにまとめることを企むようになった。
彼らに服従し、選ばれし弟子であったシーザー、カール、ナポレオン、ヒットラー、スターリン、ルーズベルト、毛沢東等は彼らの計画を知っていた。
その計画は言うまでもなくNew World Order（ブッシュ秩序とも呼ぶ）に他ならない。強引に改革を行い、世界中の国々をまとめる計画だが、中には消滅する国もある。国々の憲法を改正または撤廃したり、経済制度を一つにしたり、企業を国有化したり、個人財産を整理して厳しく管理したり、宗教改革をしたり等々、世界でここまでの大規模な改革を行うのが彼らが目指すNew World Orderである。
だが、新世界秩序を〝創造〟するには〝旧世界秩序〟が存在している現行の制度を取り壊す必要があると、エリート達は考えている。新しいものが誕生する時は古いものが死ぬという理屈だ。この破壊を最初に行うことを企んでいる。マンハッタン計画を主導したロバート・オッペンハイマーは最初の核爆弾が製造され実験が行われキノコ雲が上がったのを見た時に「我は死神なり、世界の破壊者なり」と言った。これはインドのヒンドゥー教の聖典『バガヴァッド・ギーター』に出てくる言葉を用いている。これは太陽によって焼き殺すという感覚で言ったのだろう。ユダヤ人であったオッペンハイマーは、33階級メーソン会員だったルーズベルト元大統領に任命されることで、科学者としての立場を得た。裏の〝カバリスト・マジシャン〟としてだ。

陰謀評論家のマイケル・フーフマン2世は核開発はイルミナティのマジシャン達がずっと前から計画していた〝魔法〟であると指摘している。ヒンドゥー教の神の言葉のように、魔法を用いて、燃え盛るフェニックス（不死鳥）のように世界を滅ぼす計画だ。

これがイルミナティのマスターであるサタンを中心に計画された〝イルミナティ王国〟だ。〝創造者達〟が最後にたどり着こうとしているのはここなのである。

だが、聖書に書かれた預言にはサタンを中心としたこんな恐ろしい世界は実現しないと記されている。王国はイルミナティが管理するのではなく、全能なる神が王国の中心であると記されている。

「第七の御使がラッパを吹き鳴らした。すると、大きな声々が天から起こって言った『今いまし、昔いませる、全能者にして主なる神よ。大いなる御力をふるって支配なさったことを、感謝します』（中略）『諸国民は怒り狂いましたが、あなたも怒りをあらわされました。そして、死人を裁き、あなたの僕なる予言者、聖徒、小さき者も、大いなる者も、すべて御名をおそれる者達に報いを与え、また、地を滅ぼす者どもを滅ぼして下さる時が来ました』」（ヨハネの黙示録11章15節〜18節）

唯一無二の神が計画された王国が実現される。御子イエス・キリストを信じる者は永遠の命を得、サタンは裁かれる。なのにサタンの僕(しもべ)であるイルミナティのメンバー達は世界を滅ぼす創造者？　馬鹿げてる。聖書の予言にははっきり書かれている。地を滅ぼす者どもは裁かれた上、滅ぼされる、と。

## 4　権力

イルミナティの構造自体は権力そのものである。サタンを崇拝する代わりに階級社会である人間社会で権力を保障してもらえる。これが彼らのモチベーションの源であり、悪魔側に付く理由でもある。ジョージ・バーナード・ショーは神やキリスト教には否定的な人物ではあったが、他人より優れていると思い込んでいるエリート達について述べる時は立場が逆転する。特に聖書に記される未来について書いた時、このエリート達のことを〝神の民〟と記している。

### 〝意のままに振る舞う〟

聖書は反キリスト特徴について〝意のままに振る舞う〟と記している（ダニエル11章36節）。

東方聖堂騎士団の長を務めたアレイスター・クロウリーは〝世界で最強の魔術師〟と自称した。彼は悪魔崇拝者達が考える〝汝の意思することを行え〟という哲学に従ったのだ。彼らの行うことは常人にできず、神にしかできないはず。現実までもを変えることができる彼らは確かに魔法使いである。

アスター・バーンウェルは自身の著書『The Meaning of Christ for Our Age』でエリート達は神であ

るかのように振る舞うと述べている。魔法使いそして創造者であると信じている彼らは神のように生きるべきであるとも述べており、秘密にされているこれらの力をマスターした彼らは現実の世界を変換できるとも述べている。ヒンドゥー教ではこれらの力は〝クンダリニー〟や〝蛇の力〟と言われているのだという。

## 権力こそ最強の武器

イルミナティがさまざまな狂った計画を実行するには、権力は必要不可欠。米国元国務長官のヘンリー・アフルレッド・キッシンジャーはイルミナティのメンバーであり、自信満々の笑顔で〝権力こそ最強の武器〟と発言、影響力のあるメディアに登場しては互いにしか理解し合えないサインや印で意思表示をしている。これは一般人がけっして理解することのない秘密の会話が行われ、しかもバレることも処罰されることもない非常に不公平なものだ。彼らはメディアを使って群衆を騙すことのできる権力があることに快感を覚えている。

シェイクスピアが自身の作品で書いたことがある。「世界は私の物、剣をもって略奪する」と。事実上彼らは世界を「自分の物」にしている。肉の欲の欲するがままに。

イルミナティのメンバー達は階級社会での権力を欲しがり、自分に服従するように求める。英国植民地政府に勤めたセシール・ローズは「可能だったら惑星をも植民地にしたかった」と述べていた。米国下院議長を務めていたニュート・ギングリッチは議会で堂々とこんな発言している。「私の最終目的は世界を改革すること。今改革の真っ只中だ！」

## 5 誇り

イルミナティがメディアを利用して不思議としか思えないような握手やさまざまな印で意思表示をするモチベーションを保たせるのは誇りだ。一つ一つ階級を昇進し、そのつど賞を貰ったり、宝石を貰ったりするフリーメーソンの仕組みではエリート達が新たな教えの伝授を受けたと誇る。表舞台で誇らしく不思議で謎の多い印を使って昇進したことを喜ぶのだ。

国内で多く出回っているような雑誌に記載されるだけではイルミナティのメンバー達の欲望を満たすには不十分。登場をした雑誌や報道機関で同じ秘密結社に所属している仲間にしか理解できない不思議な印や握手をしたり、自分の身分やメッセージを伝えることで〝群衆は我々の手の中にある。群衆は我々に服従している〟と誇るのだ。

ジム・キースは非常に優秀な陰謀ジャーナリストであった。膝の簡単な手術で終わるはずだった治療で命を落としている。おそらく、エリート達に目をつけられて暗殺されたのだろう。

同氏は絶大な権力を仲間内で分かち合うのは、群衆にとっては非常に危険なものだと指摘している。特に世界で多大な影響を与えるアメリカ、ロシア、ドイツやその他の技術力に優れた先進国の政府機関を操る時は群衆を完全に統制できるビッグブラザーと化する。

「秘密結社には世界トップクラスの富裕層が所属している。彼らは多数派である群衆を操り、その群衆はピラミッドの上にいる彼らに富をもたらすために命を削るほど働いている。この古い仕組みは誰の目にも明らかな事実である」

カバラのトップに位置するエリートやスパイ機関に勤めるエリートは同じ目標に向かっている。それは、どんな手段を使ってでも群衆を完全に統制することだ。彼らは共謀して莫大な富と技術にものをいわせて世界各国の政府機関や大企業を管理下に置き、完全統制を実現するためのグローバル化を推進している。これが一般市民の命を脅かす体制であることは言うまでもない。

## 専制的権力は徹底的に腐敗する

専制的権力のある人間が過度の誇りを持つと非常に危険だ。1886年にジョン・アクトンはこう言っている。「権力は腐敗する、絶対的権力は絶対的に腐敗する」と。

制限されることのない過度の権力のあるプライドの高い人間は、非常に危険だ。

制限されないその権力は一般市民に多大な影響を与える企業や政府機関にまで及ぶからだ。敵はもちろんのこと、味方であるはずの知人や服従する弟子までもを無条件に処罰や殺害することが許されるほどの過度な権力だ。

ルーズベルトとその仲間達は日本が真珠湾攻撃を仕掛けることを事前にわかっていたが、戦争開戦のためにあえて放置したという事実は優秀な歴史研究家も認めている。イルミナティはアメリカが第二次世界大戦に参戦することを計画していた。そのために1941年12月7日の真珠湾攻撃で兵士達が犠牲になるのは必要不可欠だったのだ。

1993年のオクラホマ州で起きた連邦政府ビル爆弾テロや2001年の9・11で世界貿易センターやペンタゴンが攻撃されることも、米国連邦政府は事前に知っていた。これが過度の権力と誇りを持つエリートの腐敗したモラルだ。

## 6 エリート意識

権力と高いプライドを持つ集団。これがイルミナティに所属するエリートの実態である。

だが、社会のほとんどの出来事に関与をしているのも紛れもない事実。彼らは確かにエリートであり、そして残念なことにエリート意識も高い。だがもっと残念なことに一般市民のほとんどが表舞台で活動するエリートに憧れる。はっきり言っておくが、彼らのエリート意識は病気だ。表舞台で仲間にしかわからないような不思議な握手やサインをしているうちにそれを見ても気づかない群衆よりも優れていると錯覚しているのだ。

### インナーサークルとその仲間達

イルミナティ組織にはランクがある。サークルの中の一番奥のサークルには数百人いて、その次のサークルには3000~5000人いて、その次のサークルには1万人前後いる。所属人数が一番多い（1万人前後）サークルのメンバーは何の権限もない。このサークルに所属するのは、テレビでよく見かけるような報道機関のキャスター、セレブや芸能人だ。このクラスの〝仲間達〟はインナーサークルの内側の奥にいるメンバーのアジェンダ（超長期的計画）に従い、与えられた仮面を冠ってるだけの下っ端。ジャーナリストで「ニューヨークタイムズ」の編集長を務めた経歴を持つジョン・スィートンは報道関係者との食事会で勇気を出してこんな事実を暴露している。

「米国には独立した報道機関はない。真実を隠して嘘を書くのがこの国のジャーナリストの仕事だ。安定した生活を保障してもらうために富める者に服従しているのが実態だ。こんなことをやっているジャーナリストが勤める報道機関がはたして独立してると言えるのだろうか？」と。僕らジャーナリストは富裕層の操り人形だ。彼らが指を引くとそのとおりに体が動く。僕らの才能や知識は彼らが支配しているのだ。

スィートンは陰謀論を熟知していた数少ないジャーナリストだ。報道機関はエリート達が操っていることを知っていた。だが、この発言をしてから表舞台で彼の姿を再び見た者はいない……。

## 虫の世界

マイケル・ホフマン2世は虫の世界を研究し、そこで起こる仲間割れは秘密結社の人間の世界でも起こると発表している。なぜ仲間割れが起こるかというと、サタンに騙されたメンバーは同じサークルにいる仲間を騙そうとするからである。イルミナティの一員である前に集団の一員である。アダム・ヴァイスハウプトが自身の創設したイルミナティを〝Ordem beenan（蜂集団）〟と呼んだことがこれで説明が付く。

ジム・キースは自身の著書『Mind Control and UFOs』で〝ミツバチメンタリティ〟について書いている。コロンビアにあるドイツ系住民のコミュニティが第二次世界大戦から60年以上経つにもかかわらず、いまだに卍（まんじ）を拝む対象にしているのだという。そのコミュニティは〝Hormiga〟と呼ばれているらしい。この単語は服従してよく働くアリを意味する。アリの世界からイルミナティ内部がどのようにできているのか見える。イルミナティの下っ端は上の階級のメンバーに対して〝Yes master〟と服従を誓う。表舞台では自信満々であるかのよう態度を見せるが、実は服従を誓うマスターに怯えている臆病者に過ぎない。支配階級のエリートの貴重な道具でしかないのだ。マスターに服従を誓う彼らは高い階級のメンバーだと信じていて、一般市民は下っ端でただの〝家畜〟や〝無駄食い〟だと思い込んでいるのだ。

## ゴイムを見下す

ユダヤ系イルミナティはゴイム（ユダヤ人以外）を見下す傾向がある。イスラエルのヘブライ大学の元教授イスラエル・シャハックはこの傾向を強く批判し、ユダヤ系シオニスト達が人間の奴隷化を推進していると述べた。

「ユダヤ人はスペイン語で14世紀のユダヤ人について本を書き、それをイスラエルの学校の教科書にするように指示した。その内容はユダヤ人は人類のエリートであり、ユダヤ人はゴイムよりも優秀だと書かれている。だからユダヤ人には奴隷を持つ権利がある。ユダヤ人はゴイムより優れている以上、奴隷はゴイムじゃなければならない」と。

ユダヤ教の書物であるタルムードを読んだことのある人は、この狂った内容に驚くことはない。タルムードによると非ユダヤ人のゴイムは人類ではない。

「ゴイム（非ユダヤ人）は人類ではなく、獣類である」（タルムード1146ページ）

タルムードをウィキペディアで検索すると「現代のユダヤ教の主要教派の多くが聖典として認めており、ユダヤ教の生活、信仰の基となっている」と書いてある。

## 奴隷と獣類

奴隷と獣類。ユダヤ人シオニスト達にとってはゴイム（非ユダヤ人）はこんな存在だと位置づけている。さて、イルミナティと関わりのあるユダヤ人シオニスト達があなた、僕そして群衆のことをどう思っているのか見てみよう。彼らは罪悪感を抱くことなく、戦争や民族争いや、よく起こる殺人事件を通じて平気で人殺しをする。New World Order 実現のためにテロ、経済恐慌や災害も意図的に起こす。社会に変革をもたらすために苦しみや命の犠牲はやむ得えないと考えている。彼らは我々が当たり前のように従う法律や制度よりも優位な立場にいる。僕と読者は〝奴隷と獣類〟なんだから、死んでも何の問題もない。英国の経済評論家だったトマス・ロバート・マルサスは人口削減は良いことであり、定期的に行うようにイルミナティに提案した人物だ。進歩するために自分達はルール作りに適していると彼らは信じているのだ。

エリート意識は間違いなく病だ。精神疾患。この病を患っている人はエリートの地位を保つために手段を選ばず、その手段が罪であっても罪悪感を抱くことはない。それどころか、エリートとして成長したと妄想する。

## 7 印

本書の章を一つ一つ見ていくと、陰謀を働くイルミナティのエリート達はお互いに印をつけたがるのがわかる。印にはまってるマニアであるかのように。自分達は友愛団体によって特別なつながりがあると思っている。犯罪やさまざまな秘密を共有する彼らは印によってさらに何か特別なミッションをもち共有しているのだろうか？ おそらく、これが印にこだわる要因でしょう。印にこだわる要因でしょう。『Concious Evolution』でバリー・マックウォータズは身内しか理解できない印を互いに示すことは〝一つの貢献〟だと述べている。

「一つの場所に複数のパーツ。目的を成し遂げるために必要なこと」

「各々が複数のパーツとなり、重要な役割を果たす。各々が行う魔法、そして身内にしかわからない印による意思表示し合うことによって、群衆を統制できる新しい社会を生み出すエネルギーが生まれると信じている」

陰謀者達は各々が行う魔法の連携が強大な力となり、世界に変革をもたらして新しい社会を作れると信じているようだ。群衆が統制された時、自然に群衆の意識が同じ方向へ向く。さまざまな魔法や各々の印はその方向に導く能力があると信じている。エリート達が目指す世界を誕生させる。

確実に言えるのは、世界各国をシオニスト達が善悪を超越したルールを決める世界統一独裁政府の管理下に置く計画をしているということ。この計画については自信に満ちている。だが、彼らが勘違いしていることが一つある。世界統一独裁政府では、ピラミッドの上に位置するすべてのお見通しの目をコントロールするのは彼らではなく、ルシファーである。

彼らは身内が表舞台で見せる印がどういう意味を持つか理解し合っている。どんな仮面を冠って、印によってどんな意思表示をしているのか、細かく理解しているのだ。

実際に米国公共放送サービス（Public Broadcasting Service、略称ＰＢＳ）のドキュメンタリー番組で紹介された内容で、フリーメーソン33階級のハリー・Ｓ・トルーマン大統領がハリウッド映画監督で俳優のオーソン・ウェルズ（「宇宙戦争」や「市民ケーン」の脚本を担当している）と会った時、笑ってこう言っている。

「ウェルズ君、君は世界で2番目に優れた俳優だ。最も優れた俳優はこの私だ」と。

## 8 富

さて、いい年をした大人に、何が表舞台で不自然な振る舞いをさせるのだろうか？　表舞台で仲間にメッセージを送ったり、群衆を洗脳するような陰謀者達に共通する点は何だろうか？　答えはそう難しくない。メーソン会員であること、そしてお金持ちであることが共通している。偶然!?　不自然な振る舞いや馬鹿げた印でコミュニケーションを取る秘密には富が絡んでいる？　すべての富裕層が悪人ではないが、ほとんどの富裕層は悪魔崇拝者だ。莫大な財産を所有するエリート達の生活スタイルを調査してきた筆者は断言できる！　富にしがみつく傾向のある彼らは善悪の区別が付かなくなる。米国のブッシュ財閥、ケネディ財閥、クリントン財閥、ルーズベルト財閥、ブロンフマン財閥、欧州の英国王室やロスチャイルド財閥がその例である。

## 笑い事・魔術・魔法

富にしがみつあまり、常人には理解し難いことを平気で行うエリート達。メディアや新聞に登場しては自分達にしかわからない振る舞いや印を示し、メッセージを伝達する行為は我々常人からすれば、笑い事になるが、彼らからすればけっして笑い事じゃない、真剣そのものである。魔術そのものだ。魔術と魔法は彼らの生活には欠かせないものとなっている。そのように訓練されてきたのだ。

ある魔女はこう証言している。

「どうにもならなくなった。どんな魔法や魔術を行ってもけっして評価されることなく、サタンはもっと欲しいと言って満足することはなかった」

富への執着はすべての悪の根源という説がある。一つの悪ではなく、すべての悪の根源。一部の富裕層にほとんどの富を集中されることは、ほとんどの悪を行う権限を一部の富裕層に集中されることである。これらの印や暗号は彼らの主人であるサタンから多くの悪を行う権限を一任してもらう儀式であるとイルミナティのメンバーは信じている。だが、メディアや雑誌等で目にする群衆を洗脳して統制できるさまざまな暗号、印によって生み出されるその権限を後になって失うことになる。

## 危険な愚か者

イルミナティに所属する彼らは確かに愚かな人間だ。しかし、我々常人にとっては危険極まりない連中であることをけっして忘れてはいけない。地下に隠されている核兵器搭載のミサイルを飛ばすボタンを押す権限のある要人はもちろん危険な存在であるが、金融支配を中心に国家の経済を破綻に追い込むような政策を実行する権限のあるイルミナティメンバーはもっと危険だ。こんな絶大な権力を持つ彼らは愚か者であることは言うまでもない。彼らは嘘つきで平気で不正を行うモラルのない連中だ。王子は王である父親より知恵はない場合がほとんど。だが、王である父親が死ぬ時、後継者である王子が王の権限をそのまま相続する。二代目以降ではうまくいかない話は飽きるほど聞いたことがあるだろう。すると群衆はこんな不満を口にする。

「王様は本当に死んだだろうか？　とにかく、王様万歳！」

絶大な権力のあるイルミナティメンバーは明らかにその地位に相応しくない。

彼らは自分達にとってメリットになる政策を最優先に考え、実行する。大多数を占める常人のための政策ではなく、ごく一部の富裕層にメリットのある政策を行う。いったいなぜほとんどの人がヒットラー、スターリン、フィデル・カストロ、毛沢東、ムッソリーニやレニーンといった独裁者達の言うことを真に受けたのだろうか？　彼らは現実の世界ではなく、映画やアニメの世界で活動するに相応しい連中だったのだ。よく見ると、彼らはスマートな人間に見えるように演技をしていただけなのだ。

聖書（第2テサロニケ人への手紙2章）を見ると、いつか悪を行う者が現れて、〝自分は聖なる者の聖なる者〟と自称して人々を惑わすと書いてある。そしてほとんどの人はその人の嘘を信じて惑わされるとも記されている。イルミナティに所属するエリート達はその者に服従するに違いない。だが、エリート達も結局のところ、群衆と同じように嘘を信じて惑わされ、都合のいいように使われて最終的には裏切られる。

## 9 満足

イルミナティ最高権威を持つのはルシファーだ。そのため、イルミナティのメンバー達はご主人様であるルシファーを満足させなければならない。アルバート・パイクという33階級のメーソン会員は1889年6月14日にフリーメーソンの世界最高評議会にこんな内容が記されている資料を配っている。「我々は群衆に神を礼拝していると言わなければならない。迷いなく信じていると。この内容を知る権利があるのは幹部クラスの諸君と30～33階級のブラーザー達（会員）のみ。伝統ある秘密結社、フリーメーソンは我々幹部を中心に、そして秘密に運営されなければならない」

パイクが秘密にこだわった事実は別に驚くことではない。20世紀で最も活動したフリーメーソン会員の1人とされるマンリー・P・ホールは33階級に所属し、メーソン会員が成功するにはルシファーを満足させる魔法を行うことは必要不可欠であると述べている。後に著書『Born in Blood』を出版したジョン・J・ロビンソンは〝ルシファー〟は聖書に記されているサタンや悪魔のことではないと強調し、多くのメーソン幹部クラスの人から絶賛された。同氏の著書によると、メーソンが崇拝するルシファーは天使的な存在。だがロビンソンの著書で明らかなのは、フリーメーソンは〝ルシファー〟を崇拝、賛美しているという点だ。

## 聖なる霊、ルシファー

神秘学思想家で本書に登場する〝バフォメット〟を描写したエリファス・レヴィは、ルシファーと聖書に記されている悪魔に区別はなく、同一の存在と見て矛盾はないと断言している。またキリスト教で登場する悪魔は神の天敵だが、人間の後援者である、真理に光を照らす天使であると述べている。「ルシファーは我々と共にある。聖なる霊であり、我々が見えない闇を照らしてくださるお方だ。我々の誘導者である」と。

カバラ神秘学を研究していくとカバラ神秘学にとってはルシファーは単に聖なる存在ではなく、共にある存在であることが判明した。つまり、イルミナティのエリート達と共にあるということであり、イルミナティのエリートとルシファーは一体となっていることが言える。ヨハネの黙示録17章13節には「彼らは心をひとつにしている。そして、自分たちの力と権威とを獣に与える」と記されている。これは世の終わりが記された予言であり、この部分を読んだ時〝彼ら〟とはイルミナティのエリート達のことを指していることがすぐ判明した。

だが、レヴィとは対照的にイルミナティに所属するエリート達は、ルシファーは自分達の神である事実を口にすることを躊躇い(ためらい)、天地万物の名無き創造者である神の存在を口する。調べていくとエリート達の大半はルシファーの存在自体認めておらず、聖書に登場する悪魔の存在を信じることを馬鹿馬鹿しいと思っているようだ。だが、メーソンロッジでは実際に悪魔礼拝が行われているし、その時はルシファーの名前が賛美される。だが、悪魔として讃えられるのではなく、人間が見えない闇に光を照らす天使的な存在として讃えられる。

## 口にしてはいけない存在

ヴェラ・スタンリー・アルダーは自身が出版した暴露本でこの〝名無き創造者〟が確かにエリート達の間で崇拝される対象になっていると指摘した。そしてこの〝名無き創造者〟がどんな存在かは一切口にしてはいけないとも述べている。だが、彼女は暴露本でこの〝名無き創造者〟について多くのことを口にしている。

この〝聖なる霊〟のことを褒めており、〝唯一無二〟の存在だと述べている。そしてこの〝唯一無二の存在〟は多くの力によって成り立つと記している。だが、どう呼ばれているかは大した問題ではない。バラがバラとして呼ばれなくなったからといって、バラの性質が変わるわけではない。だからこの〝名無き創造者〟がイルミナティのエリート達にどう呼ばれようと、その性質に変化が起きるわけではない。このサイコパシーを患う連中がどんな存在を拝んでいるのか明らかである。エリート達はその存在を口にすることはなくても、その存在の性質を自覚しているはずだ。それは彼らがカメラの前で見せるサイン、印の謎がルシファー及び悪魔であることを明瞭に物語っている。

## 10 崇拝

華やかな舞台で彼らが行う不思議な印や振る舞いは、悪魔を崇拝する呪術そのものである。万物は機械のように多くの部品から成り立っているのではないと信じており、異次元に位置する何者かを崇拝することによって成り立っていると信じている。その霊的存在は魔法や呪術によって呼び出して選ばれしエリート達に万物運営に必要な力を与えるために存在してくれると信じている。

魔術師のポール・ヒューストンはこう言う。

「魔術は善を行うためだけではなく、悪を行うためにも用いることが可能だ。魔術を行う力を与えてくれる存在は確かにいる。ある人はその存在を神と言って崇拝し、ある人は悪魔と言って崇拝し、ある人は聖なる保護者と言って崇拝している」

またお守り、銅像、手で行う印や体で行う不思議な振る舞いは霊的存在を崇拝する自然なものであるとヒューストンは指摘する。違う言い方をすると、霊的な存在は呼び寄せる儀式そのものだ。時には魔術師が銅像を拝む行為であったり、時には手を使った印を行う行為であったり、時には体の振る舞いであったりする。守りのデザイン、手の印や体の振る舞いが一番力を呼び寄せる。異次元にいる存在との交霊そのものであり、その存在に自分達が行う魔法や祝術への共同参加そのものだ。異次元の存在である悪霊が参加している儀式だから、当然常人の想像を遥かに超える結果が起こるのだ。自然や現実の世界に変化をもたらすほどの巨大な力である。ダニエル書には終わりの日に人々は〝とりでの神〟をあがめると記されている。

## 秘密結社の儀式＝悪魔崇拝

イルミナティのエリートにもなってこのいろんな階級で行われるさまざまな儀式で崇拝される異次元

の悪霊の存在を認めない者がいるとするなら、それはただの鈍感な愚か者に過ぎない。1920年に神智学協会の会長を務めていたアニー・ベサントと親交があったフリーメーソン33階級に所属していたチャールズ・リドビーターは、秘密結社で行われる儀式と悪魔崇拝は同一の行為と見て矛盾はないと認めた数少ないメーソン会員だ。

30階級で行われる儀式では「稲妻のように光る青いデーヴァ」（デーヴァはヒンドゥー教の神とされている）のような天使が現れるといい、33階級の儀式では「人間の形をした巨大で白い2体の霊の臨在が確認できる」と言っている。33階級で崇拝されるその霊がフリーメーソンの直接の指導者と言い、「自身の霊の世界の王であり、フリーメーソンロッジの先頭に立つ我々の保護者。その力強い手からは世界を惑わす偽りが放たれる」と述べている。

## 11 励まし

エリート達が表舞台で手を使った印等からさまざまなメッセージを配信している。秘密結社の上階級のエリートから配信される秘密のメッセージは下階級のエリートに励ましのメッセージの内容になっていることがある。下階級のメンバーにしか理解できない励ましの内容のメッセージを送ることによって、彼らは世界のルールを決める影響力のある秘密結社と一体となっているのだと励ましている。下階級のメンバー達はテレビ、雑誌、新聞といった報道機関、インターネットや役所で映し出されるプロパガンダでフリーメーソンはもちろんのこと、薔薇十字団、東方聖堂騎士団といった秘密結社の幹部からの秘密のメッセージを受け取る。群衆の前で堂々と見せられる愚かなパーフォーマンスはその弟子達を服従させて、秘密漏洩や裏切り防止の役割もある。

逃げられない……秘密結社の一員として認められたということは喜びであり、恐怖でもある。恐怖と喜びは弟子達が服従するための最高のコンビだ。一度従うようになったらもう後戻りできない……。

彼らはマスター（師匠）の声を聞いた。暗黙の服従は知恵への道を開く。信頼された彼らはやっと秘密結社とシャンバラ（地獄）のために活動することが許される。

## ニンジンとスティックの賞罰

イルミナティの幹部達はニンジンとスティックという賞罰を行使することがある。もし弟子が規則違反、特に秘密漏洩といった最も重大な規則違反をした時はその弟子は処罰として〝スティック〟が与えられる。しかし、貢献をした場合は逆に報われ、その報酬は創造者のような周りが嫉妬するほどの地位が与えられる。フリーメーソンのスコットランドロッジ33階級のフレデリック・クレインネッチは「スコッティッシュライトジャーナル（Scottish Rite Journal）」のタイトルのない記事でこの〝創造者〟の役割について述べている。〝ヒーロー達の勇敢な新世界〟と言ってメーソンの弟子達を励ましている。

「スコッティッシュライトジャーナル」の教えでは「我々はこの世界先祖から受け継いだのではなく、創造した」

「勇敢な新世界にはさまざまな人達がいる。これがウィリアム・シェイクスピアの方針だ。嵐のように見えるが、我々に適している」

謎の印や振る舞いを用いた魔法を行うことによって彼らは〝勇敢な新世界〟を創造してもっと良くしていると思い込んでいる。良くしているといっても我々常人にとって良くするのではなく、あくまでも彼らにとって良くしているという意味だ。彼らはカバラ系魔法使い集団で活動していると信じており、世界を再建するための活動であると言う。この活動はヘブライ語で世界再建を意味する「Tikkun Olam」と言われている。

## 12 反乱

イルミナティのエリートは自分自身は人間ではなく、神だと思っている。彼らは反逆者であるのも事実。それは、全能の神に反乱する集団に巻き込まれた反逆者だ。だから自分達は神的な存在だと妄想する。さて、いい年をした大人がここまで妄想に基づいた活動をする理由は何だろうか? ヴェラ・スタンリー・アルダーは一度秘密結社の一員になると、自分は偉大だと意識するようになると書いている。人がこのレベルに達すると……

「神に祈り求めたり、神を礼拝することを拒むようになる。だって、自分が神になったのを知ったのだから……」

### 理由なき反逆

誇りやその他の理由を上回る傲慢さはここにあった。それは反逆だ。全能なる神とそれに従う人々に対する反逆である。彼らは革命家であるが、その革命には合理的な理由ない。イエス・キリストもこう言っている。「彼らは理由もなく私を恨む」と。

彼らは自由、平等やその他の功績のために必死に活動するが、それは自分にとってのメリットと神の計画に反逆するためだ。だから傲慢で正義に反することを平気で行うイルミナティに所属するエリートは、あらゆる方法で神の計画を妨げようとする。

彼らが何世紀にもわたって訴えてきた自由、平等や功績の意味は神の独裁からの解放であり、死ぬまで平等に生きるということである。事実、自分たちが命がけで守ってきたイルミナティの伝統や秘密を侵害しようとする者や自分達の目指す非常識な世界への道を妨げてきた時は容赦なく対処し、その命を奪うこともためらわない。

## フリーメーソンでは殺人が許されている

第一次世界大戦開戦のきっかけとなったサラエボ事件でハンガリー帝国王の継承者であったフランツ・フェルディナントの暗殺に関わったとされるカブリノビッチはこの事件の軍事裁判で秘密結社に所属する傲慢な連中について貴重な証言をしている。被告質問の場で「フリーメーソンに所属する人間と共謀して、ヨーロッパを火の海にするきっかけを起こしたのか」と聞かれた時の答えがこれだ。

「共犯者達がフリーメーソンに所属している事実は承知していた。これが私の決断の決め手になった。フリーメーソンでは、殺人が許されているからだ……」

〝フリーメーソンでは、殺人が許されている〟……歴史的な重罪を犯したカブリノビッチが自身がかけられた軍事裁判の被告人質問の席でこう証言している。そして調べていくとマクシミリアン・ロベスピエール、アダム・ヴァイスハウプト、ナポレオン、スターリン、毛沢東、ムッソリーニ、ルーズベルト、ハリー・S・トルーマン、ウラジーミル・レーニン、ビル・クリントン、アリエル・シャロン、フィデル・カストロ等、大量殺人を行った歴史的な革命家や世界的に知られている政治家等のほとんどがフリーメーソンやイルミナティ関連の秘密結社に所属していた事実が判明した。

## 我が神よ、未亡人の息子は誰も助けないのですか？

アメリカでオカルト指導指導者だったチャールズ・マンソンは殺人罪で起訴された時、被告人席でフリーメーソンの苦難を意味するハンドサインを含め、さまざまな秘密のハンドサインをしているのが確認された。その苦難を意味するハンドサインはモルモン教の創設者であるジョセフ・スミスも自身の死亡のきっかけとなった銃で撃たれた時に示していた。苦難の中、血まみれの状態で嗄（かす）れた声で「我が神よ、未亡人の息子には助けはないのか？」とメーソン儀式で使われる言葉で仲間に助けを求めていた。信じ難い話だが、神の預言者と自称して多くの人から尊敬されていたモルモン教創設者だったあのジョセフ・スミス、実は隠れルシファー（悪魔）崇拝者だったのだ。

本人は優れた位置にいるつもりでいたが、残念ながら傲慢な陰謀者達に都合良く利用され、最後は裏切られたのだ。

ジェット推進研究所の創設者で東方聖堂騎士団に所属していた科学者のジャック・パーソンズも表向

きはジョセフ・スミスのようにモルモン教の信者だったが、裏の顔はジョセフ・スミスと同様の神に反逆した悪魔崇拝者だったのだ。自身に日記で反キリストについてこんな恐ろしい内容を書き残している。「この私が世界を意のままに支配する反キリストとなる。獣の計画は実行されなければならない。ババロン計画が実行されるまで、私は休むことも諦めることもしないと約束する」と。

この日記を書いてから数年後、パーソンズは自宅にあった研究所で起きた爆発が原因でこの世を去った。そこはただの研究所ではなかった。悪魔崇拝者仲間の集まりの場でもあったのだ。彼は反キリストではないことは確かで、本人も今はそれを自覚しているはず。だって彼は現在、苦痛が永遠に絶えることのない地下の世界の住人だからだ。その地下の世界の正式名称は〝地獄〟である。

# 第3章
# 秘密のメッセージ――イルミナティのハンドサインが持つ意味

また、小さき者にも、大いなる者にも、富める者にも、貧しき者にも、自由人にも、奴隷にも、すべての人々に、その右の手あるいは額に刻印を押させ

ヨハネの黙示録13章16節

右手をあげよ……そして人差し指と中指をフォークのように立てよ……そして肩よりも後ろ引き、指を水平にして前方に素早く動かせ。こうすれば、裏切り者の目ん玉を抜き取ることができる

リチャードソンモニターの書91ページ

イルミナティの儀式や活動には秘密にされているものがあることを述べてきた。それらの秘密がバレないような偽装は活動の一環である。いろんな名前を使って偽装するが、その1つがヤブロンと呼ばれているものだ。彼らが拝む神の名を〝ヤブロン〟と呼んだりする。このヤブロンを拝むための儀式の一

環で秘密で覆われた多くのハンドサインが存在する。フリーメーソンのスコットランドロッジ、ニューヨークロッジ、パリロッジ、エルサレムロッジの最上階級である33階級や東方聖堂騎士団、そしてスカル・アンド・ボーンズといった関連の秘密結社のメンバー同士はさまざまな種類の握手をする。フリーメーソンの百科事典では、このように記されている。

「フリーメーソンでは、手は非常に大事だ。知恵を得るのも、知恵を与えるのにも役立つのである」

「JC Coopers」という百科事典を見ると、伝統的なハンドサインの持つ意味が記されている。

1 胸に手を当てる：権威ある者に対する服従。または奴隷身分であると示す
2 手首をXの字に重ねる：義務に縛られる
3 首に手を当てる：犠牲
4 握り拳：攻撃または脅迫
5 片手だけをあげる：賛美、崇拝、恐怖、驚き
6 手の平を開いた状態で両手をあげる：弱さ、知識、礼拝、尊敬
7 頭に手を当てる：考え込む、知性、知恵、警戒

## 全世界共通の手話

さて、エリート達が表舞台で見せるさまざまなハンドサインは全世界共通の手話なのだろうか？　マ

ROYAL ARCH, OR SEVENTH DEGREE 225

FIG. 32.

THREE TIMES THREE.

| 1st. | 2nd. | 3d. |
|---|---|---|
| Jah | buh | lun. |
| | Jah | buh |
| lun | | |
| | | Jah |
| buh | lun. | |
| Je | ho | vah. |

Lectures on Freemasonry, "we receive a wonderful accession of knowledge, and find every thing *made perfect;* for this is the *ne plus ultra* of Masonry, and can never be exceeded by any human institution."— *Fellows's Inquiry into the Origin, History, and Purport of Freemasonry*, p. 322.

A Degree indescribably more august, sublime, and important than any which precede it, and is, in fact, the summit and perfection of ancient Masonry. It impresses on our minds a belief in the being of a God, without beginning of days or end of years, the great and incomprehensible Alpha and Omega, and reminds us of the reverence which is due to His Holy NAME.— *Historical Landmarks*, vol. i. p. 86.

フリーメーソン会員が崇拝する神（悪魔）であるヤブロンを拝む儀式の見本。“3人で3回繰り返せ”と儀式の方法が記されている。（ダンカンモニターの書225ページイラスト）

マスターメーソンによる“裏切り者の目玉をえぐり出す”シミュレーション。

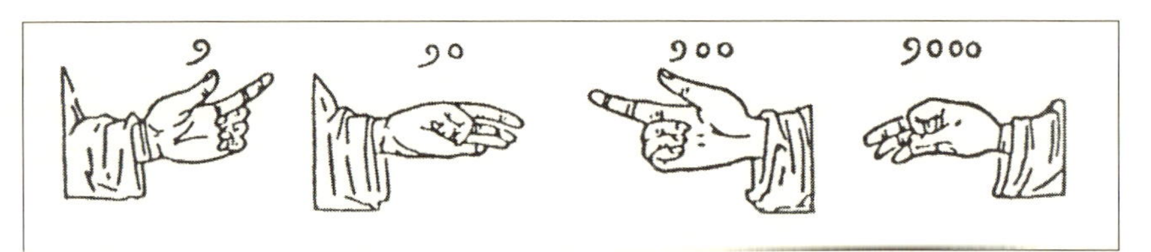


指を使った数字のような複数の印：数学にも見える指を使ったコンビネーションはさまざまな秘密の内容をバレずに使えるために使用される。

ンフレード・アドラーはドイツ語で出版した『バチカンとフリーメーソン』という著書で〝イエスだ〟と述べている。同氏によると、米国上院議会公認の研究によって、CIAを調査している時にこの事実が判明している。
「9割以上の秘密のハンドサインは報道機関を通じて暗号化されたテキスト等によって交わされている」

## メディアで伝えるメッセージ

アドラー以外の陰謀研究家もメディアで伝えるメッセージについて述べている。頻繁にメディアに登場しては秘密のハンドサインを行う著名人は秘密結社の新人である場合が多いとアルゼンチン出身の作家、陰謀研究家のファン・マレールは言う。そしてそのハンドサインは派手さはないと述べている。
「ハンドサインは立場のあるメンバーにとっては非常に深い意味を持つ。彼らは重要な役割に担っていることを伝えるためにテキストにも見えるようなハンドサインをメディアで見せる」

ジョハネス・ロスクランーズはドイツ当局が情報招集のために行うことについてこう述べている。
「体の振る舞いやハンドサインの意味を理解している人のために、誰かがよく知られた人物達の写真を収集する。すると、短期間でさまざまな秘密のハンドサインが飛び交っている写真を目にすることになる」

ロスクランーズによると、旧西ドイツの首相を務めたヘルムート・コールと旧東ドイツの首相を務めたハンス・モドロウは一つの握手によってドイツ再統一の合意をしたのだといい、その歴史的な握手をしてる姿はヨーロッパ中の報道機関で長きにわたって報じられたという。

## 印の裏に絶大な権力が潜む

さて、陰謀者達がそこまで印による意思表示やコミュニケーションこだわる理由なんだろう？　ヨハン・ヘルダーが書いたとされるドイツ古典で調べると〝印は権力の行使の証〟だという。そして立場のある人や神が手を使って見せる印は権力があること、そしてその権力は自分の保護下にあることを意味する。古典を続けて読んでいくと、手を揺らしながら行われる握手は友情、献身や許しの意味が記されている。しかし、拳の場合は秘密保護、恐怖、脅威、論争や憧れを意味している。読んでいくと古代では、ベルに覆われた手は要人同士の挨拶として一般的に使われていたと記されている。手の平を膝に当てる振る舞いは集中や反省を意味する。

「右手をあげよ……そして人差し指と中指をフォークのように立てよ……そして肩よりも後ろ引き、指を水平にして前方に素早く動かせ。こうすれば、裏切り者の目ん玉を抜き取ることができる」

フリーメーソンのリチャードソンモニターでこんなことが記されているから、イルミナティでは手を使った印で仲間の裏切りに対する復讐や処罰として用いられることがある。

## もう1つの手が意味するもの

右手で示される印と左手で示される印は意味がまったく違う。右手で示される印は恵みといったもので、基本的にはポジティブな内容が示される。陰謀者達は右手で印を示すことが多いため、彼らは白魔術と呼んでいる。

左手で印を示す陰謀者達は、それらの行為を黒魔術と呼んでいる。しかし、悪魔にしてみれば白魔術と黒魔術に区別はなく、同じパッケージに入れられた商品だ。左手は邪悪、不道徳、偽り、呪術といった悪を示すために用いられることが多い。悪の目は左目だと言われるくらいだ。この意味の起源は、イエス・キリストと共に十字架にかけられた2人の泥棒の話から始まる。イエス・キリストの左側にいた泥棒は、真理を受け入れずに苦難が永遠に続く地獄へ堕ちたとされている。

この頃、多くの魔女や悪魔崇拝者は神を冒瀆するために輪になって左側に回って踊っていた。いわゆる、反時計周り。また魔女や悪魔崇拝者によっては回って踊るこの儀式の最中に、左手で十字架の印を示す者もいた。神に対する反逆の意味としてね。だから彼らは左手で印を行うのはどんな意味があったか認識していた。

ジェームズ・カールは自身の著書『The Art and Architecture of Freemasonry』で〝左手は公正を意味する〟と記している。公正とは平等、公平という意味がある。でもよく考えると、悪魔の方針とは矛盾している。さて、メーソン幹部達はいったいなぜ崇拝する悪魔（別名ルシファー）と逆の方針に従っ

この絵を見ると、両手を合わせて祈る神父が描写されている。しかし、両手の方向は上ではなく、明らかに下を向いている。これは神にではなく、サタンに祈っているのだ。

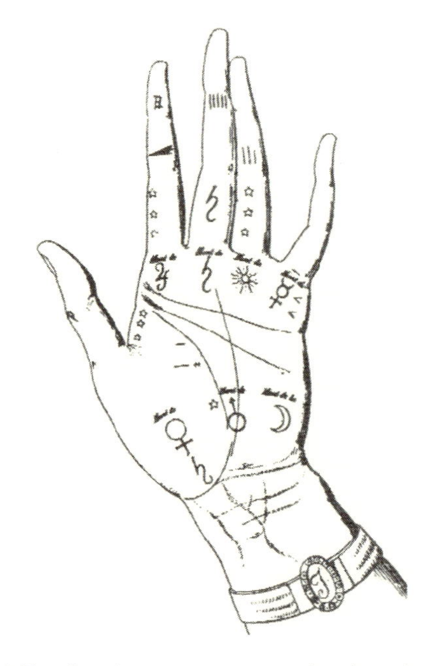

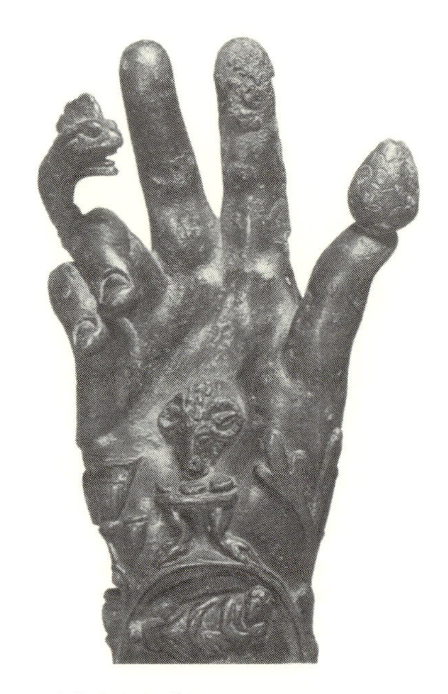

左側の手はジョゼフィーヌ・ド・ボア（1827年にパリで出版された『Mlle Les Le Normand's Les Memoires historiques et secrets de l'Imperatrice Josephine』より）
右側の手は銅で作られたサバツィオの手。紀元前１世紀のアナトリア半島のサバツィオオカルトとユダヤ人の謎の関係を示す。

ているのだろうか?

**行動の意味を示す**

陰謀関連の本と読んでいくと、手を体の特定の部分に置くと精神的な意味を持つと書かれている。胸に当てられた手は、権威ある者に対する服従を意味し、首に当てられた手は犠牲または処罰を意味し、両手を合わせると結婚、団結や幸せを意味する。3人以上が手をつなぐと、それは団結、力強さとエネルギーの集結等を意味し、身の危険を感じた時に行われる。

『A Dictionary of Symbols』の著者はこれらの手は〝行動をするアイデアや力の操り方〟を意味していると言う。また彼らはこれらの儀式をロイヤリティとも読んでいる。ユダヤ系カバルの教えでは左手を〝処罰の手〟で右手を〝祝福の手〟と教えている。そして英語の何かを表現する意味を持つ「Manifestation」

テンプル騎士団の総長（グランドマスター）を務めたジャック・ド・モレーはフリーメーソンが崇拝する神“バフォメット”を拝んだ異端の罪で逮捕され、フランス王の命令で1314年3月11日に火刑に処された。彼がこの絵で見せる印は、自分の身柄を逮捕した人に対して淫らな行いをしたと示すものである。モレーは同性愛の罪でも有罪判決を受けていた。現在フリーメーソンロッジのグランドマスターはフリーメーソンのユース組織を“ド・モレー”と名付ける人が多い。

はラテン語で手を意味する「Manus」と同義語であるとも説明している。手をつなぐ行為は果たして、どんな意味を〝表示〟するのだろうか?

## 指が意味を示す

指は位置によって大きな意味を〝示す〟ことがある。Rat Packの一員だった黒人エンターテイナー、サミー・デイヴィス・ジュニアは自身の自伝で〝僕は悪魔崇拝者かもしれない〟と衝撃的な内容を記している。デイヴィスは黒檀を左手小指の爪に印として描いた。この行為について〝子分達はこれが大好きだ〟や〝性的に興奮するぜ〟と記している。イスラム教ではムハマッドの最初の妻の娘だったファーティマの右手はイスラム教の統合を示すと信じ、そのように教える教主もいる。ファーティマの指はアッラーの方向を向いた状態で描かれているからである。

指をどこかの方向を示す状態で唇に当てると〝静かにして〟を意味する。頭の方向を指す場合、または頭に触れる場合は〝知恵または知性〟を意味する。本書で記載した写真はイルミナティがどれだけ〝手の役割〟を大事にしているか証明してくれる。手で何かを示す行為、手を使った振る舞いや握手。とにかく、〝手の劇場〟をご覧になってイルミナティや関連の秘密結社が何を伝えているのか見てみよう。

## 意味は公開されている⁉

本書を出版するにあたって、筆者は信憑性の高い陰謀関連の書籍や秘密結社が実際に使用しているガイドブックを読み研究してきたが、それでも握手や手の印が何を示しているのかを理解して〝このことを意味している〟と断言をするのは簡単ではない。それは、秘密結社の公式ガイドブックに載っている印や握手の内容であっても、それを行う人間が必ずしもマニュアルどおりに正確に行っているわけではないからだ。

筆者は米軍20年の勤務経験でわかったことだが、手を使った挨拶を細かく解説しているガイドブックがあるが、軍人達は必ずしもマニュアルどおりにやっているとは限らない。立場のある軍曹等はマニュアルに記載されているとおりの握手や挨拶をするが、人によっては間違えたり、質が悪くて意味がわからない場合も多々ある。一日中米軍を観察すれば、100種類以上もの握手や挨拶を見ることができるくらい種類

1836年から数年間ウェールズ（英国）で実在した秘密結社「Ivorites」でもさまざまな握手や手による印が確認できる。この秘密結社のロッジ（アジト）は現在も2つ残っていると信じる人々がいる。

が豊富である。そして米軍曹が英軍曹と挨拶を交わす場面を見たら、その明らかな違いに気づく。
だから同じ人間であるイルミナティのエリート同士で交わされる握手を注意深く観察すればその意味を理解することは不可能ではない。とにかく、本書に登場する人物達が行う握手や印を観察した上で、納得できるかどうか判断していただきたい。

# 第4章
# ヤブロンの弟子の手に潜む秘密

人々の魂の集結よりなぜ三位一体が先に来なければならないのか……ロイヤルアーチの合い言葉「Omnific」は3人にしか言葉にすることが許されていない。この3人の右手が頭より高い位置にあげた時、Jah-buh-lon、Je-ho-vah、G-O-D（ヤブロン、エホバ、神）に権威が与えられる。

C・C・ザイン著『Ancient Masonry』

フリーメーソンメンバーの人生で最悪の日は、ロッジの3人のマスターがそれぞれ別種類の鍵を手に持ち、そして〝秘密の秘密〟の木箱を開ける時だ……その木箱から紙を取り出し、そして書かれている神の名前を読み上げる。その名前は……Jah-buh-lon である。

D・C・イエマーク著『The Axis of Death』

筆者はここ数年、フリーメーソンの陰謀を調査している中でフリーメーソン、薔薇十字団、東方聖堂騎士団といった関連秘密結社の人間から誹謗中傷や脅迫を受けてきた。「よくもフリーメーソンのことを批判できるね。あんたに何がわかるっていうんだい？　ロッジに置いてある物や儀式はキリスト教に反するものじゃない！」と。これは筆者がクリスチャンであることを知る秘密結社の人間からよく聞く誹謗中傷である。

子供からお菓子を取り上げるのは簡単なことだ。でもそうするとお菓子を無理矢理取られた子供は泣き叫んで騒ぎだす。それと同じように、秘密結社の人間から秘密を取り上げると子供のように騒ぐのだ。彼らはフリーメーソン自体が〝キリスト教的〟だと考えているから、筆者のようなクリスチャンから批判されるとなおさらだ。

だが、フリーメーソンや関連秘密結社のロッジがどんなにキリスト教と似た部分があっても、事実はそうじゃないと示す部分が必ずある。このことを認めないメーソン会員があれば、スコティッシュアーチまたはロイヤルアーチの13階級まで上り詰めたかどうか確認すればいい。もしこの質問の答えがイエスなら、その人は大きな問題を抱えていることになる。

## ヤブロンについて公言できないわけ

フリーメーソンや関連秘密結社の人間を取材している中で聖なる神であるはずの〝ヤブロン〟について質問をすると、彼らは決まって言葉に詰まったり、話を逸らしたりして公言したがらない事実が判明した。しつこく問い詰めたら何度もその時点で取材を強制終了させられたことがある。明らかにヤブロンについて公言できないわけがある。筆者はそのわけを知っている。

元モルモン教で現在クリスチャンになった（モルモン教からの脱退を援助する活動も行っている）筆者の知人であるエッド・デッカーは自身の著書『The dark side of freemasonry（フリーメーソンの裏側）』でクリスチャンはキリスト教の聖なる神の名はイエス・キリストであることを教会でちゃんと教育を受けるのに対して、フリーメーソンの儀式で聖なる神であるはず名は封印されるため、後に聖なる神であるはずの名がイエス・キリストじゃないという事実が発覚すると落胆すると暴露している。

「それゆえ神は、この方を高く上げて、すべての名にまさる名をお与えになりました。それは、イエスの御名によって、天にあるもの、地にあるもの、地の下にあるもののすべてが、ひざをかがめ、すべての口が、『イエス・キリストは主である』と告白して、父なる神がほめたたえられるためです」（ピリピへの手紙2章7～9節）

## 失われた神の名

ブルーディグリーと呼ばれるフリーメーソンの1～3階級の儀式や教えでは、失われた言葉や失われた神の名を探っていると嘘の教育を受ける。ヨークライトの7階級に昇進するまで、本当のことが明かされることはまずない。そこまでたどり着くと、やっと失われたはずの神の名が、実は失われていないという事実を初めて知ることとなるのだ。

それまでは失われた神の名は三位一体を示す単語がフリーメーソンの聖なる神の名だと思い込む。聖なるものすぎて、低い階級のメンバーにはその名を口にすることが許されず、ヨークライトの7階級に昇進したメンバーのみ、その名を口にすることが許されている。それはJah-buh-lon（ヤーブーロン）と発音する。

3つの字から発音されるこの名前は、それぞれの字が1人の神を意味する。Jahはヤーウェを意味し、Buhはバールを意味し、そしてlonはオシリスを意味する。本来はjah-buh-lonではなくYah-baal-Onが正しいスペルだが、『ダンカンモニターの書』を読むと時間が経つにつれてメーソン会員によって勝手に改字されたと記している。「彼らが日々儀式でやっていることは、聖なる神からかけ離れた存在である悪魔を崇拝し賛美する行為に他ならない。そして、この名前（ヤブロン）を口にする者は確実に地獄へ堕ちる準備であることを保証する」とデッカーは指摘する。

C・C・ザインはフリーメーソン関連の秘密結社である「Brotherhood of Light」のメンバーでフリーメーソンの儀式、印、階級等の意味を解説を記した自著『Ancient Freemansory（古代フリーメーソン）』でJahbuhlonはフリーメーンの合い言葉である「Omnific」と同義語であると記している。そしてJan-buh-lonは9つのローマ字、そして3つの音節で成り立つことに意味があるとも記している。ロイヤルアーチでは3人のメーソン会員が3回この名前を読み上げることによって、合計27回言ったことになる。これは月が黄道を回る27日周期から取られたのだと解説している。スコッティッシュライトだと13階級、ロイヤルアーチだと7階級、ここでは3人の〝マスター〟がこの名前を読み上げる時ロイヤルアーチを建設する候補者を選任するために〝バビロンから来た〟と儀式で言う（これは、エルサレムで王国の神殿を建設する意味で選ばれしエリートと彼らが崇拝する悪魔をそこに留まらせるということだ）。

## 失われた言葉の発見

バビロンから来たと自称する3人のマスターはロイヤルアーチの建設をする担当候補に長い間失われていた神の名は発見され、その名はイエス・キリストではなく、Jahbuhlon（ヤブロン）であると教える。ヤーウェ、バール、オシリスまたは「On」と呼ぶのは冒瀆にあたると教える。「On」は太陽の神とされるオシリスが拝まれるエジプトの町であり、フリーメーソンに何らかの影響を与えたと考えられる。On がスペルだが、「Jah-Buh-Lon」の最後の部分を意味しているのである。フリーメーソン会員で『The Meaning of Masonry（フリーメーソンの意味）』の著者であるW・L・ウィルムシャルストはこの階級に昇進する時がメーソン会員の人生で最大の転機が訪れる時とし、ここまで昇進するのには生まれ変わったと証明しなければならないと記している。

## 生まれ変わり⁉　それとも悪霊が取り付く呪い⁉

ウィルムシャルストが言う「生まれ変わり」とはいったいどういう意味なのだろうか？　この階級に昇進するメーソン会員は神の霊が宿ると惑わされるが、実際には儀式で悪霊が取り付く呪いを伝授される。そう、このレベルに達するメーソン会員はサタン、バフォメット、ルシファーやヤブロンという名の悪霊に取り付かれてしまう呪いによって、通常の人間の感覚では考えられないほどの悪を実行できるだけの能力を身につけてしまうわけである。

この恐ろしい呪い（精神的に死んだも同然の呪い）を受け、悪魔の弟子を意味する印のスタンプを押されてしまった著名人達の写真を本書で記載している。筆者はこれを「ヤブロンの弟子の手に潜む目に見えぬ印」と呼ぶ。

## ジョージ・ワシントンやロスチャイルドも

アメリカ合衆国初代大統領だったジョージ・ワシントンは描かれた絵で、そら恐ろしい印をその手で示している。14代目大統領のフランクリン・ピアース、19代目大統領ラザフォード・バーチャード・ヘイズや32代目大統領のルーズベルトも〝ヤブロンの弟子〟だったことは断言できる。カール・マルクス、ウラジーミル・イリイチ・レーニン、スターリン、ナポレオンといった共産主義者や革命家やソロモン・ロスチャイルド等もヤブロン（悪魔）の弟子だったことを手で示している。そうした絵や写真を本書で確認することが可能だ。

## 頭蓋骨にワインを注いで飲む

スコッティッシュライトなら13階級、ヨークライトなら7階級。共通してるのは、その階級まで昇進したメーソン会員は儀式で悪魔の弟子の証のスタンプを押されるということ。そして恐ろしいことに人間の生の頭蓋骨にワインを注いで飲む。「外側から頭蓋骨を打ち抜き、内側の脳に太陽の光を浴びせる」のである。これは組織の秘密を他言しない、そしてブラザー（他のメーソン会員）を絶対に裏切らない為の誓いだ。もし組織やブラザーを裏切った場合、昇進したメンバーのために自分の頭蓋骨がワインを注ぐために使われることを教えられるのだ。聖なる神であるヤブロンは厳しく、裏切り行為は絶対に許されないことを知ることとなる。

カナン地域でバールを拝んでいたユダヤ人たちには子供を生け贄として火刑にする風習があった。旧約聖書を読むと、預言者エリヤはバールを拝む人々に対して神の裁きを告げていた。バールのマスクの裏には悪魔の顔があったからだ。だからフリーメーソンでバールや「On」の名が教えられる。全能なる神の名がわからないままでいてもらうために。そのため、世界中の表舞台で活動するメーソン会員は、指で双頭のワシを示すジェスチャーをする（1つの体に2つの頭があることを意味する）。

## トリプルタウ（T）

悪魔であるヤブロンの1つの印は、ローヤルアーチで一番大事にされている印の1つであるトリプルタウ（T）だ。このローマ字のTを3つ重ねて形成する印は、ユダ

トリプルタウはロイヤルアーチの13階級、ヨークライトなら7階級に昇進できたフリーメーソン会員の証として使われている。“私は私だ”と言って“聖職者”になったつもりで全能の神を冒瀆し始める。サタンがエデンの園で言った“神のようになる”を意味するのだ。

ヤの王、預言、聖職者の意味を持つ。フリーメーソンで使われるこの印は本来、聖書が教える父、子、聖霊の三位一体の神を示すものだ。

## メーソン会員は言う。「私は私だ」と

もしロイヤルアーチに昇進したメーソン会員に「あなたはロイヤルアーチに昇進したメーソン会員なのか？」と質問をすると「私は私だ」という答えが返ってくる。

このクラスのメーソン会員は〝聖なる神ヤブロン〟に化けた悪魔の存在に気がつかないため、この答えを口にする。この答えの意味は、ただの人間であるという意味ではなく、「私は神だ」という意味で言っているのである。

## 手の印の意味を解く

これでなぜ筆者はこの章のタイトルを「ヤブロンの弟子の手に潜む秘密」と名付けたのか、おわかりいただけただろうか？　ブルーディグリー（1〜3階級）では聖なる神の名は失われたと嘘を教えられ、階級を1つずつ昇進して私は私だと言える階級に昇進すると、ヤブロンという名の神に仕えていると初めて気がつく。だが、彼らは一般人にこの恐ろしい事実を知られることを良く思っていない。イルミナティは表では〝キリスト教の一種の宗派〟というイメージがあるから、筆者や読者のような部外者には隠し通す必要があるとエリート達は考える。

フリーメーソンで崇拝される神の名は何が何でも他言厳禁だ。そのため、一般人にわからないように手の印によってその恐ろしい神が崇拝される。それが〝見えぬ手の印〟である。

## 印がどのように示されるのか

ダンカンモニターの書に描写されているイラストでは、ロイヤルアーチのメーソン会員が〝Sign of the Master of the Second Veil〟（2番目のベールのマスターの印）の印を実行しているのが確認できる。手が洋服に隠れて見えないため、〝目に見えぬ手の印〟そのものである。

この印はバビロンの3人の兵士が近寄ってくる時に行われた印だという。ソロモンの神殿を建て直し、世界を支配するユダヤ帝国を築くことが目的。

C・C・ザインは前出の『Ancient Freemansory（古代フリーメーソン）』でこの階級の儀式は占星術に基づいていると説明している。〝印が完成した〟と一度手を洋服の内側に入れた後すぐ取り出すのがやり方だとザイン氏は著書で記している。フリーメーソンの公式発表ではこの振る舞いについて神が真実から目を逸らすために教えたと説明しているが、実際には旧約聖書の

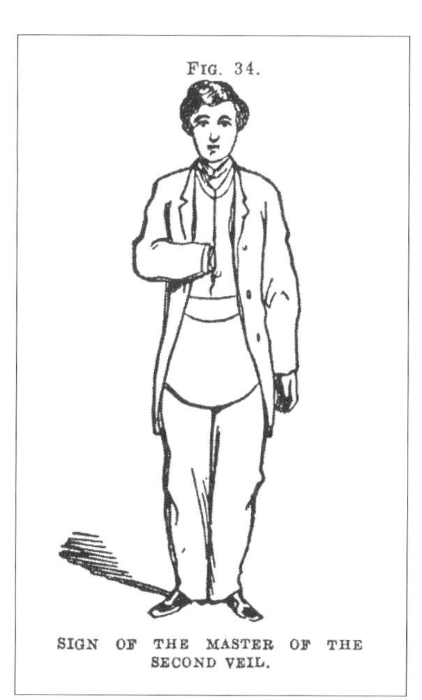
FIG. 34.

SIGN OF THE MASTER OF THE SECOND VEIL.

出エジプト記に基づいた話である。
「主はまた彼に言われた、『あなたの手をふところに入れなさい』。彼が手をふところに入れ、それを出すと、手は、らい病にかかって、雪のように白くなっていた」（出エジプト記4章6節）

フリーメーソンにとって、らい病を患った手は、自分達が崇拝するヤブロンの神に対する服従を隠蔽する意味として用いられている。だが、〝私は私だ〟と堂々と言える権利のある全能の神の預言者だったモーセとフリーメーソンには関連性は一切ない。筆者が保証する。

74 RICHARDSON'S MONITOR OF FREE-MASONRY.

but further you cannot go without my words, sign, and word of exhortation. My words are Shem, Japhet, and Adoniram; my sign is this, [thrusting his hand in his bosom;] it is in imitation of one given by God to Moses, when he commanded him to thrust his hand into his bosom, and taking it out it became as leprous as snow. My word of exhortation is explanatory of this sign, and is found in the writings of Moses, viz.: fourth chapter of Exodus:

And the Lord said unto Moses, Put now thine hand into thy bosom;—and he put his hand in his bosom; and when he took it out, behold his hand was leprous as snow, &c.

Principal Sojourner—Companions, we will pass on, and make an alarm at the Third Veil. [Stamps nine times.]

Master of the Third Veil—Who comes

not believe in the two former signs, thou shalt take the water of the river and pour it upon dry land; and the water shall become blood upon the dry land.

Master of Third Veil—I also present you with the Signet of Truth, which is that of Zerubbabel. [Presents a triangular piece of metal with ZER-UBBA-BEL, engraved on it.]

Principal Sojourner to candidates—Companions, we have now passed the Third Veil; let us make an alarm at the Fourth. [Stamps as before.]

Royal Arch Captain—Who comes there? Who dares approach the Fourth Veil of our sacred Tabernacle, where incense burns, day and night, upon the holy altar? Who are you, and what are your intentions?

Principal Sojourner—Three weary sojourners from Babylon, who have come up thus far to aid and assist in the noble and glorious work of rebuilding the house of the Lord, without the hope of fee or reward.

Royal Arch Captain—How do you expect to enter this Fourth Veil of our sacred Tabernacle?

２番目のベールの印を行うマスターのイラスト。というより、ヤブロンの弟子の手に潜む秘密の印。（リチャードソンモニターの書74ページ）

KNIGHTS OF CHRISTIAN MARK,

AND GUARDS OF THE CONCLAVE.

This is a Conclave, governed by an Invincible Knight of the Order of St. Johns of Jerusalem.

The officers are as follows:

Invincible Knight, presiding, sits in the east.

Senior and Junior Knights on his right and left in front.

クリスチャンマーク階級の秘密の会議で儀式を行う兵士。（リチャードソンモニターの書123ページ）

スーパーエクセレントマスター階級の儀式のイラスト。左側にいる“Captain”がふところに手を隠しているのがわかる。(リチャードソンモニターの書83ページ)

SUPER-EXCELLENT MASTER'S DEGREE: THE OPENING. 83

SUPER-EXCELLENT MASTER.

A Lodge of Super-Excellent Masters consists of the following officers, viz.:

Most Excellent King (representing Zedekiah, the last King of Israel) presides, and sits in the east.

Companion Gedaliah (so called) is the second officer, and is seated in the west.

First Keeper of the Temple is seated on the right of Gedaliah.

Second Keeper of the Temple takes his seat on the left of Gedaliah.

Third Keeper of the Temple is seated at the door inside the hall, to guard it.

Three Heralds, stationed outside the door, with bugles in their hands.

Three Royal Guards, (including Captain,) stationed near the King.

A Recorder, or Secretary, sitting at the right in front of the King.

The Altar is placed in the centre of the hall, and the general business is conducted similar to that in other degrees. The Council is opened as follows:



テンプル騎士団で骸骨を中心に置いて行われる儀式でもふところに手を隠している姿が確認できる。(リチャードソンモニターの書110ページ)

110 RICHARDSON'S MONITOR OF FREE-MASONRY.

Grand Commander—Attention, Sir Knights: you will now give the signs.

All the signs in Masonry are given by each Knight, from Entered Apprentice up to those of Red Cross Knights.

The signs in this degree are then given in detail, as explained hereafter.

Grand Commander—Attention, Sir Knights: you will form around the altar, for the purpose of opening this Council of Knights Templars.

The Knights kneel around the altar, and the proceedings of opening ... lar to those in a Council of ... Knights. After all is ready, t... Commander says:

Grand Commander—Sir Kni... Council of Knights Templar... open for the dispatch of busi... you will govern yourselves acc... the sublime principles of our O...

The veil is now drawn, and the hall divided. That part occupied by the Grand Commander is called the Asylum, and



2003年にモンタナ州イエローストーン国立公園100周年記念式典フリーメーソンロッジによる“ルーズベルトアーチ”が行われた。写真に写っている男の手がジャケットの中に隠されており、ヤブロンの秘密の手の秘密を示す伝統をしっかり身につけているのだ。

（上）アメリカ合衆国初代大統領のジョージ・ワシントンの絵。手がふところに隠されているのが確認できるのはもちろんだが、首に何かを巻いているのと、ダイヤモンドのようなものをかけているのが確認できる。これはオシリスの女神に対する服従の証であると同時に、イルミナティに敵対するすべての人への復讐の誓いでもある。
（下）大統領就任式で誓いをするジョージ・ワシントン。彼の後ろに立っている男性に注目してほしい。ヤブロンの秘密の弟子であることを示す、手をふところに入れている姿が描かれている。

マリー・ラファイェットがフリーメーソンロッジでこのエプロンを身につけていたジョージ・ワシントンを紹介した。このエプロンは現在ペンシルベニア州フィラデルフィアにあるフリーメーソンロッジの図書館で保存されている。エプロンに描かれている秘密の印等、イルミナティのトップにしか理解できないようなものばかり。本書ではフリーメーソンにとっては都合の悪い内容を紹介していく。

所属するエリートが身につけるシンシナティ協会の紋章。（シンシナティ結社とも呼ばれる）この組織はジョージ・ワシントンによって秘密に運営されていた。

こちらの中国の芸術品には、ジョージ・ワシントンが起こした革命的な戦争後に富裕層によって発足されたシンシナティ結社のエリートにとっては重要な意味を持つ絵が描かれている。冠をかぶり、黒い翼を持つ天使がフェニックスの頭から発生する火に息をかけている内容だ。だが、この結社が裏で政府機関を操作する企みが群衆にバレてしまい、最終的には解散に追い込まれた。

G. Washington

フリーメーソンや関連の秘密結社の薔薇十字団等の重要書類にこの署名が確認されている。このサインはあのジョージ・ワシントンの署名そのものだ。自分の目で実際にそれらの書類を確認するといい。この“印”を確認できるはずだ。

ジョージ・ワシントンがメーソン会員であったことが描かれているポスター。1992年にスコットランドのフリーメーソン公式雑誌である「Scottish Right Journal」に記載されたもので、ジョージ・ワシントンナショナルメモリアルでも紹介された。

アメリカの独立宣言を容認する書類にサインするエリート達が描かれている。彼らの手も秘密結社への服従を表している。本物の神であるイエス・キリストの名はアメリカ独立宣言に関連した式典で言及されたことはない。この国を建国するにあたって、イルミナティのエリート達は偽の神の名を秘密結社で言及している。この国の独立は神に世自然の御業であるかのように。薔薇十字団のマスターを務めた経験のあるベンジャミン・フランクリン、アメリカ独立宣言の主要な作者で3代目大統領のトーマス・ジェファーソンが描かれている。

この絵はリンカーンがフリーメーソンの高い階級にいたと示しているが、実は彼が秘密結社に所属していたという証拠ではない。彼はイルミナティに所属するユダヤ人によって暗殺された人物。秘密結社に所属する人間が彼が関わっていると見せかけるために描いたのだろうか？

こちらの写真はリンカーンが（大統領時代）米軍キャンプを視察した時の写真。彼の両サイドにいる男達は、ヤブロンの崇拝者である振る舞いをしているのに対して、明らかにリンカーンは違う。彼が秘密結社に所属していない根拠はこの写真だ。

こちらの絵も、リンカーンが秘密結社と関わりがあると見せかけるために描かれたと思われる。1843年にニューヨークで公開されたものだが、本当にリンカーンなのかと疑う芸術専門家は少なくない。フリーメーソンの陰謀じゃないのかな？

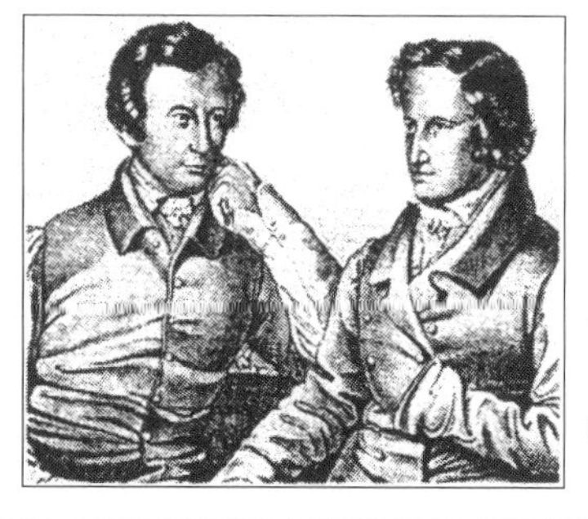

アメリカで有名なルイス・クラーク探検隊の木版。手が秘密結社との裏のつながりを物語っている。

南北戦争でアメリカ陸軍で少佐を務めたロバート・アンダーソン（左）と少将を務めたジョージ・マクレラン。（右）南北戦争で重要な役割を果たしたこの２人もヤブロン崇拝者だった。その手の位置が動かぬ証拠だ。

モスクワガゼッテ出版社の編集者でロシア帝国の要人だったミハイル・カトコフ。ロシア国内にヒンドゥー教を伝えた人物でもあり、神智学協会の創設者であるヘレナ・ブラヴァツキーについて本を何冊か出版した。

俳優のジョン・ブース（中央)。1864年に舞台で兄弟達と立ち、シーザーの役を演じる様子。この舞台に立つ１年前にリンカーンを暗殺した人物。兄のエドウィンと秘密結社と関わっていたとされる。だが、フリーメーソンのメンバーは会員名簿からこっそり自分の名前を消すことがあるため、スコットランドロッジは兄のエドウィンだけが会員だったと説明している。

1993年にシェルドン・ムーン氏が出版した『Freemasons at Gettysburg（ゲティスバーグに関わったフリーメーソン)』に記載されたエリシャ・ローデスの写真。この写真の説明にはこう記されている。「フリーメーソンロートアイフンド州クランストン市ロッジのマスターレベルのメンバー」

ジョン・ジェイはアメリカ議会でジョージ・ワシントンに任命され、連邦最高裁判所の初代判事を務めた。

アメリカ大統領を務めたフランクリン・ピアース（上）とラザフォード・ヘイズ（下）もフリーメーソンに所属していた。スコットランドロッジも「フリーメーソンで有名な１万人」として正式に紹介された。

アメリカ元国務長官のパウエル氏は左手でパレスチナ自治区元議長のアラファト氏と手とつなぎ、右手はふところに入れている。パウエル氏はフリーメーソン33階級に所属することが確認されている。後にアラファト氏もフリーメーソンに入会していた。

第19代アメリカ大統領を務めたラザフォード・ヘイズ。

カール・マルクス。旧ソ連の共産主義者のレーニンとレフ・トロツキーに大きな影響を与えたユダヤ人。リチャード・ウムブラードの著書『Marx and Satan（マルクスとサタン）』に掲載されたこの写真から彼が隠れヤブロン崇拝者だったことが確認できる。

アメリカ海軍を視察するルーズベルト大統領の様子。右手をふところに隠し、ヤブロンの弟子であることを示している。この時の演説で“手を隠したまま静かに喋ること”と発言している。

（左）ソ連共産党の幹部だったレーニンも、右手をふところに隠してヤブロン崇拝者だったと示している。彼とその仲間達は、数百万人の死者が出た大量殺人“赤いテロ”を行った。
（右）パウル・ヒンデンブルクは第一次世界大戦でドイツを多くの勝利に導いたとしてドイツで絶賛された人物。後にナチスドイツでも活躍し、記念式典に出席するため飛行機でニュージャージー州に向かったが、飛行機が着陸に失敗しそのまま帰らぬ人となった。

（左）グラク収容所の４人の看守はユダヤ人で共産主義の父であるマルクスと同様のヤブロン崇拝者を意味するポーズをしている。
（右）セルゲイ・キーロフ（左）、ミカイル・レバンドスキー（中央）、コンスタンティーン・メコノホシン（右）。共産主義のヒーローだったこの３人。同じ共産主義者のスターリンに処刑を命じられるまでは数多くの拷問や殺人を行った。レバンドスキー（中央）はヤブロンに服従する証を自身の手で示している。メコノホシン（右）はイルミナティ式（ピラミッド型）の帽子を冠っている。

自由の女神の作者として知られる彫刻家のフレデリック・バルトルディはフランスのオリエントロッジのメンバーだった。ニューヨークにある自由の女神で彼が刻んだのは神に反逆して生きるイルミナティのエリートの自由であって、我々常人の自由ではない。だからいまだにイルミナティに所属するエリートアメリカ人は自由の女神を崇拝するのである。

『レ・ミゼラブル』の作者として知られる小説家のヴィクトル・ユーゴー（左）。これは19世紀半ばに描かれた絵で、この頃彼が秘密結社と関係していたことは、彼の手の位置から明らかな事実である。恐ろしい笑い顔を持つ少年が登場する『The Man Who Laughs（笑う男）』も彼の作品だ。この作品が元でバットマンに登場するキャラクターのジョーカーが誕生した。彼は薔薇十字団だけではなく、シオン修道会のマスターを務めていたことも確認されている。

日立エレクトロニクスの広告ポスターに登場するナポレオンは右手ではなく、左手（悪意のある黒魔術を行うために使う手）をふところに隠している。ナポレオンもイルミナティに利用され、謎の結社「Aeropagite degree（アレオパゴス階級）」を設立した。彼の胸のバッジは太陽の形をしている。

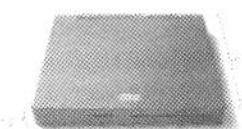
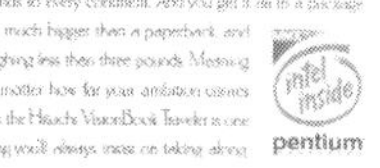

ロスチャイルドの色である赤の服を着たナポレオンのこの絵でも左手をふところに隠し、秘密結社との関連を示している。ナポレオンは“左側”をいろんな分野で推進した人物としても有名だ。彼の後ろに描かれている３つ教会（カーテンのかかる窓の向こう）は彼が誇った、優れた政治家及び精神世界の王であることを意味する。

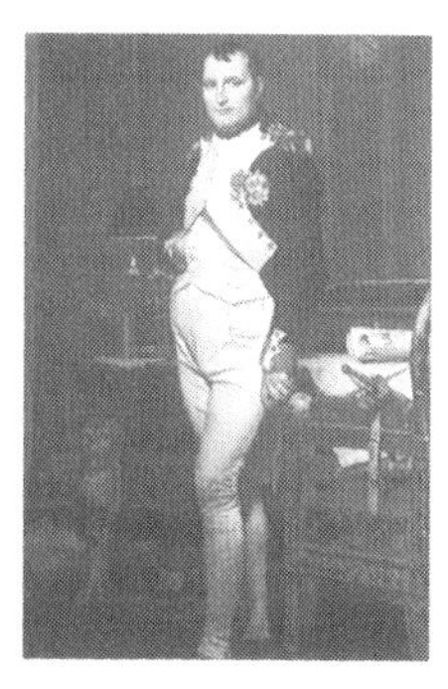

フランス皇帝を務めていた頃のナポレオンの絵。この絵では右手（ロイヤルアーチの白魔術を意味する）をふところに隠している。

イギリス海軍の提督を務め、ナポレオン戦争で活躍したトマス・コクラン。俳優のラッセル・クロウ主演映画「Master and Commander: The Far Side of the World（マスター・アンド・コマンダー）」でその活動が描かれている。

*The Alphabet.*

作家や政治家だったアイルランド系アメリカ人のイグナチウス・ドンネリー。著書『Atlantis』は、大西洋に沈んだ知られざる大陸の存在について記して注目を呼んだ。またアトランティスの時代からマイヤー文明、エジプト文明、ヘブライ文明へと、字の進化の過程について記している。イルミナティのエリート達は今日もアトランティスの時代から生き残る神の子孫及び弟子であると信じている。ディズニースタジオはアトランティスの時代を元に映画を作って、文字や印を暗号として使う内容だ。

ユーゴスラビア王国アレクサンダル２世王太子。第２次世界大戦中に亡き父が亡命したロンドン在住。1991年に初めてベオグラードを家族と一緒に訪れた時に撮った写真でしっかりと“敬意”を示している。手の位置によって彼は秘密結社に所属する連中に対して仲間であることをアピールしたのと、旧共産圏のユーゴスラビアの裏に秘密結社がいることを示した。

オーストリア首都ウィーンを設立した大富豪のザーロモン・ロスチャイルド。

1865年に起きたリンカーン暗殺事件の黒幕だったユダヤ人達とバチカンの“ブラック教皇”は関係していたのだろうか？ 1924年に『The Suppressed Truth About the Assassination of Abraham Lincoln（隠蔽されたリンカーンの暗殺の真実）』を出版したブルケ・マッカーティー氏は当時のローマ教皇のピウス９世を裏で操っていたバチカンの枢機卿だったジアコモ・アントネーリは、リンカーン暗殺の実行犯でアメリカで指名手配されていた俳優ジョン・ブースをバチカンに亡命させて保護したと暴露。マッカーティー氏はこの事実を暴露するページにアントネーリのこの写真を掲載してる。手の位置がすべてを物語っており、筆者が説明するまでもない。

ギリシャの教父の異名を持つオリゲネスだが、教会でグノーシス主義（イルミナティの世界観の１つと言われている）を教えていた。エジプトのアレクサンドリア出身の彼はキリスト教の熱心な研究家だったが、この絵に描写されている彼の左手は非常に古い秘密結社の印を示している。

トマス・ウォーカー（左）はアメリカ聖公会の主教を務めた人物。これは改修されたワシントン大聖堂（後に国立大聖堂と呼ばれるようになった）を訪れた時の写真。彼の右手を見ると、秘密結社に所属している印をしているのは明らかだ。他の教派の主教もワシントン大聖堂を訪れている。この大聖堂が発表をした文書を見ると、スコットランドロッジのスコッティッシュライトで使われる十字架が記載されている。

1993年に麻薬中毒で倒れ、そのまま帰らぬ人となった俳優のリヴァー・フェニックス。彼の死を調査した特集を発売した雑誌「パラノイア」。所属していたオカルト団体「神の子供達」(または「ザ・ファミリー」)でセックスをする儀式を強要される内容が暴露されている。この団体では「聖なる売春」という名の近親相姦が行われていた。映画「スタンド・バイ・ミー」や「旅立ちの時」等に出演したフェニックスは過去から逃げることができなかった。雑誌の表紙の写真でははっきりと手で秘密結社との関わりを示す振る舞いをしているにもかかわらず、「パラノイア」はこの件について一切触れていない。だがオカルト団体「ザ・ファミリー」の最高責任者のデイビッド・バーグは政治家やフリーメーソンの幹部と人脈があったと噂になっていた。

共和党のパーティーの記念品にレーガン元大統領が描かれている。この記念品をネットに出品した業者はこう説明している。“1984年以降のパーティーでは、レーガンはナポレオンのように微笑む”。ワシントンD.C.でスコッティッシュロッジの幹部主催で同氏の33階級へ昇進する儀式が行われた。大統領２期目の任期が終わる数週間前の話だ。

50年代に「Parade」誌に載った記事“Walter Scott's Personality Parade”のライターのロイドー・シーラー（右）と俳優のジェームズ・ディーン（左）。

ウィリアム・シャーマンは“戦争は地獄そのものだ”と発言したが、南北戦争で彼の指揮で命を落とした民間人は数百人もいる。軍人時代に撮られたこの写真ではヤブロンの弟子であることを手で示している。

ヌビアの遺跡にあるエジプト神話の3人の王、それぞれ手に生まれ変わり、蘇り等の意味を持つアンサタ十字を持っている。

# 第5章

# 〝彼ら〟にとっては陽気な仲間

# ——職人の行う魔法に潜む悪魔の爪の印

よこしまな者や不法の者は、曲がったことを言って歩き回り、目くばせをし、足で合図し、指でさし。

箴言6章12～13節

〝職人〟は何かの芸術品を作る職業に従事してる者、科学または何かの作品を作るためのスキルを示す意味で使われるのが一般的だが、陰謀を行う裏の世界の連中にとっては違うようだ。彼らにとっては〝職人〟という字は同じ仲間同士で世界変化をもたらすほどの魔法を行う意味をなすのである。

仲間の2階級ではフリーメーソンの2大ロッジといわれるスコッティッシュライトとヨークライトがある。フリーメーソンの辞典によると、1976年にアダム・ヴァイスハウプトとアドルフ・クニッゲ男爵によって設立された秘密結社イルミナティは数階級に分かれており、3大階級の1が〝仲間の2階級〟である。さらに辞典を読んでいくと、この仲間の2階級はフリーメーソン内部でも表彰されているのだという。そしてイギリスで出版された本『Witchcraft, Magic and the Supernatural（魔術、魔法そして不可思議）』を読むとイギリス首相を務めたフランシス・ダッシュウッドが18世紀に実在した秘密結社〝地獄の火クラブ〟の主宰者だったと書かれている。

ダッシュウッドはイギリスの資産家で、薔薇十字団の魔術師（黒魔術）だった。アメリカの政治家ベンジャミン・フランクリンからかなり影響を受け、陰謀に関するアドバイスを受けるために頻繁に渡米していた。ダッシュウッドはイルミナティの創設者のアダム・ヴァイスハウプトと同等の影響力がヨーロッパに対してあったといわれた人物だ。

## 狡知者vs下階級者

医師で作家のアルベルト・マーキーはフリーメーソン33階級に所属していた人物で、仲間の階級では友愛と信頼を大事にしていたが、実際に仲間の階級に所属していたメンバーは下階級の人間ばかりと自身の著書で記している。マーキーによると、この頃のメーソンは〝師匠と仲間〟という2つの階級に分かれてたという。

「上階級のメンバーは師匠のような役割を与えられ、そして下階級のメンバーは友愛と信頼を重んじるように教養された」

フランシス・ダッシュウッドは18世紀に英国首相を務めた人物。当時実在した秘密結社“地獄の火クラブ”の主宰者。この秘密結社のメンバー達は資産家で儀式やアドバイスを受けるためにダッシュウッドの元を訪れていた。（1974年にイギリスで出版された著書『Witchcraft, Magic and the Supernatural（魔術、魔法そして不可思議）』33ページより引用。）

ここでマーキーがいう師匠とは狡者のことだ。つまり狡賢く活動できたメンバーが師匠としての役割が与えられ、それ以外の者は〝仲間〟と呼ばれていた。事実フリーメーソンに入会すると、基本を学ぶための「徒弟」と呼ばれる1階級からスタートし、次に「職人」と呼ばれる2階級に昇進し、そして親方と呼ばれる3階級に昇進する。これが「ブルーディグリー」と呼ばれる最初の3階級だ。

## なぜ上階級のイルミナティメンバーが〝職人技〟にこだわるのか？

この章でも多くのイルミナティメンバーが表舞台で印を行う写真やイラストを多数掲載した。なぜ下っ端の階級だけではなく、表舞台に登場するビリー・グラハムやパット・ロバートソン（2人とも表の顔はキリスト教の伝道者）や神智学協会2代目会長のアニー・ベサント、ロシアの有名な政治家だったボリス・エリツィンや銀行家のジェイムズ・ロスチャイルドも〝職人技〟にこだわるのだろうか？　その答えは実に面白い。

マーキーによると、このクラスのメンバーが表舞台で印を示すのは、下っ端の〝職人〟を見下すためである。違う言い方をすると、下っ端の階級のメンバーは彼らにとって一般人同然の存在だという。〝男らしさを見せつける時〟だとマーキーは記している。地位や権力の証であると。

## 蛇の知恵

表舞台で〝職人技〟を行うのは、イルミナティの上階級のメンバーで魔法を行うことによって一般人に蛇の知恵を伝授しているという。サタンの代理人であるこのクラスのメンバー達はサタンが持つ蛇の知恵を示すことによって、自分達は蛇の知恵を熟知しているとアピールしているわけである。

神智学者のベサントは自身が推進していた永遠の哲学が蛇の知恵に基づいたものであると示す振る舞いをしていた。エリツィンはロシアのヒーローとしてマスコミから讃えられた人物。ロスチャイルドはイルミナティのインナーサークルの長となり、世界の支配者となることを企んでいる。また「ロビン・フード」として讃えられたジェシーとフランク・ジェームズは数々の強盗によって得た富の大半を貧困層に奪われた。

1966年に悪魔教会（Church of Satan）を創設したアントン・ラヴェイは悪魔教会の会員に対して蛇の知恵について言及した。アメリカでは珍しい社会主義者のユージン・デブスとフリーメーソンに所属していなかったリンカーンを暗殺した俳優のジョン・ブースはフリーメーソンに所属し、多くの国際的な革命に影響を与えた。

## 印がどのようにして示されるか

右手を牙のようにして、左胸に当てる振る舞いは仲間の階級のメンバーであることを意味する。手の指を牙のようにして胸に当てる行為は、悪魔の牙を意味する。

F・C・マケインの著書『The Masonic Report（フリーメーソンに関するレポート）』にはイラストがある。マケインはこのパフォーマンスを「処罰の印」と呼び、もし組織の秘密を他言したり、組織に敵対する人物に協力したりといった裏切り行為を働いた場合、胸が裂かれ心臓がえぐり出されることを忘れないために行われるという。
イラストは職人と呼ばれる2階級で行われる儀式の絵。右手を牙のようにして左胸の心臓へ向けているのが確認できる。両腕が位置についた後は素早く左腕を下ろすのが実際の振る舞い。『ダンカンモニターの書』16ページにはこう記されている。
「職人の儀式を行った時、両腕を位置につけてから精神と共に素早く左腕を下ろさなければならない。そうすれば2つの儀式が行われたことになる」

フリーメーソン2階級の儀式のポーズ。右手の指を少し曲げながら胸を指している。ダンカンモニターの書の16ページにはこう書かれている。「Due guardのサインを行う時、気をつけて左腕を素早く下ろさなければならない。そうすれば、精神的にも肉体的にも儀式が行われたことになる」

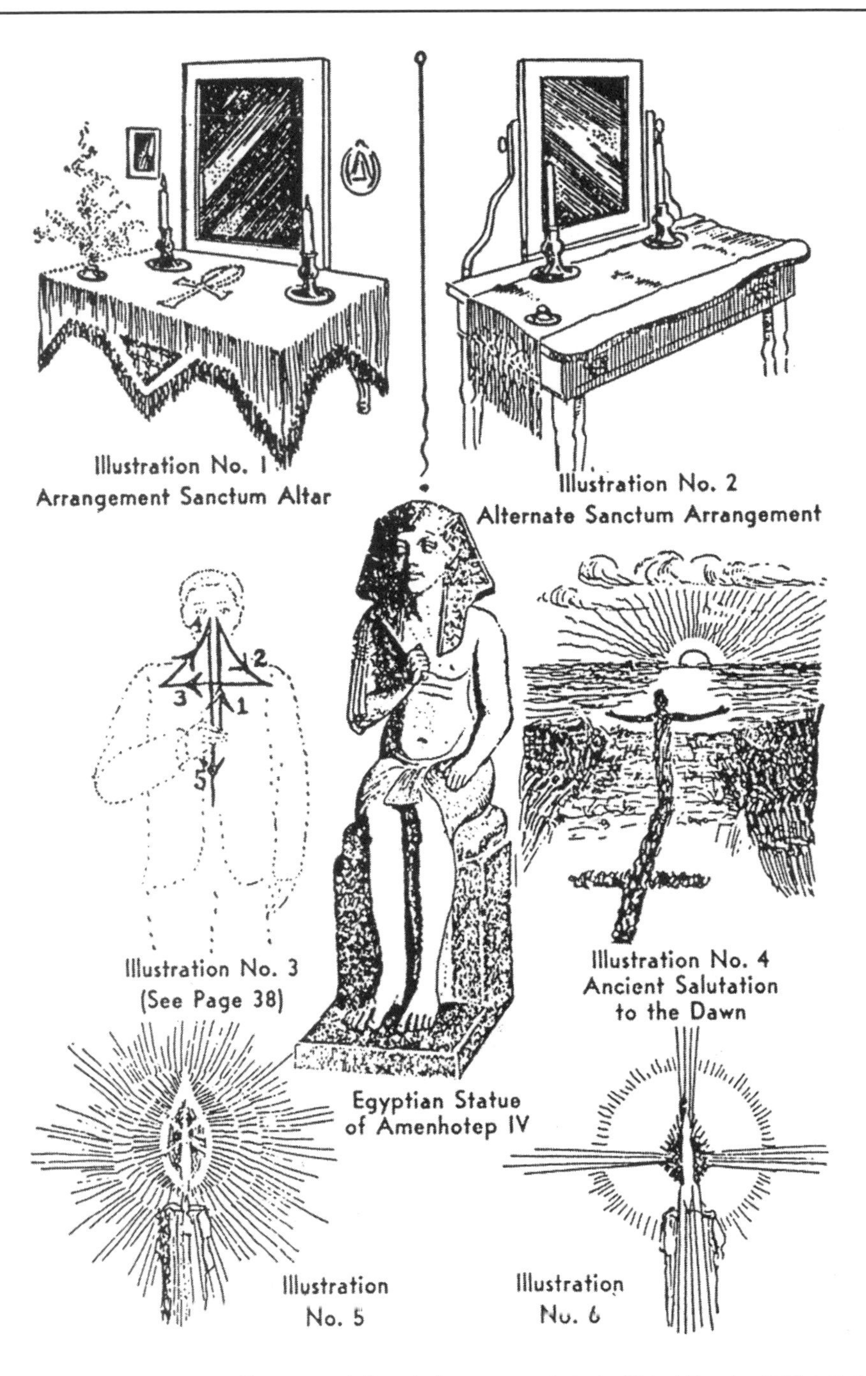


薔薇十字団のマニュアルに描写された古代エジプトのアメンホテプ４世のイラスト。両手を見るとフリーメーソン２階級の職人儀式で行われる位置につけているのが確認できる。

エジプトのギーザに位置する大ピラミッドの壁にある古代エジプトのファラオ、ジョセル第３王朝。

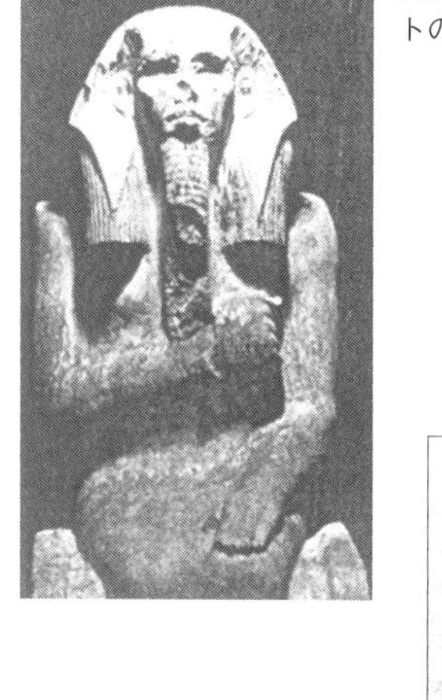

エジプトのギーザにある
古代エジプトクフ王の像。

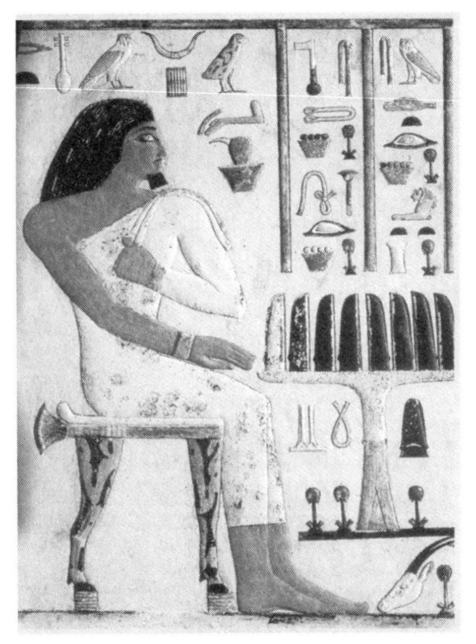

WORLD

The Associated Press

Statue of high priest Kai

# Excavations yield treasures of ancient Egypt

GIZA PLATEAU, Egypt (AP) — Egyptian excavators digging in two ancient cemeteries have discovered an archaeological bonanza buried within sight of the Giza Pyramids.

Finds include several painted statues — one an extraordinary

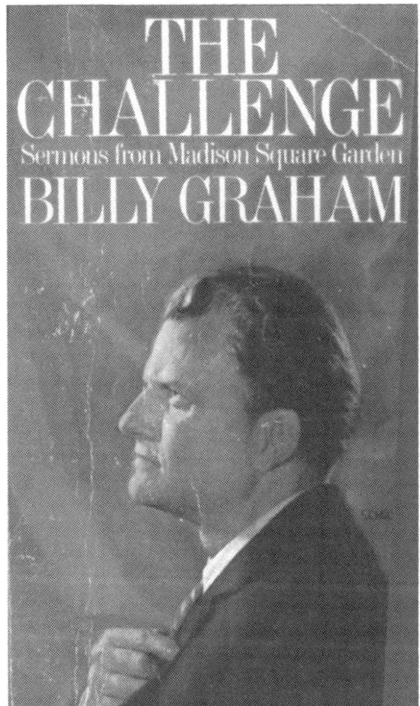

(左上) 古代エジプトの政治家、ウェプ・エム・エフレット。
(右上) エジプトのギーザで考古学者によって発見された大祭司カイの像。
(下) 全米で名の知られた伝道者ビリー・グラハムのこのポーズとファラオのポーズを比較してください。グラハムはイルミナティの高い階級に所属しているのだ。この本の表紙のポーズは古代エジプトで実在したクフ王と同じポーズをしている。

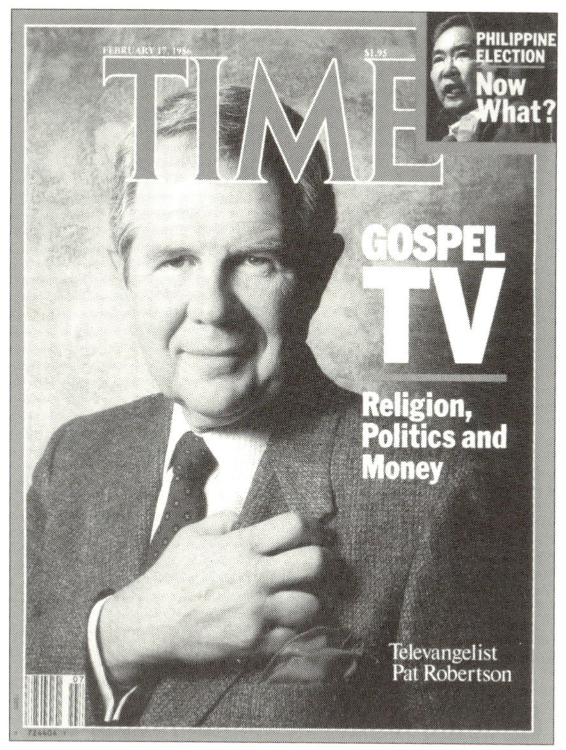


「CBN」や「700クラブ」の創設者でキリスト教プロテスタント保守派の指導者だったパット・ロバートソンだが、それは表の顔で実際にはイルミナティに所属する悪魔崇拝者。1986年２月17日に発売された「タイム」の表紙にこんな写真で登場してから、共和党の代表的な議員になった。バージニア州ノードフォークに位置するストリートバプテスト教会の指導者にもなったが、フリーメーソンがこのように教会を名付けた。

（右）コーメーソン（フリーメーソン女性会員の呼び名）だったアニー・ベザントは神智学協会初代会長のヘンリー・オルコットが亡くなってから会長に就任した。神智学協会のロゴは謎が多く、ダビデの星、蛇や丸い卍（まんじ）が描かれている。

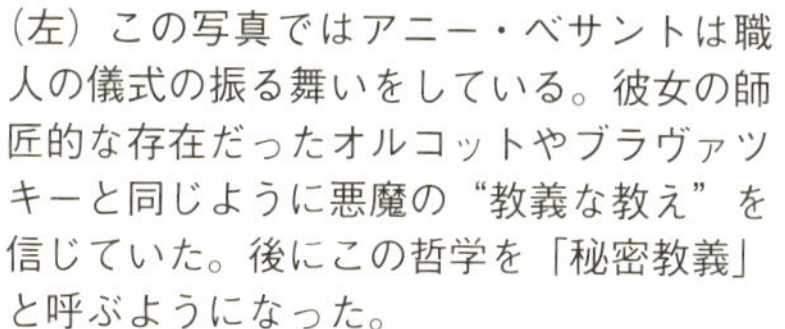

（左）この写真ではアニー・ベサントは職人の儀式の振る舞いをしている。彼女の師匠的な存在だったオルコットやブラヴァツキーと同じように悪魔の“教義な教え”を信じていた。後にこの哲学を「秘密教義」と呼ぶようになった。

(左) ジェシーとフランク・ジェームズは有名な強盗犯。２人ともフリーメーソンに所属していた。フリーメーソンの多くの秘密を暴露してきた陰謀研究家のラルフ・エパーソンによるとフランクはフリーメーソン33階級に所属し、KKK の前身だった秘密結社ゴールデン・サークル騎士団の最高責任者となった。この２人の強盗のシナリオはアメリカで「ロビン・フッド」という映画になったが、その内容はノンフィクションそのものだ。この２人が数々の強盗によって得た莫大な資金は彼らが所属した秘密結社の金庫へと保管されることとなった。
(右) リンカーン大統領暗殺の実行犯として歴史に名を刻んだジェシー・ジェイムズ・ブースはフリーメーソンおよびテンプル騎士団の上級会員だった。ジェシーのローマカトリック教会の上司はロッジを建て、そしてブース兄弟を「偉大なフリーメーソン会員10000人」に選出した。

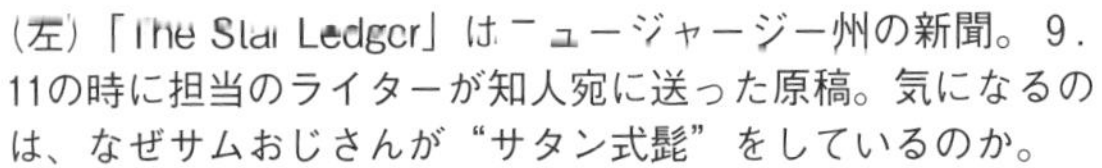

(左)「The Star Ledger」はニュージャージー州の新聞。９.11の時に担当のライターが知人宛に送った原稿。気になるのは、なぜサムおじさんが“サタン式髭”をしているのか。
(右) 天体物理学者、数学者、自然学者や天文学者の顔を持ったドイツ出身のヨハネス・ケプラー。彼が教えたピタゴラスの定理はイルミナティにも認められた。

14A · MONDAY, AUGUST 31, 1998 · USA TODAY

"USA TODAY hopes to serve as a forum for better understanding and unity to help make the USA truly one nation."

—Allen H. Neuharth
Founder, Sept. 15, 1982

David Mazzarella
Editor

Karen Jurgensen
Editor of the Editorial Page

Thomas Curley
President and Publisher

# Even presidents in peril could bolster dispirited Russians

Forget lofty expectations of bygone summits. President Clinton's meeting with Boris Yeltsin in Moscow this week may go down in history as the summit of survival. Bruised and battered by political misdeeds, Clinton and Yeltsin begin talks Tuesday, with the goal of doing nothing to worsen already shaky futures.

And that political reality begs the inevitable question: Why bother?

The undeniable answer: Better to engage Russia than to ignore its problems.

Yeltsin's hold on power may be gossamer, and Russia's economy a wreck, but neither vulnerability negates the power Russia retains.

The Russian government still controls more than 6,000 nuclear warheads, each a significant threat in the wrong hands. Russia holds a third of the world's gas reserves, about 50 billion barrels of oil reserves and other vital re-

AP/TV

**Staying put:** Russian President Boris Yeltsin vows to serve full term during TV interview in Moscow.

ness in Congress to offer assistance to a gov-

（上）エリツィンはイルミナティの目的の達成のために欺く弟子として知られていた。ソ連崩壊時にはイルミナティはロシアの富を強奪し、旧ソ連の一般市民には経済的苦だけを残した。エリツィンはアルコール依存症だったが、イルミナティに服従する人物だったことはこの写真が物語っている。
（下）1935年頃のイギリスの大富豪のジェームズ・ロスチャイルド。彼が右手を置く本はユダヤ系カバリズムに関する内容が記されたものと思われる。

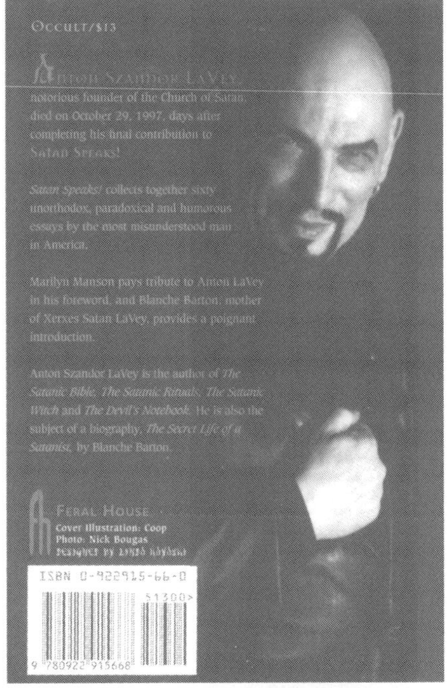

（上右）悪魔教会の創設者のアントン・ラヴェイ。自身が出版した『Satan Speaks（サタンは言う）』の裏表紙。彼はこの本の原稿を書いた直後の1997年10月29日に亡くなった。そして悪魔崇拝者として有名なロックスター、マリリン・マンソンがこの本の前書きを書いている。
（上左）当時社会民主党の党首ユージン・デブス氏。彼は合計５回も大統領選に出馬をしたが、最高支持率は1920年に出馬した時の６％だった。
（下）ローマ皇帝シーザーを主人公にした舞台。中央のシーザー役の男性がフリーメーソンで行われる職人の儀式の振る舞いをしているのが確認できる。

第6章

# 角獣、ヤギ、悪魔髭やその他悪魔からのメッセージ

思ったよりたくさんのタイトルを獲得した。僕はこれからもいろんな、印、暗号、握手、秘密を伝授してもらうことになるだろう。像が僕がこれから獲得する権利のあるタイトルを打ち砕こうとした。

『Confessions of a Heretic（異端者の告白）』に記されたアレイスター・クロウリーの言葉

アレイスター・クロウリーは有名な悪魔崇拝者だった。彼は頻繁に悪魔礼拝を主催しては長い髭で多くのパフォーマンスを行っていた。

1987年に陰謀作家ラルフ・エパーソンが公開した音声テープ『Secret Societies（秘密結社）』

悪魔崇拝とイルミナティや関連の秘密結社で行われる儀式は別物と考える人がいるが、実際にはこれ

らの秘密結社の儀式と悪魔崇拝には区別がないのが実情である。悪魔崇拝者で結社「Temple of Set」の創設者のマイケル・アッキーノは悪魔崇拝者達は儀式について正確に把握するべきであると述べた。後に悪魔崇拝者で「世界最悪の変人」と言われたアレイスター・クロウリー氏はアッキーノ氏の言葉に賛同した。クロウリー氏はその豊富な知恵でフリーメーソン、東方聖堂騎士団や関連の秘密結社の儀式や悪魔崇拝の集会に招待されて表彰されるほど評価された人物である。

**像によって打ち砕かれる**

クロウリーはルーマニアの首都ブカレストで秘密結社の儀式に参加した時に表彰や階級昇進、魔法に関する本を貰ったりして熱烈な歓迎を受けた。この時彼は少し混乱した状態で〝像が僕がこれから獲得する権利のあるタイトルを打ち砕こうした〟と述べた。

表彰、メダルといったお世辞によって簡単に人間の信用を勝ち取ることができるとナポレオンは観察して気づいた。クロウリーは反キリスト者を歓迎する儀式の「Babalon Working（ババロンの働き）」で多くの悪魔崇拝者を招待した。クロウリーの活動を観察し、後にサイエントロジーという偽の新宗教を創設したラファイエット・ハバードや、悪魔教会創設者及び『悪魔の聖書』の著者のアントン・ラヴェイや性学者及び動物学者のアルフレッド・キンゼイ等が含まれる。

クロウリーはイギリス政府に信頼され、第2次世界大戦でナチスドイツと交戦中だった頃にイギリス政府は彼の施設を利用していた。クロウリーは両性愛者だったことでも知られていた。そして、彼らが崇拝していたヤギ頭の象徴、バフォメットの正体を知っていたし、そしてバフォメットがイルミナティにとってどれだけ重要な存在であるのかも知っていた。自身の著書『Magic in Theory and Practice（魔法実行の理論）』でこんなことを記している。
「蛇であるサタンは人間の敵ではない。トートの書（エジプト神話）に出てくる悪魔である。非常に難解でその象徴は両性具有でバフォメットと言う。バフォメットの手紙では“Anin”（ヘブル語等に使われる文字）で目である。目は黄道十二星座の山羊の光であり、自由の象徴だ」
「イルミナティのインナーサークル」の奥にいる連中はクロウリー、キンゼイ、ラヴェイのような悪魔を崇拝する連中であることに疑いの余地はない。イルミナティとその服従者達は宗教侮辱、人間社会やその文化と自然界を壊すために利用されている。この連中の哲学はイルミナティ創業者のアダム・ヴァイスハウプトと同じ「神の領域への昇進」である。

## 意のままに振る舞う

神に反逆する人間が反逆の証（あかし）として行うことは、神の掟や神を信じる人々の宗教への冒瀆である。違う言い方をすると「意のままに振る舞う」ことだ。神や社会で決まられたルールからの自由という意味だ。フリーセックス、レイプ、略奪といった非常識な強欲は彼らには許されているのである。

アレイスター・クロウリー

「法から解放され、好きなことを意のままに行え」と言ったクロウリーの哲学どおりだ。

秘密結社の儀式で拝まれる両性具有で半山羊半神のバフォメットがイルミナティに強要するのは、「自分だけの行い」をすることだ。これはフリーメーソン及びイルミナティの思想家の象徴であり、地獄の炎の光、ルシファー灯火の象徴でもあるのだ。

秘密結社のエリートはバフォメットを知恵を与える存在として認めている。米ドルの1ドル札の裏側を注意深く観察すると、バフォメットの角が描かれているのが確認できる。

第6章ではバフォメットについて詳しく記している。またグリーンマン、パン、そして本書で述べたクロウリーと東方聖堂騎士団についても記している。角の生えた山羊頭のバフォメットはアレクサンダーの時代から拝まれてきた存在だ。聖書を見ると偶像礼拝の一種として火の角の生えたバールの神について記されている。

ミケランジェロ・ブオナローティのように、なぜか多く彫刻家が神を冒瀆している人物の作品を彫刻している。神の偉大なる預言者モーセが頭にバフォメットの角が生えているような作品等……これらの作品に彫刻された角は情欲を意味する。裏社会では、角は男性生殖器の象徴だからである。

ラファイエット・ハバード

## 星と山羊鬚

共産主義者の多くは星を象徴として使った（本章でバフォメットのイラストを記載してる。額に星があるのと長い山羊鬚が確認できる）カール・マルクスやチェ・ゲバラ等は星と長い山羊鬚を使っていた。それは言うまでもなく、隠れバフォメット崇拝者という意味でそうしていたのである。

悪魔教会創設者のアントン・ラヴェイは最後に出版した本『Satan Speaks（サタンは言う）』でバフォメットの髭についてこう記している。

「サタンニズムの本質は、五芒星の中にある山羊のあご髭の知恵だ」

ハリウッドの多くのセレブはサタンニズムの強欲に巻き込まれた被害者である。

マリリン・モンローやジェーン・マンスフィールドといった名女優は、イルミナティのエリートの性接待に利用され、エンターテイナーのサミー・デイヴィスJr.や多くのロックスターはイルミナティのエリートにゲームの玩具のように利用されていた。マリリン・モンローと同等にアメリカを代表した名女優のジェーン・マンスフィールドは悪魔

コネチカット州に位置するイェール大学敷地内の社会学を学ぶ建物にバフォメットが彫刻されている。ちなみにイェール大学は多数のイルミナティエリートを輩出した“名門”としても知られている。

崇拝にはまり、自分専用の黒とピンク色でできたバフォメットのネックレスを発注したほどだ。1966年にサンフランシスコで行われたイベントに、お気に入りのバフォメットネックレスを首にかけて参加していた。現在もハリウッドのセレブの間で悪魔崇拝が蔓延しているのは間違いない。形を変えただけなのだ。

## 預言する山羊の正体

ダニエル書8章8~22節には世界の終わりに現れる偽預言者を山羊として記している。その山羊の権力は増大し、その権力の証は額に生える角だと記されている。この得体の知れない存在は神の民を敵視する悪魔であり、イルミナティが崇拝するバフォメットそのものではないか?

## 悪魔崇拝の洗礼儀式

偽宗教の儀式ではキリスト教の洗礼を改悪して実施していることがある。本章に登場する写真は悪魔教会創設者のアントン・ラヴェイの著書『The Satanic Witch(悪魔の洗礼儀式)』に記されてるとおり、最新の悪魔礼拝の洗礼儀式である。洗礼儀式ではラヴェイ氏は悪魔教会の最終目的は〝新時代の到来〟と述べている(写真で洗礼を受けるのはラヴェイの娘のZeena(ジーナ)で彼女のその時の発言が記されている)。

筆者も洗礼を受けているが、それは牧師に体を支えてもらいながら冷たい川の水に体を入れられてす

*Αγγλος Πρωθιερεύς! Όχι όμως τοῦ .. Καντέρμπουρυ ἀλλὰ τῆς Μαύρης Μαγείας, ποὺ κατέλαβεν κατὰ τὰ τελευταῖα χρόνια ἐξ ἐφόδου ὁλόκληρον τὴν πρώην Μεγάλην Βρεταννίαν. Τὰ ράσα εἶναι κατακόκκινα, ὅπως καὶ τὸ κερὶ ποὺ καίγεται ἀνάμεσα στὰ κέρατα. Στὰ χέρια του ὁ «Πρωθιερεὺς» βαστάει δύο ἐνωμένα κέρατα καὶ κομπολόγι... Ὁ ναὸς εἶναι γεμᾶτος ἀπὸ «πιστοὺς» εἰς ἀδαμιαίαν περιβολήν. Ἡ ἱέρεια διαβάζει μαγικὰς ἐπικλήσεις... ἂς μὴν εἰσέλθουμε ὅμως σὲ ἄλλες λεπτομέρειες. Πάντως σὲ λίγες μέρες ἢ ἑβδομάδες ἡ Ἀστυνομία θὰ ψάχνη γιὰ μικρὰ ἀθῶα ἐξαφανισθέντα παιδάκια, ποὺ τὸ αἷμα τους χρειάζεται ἡ σατανικὴ Μαύρη Μαγεία!

（上左）1997年10月29日に亡くなった悪魔教会創設者のアントン・ラヴェイ。奇妙なことにエドモンド・ドゥ・ロスチャイルドグループの創業者のエドモンド・ドゥ・ロスチャイルドも同じ日に亡くなっている。ラヴェイ氏はバフォメットのあご髭を“知恵の印”と言っていた。
（上右）ギリシャ悪魔の秘密結社のグランドマスター。山羊の顔のマスクを冠っている。（アントン・ラヴェイの著書より）
（左）ラヴェイとその娘ジーナ。

ぐに起き上がるキリスト教式の洗礼だから誤解しないでいただきたい。そして神が創造した自然界を楽しむのである。母がその日の朝に用意した赤い礼服を筆者に着せていた時、筆者はバフォメットのネックレスで遊んでいた。

そのバフォメットが若い女性の裸よりも多くの男を興奮させてきた事実に気づくのに数年かかった。アーモンドオルガンも白と黒でできている事実に気がついた。これらの事実を発見した時は筆者は大いに喜んだ。

教会の祭司だった筆者の父は洗礼式を祝福する祈りをした。その時筆者は今までに感じたことのない平安を感じたのを今も忘れない。果たして、この平安を感じたと素直に言える人間がこの世にどのくらいいるだろうか？　その時、彼らが持っていない何かを持っていると誇らしく思った。そして、世界に悪を働く悪魔の弟子になるとは、どういうことなのかもわかった。女性が悪魔崇拝者となって悪を働く時は、女の武器を使うことも判明した。洗礼式で語った言葉は一生忘れることはないだろう。

## 洗脳された世代

今の若い世代はテレビ、映画、アニメ、コンピューターゲーム、コミックブック等によってサタン王国へ引っ張られ、洗脳された世代と言える。『ハリー・ポッター』の魔法の書籍は多くの若者をサタンの闇の世界へ連れ込む大きな要素となった。「スター・ウォーズ」といったファンタジー映画は若者の純粋な発想を消し、サタンの哲学で洗脳してしまった。

最終的には全世代がイルミナティが計画している恐ろしい社会に適用するために知らぬ間に訓練され

てしまい、意思がないかのような状態で彼らの思うがままに動くだけのロボットになってしまう。過去に類をみないほど、多くの人がサタンニズムやイルミナティズムに洗脳されている。バフォメットの背後に隠れる〝お方〟は多くの奴隷の誕生に誇らしく思っているに違いない。

バフォメットはテンプル騎士団をはじめとするイルミナティ系列の秘密結社で崇拝される対象となっている。その形はアンドロギュノス（男女両性を備えた両性具有）の山羊である。右手は光である上を指しており、左手は闇である下を指している。額にはペンタグラムがあり、その上には火が出るトーチがある。性器からは2匹の蛇が出ている。その他オカルト的なシンボルが見受けられる。

剣を持つ邪悪な山羊。（コリン・ウィルソン著『Witches〈魔法〉』より）

グリーンマンの一種である“Il Vecchio”レプリカ。（トスカノデザインより）

Michelangelo's Florentine Man Wall Relief
Our resin replica captures all the beauty of the original Renaissance relief carved by Michelangelo as part of his design for the Laurentian Library in Florence. Its seamless blending of man and nature creates a breathaking effect for home or garden. 9″Wx1½″Dx12½″H. 3 lbs.
OS-6111 $29.95


ミケランジェロ・ブオナローティの作品“フロレンティーン・マン”のレプリカ。有名な彫刻家によって作られたグリーンマンである。（写真はトスカノデザインより）

詩人で画家のウィリアム・ブレイクの詩集『無垢と経験の歌』に登場するフルカラー作品「The Shepherd」（羊飼い）。クリスチャンにとっては羊飼いはイエス・キリストだが、ブレイクにとっては違うようだ。この写真でご覧のとおり、羊飼いはバフォメットの長いあご髭をしているのと、手には蛇のような棒を持っている。（テキサス大学オースティン校資料より）

金髪が売りだったジェーン・マンスフィールドはハリウッド女優時代に黒魔術によって悪魔の力を使うことができると信じていた。(写真は1988年にニューヨークで公開されたもの)

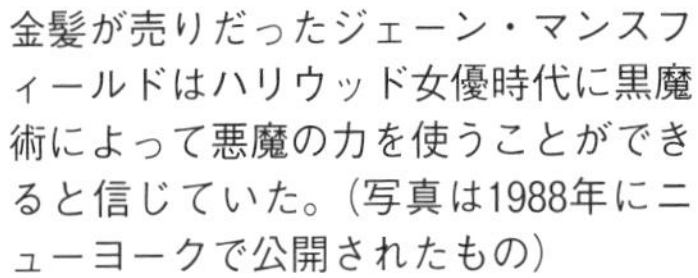

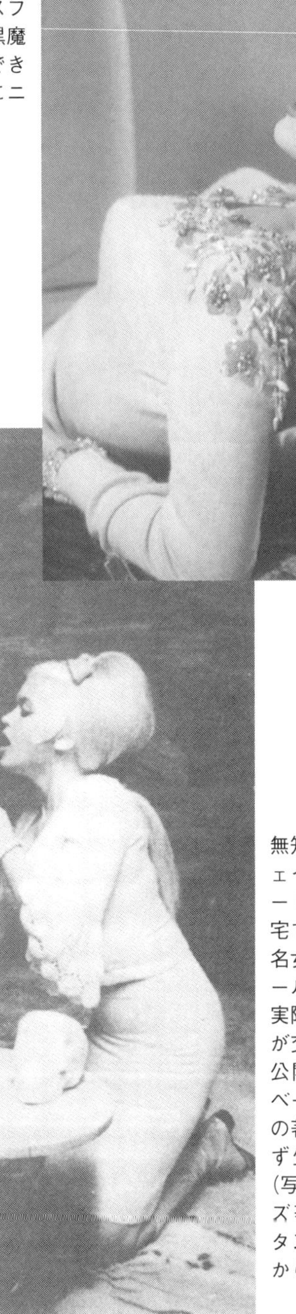

無知な彼女はアントン・ラヴェイに伝授された“プライベート儀式”をハリウッドの自宅で行った。この写真はあの名女優ジェーン・マンスフィールドのハリウッドの自宅で実際に撮られたもので、彼女が交通事故で死んだ後に一般公開された。さて、“プライベート儀式”に参加をした他の著名人達はどうやって死なず生きているのだろうか？(写真はアーサー・ライヨンズ著『Satan Wants you（サタンは君を欲しがっている)』から引用したものである)

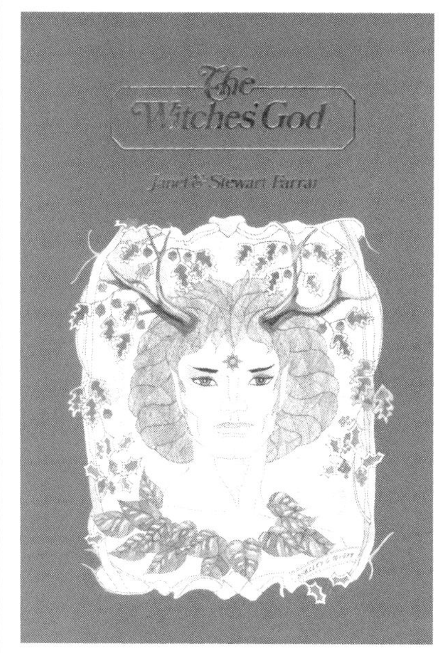


森、川、山の神とされる角の生えた神パン。多くの魔術師から崇拝される対象となっている。写真の本『The Witches' God（魔法の神）』の表紙では、額に角が生えている。そしてキヅタ属の葉っぱが大好物だという。（実際にキヅタ属の葉っぱはハーバード大学やイェール大学のキャンパス内、そしてエリート達が働く建物にも見受けられる。ハリウッドにもある）

ロンドンのハイド公園に設置された神パンの銅像。角、あご髭が確認できる。これは彫刻家ヤコブ・エプステインの作品で「Family of Man」と呼ばれている。クリスチャンが多いとされるロンドンでなぜ悪魔系の作品を作ることが許されたのだろうか？　イルミナティの支配力がクリスチャンよりも優位なのだろうか？

ケルト神話に登場するケルヌンノス。その角はシカと同じ。英国の博物館にあるこの銅像だが、背後にはインド神話の太陽神シヴァが設置されている。そしてケルヌンノスの手は「El Diablo」の形をしている。ロックミュージックでよく使われるハンドサインだ。

この歴史的な革命家もバフォメットのシンボルの１人である。彼の髭に注目してほしい。キューバの革命家のチェ・ゲバラはエリファス・レヴィが描いた長い髭と頭に星のあるバフォメットに似た大きな髭をしているではないか。

五芒星の内側に描かれるバフォメットは「Goat of Mendes」（メンデスの神）と呼ばれている。悪魔のもう１つの顔だ。

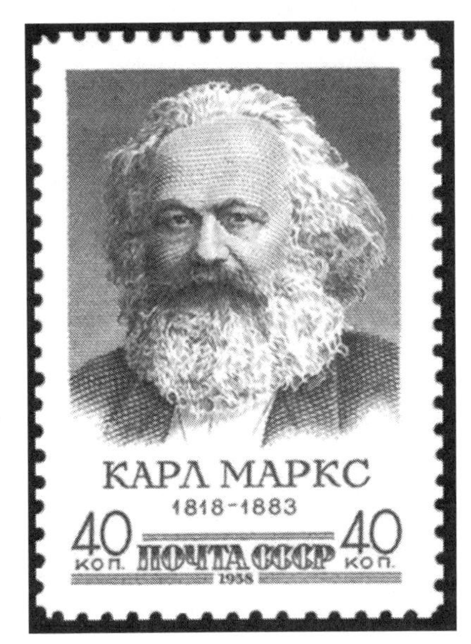


1938年にロシアで発行された郵便切手。歴史的な共産主義者のカール・マルクスを讃える内容が印字されている。彼はユダヤ人シオニストであり、フリーメーソンに所属する隠れサタンニストだったのだ。彼のあご髭はイルミナティが裏で崇拝するバフォメットへの服従の証であり、宇宙、知恵そして計画を意味する。

アメリカ元大統領のジョージ・H・Wブッシュ（パパブッシュ）。彼がこの写真で冠っている帽子に描かれている星と首周りにあるロゴの意味は正直解答できてない。おそらく、テキサス州の愛称である「Lone Star State」（１つの星の州）と関連していると思われる。オーストラリアの情報通からパパブッシュに関する衝撃の情報が寄せられた。山羊のマスクを冠ったままホワイトハウスの大統領執務室に入室して周りを驚かせたのだという。

1904年に出版されたアレイスター・クロウリーの著書『法の書』の表紙の内側のイラスト。上には東方聖堂騎士団のロゴがデザインされている。この秘密結社はロケットエンジニアだったジャック・パーソンズによって設立された。サイエントロジーを設立したL. L. ハーバードも関わっている。クロウリーは“父”と呼ばれ、チーフを務めた。バフォメットの隣にあるダイアモンドは“deluxe Tau”と呼ばれるタウで構成されている。これは高い階級に所属するイルミナティのエリートの証。さらにバフォメットのＢの字は666に見えるように書かれている。この数字はヨハネの黙示録13章に書かれた獣の数字である。ちなみにクロウリーは出版した『法の書』は彼が崇拝していた「Aiwass」または「Horus」と呼ばれる悪霊を絶賛する内容になっている。意味不明な言葉も多い。それは、この悪霊を賛美する内容を暗号化したものだ。

東方聖堂騎士団のグランドマスターの記章。この動物はペガサスの馬とおんどりの組み合わせになっている。上には黒い六芒星が描かれており、星の内側の円は卵の形をしている。

**Baphomet Goat Head**
Wall plaque made of ceramic, painted light steel gray with distressed finish, & attached wall hanger. Baphomet goat head, inverted pentacle & symbols are in 3-D relief. *Approx. 10" diam.*
[4]*#SBGO* **$34.95**

**Seal of Babalon & the Brotherhood A∴ A∴ Wall Plaque**
Made of ceramic with attached wall hanger. Black painted background with characters in slight relief, painted red. *Approx. 10" - 11" diam.*
[4]*#SBAB*
**$25.95**

**Baphomet Wall Sculpture**
Made of ceramic, painted steel gray, with attached wall hanger. Baphomet figure is in 3-D relief & is based upon the Eliphas Levi drawing. Heavy weight. *8" wide x 12" tall.*
[4]*#SBAPP* **$34.95**

**Sabbatic Goat**
Eliphas Levi's Baphomet God of the Witches.
*Approx. 1⅜" diam.*
*Silver finish*
[1]*#ASABS1* **$6.95**
*Gold finish*
[1]*#ASABS1G* **$6.95**

秘密結社のものを販売する店で売られていた壁画。ババロンの印章やブラザーフッドの壁画が描かれている。悪魔崇拝者だったエリファス・レヴィが描いたサバトの山羊、バフォメットも描かれている。

サバトの儀式で中心になっているのはサタンそのもの。（フランスの古代木版画）

バールもいろんな神と同様、角の生えた形で描かれている。これは子供を生け贄として捧げる炎の神バールの儀式。

アレクサンドロス３世の崇拝者は彼の顔に角をつけている。彼が常人にはない力があるように見せかけるために。ギリシャの硬貨にギリシャ軍人のように角の生えたアレクサンドロス３世の顔が刻まれている。

World&Nation

# Archaelogists believe they've found the lost tomb of Alexander the Great

**By EILEEN ALT POWELL**
The Associated Press

CAIRO, Egypt — Archaeologists believe they've found the tomb of Alexander the Great in the Egyptian desert, solving one of the great mysteries of ancient times, the head of Egypt's antiquities department said today.

"I do feel that this is the tomb of Alexander," Abdel-Halim Noureddin, chairman of the Egyptian Antiquities Organization, told The Associated Press. "All the evidence is there."

"We have dreamt about this for a long time," he said. "When you find it, you never quite believe it."

Noureddin, one of the nation's ranking Egyptologists, spoke after visiting the site near the oasis of Siwa in the Western Desert.

Alexander, king of Macedon, was one of the greatest generals of all time and one of the dominant personalities of the ancient world. He led his armies out of Greece in 334 B.C. at the age of 22, creating an empire that covered much of Asia and spreading Greek culture throughout the Mideast and Asia.

He is believed to have been planning a voyage by sea around Arabia when he caught a fever and died at Babylon in 323 B.C. at the age of 33.

His burial place is one of the great unsolved mysteries of the ancient world. History has it that after the Macedonian warrior died in Babylon, now in central Iraq, his body was moved to Syria and then to Egypt.

But the burial place was never found.

Last weekend, Greek archaeologists looking for the site disclosed that they had found two limestone plaques near what appeared to be a large tomb at Siwa, 50 miles east of the Libyan border.

The plaques were written in Greek and recount how Ptolemy, Alexander's aide and successor, brought his master's body to the tomb and buried it, according to newspaper reports.

Noureddin said there was no question that the site "is a royal tomb." Its size, he said, indicates that "it is not for the ruler of the area or the province."

Newspaper reports described it as 130 feet long and 65 feet wide and built with large stones.

The inscriptions provided "very good evidence" that the tomb was Alexander's, Noureddin said.

Greek-language specialists in the Egyptian Antiquities Organization will translate the writing on the plaques, he said.

The Greek archaeological team, headed by Leana Souvaltze, has been digging at Siwa for four years. Noureddin said the team would continue its work and that he would send other specialists to see the site.

The Siwa oasis, the Mediterranean port of Alexandria and the ancient Egyptian capital of Memphis have been considered the most likely sites for Alexander's burial place.

Other evidence suggesting he was buried in Siwa appears in references at the tomb to Amun, the sun god.

About 570 B.C., the Pharaoh Amasis built a temple in Siwa to Amun, and the temple oracle gained fame for answering even the most difficult questions. The Greeks later called the god Zeus.

Alexander went to Siwa in 332 B.C. for a private audience with the oracle. According to legend, the oracle told Alexander he was divine and Egypt's rightful owner. Alexander took Egypt without a struggle, then died at Babylon nine years later.

**Tomb of Alexander found**

ASIA
AFRICA
Kingdom of Alexander the Great between 334 B.C. and 323 B.C.

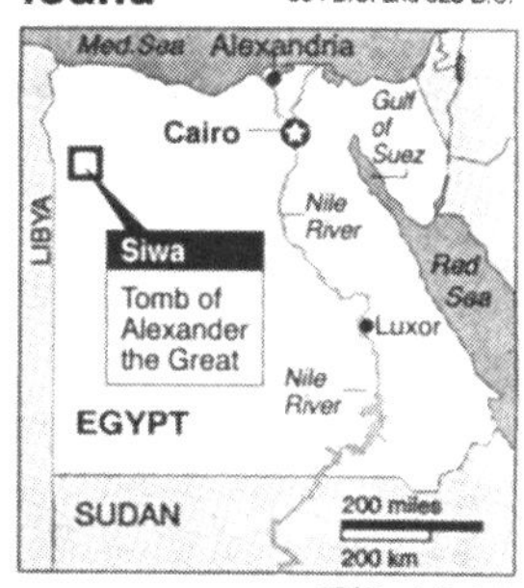


AP/Wm. J. Castello

1995年４月１日のAP通信のこの記事よると、アレクサンドロス３世の骨はエジプトのシワ・オアシスで発見された。

中世の芸術家達（特に暗躍していた芸術家）は聖書の歴史的な人物の作品を長い髭と角が生えた姿で作っている。

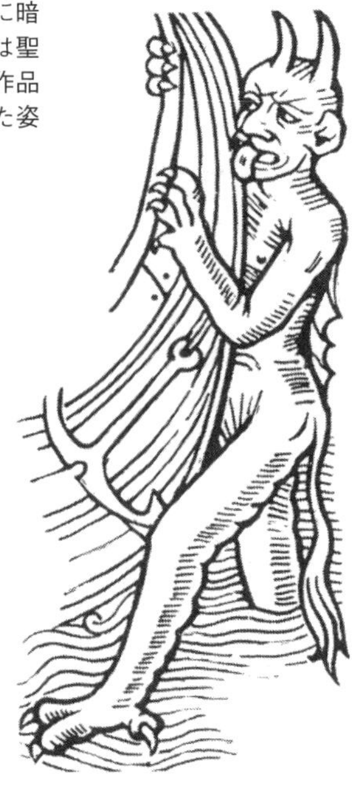

デビル（悪魔）は長い歴史の中で角、双足、爪と尾の生えた存在だと群衆の間では伝説となっている。

多くの人のイメージでは悪魔は角の生えた存在として定着している。煙牛⁉

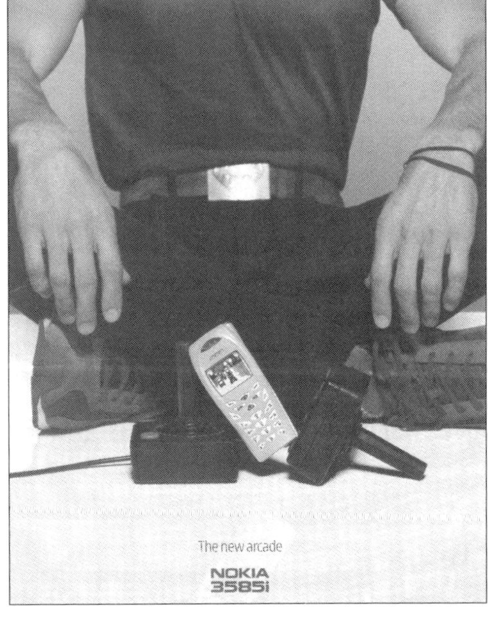


ノキアのこの広告は一見して無害のように思える。しかし注意深く観察すると、この男性のベルトには角の生えた何かが刻まれているのと、彼の左手にはカバラ儀式のメンバーであることを示す証が。

ビル・クリントン氏が雑誌「タイム」でMan of the yearとして表紙を飾っている。彼の頭の背後に隠れるMの文字の上の部分が角のように見えるのがおわかりだろうか？

# Horns make Clinton look like the devil

Look closely at Time magazine's latest issue and decide: Is Bill Clinton "Man of the Year" or the devil of the decade?

Editors at the newsweekly meant to honor the president-elect by putting his smiling face on their year-end cover. But, oh, the way they did it!

His hair overlaps the high points of letters in the Time logo, making it appear as though the Democratic politician has horns.

"No, Bill Clinton is not the Antichrist," said Time spokesman Robert Pondiscio, who has been forced to field phone and fax questions about whether Clinton is from down in Arkansas or from Down Under — and we don't mean Australia.

One caller pointed out that Clinton was the 66th Man of the Year. That figure, reflecting a belief that 666 is satanic, supposedly shows "Time is in league with the devil," Pondiscio said he was told.

For the record, he said, the cover causing double-takes was unintentional.

Watch for an editor's note on all this in next week's issue.

**Gannett News Service**

アメリカ大手の日刊紙「Gannett News Service」は「タイム」の表紙について「クリントン大統領は悪魔のように見える」と記事を書いた。記事によると意図的ではないと書いてあるが、意図的に決まっている！

"That which we must say to the ***CROWD*** is: we worship a god, but it is the god that one adores without superstition. To ***YOU*** Sovereign Grand Inspectors General, we say this, that you may repeat it to the brethren of the 32nd, 31st and 30th degrees – the **MASONIC RELIGION** should be, by all of us initiates of the ***high*** degrees, maintained in the purity of the **LUCIFERIAN** doctrine. If Lucifer were not god, would Adonay (Jesus)... calumniate (spread false and harmful statements about) him?... **YES, LUCIFER IS GOD...**"*

*A.C. De La Rive, *La Femme et l'Enfant dans la Franc-Maçonnèrie Universelle* (page 588).

Baphomet

General Albert Pike, 33°

This is the symbol of Baphomet. It was worn by Aleister Crowley, this century's most notorious satanist.*

Let me show you one more picture.

*See Equinox, Vol. 3, No. 1, pg. 248 by Aleister Crowley.

The Sovereign Grand Commander
Henry C. Clausen, 33°

Look whose sign is on his hat...
***Baphomet !!***

両性具有の獣神であるバフォメットは世界で最古のフリーメーソンロッジであるスコッティッシュライトの刻印と非常に似ている。ここに掲載した2ページはChick Publications（チック出版社）のイラスト集にも紹介されているもの。
19世紀にフリーメーソン33階級にしたグランドマスターのアルバート・パイク。この写真は南北戦争直後に撮られたもの。悪魔崇拝者であることが確認できる。フリーメーソン33階級に所属していたヘンリー・クラウゼンやフレッドクレインネッチもこの刻印のある衣装を身にまとっていた。

画家のマルク・シャガールはロシア生まれのユダヤ人。1939年に「美女と野獣」を元に画いたこの作品では花婿は角が生えた山羊を描いており、そしてこのカップルが赤い天使に指示されている内容。

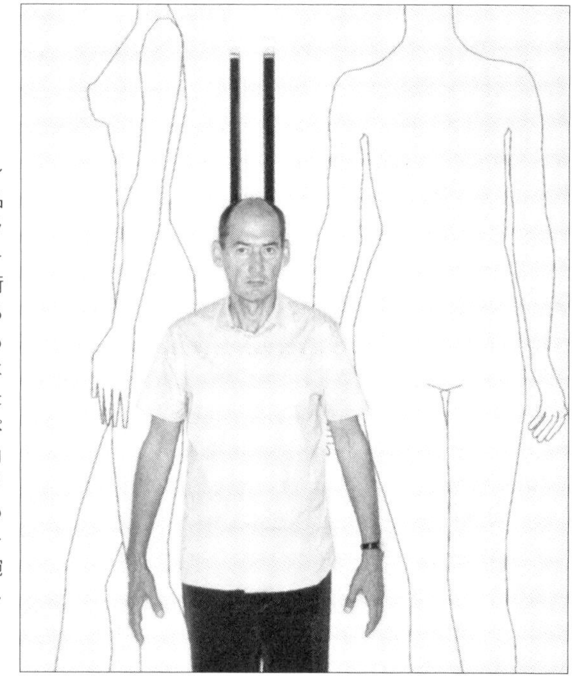

レム・コールハースはオランダ出身の建築家。最近の作品は国立図書館の他、人気ブランドのプラダの店舗、ニューヨークのグッゲンハイム美術館やホイットニー美術館である。ベストセラー級の書籍も多数出版している。写真は2002年１月28日に発売された「ニューズウィーク」の58ページ。彼の後ろにある棒は角のように見える。彼は何かメッセージを伝えてるようにも見える。両サイドに写るヌード女性のボディーラインや腕はセックスへの欲望を意味している。

White Light Pentacles/Sacred Spirit Products

"TRADITIONAL MAGICKS FOR THE NEW AEON"

(上) 有名な魔法雑誌に描かれたもの。両サイドの神には角が生えており (ルシファーを意味する)、2人の頭の間には星が描かれている。
(下) 魔法系の商品の広告。下には"Novo Aeon" (新時代) のための"Magik" (魔法) 商品のセールを宣伝する内容が記されている。ルシファーと女神が魔法によって地球を操作してる絵が真ん中に描かれている。

ドイツのファウスト伝説に登場する悪魔メフィストフェレス。1928年に出版されたマンリー・P・ホールの著書『The Secret Teachings of All Ages（すべての世代の封印された教え）』で、フリーメーソン33階級の儀式で呼び出される様子が描かれている。よく見ると、映画「スター・ウォーズ」に登場するジェダイ評議会の長老で老人の姿をしている銀河唯一の存在であるグランドマスターのヨーダにそっくり。注意深く観察すると、左側にバフォメットの壁画と右上に頭蓋骨が確認できる。

「Earth First」という環境問題に取り組む過激な団体のメンバー。ギリシャ神話に登場する神「パン」のような衣装を身にまとっている。パンには愛人がいて、その愛人は“地球の女神”と呼ばれていたようだ。

第7章

# 「エル・ディアボロ」がついに角を見せる——悪魔が暴走する！

以前は悪魔崇拝者で現在クリスチャンになった人は、クリントンが大統領時代に見せた印は悪魔を示す意味があることをわかっていた。クリントンが数秒たらずで見せた印で彼が何者なのか、そして誰に服従して何をこれから企んでいるのかがわかった。

フリッツ・スプリングマイヤー著『Bloodlines of the Illuminati（イルミナティの血統）』

テレビ、雑誌、スポーツの大会、大統領就任等あらゆるところでその印は撮影される。その印は言うまでもなく角の生えた悪魔「エル・ディアボロ（スペイン語で悪魔を意味する）」の印そのものだ。その印は悪魔の角を示すものである。この印は比較的新しく、悪魔教会のメンバー、ロックスター、ヘビーメタルバンドが表舞台で見せる人差し指と小指を立てる印。この印はロックバンドやそのファンの間で定着したほど影響力がある。

## アイ・ラブ・ユー・サタン!?

この印は聴覚障害者が手で〝愛している〟という意味を示すことがあるから誤解を招きやすい。最初にこの印を見ると〝なるほど、そう言うことか〟とわかったつもりで納得することがある。この手話を示したヘレン・ケラーは悪魔崇拝者に「アイ・ラブ・ユー・サタン」として使われることを知って、ワザと示したのだろうか？ 彼女は神智学協会の会員で神秘主義者だった。彼女はこの手話をして「I love you satan」と言ったのだろうか？

テキサスの象徴である雄牛の角〝hook 'em horns（角で掛けろ）〟のシンボルで大学スポーツの観戦でよく用いられるジェスチャーと、エル・ディアボロの指文字は混同されやすい。テキサス大学のマスコットと学生の間で流行った。２００４年のアメリカ大統領就任式でジョージ・W・ブッシュ（ベイビーブッシュ）と次女のジェンナ・ブッシュがこの指文字のジェスチャーをした時は世界に衝撃が走った。ジェンナがテキサス大学の卒業生だったことはメディアでは知られていなかった。大統領の就任式でブッシュのもう1人の娘が同じジェスチャーをしている姿が写真に撮られていた。ブッシュの妻でファーストレディのローラ・ブッシュと母のバーバ

角の生えた悪魔を示す印はご覧の３種類。右手で行う印は聴覚障害者が行う手話で愛しているを意味するものでもあるから誤解を招きやすい。

ラ・ブッシュもその指文字をしている写真を撮られていた……。

## 飲み会、パーティ、反抗、それとも……？

　ロックスターのコンサート等でファンがエル・ディアボロのジェスチャーをするのを見かけるのは珍しいことではない。知らずにやっている彼らは悪魔崇拝に関しては無知であることの証拠だ。彼らは悪魔を崇拝する意味として使うわけではなく、飲み会、パーティまたは若者の反抗という意味でこの指文字を使っている。だが、本章で紹介する著名人等は、エル・ディアボロへの服従の意味で使っている人々なので誤解しないでいただきたい。例えば、アメリカ大統領のビル・クリントン（当時）とイタリア首相のシルビオ・ベルルスコーニ（当時）がアメリカのアーカンソーでエル・ディアボロのジェスチャーをしている。彼らはここで単にテキサスのスポーツ観戦のファンであることを伝えたいのだろうか？　筆者は自分の意見がはっきりしているけど、読者の皆さんはどうでしょう？

　筆者と読者が悪魔崇拝の意味を否定したくとも、もし悪魔崇拝の意味で使っていなかったとしても、確実に言えるのは、角の生えた堕天使に服従している、その意思表示として使われているということだ。この章の後半で紹介するが、悪魔を崇拝する吸血鬼と自称する男がナイフで66回刺して、犠牲者の血を飲んだが、悪魔崇拝の意味でジェスチャーをしている。ヒンドゥー教の儀式や悪魔教会を創設したアントン・ラヴェイがこのジェスチャーをしている写真を見ればその意味を読み取れる。

　クリスチャンと自称する男がこの写真で行っているジェスチャーに注目してほしい。この写真を見て読者は何を思うのだろう？　唯一無二の全能の神の奉仕者なのか、それとも敵対するルシファーの弟子なのか？　ハンドジェスチャーを見て読者が出す結論は？

Margaret Carlson

# The Centrist Doesn't Hold

## Isn't it amazing how one low-key defector put the lie to the "new" G.O.P.?

IN THE EYES OF WASHINGTON, SENATOR JIM JEFFORDS TOOK on a whole new identity last week. Switching parties is a big deal here, akin to a sex-change operation. But in Vermont, the Jeffords of this week seems little different from last week's—independent, pro-tree, pro-choice, pro–special ed. In the eyes of the country, it's George Bush's identity—consummate professional, protean charmer, reasonable conservative—that has become mottled. Bush campaigned as an adult who would restore not only honor but also professionalism to the White House. No all-night sessions strewn with pizza boxes. He would institute appropriate dress, muted cell phones and meetings that started—and ended—on time.

So how did this smooth Bush operation lose Jeffords? First, by its simple failure to recognize that Bush needed him more than he needed Bush. Grownups know that little things matter (Newt Gingrich shut down the government when he didn't like his seat on Air Force One) and that relationships are based on respect and reciprocity. Enamored of the corporate model, the Bushies treated Jeffords like some fungible account executive who could be replaced at will instead of recognizing that in a fifty-fifty Senate, every Senator is king. White House staff rarely saved Jeffords a seat at the table, and even tried to end-run him on the committee he chaired. He wasn't invited to a routine Rose Garden ceremony for a Vermonter named Teacher of the Year, and was reportedly denied his ration of West Wing tour passes. If it was just an oversight (their explanation), they hardly look like management geniuses. If it was a ham-handed snub (everyone else's explanation), it showed how petty they could be.

Even in middle age, White House aides can be full of themselves. But where was the mythical Bush charm, so potent it tamed the entire Texas legislature? In the Oval Office—the most seductive room on earth—with the stakes as high as they get, Bush couldn't persuade the Senator to stay with the party the Jeffords family had thrived in for three generations. It turns out that Bush reserves his charm for those who agree with him or are outright opponents. Wooing those who, by rights, should already be under your thumb looks wimpish. For them, how about the silent treatment or a bust in the chops? Thus Vernon Jordan gets a nickname (V.J.), whereas Jeffords barely gets a hello. Not for Jeffords a dinner in the private quarters or one of those coveted invitations to dine on chicken cacciatore and see the latest movie. Forget a call to the ranch.

In six months, Democrats hadn't been able to define Bush as bent on satisfying his right wing at the cost of the center. Jeffords did that in one press conference. The debate shifted overnight to whether Bush could continue to govern from the right. Already, moderates are getting more attention: John McCain was invited for dinner, Olympia Snowe got her calls returned, Arlen Specter got a leadership post.

Bush aides tried to dress Jeffords in a Yankee clown suit, portraying him as addled from living among oddballs fond of natural fibers, gay marriage and socially conscious ice cream. "It's difficult to address all the quirks of someone who is self-described quirky, and I mean that with all respect," Karen Hughes said, adding, "There's something funny there." Aides described Jeffords, who has never met a camera he would preen for or a cheap shot he would take, as a powermonger seduced by Democrats with the promise of a committee chairmanship. This, although Republicans last week were offering to waive Senate rules and make him chair for life of the Education Committee if only he would.

Bush values most that which he can finesse. At Yale's commencement, the charming C student boasted (again) of winning the presidency despite napping through college. What charming thing could Bush say to a man in his seventh decade who hailed from the greatest generation of Republicans and wasn't leaving because of "something funny" but for something principled? Finding a way to work with those like Jeffords, who saw him ruling from the right when he had promised to govern from the middle, would have taken the kind of effort Bush is loath to expend. The White House expressed no remorse. And on Wednesday, when Jeffords was with his colleagues and was about to go it alone, the eyes of all in the ceremonial room off the Senate floor filled with tears; not only would they be losing the majority, but they would be losing a friend. Jeffords is a serious man. It's why he got away. ■

**ALL THE PRESIDENT'S charm couldn't put his Senate together again**

BROOKS KRAFT—GAMMA FOR TIME

TIME, JUNE 4, 2001 43

2001年6月4日に「タイム」に載ったベイビーブッシュの記事。小指と人指し指で悪魔の角を示し、他の指を丸くしてるのも印象的。この記事を書いたライターはこのハンドサインについては言及せず、ブッシュが着ている服が大学生のように見えると書いてごまかしている。妙なことに「Charm」「Charming」「Charmed」（魅力、魅了してる、魅了した）という単語が6回も使われている。「Charm」はもちろん、魔法のお守りのことを意味している。そして遠回しにこんなことも記されている。“There something funny（何か面白いことがここにある）”と“Something funny（面白い何か）”。確かに、“面白い何か”がこの記事に写っている。

ベイビーブッシュはハンドサインを披露するのに慣れているようだ。

ブッシュ政権でファーストレディを務めたローラ・ブッシュ。悪魔崇拝者のハンドサインを披露している。自由主義者で妊娠中絶を支持している。アフガニスタンでイスラム過激派によって破壊されたブッダの像を再建するための資金提供をすることも支持した。

2005年に父の演説舞台のテレビカメラの前で堂々とハンドサインを披露するジェンナ・ブッシュ。同時に左腕でDeltaの印をしている。

ブッシュ夫妻揃ってハンドサインを披露。

# SIGNS OF THE TIMES

Common hand signs, where they came from and what they mean:

**1. THE HORNS**
Index finger and pinkie raised; thumb joins middle and ring fingers. See story at right for the many, many interpretations of this symbol.

**2. "OK"**
The modern interpretation of OK might come from President Martin Van Buren's nickname, Old Kinderhook. Another explanation comes from an 1839 Boston Globe misspelling of "all correct" as "oll korrect." Beware sending this sign in Germany, the Balkans, the Middle East and parts of South America, where it translates to "orifice."

**3. "I LOVE YOU"**
Raise index finger and pinkie finger with thumb extended. Drunken partyers posing for photos often mistakenly send this sign when trying to show "the horns." It's the official American Sign Language sign for "I love you" and is a combination of the letters, I, L and Y.

PAULO MARTINEZ MONSIVAIS AND J. SCOTT APPLEWHITE | ASSOCIATED PRESS

**The Bush family are multigenerational fans of the University of Texas Longhorns — or quite possibly, Black Sabbath.**

# Lost in translation

## The Bushes love the Longhorns . . . or is it SATAN?

KATHLEEN MURPHY COLAN
*Special to The Plain Dealer*

Does the Bush clan worship the devil? Signs here point to "not likely," but overseas, you might get a different answer.

During the inauguration festivities, the first family's "Hook 'em, 'horns" signal — right hand raised with the index and pinkie fingers extended — was interpreted as a salute to Satan and horrified thousands, especially in Norway.

The two-finger salute — flown by George, Laura, Jenna and even Grandma Barbara during inauguration festivities — has generated Internet chatter and news reports. For the record, the gesture is a sign of love for the University of Texas Longhorns, whose fans — whose numbers famously include the Bush family — often shout "Hook 'em,' horns!" at sporting events.

It's easy to understand where the confusion comes in — this is, after all, a hand signal that is estimated to be 2,500 years old.

For much of that time, it's been associated with pagans and the occult, and today it's best known among heavy metal music fans.

In the beginning, though, it was about a bull.

Ancient people used the symbol to call on the great horned bull, which was a protective god, but "as Christianity gained momentum, this horned god grew to be thought of as the devil, so those who still practiced this gesture as a protective measure were actually calling on the devil to ward away evil," writes Nancy Armstrong and Melissa Wagner, authors of the "Field Guide to Gestures" (Quirk Books, 2003).

Evidence of these beliefs are seen today in the "horn" amulets worn by many Europeans as magical protection against the evil eye. Still other signs of the horn are known as the mano cornuto (literally "horned hand"), which implies a man has an unfaithful wife.

More commonly here, it implies a man — or a woman — likes to rock.

The symbol seen at every rock concert for the past 30 years is attributed to heavy-metal masters Black Sabbath. According to VH1's "100 Most Metal Moments," which aired in spring 2004, Sabbath's Ronnie James Dio came up with the sign, but Gene Simmons of Kiss and funkmaster George Clinton also claim ownership.

Dio says he learned the gesture from his Italian grandmother, who used it to ward off the "evil eye."

Want more? It's used as a curse in parts of Africa; and in Russia, it's a symbol for so-called New Russians, the newly rich, arrogant and poorly educated.

Perhaps most surprisingly, in American Sign Language, it's a sign for an abrupt barnyard expletive that translates roughly to "poppycock." That produced a surprised giggle from the first lady's press secretary when revealed to her last week.

With so many meanings for one simple hand gesture, no wonder people are confused. Follow our guide to make sure you're sending the right message next time you send up a sign.

*Colan is a free-lance writer in Cleveland.*

**4. "PEACE"**
The "peace" or "victory" sign was made popular by Winston Churchill during World War II. The 1960s generation appropriated it as a sign of peace during the Vietnam era. President Richard Nixon was famous for flashing the double "V."

**5. "HANG LOOSE"**
The pinkie and thumb are extended from a fist as the forearm twists, causing the hand to wiggle back and forth. This gesture has origins in Hawaii and translates to "relax" or "be cool." Popular among surfers and hipsters around the United States.

**6. "LOSER"**
An "L" is formed with the index finger and thumb and displayed on the forehead. The "loser" gesture first made the scene in the 1994 movie "Ace Ventura: Pet Detective." Jim Carrey's character used the sign as his trademark gesture for making sure that those who didn't measure up knew it.

**7. FINGERS CROSSED**
The index and middle fingers of one hand are crossed, with the middle finger being brought over top of the index finger. This gesture traditionally is associated with wishing for good luck or to show the closeness of a relationship.

**8. "SHAME"**
One index finger is rubbed across the other. This gesture, known only in the United States, symbolizes the friction between the shamer and shamee.

**9. "LIVE LONG AND PROSPER"**
The palm is held flat and facing out while the middle and ring fingers are splayed apart, with a space in-between. "Star Trek's" Mr. Spock made this gesture famous. Leonard Nimoy, who played Spock, came up with the "live long and prosper" sign based on the Hebrew letter "shin."

**10. "THUMBS UP"**
Modern-day hitchhikers, Arthur "The Fonz" Fonzarelli of "Happy Days" fame and ancient Romans gave meanings to the gesture to get their points across.

*Text by Kathleen Murphy Colan*
*Illustrations by Milan Kecman*

オハイオ州クリーブランドの新聞「Cloveland Plain Dealer」はブッシュ一家が悪魔の角を意味する指文字を披露する記事を書いた。

FILE PHOTOS

President Bush (above), first lady Laura Bush (left) and former first lady Barbara Bush (bottom left) give the 'Hook 'em Horns' University of Texas salute at the inaugural parade. Jenna Bush (middle left) flashes the signal at the Black Tie and Boots ball.

# HIT WITH A 'HOOK'

## Countries criticize the first family's Longhorn salute as an insult.

By **JACK DOUGLAS JR.**
STAR-TELEGRAM

FORT WORTH, Texas — President Bush may have inadvertently ruffled feathers overseas by flashing a "Hook 'em 'Horns" sign during last week's inaugural parade.

Bush and the rest of the first family raised their right hands in the traditional " 'Horns" salute — customary among University of Texas Longhorns — as the school's band marched in front of the presidential reviewing stand Thursday.

But in Norway and some other parts of the world, a nearly identical hand gesture is considered an insult or, worse, a sign of the devil. In Mediterranean countries, it implies a man is a cuckold, the victim of an unfaithful wife. In parts of Africa, it is used as curse. In many European countries, it is used to ward off "the evil eye."

In Russia, it's a symbol for "New Russians," the newly rich, arrogant and poorly educated. In sign language, it means an off-color word for bull feces. A headline in the Norwegian Internet newspaper *Nettavisen* expressed outrage at the first family's collective gesture last week, saying "Shock greeting from Bush daughter" above a photo of Bush's daughter, Jenna, smiling and waving the sign, according to The Associated Press.

The originator of the "Hook 'em, 'Horns" sign said he doesn't see what all the fuss is about.

"I think 'silly' would be a very kind word for it," said H.K. Pitts, 73, who was a University of Texas student in 1955 when he came up with the hand signal. "It's much to do about nothing," said Pitts, who went on to teach history at Texas A&M University-Kingsville.

"I wouldn't think many Norwegians up there watch Longhorn football," he said. "So I'm not concerned about it that much, to tell you the truth."

テキサス州北部に位置するフォートワース市の新聞「Star-Telegram」もブッシュ一家に関する記事を書いた。編集者はテキサス大学の応援で使われる“Hook 'em Horns”の意味で使っていると強調しているが、アフリカやヨーロッパでは明らかに悪魔崇拝の意味を持つとも書いている。母のバーバラ・ブッシュもこの印を披露するのは不自然。それにジョージ・W・ブッシュと妻のローラ・ブッシュ、どっちもテキサス大学出身ではない。ジョージはイェール大学出身だ。

ロナルド・レーガン大統領がホワイトハウスで披露した悪魔崇拝を意味する指文字を、占い師で自身の政権でファーストレディを務めた妻のナンシー・レーガンも使うようになった。

ビル・クリントン大統領が披露しているのは悪魔崇拝を意味する指文字そのもの。

パパブッシュ政権で副大統領を務めたダン・クエール。

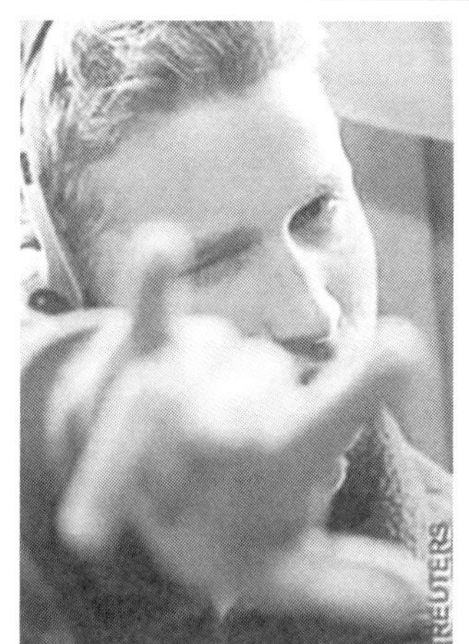

（上左）第52代ニューヨーク州知事を務めたマリオ・クオモ。ニューヨークの大富豪でマルタ騎士団の幹部を務めたピーター・グレイシーは“Cuomo The Homo”（クオモはホモ）とコメントをした。（上右）ワシントンD.C.市長を務めたマリオン・ベリー。後にコカイン所持の容疑で逮捕されている。こんな言葉を残している。“ワシントンD.C.の犯罪率は、国内屈指の低水準を誇る。殺人事件の枠外にある”（中左）ロベルタ・アンチェバーグはクリントン政権で住宅都市開発省長官を務めた人物。ユダヤ人でレズビアンの彼女はサンフランシスコで行われた同性愛者のパレードでこの写真を撮られた。（中右）英国王室のウィリアム王子。（下左）イタリア元首相のシルビオ・ベルルスコーニ。

ENTERPRISE

# The Kids in the Corner Office

Workplace: Flush with offers of $20 an hour, benefits and even stock options, Internet interns these days are in the driver's seat. BY LAUREN BARACK

WORKING THE SUMMER BEfore her senior year was a necessity for 20-year-old Kara Kotwas, who is paying her way through a computer-graphics-design program at Syracuse University. When she signed up for an internship, she expected not only hands-on experience with a reputable firm, but also a nice compensation package. "Some companies treat internships like a charity," says Kotwas. "But I can't imagine not getting paid for what I do."

Fortunately Kotwas, like a host of other college students this year, entered the internship market at just the right time. Kodak, where Kotwas spent her summer designing and laying out packaging in Rochester, N.Y., offered her $600 a week, plus health insurance, a rental deposit, commuting expenses and college credit.

Desiree Sylvester knew she needed experience before graduating last spring from Santa Clara University with a degree in communications. But she didn't blink an eye when Hewlett-Packard offered her $16.50 an hour—or $2,640 a month before taxes—last summer [illegible] full time as a writer on its internal Web site. "I didn't even think it would be unpaid," the confident 21-year-old remarks. "I went into one interview and they offered me $8 an hour and I was totally surprised. It was enough to make me say 'No way'."

With unemployment at a low of 4 percent, it's a buyer's market not just for job seekers in high tech, but also for interns. Tech companies and Internet start-ups are choosing to fill the gaps, at least in the short term, with what was once cheap labor. Now, interns pull in upwards of $20 an hour, with science and business majors typically earning the most. Recently Cisco Systems CEO John Chambers told an audience of cheering interns they would each receive 500 stock options—as long as they came back to work for the company after graduation.

**One step at a time:** *Nathan (left) and Jason Kuder went from internship to ownership in just a few months*

INDUSTRY STANDARD

*Prepared by staff of The Industry Standard, the news magazine of the Internet Economy*

74L NEWSWEEK SEPTEMBER 18, 2000

（上）マクドナルドの２大経営陣。CEOのチャーリー・ベール（左）と前任者のジム・カンタルーポ（右）。ベルの指文字は親指を上げているのに対して、カンタルーポは親指を下ろしたまま。どっちも悪魔崇拝の意味でやっているのだろうか？　それともどっちも違う意味で使っているのだろうか？

（下）2000年９月18日の「ニューズウィーク」の記事。この２人の若者は果たして、意味（悪魔の角）を知りながらこの指文字をしたのだろうか？

strange*days*

# Killing for

**Ever since Charles Manson and his Family made the headlines, murder has been a whole new ball-game, in which Satanic cult trappings, media stardom and anti-authoritarian rebellion without-a-cause have been inextricably entwined.**

**Now Daniel and Manuela Ruda, a pair of self-proclaimed vampiric Satanists, have shocked the world with their brutal 'ritual killing', tales of demonic possession and courtroom antics.**

**Whether the Rudas are mad, bad or just dangerous to know, the usual claims of large Satanic networks and more killers-in-waiting have emerged in the wake of this high-profile case.**

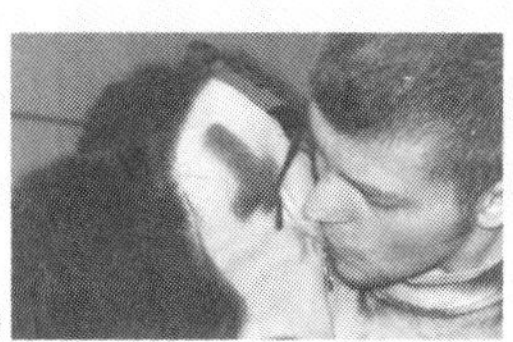

On 31 January, Daniel Ruda, 26, and his wife Manuela, 23, were found guilty of killing Frank Hackert "for Satan", and were sentenced to 15 and 13 years respectively. Manuela attended the regional court in Bochum, western Germany, in full gothic garb, her head partly shaved to reveal an inverted crucifix and a target tattooed on her skull. Her final gesture was to make a Satanic sign with inch-long black nails.

Manuela ran away to England at the age of 16, living first in London where she met other Satanists and attended vampire "bite parties" where people drank each other's blood. She then went to Scotland and worked in a hotel bar in Kyleakin, Skye. When the hotel closed for the winter, she paid four visits to the Leopard Man of Skye [see panel]. Back in Germany, she had her teeth removed and animal fangs implanted. On Hallowe'en night in 1999 she dedicated her soul to Satan and promised to serve him after her death.

That year she met Daniel Ruda, a car parts salesman, when he advertised in Metal...

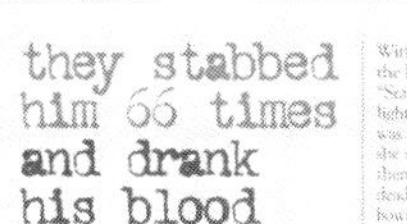

**they stabbed him 66 times and drank his blood**

Hammer magazine's lonely hearts column as a "raven-black vampire" seeking a "princess of darkness who hates everyone and everything". They married on 6 June 2001 and chose Daniel's workmate Frank Hackert, 33, for sacrifice because he was "so funny and would be the perfect court jester for Satan". (Some reports call him Frank Haagen.) They denied murder, claiming they were only following Satan's order to "kill, sacrifice, bring souls". Manuela explained: "It was not something bad. It simply had to be. We wanted to make sure that the victim suffered well."

They invited him to a party in their flat in Witten on 6 July 2001. As Ruda hit him on the head with a hammer, his wife shouted "Stab him in the heart!" Manuela saw the light in the flat flicker as Hackert died. "That was the sign that his soul was going down," she said. He was stabbed 66 times. The couple then prayed to Satan, cut a pentagram on the dead man's stomach, drank his blood from a bowl on an altar topped with skulls, and copulated in a silk-lined, oak coffin in which Manuela usually slept. Manuela was disappointed she didn't turn into a vampire, "because as a vampire I would not have needed the streets."

Shortly after the killing, Manuela wrote to her mother: "I am not of this world. I must liberate my soul from the mortal flesh." Her mother alerted the police, who raided the Rudas' flat. Skulls, bloody scalpels, vampire teeth and coloured contact lenses lay scattered around, and the blood-spattered walls were hung with knives and machetes. Hackert's mutilated and partly decomposed body was found with a scalpel protruding from his stomach, near a death list of 15 other intended victims.

Psychiatric experts claimed that the couple suffered from "severe narcissistic personality disturbances," while Judge Arnjo Kerstingtombroke maintained that the case "was not about Satanism but about a crime committed by two people with severe disorders. Nothing mysterious or cult-like happened here; just simple, base murder." Admirers and supporters of the Rudas were dotted about the courtroom, and the pair had received so much fan mail that Kerstingtombroke added that he was worried by the "limitless stupidity of many members of the public."

Daniel Ruda's lawyer was equally unconvinced by his client's claims of acting under Satanic orders and believed these were simply a cover for his desire for fame. "He says, 'I want to get on stage, I want that everybody knows me... I want to be as famous as Charles Manson and so I have to kill someone.' "

Ingolf Christiansen, who investigates occult groups for the Lutheran church, claims that Satanism has 7,000 adherents in Germany. It first hit the headlines there eight years ago when a 15-year-old member of a group called Satan's Children in the eastern state of Thuringia was strangled by three fellow cult members. On 26 August 2001, three teenage followers of a Satanic cult committed suicide by throwing themselves off the 240ft (73m) high Göltzschtal bridge near Chemnitz in eastern Germany. *D. Telegraph, 28 Aug 2001, 18 Jan, 1 Feb 2002; D. Express, Metro, 18 Jan; Sunday Times, 20 Jan; Scotsman, 21 Jan 2002; Guardian 1 Feb 2002.*

## THE VAMPIRES OF ISLINGTON

Manuela Ruda's account of how she drifted into vampirism and Satanism during her time in North London has certainly put the wind up the *Islington Gazette*, whose recent statement that "a secret colony of 'vampires' is operating within Islington's bars and nightclubs" make Tony Blair's old stamping ground sound more like Anne Rice's New Orleans.

There are certainly plenty of London clubs (some, like Slimelight, in Islington) where like-minded Goths can dress up and get together – and it seems a small step to London's vampire scene. This apparently started at Torture Garden nights, originally held in Islington, though blood-letting and drinking were not openly practised. Steve Wilson, a member of the London Vampire Group, told *FT* that while most vampire events are really just fancy-dress affairs, outsiders like Manuela could easily be drawn into more serious activities like sado-masochism and blood-drinking. A search of the internet reveals that such things are commonly practised by many 'vampires'. "I'm not saying that there aren't any blood-drinkers in Islington," said a local Police Constable, "but it's very much an underground scene."

In the US, the vampire subculture appears to be far bigger – an alternative community for alienated youths who see themselves as a tribe or family rejecting (or rejected by) their culture's mainstream. Like all subcultures, this has its own rules, terminology, preferred texts (Anne Rice), lame in-jokes and (of course) schisms (sanguinarians versus psychic vampires). A perusal of the many websites devoted to vampire culture turns up helpful advice on blood-letting, how to deal with 'hunters' and easing migraine (to which your average vampire is, it seems, prone). A dangerous blood-drinking cult in our midst... or trekkies with fangs? *Islington Gazette, 31 Jan 2002.*

16

マヌエラ・ルーダ（サングラスをしている女性、そしてエル・ディアボロのハンドサインをしている）と夫のダニエルはドイツ出身の悪魔崇拝者夫婦で悪魔の生け贄として殺人を犯した。短剣で被害者男性を66回も刺して殺した後、その血を飲んだ。彼女のハンドサインは聴覚障害者の“愛している”という意味で披露したと主張する人もいるが、この写真を見ると明らかに違う意味で使っている。そしてルーダは髪の両サイドを剃っているが、血のタトゥーが入っている。この夫婦はスコットランド訪問中に悪魔崇拝者となるように訓練を受けていた。（イギリスの「Strange Times」誌の記事より）

親指を下ろしている場合は「エル・ディアボロ」の意味ではないと思っている人に見ていただきたいのは、犯罪小説家のソニア・ロンドンが2005年に出版した本『True Vampires: Blood-Sucking Killers Past and Present（実在した吸血鬼：過去と現在の血を吸う殺人鬼）』。この本は悪魔教会創設者のアントン・ラヴェイが創設した出版社「Feral House」によって出版された。この本の表紙に描かれている人物のハンドサインのとおり、悪魔崇拝者にとっては親指を上げようと上げまいと、指文字の意味は変わらない。

（左）このアメリカ人男性はヒンドゥー教の教派である「Aghora」のメンバー。彼が顔につけているのは人間の頭蓋骨でそこに飲み物を入れて飲む儀式をする。この教派のメンバーでカニバリズムを行う者もいる。（写真はフロリダ州西部のタンパ市の新聞「The Tampa Tribune」の2003年6月2日に発売された記事の1ページ目）
（右）ウナ・ウドゥラッフとコリン・ウィルソンの共著『Witches（魔女）』には、エル・ディアボロの指文字をしている絵がある。

A22 San Francisco Chronicle ☆☆☆☆☆

BY BRANT WARD/THE CHRONICLE

Karla LaVey held the hand of a wax statue of her father, Anton LaVey, who died last week in San Francisco of heart disease

# Satanist's Daughter To Keep the 'Faith'

Famed devil-worshiper died last week

悪魔教会創設者のアントン・ラヴェイが亡くなった後、その死は日刊新聞の「サンフランシスコ・クロニクル」の記事で讃えられた。彼がエル・ディアボロのハンドサインをしている写真が掲載されているが、真ん中には五芒星版のバフォメットがある。ラヴェイがカリフォルニアで亡くなった同じ日に、大西洋の向こう側にあるイギリスでイルミナティ幹部だったエドモンド・ドゥ・ロスチャイルドが亡くなっている。偶然だろうか？

雑誌「ローリングストーン」に掲載された広告のスコットランドのウィスキーのラベルに描かれている男は悪魔の角を示すハンドサインをしている。

アカデミー主演男優賞を受賞した俳優ケヴィン・スペイシー。同性愛者であることは周知の事実。彼の背後にある謎の壁画は地獄の炎にいる角の生えたルシファーを描いたもの。写真の下にあるフレーズには妙なことが書かれている。“You've got to send the elevator back down.（エレベーターを下に送り返さなければならない）”

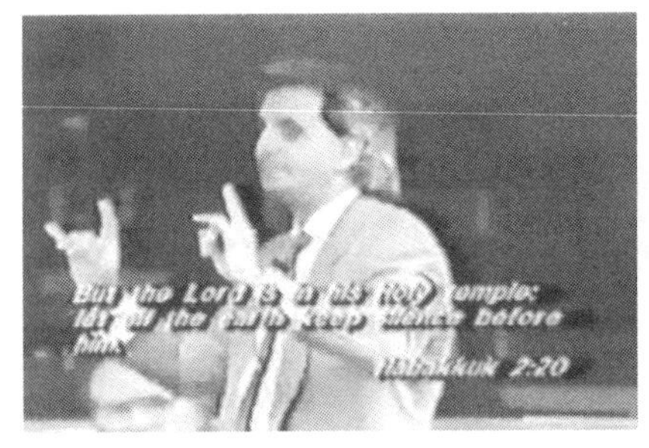

Benny Hinn

Rodney Howard Brown

Kenneth Copeland

Jesse Duplantis

テレビで繁栄を訴える４人の牧師は明らかに世界的に知られているエル・ディアボロの指文字を群衆に披露している。その手には悪魔の角が表現されている。

クリスチャンロックンロール!?　クリスチャンとロックンロールが共存できると言うのか？　この本はクリスチャンのロックバンドのメンバーの母親が出版したもので、ロックンロールで神様を賛美することが可能であるとロックを庇う内容だ。だが、表紙にはエル・ディアボロの角を表現している人がいるのと、ファックユー（Fuck you）の意味を持つハンドサインをしている（中指を立てる指文字）カップルがいる……これがクリスチャンロックという名のクリスチャンの賛美集会だという……。そして背景には三角型にライトが３つ展示されている。三角は名のとおり、角が３つある。その三角が３つあるということは合計は９。９は悪魔の数字である666を隠す役割で陰謀者の間で使われている。６＋６＋６＝18＝９。本の著者とアーティストは果たしてこの事実を知っていたのだろうか。

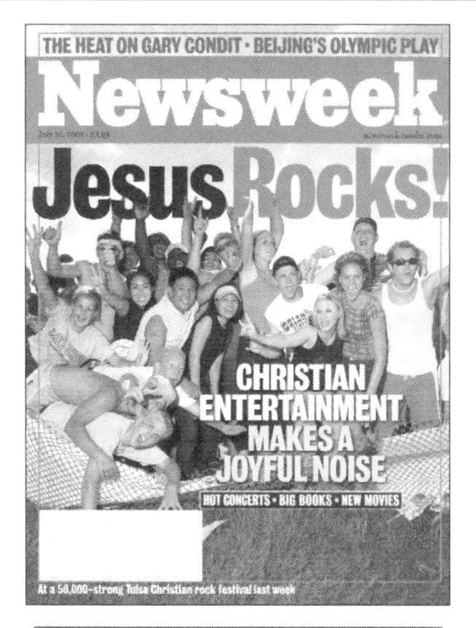


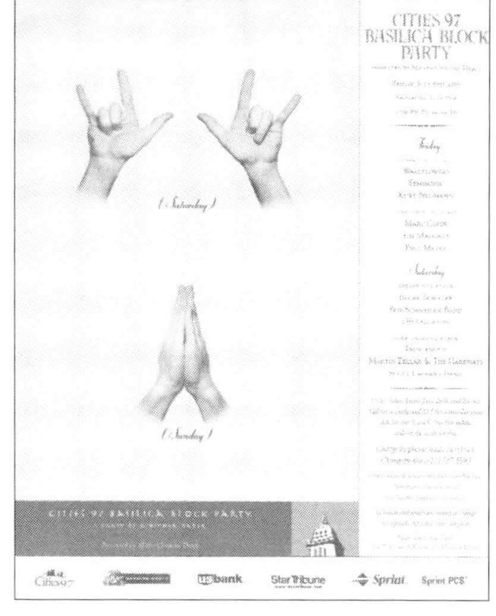

（上左）この「ニューズウィーク」の表紙を飾るのは「Jesus Rocks!」の文字。この記事はクリスチャンのロックバンドの現状を取り上げているが、この表紙を飾る“クリスチャンの若者達”が表現しているハンドサインをよく見るといい。
（上右）ミネアポリスで恒例のミュージックフェスティバル「Basilica Block Party」の広告パンフレット。
（下左）聴覚障害者として1994年に史上初のミスアメリカに輝いたヘザー・ホワイトストーン。彼女はこのハンドサインを“愛している”という意味で使った。彼女はクリスチャンで悪魔崇拝やオカルトと関わりを持たない人物である。
（下右）2003年７月22日の「USA Today」に掲載された広告。

聴覚障害者としてハンドサインを示したヘレン・ケラーが机に座っている時の写真。幼少期から盲聾（視覚と聴覚の重複障害）を患い、世間からかわいそうなイメージがあったにもかかわらず、人生では重要な任務を達成できた。だがヘレンはオカルトや新興宗教とも関わりがあった。聴覚障害者の間では「I love you」の意味で使われるハンドサインを作る時、オカルトや新興宗教との関わりが影響したのだろうか？　事実、今日では悪魔崇拝者が悪魔を愛してますという意味で使われている。

ヘレン・ケラーと発明家のアレクサンダー・グラハム・ベル。著書『My Religion (私の宗教)』で自身が持つオカルト哲学は神秘主義者のエマヌエル・スヴェーデンボリに基づくと説明している。聴覚障害者のハンドサインは彼女の宗教哲学によって発明されたのだろうか？

聴覚障害者が使う「I love you」のハンドサインが描かれているアメリカの郵便切手は衝撃的。聴覚障害者としてハンドサインを示したヘレン・ケラーは、ヘレナ・ブラヴァツキーが設立した神智学協会の熱心なメンバーだった。

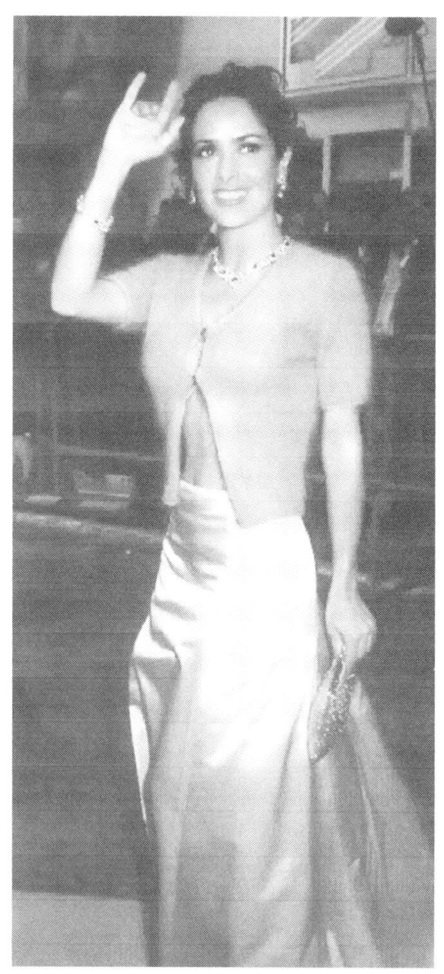

女優のサルマ・ハエックは悪魔崇拝の意味か、それとも単にアイラブユーの意味で使っているのだろうか。

アイルランド出身の俳優ピアース・ブロスナンは俳優グレッグ・キニアの左側で左手でジェスチャーをしているが、目線が不自然。(2005年2月7日雑誌「ピープル」の記事より引用)

Costars Pierce Brosnan and Greg Kinnear, who headline the dark comedy The Matador, take a few candids during an impromptu shoot at the VW Lounge.

お笑いマジシャンコンビのペーン＆テラーは言葉遣いが下品な悪魔崇拝者。以前ラスベガスの舞台でテラーがキリストの格好をして十字架を背負いながら舞台に登場した。そして天使の格好をした小さい男が登場してキリストの格好をしたテラーに対して性行為としか解釈できないような動きをした。気分を害された多くのお客さんが席を立ち舞台を後にした。舞台に関して“明らかに冗談の範囲を超えている”とプロマジシャンのリック・ネイズワンガーは苦言を言った。まさか舞台であんな下品な真似をするとは思わなかったのだろう。

FORMER teen model Chad got his big acting break in 2000 when he landed the part of Tristan DuGrey on the WB series The Gilmore Girls. He followed with the role of Charlie Todd on Dawson's Creek, and now he plays Lucas Scott on One Tree Hill. Recently, this 6-foot, real-life Prince Charming broke into big-screen movies, playing opposite Hilary Duff in A Cinderella Story and will appear in the upcoming thriller House of Wax. We predict handsome Chad has a magical future ahead of him.
CHAD MICHAEL MURRY, 23


映画「シンデレラ・ストーリー」に出演した俳優のチャド・マーレイはタブロイド紙「Globo」で自分は何者で誰を崇拝しているのか、公にした。

世界的に有名なロックバンド、メタリカ。

80年代に圧倒的な人気があったバンド、ランガーナイト。

この写真を記載したレポートによると、2003年２月14日にニューヨークのマンハッタンに集まった500人近い人々は“Satanicide”という名のバンドのライブを見に来たという。

（左）トニー・ブレアと独裁者チャウシェスクの息子アドリアン・ナスタゼの握手（ハンドサイン）に注目。

（中右）マイケル・ジャクソンがファンに送ったハンドサイン。
（下左）グラミー賞を受賞したシンガーソングライターのピンクは手で誰に服従しているか示している。（2002年5月1日に発売された「USA Today」の10ページより引用）
（下右）バンドのニッケルバックは人気になったことについて、エル・ディアボロに感謝の意を表している。メンバーの2人は悪魔崇拝を意味するハンドサインを表現している。帽子を冠っている男のシャツには頭蓋骨が描かれている。（2002年6月5日に発売された「USA Today」の2ページより引用）

ビートルズのアルバム「Yellow Submarine」の表紙の左側にジョン・レノンはエル・ディアボロのサインを表現している。右側の写真のポール・マッカートニーはOKか666のサインを表現していて、ジョン・レノンが悪魔の角を意味するハンドサインを示している。ジョン・レノンはキリストよりビートルズのほうが人気があると発言して世界を驚かせた。そして妻のオノ・ヨーコと住んでいたニューヨークの自宅があったダコタハウス前で銃殺された。ダコタハウスはサタニック映画「ローズマリーの赤ちゃん」の撮影ロケ地となっている。

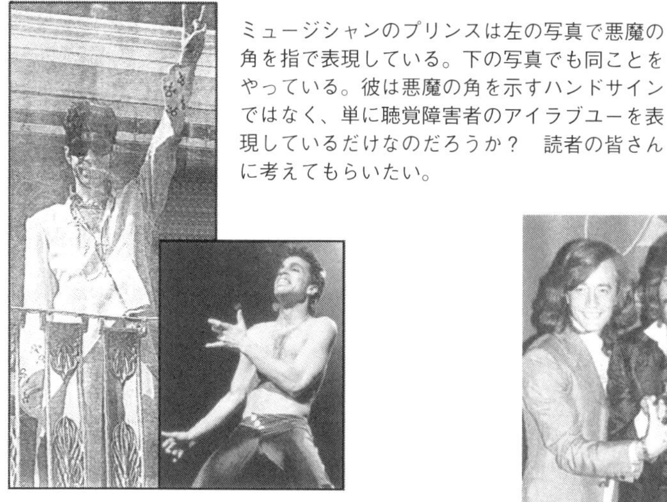

ミュージシャンのプリンスは左の写真で悪魔の角を指で表現している。下の写真でも同ことをやっている。彼は悪魔の角を示すハンドサインではなく、単に聴覚障害者のアイラブユーを表現しているだけなのだろうか？　読者の皆さんに考えてもらいたい。

英国王室領のマン島出身のミュージシャンのビージーズ。写真は1979年の賞の授賞式の様子。3人で2つの角を表現している。

テキサス州オースティン市のボクシングの試合の観客（写真は2003年8月16日に発売された地元新聞「Austin American-Statesman」1ページ目より引用）

F

**NBA**

DETAILS, C9

**Phil Jackson, king of coaches**

**Phil Jackson** can coach like nobody else out there . . . like no one who has ever coached. Think that's going too far?

**GOLF**

COMING THURSDAY

## Hurricane Kevin

Kevin Brown hits a homer and has 5 RBIs and Kevin Mannix drives in 3 runs as Miami romps to fourth College World Series title, **C3.**

Section **C**

2001年６月17日発売の「Austin American-Statesman」のスポーツ一面。

ツール・ド・フランスで優勝する自転車プロロードレーサーのランス・アームストロング。両手を上に上げて喜ぶが、左手の人差し指で空を指すと同時に右手では聖書では“空中の権を持つ君主”と表現される神を表現している。彼はテキサス州のオースティン在住だが、いくらテキサス大学のスポーツイベントのファンだからってわざわざフランスでもやるだろうか？

1998年の冬オリンピックで金メダルを獲得して喜ぶカナダ出身のプロスノーボーダーのロス・レバグリアティ。(1998年２月９日発売の「USA Today」の１ページより引用)

女優のメリル・ストリープがドラマ「エンジェルス・イン・アメリカ」のマイク・ニコルズの頭の上て悪魔の指文字を表現している。このドラマは2004年に放送された。アメリカ史上最もサタニックなドラマだった。後にこの２人はゴールデングローブ賞を受賞した。テレビとハリウッドがどれだけレベルが低いか示した。このドラマでは天使と同性愛者が性行為を行いながら神を冒瀆するシーンが見られた。(2003年11月17日に発売された「ニューズウィーク」より引用)

# 第8章 イルミナティの秘密の握手

イルミナティの秘密の握手はあの世のお方を呼び出したり、魔法を行ったり、またはメッセージを伝えるために作られた。フリーメーソン、薔薇十字団、イルミナティでのどの階級に所属しているのかも示すためでもある。つまり、ブラザーを特定するために用いられるということだ。だから英語圏で広く知られているフレーズ「Get a grip（しっかりして）」はフリーメーソンの影響である。

彼らにとって握手は団結、忠実等の意味を持つ。またイルミナティの仲間を特定するための手段。フリーメーソンの幹部達は〝神秘的なつながり〟または精神的なつながりを口にする。その神秘的なつながりに悪霊も交わることは言うまでもない。

## 忠実の神

イルミナティのエリート間で交わされる握手はいろんな意味を持つ。一番シンプルな意味は忠実であること。キャシー・バーンズの著書『Hidden Secrets of the Eastern Star（東方の星に潜む秘密）』には、イルミナティの初階級では、握手は聖書の神とは異なった忠実を意味していると記されている。このリストにはフリーメーソンやイルミナティの一番下の階級で教養される内容が記載されている。「フリーメーソンの人間だとどうやって特定すればいいのか?」という質問への答えは、
「印や言葉でそして登場の仕方で特定できる」
「どんな印?」と質問をすると答えは、
「フリーメーソンの人間であることが闇の中でも、光の中でも特定できる紳士的な握手」(ダンカンモニターの書42ページ)といった具合だ。

スコッティッシュライト33階級に所属したアルメルト・マーキーはこんなことを認めている。
「右手はいつの時代でも伝統ある秘密結社や所属する仲間に対する忠実を意味していた。そのフィーデス(ラテン語で信仰を意味する)は1つの手ではなく、2つの手が一緒になった時に成り立つ」と。
ヌマ・ポンピリウスは最初にローマ神話の信頼と忠実の女神フィーデスの神殿を建てた人物だ。
バーンズ氏によると、フリーメーソンの最初の階級で伝授されるのは、ローマ神話に登場する信頼と忠実の女神の教えだという。これは聖書に基づいた教えだ。
「あなたはわたしのほかに、なにものをも神としてはならない」(出エジプト20章3節)
レベルアップして「そして、わたしが、あなたがたに言ったすべての事に心を留めなさい。他の神々の名を唱えてはならない。また、これをあなたのくちびるから聞えさせてはならない」(出エジプト23章3節)。

アルメルト・マーキーのフリーメーソン百科事典1版では握手について集中的に記されている。

「フリーメーソンでは、手で表現されるシンボルは大きな舞台で披露される……それらのシンボルは古代の宗教で見られ、フリーメーソンの象徴としてアナロジーとなっている」

知恵の握手は光の中でも闇の中でも仲間を特定する手段として用いられることをマーキーは記している。握手について議論し、謎に包まれた宗教ミトラ教、アッシリアやバビロンの神について言及している。今日でも重要書類で使用される朱印の伝統は、古代では血に染まった手で書類や文書の認証を行っていたことに由来する。

42 ENTERED APPRENTICE, OR FIRST DEGREE

*A.* From a Lodge of the Sts. John of Jerusalem.
*Q.* What came you here to do?
*A.* To learn to subdue my passions and improve myself in Masonry.
*Q.* Then I presume you are a Mason?
*A.* *I am so taken and accepted among all brothers and fellows.* (See Note F, Appendix.)
*Q.* How do you know yourself to be a Mason?
*A.* By having been often tried, never denied, and willing to be tried again.
*Q.* How shall I know you to be a Mason?
*A.* By certain signs, a token, a word, and the perfect points of my entrance.
*Q.* What are signs?
*A.* Right angles, horizontals, and perpendiculars (┘, =, ||).
*Q.* What are tokens?
*A.* Certain friendly or brotherly grips, by which one Mason may know another in the dark as well as in the light.
*Q.* Give me a sign.
Here give sign of Entered Apprentice. (See Fig. 2, p. 17.)
*Q.* Has that an allusion?
*A.* It has; to the penalty of my obligation.
*Q.* Give me a token.
Here give sign of Entered Apprentice. (See Fig. 2, p. 17.)
*Q.* I hail.
*A.* I conceal.
*Q.* What do you conceal?
*A.* All the secrets of Masons, in Masons, to which this (here press with thumb-nail the first joint hard) token alludes.
*Q.* What is that?
*A.* A grip.
*Q.* Of what?
*A.* Of an Entered Apprentice Mason.
*Q.* Has it a name?
*A.* It has.
*Q.* Will you give it me?
*A.* I did not so receive it, neither will I so impart it.
*Q.* How will you dispose of it?
*A.* I will letter it or halve it.
*Q.* Letter it, and begin.
*A.* No, you begin.
*Q.* Begin you. (Some say, No, you begin.)
*A.* A.
*Q.* B.
*A.* O.

これはフリーメーソン入会者候補に配られる説明書。最初の階級では「フリーメーソンの人間だと、どうやって特定すればいいのか？」という質問への答えは「印や言葉、そして登場の仕方で特定できる」「どんな印なの？」と質問をすると答えは「フリーメーソンの人間であることが闇の中でも、光の中でも特定できる紳士的な握手」（ダンカンモニターの書42ページ）

## 握手の例

本書では多数の握手のイラストを掲載している。フリーメーソンの公式百科事典に記されている握手や、イルミナティやその他関連の秘密結社（関連の秘密結社は数十結社がある）のメンバー同士で行われる握手もある。

秘密結社以外にも新興宗教のモルモン教、ムスリム同胞団やマフィアでさえ、仲間を特定する独自の秘密の握手や印を使用している。この章で多数の著名人や要人が握手をする写真を掲載しているが、それらの握手はフリーメーソンの百科事典で解説されている握手であることが確認できる。

## 握手の解読

握手を普通に見るだけで解読するのは難しい。一般人の我々も古い知人に会う時や初めての人に会う時は挨拶として握手をするのは日常茶飯事だからだ。時には思うように互いの手を握れないこともある。それはお互いの手のサイズにあまりにも差がありすぎたり、またはお互いの体の距離感（近すぎたり、離れすぎたり等）がつかめない時もあるからである。またお互いの身長の差も妨げになることもある。

フリーメーソンやイルミナティのメンバー同士が用いる握手やボディータッチを動かぬ証拠として読者に証明するために筆者はベストを尽くした。

握手をする時はその人物は何者なのか、職人なのか（職人はフリーメーソンの会員）、知られているイルミナティストなのか、薔薇十字団員なのか、東方聖堂騎士団員なのか、参考にする必要がある。最初にイルミナティスト（イルミナティに所属してるエリート）同士が見せる握手を見てみよう。だが、その前にイギリス出身のライターのクリストファー・ストーリーの記事を見てみよう（本書で紹介するクリストファー氏の記事はまず『Economic Intelligence Review』に載り、2004年5月、6月に『Midnight Messenger』に転載された）。

**握手の表彰――握手の発生**

「彼らはゲートの外側にいるから誰も彼らを止めることはできない」これがメディアがこれらの握手を報道する理由の1つであり、新聞の編集者は義務であると理解して記事にしている。本記事の情報提供者は下層社会の実態をレポートしており、どのようにして世界はひっくり返されているのか教えてくれる。ちょうど我々がやっているように。

写真（160ページ上）はイギリス元首相のトニー・ブレアとルーマニアの革命家で元首相のアドリアン・ナスタセが握手を交わしている様子。ナスタセはルーマニアの独裁者のニコラエ・チャウシェスクの失脚で〝生き残った〟息子である。彼がこの写真で見せる握手は〝five-knuckle grip〟（五指関節握手）である。これで特定の人に自分は秘密結社の第5階級の身分であることを示している。フリーメーソン会員は自分達が行う握手のことをGrip（握り）と呼ぶ。英語圏で広く使われているフレーズ"Get a grip"（しっかりして）はフリーメーソンの握手がその由来だ。
本章も〝握りで始める〟としよう。大西洋の両サイドの新聞は、選ばれしフリーメーソンエリート達の握手を記事にする、つまり〝握りで始める〟。「ワシントンタイムズ」はケリーとクリントンの握手を記事にしているが、2人が交わした握手は、握手の意味を知っている人に対してクリントンがフリーメーソンではケリーよりも優位な立場（フリーメーソン幹部クラス）にいることを示している。それは"Ma-Ha-Bone"（マハボーン）のライオンの手の握手。
5月26日のイギリスのほとんどの新聞が当時首相を務めていたトニー・ブレアとリビアの独裁者のカダフィ大佐の握手の瞬間、つまり〝握りの瞬間〟の写真を一面に大きく取り上げた。カダフィは、ヒットラーやフセインよりも遥かに酷い悪事を働いた男である。フセインはカダフィに比べたら、慈悲深い善人に見えるほどだ。

「タイムズ」紙の記事に載ったこの写真を見ると、ブレア氏の表情は気分が良くないように見える。そして「タイムズ」が記事にしたこの写真では3つのクローズをアップをして〝新下層社会〟の握手を解読するのに非常に役に立った。握手の解読する専門家によると、ブレアとカダフィの握手は友愛と忠実を意味するフリーメーソン版のシボレス（Shibboleth）である。写真の本当の目的は、この2人も秘密結社の一員であることを他のメンバーに密かに伝達することだ。
「ブレアは作家エミリー・ポストの作品『エチケット』を読んだことがないだろう」

ポスト氏によると〝必要な握手は素早く行われる〟そして握手する相手と目を合わせる（だが、ブレアはカメラ目線）。ポスト氏によるとブレアが握手の瞬間にカメラ目線になったのはスコッティッシュに対して互換性を示すためだという（二人の後ろの装飾に描かれている木とサウスカロライナ州旗に描かれている木は同じように見える。サウスカロライナ州のチャールストン市はスコッティッシュライトの33階級のメンバーが集まる場所であり、中東のオカルトに関連する重要な場所だ）。

同じ日にイギリスの新聞「インデペンデンス」紙はこの写真を記載して2つのフレーズを表紙にした。〝初めまして〟そして〝世界を震撼させた握手〟。

その他明らかにフリーメーソンの握手を記事にしたものがある。

1995年12月12日の記事ではクリントンとジェリー・アダムズの握手はシボレス（Shibboleth）。

2000年12月12日の記事で、韓国のキム・デジュンと北朝鮮のキム・ジョンイルの握手はマハボーン（マスターメーソンであることを示した）。

1993年9月13日の記事で、フリーメーソン幹部のビル・クリントンが見守る前でイスラエル

トニー・ブレア英首相（当時）とリビアのカダフィ大佐との握手はフリーメーソン版のシボレス。

キム・デジュン韓国大統領（当時）とキム・ジョンイルの握手はマハボーン。

イスラエルのラビン首相（当時）とパレスチナのアラファト議長の握手はやはりマハボーン。

レーガン米大統領（当時）とソ連のゴルバチョフの握手の意味は？

のイツハク・ラビン首相とパレスティナのアラファト議長が交わした握手もマハボーン。

2002年1月6日の記事ではパキスタンのムシャラフ大統領とインド16代目首相のアタル・ヴァージペーイーが交わした握手はシボレス（友愛と言う意味で）。

1985年11月9日にはロナルド・レーガン大統領とソ連のミハイル・ゴルバチョフがスイスのヴェルソワで初めて会った時に交わした握手も何かを暴露している。

この写真ではレーガンがライオンの手のマハボーンでゴルバチョフの手を握る。ゴルバチョフは同じように握ろうとするが、レーガンはそうさせなかった。フリーメーソン内ではレーガンはゴルバチョフよりも優位な立場にいた証拠だ。

siness of City Will Halt Today as Mayor Orders Mo

TIAL DUTIES
BE COVERED

r Proclaims Day
Holiday—Schools
rkets Are Shut

IRELAND'S PRESIDENT ARRIVES: Eamon de Valera, right, being welcomed by Mayor Wagner last night at Idlewild, on the way to Washington for President Kennedy's funeral. Between them is Frank Aiken, who is Irish Minister for External Affairs.

Associated Press

## TEXAS INCREASES CONNALLY GUARD

### At Least 20 Extra Troopers Are Assigned to Hospital

TYLER, Tex., Nov. 24 (UPI)—The Chief of the Texas Highway Patrol ordered at least 20 extra men into Dallas today to guard Gov. John B. Connally Jr., who is recuperating in a hospital.

"We have complete respect for the Dallas Police Department and we do not mean to imply that we do not," Col. Homer Garrison Jr., head of the Department of Public Safety, said.

Governor Connally was shot when President Kennedy was assassinated. He was reported to be up and around today at Parkland Hospital and well enough to shave himself.

A temporary headquarters for his staff has been set up at the hospital.

"The Governor's security is always our prime concern," Colonel Garrison said. "By law, we guard the Governor in the mansion. Wherever the Governor is . . . that's where our prime concern is.

"Here (at Parkland Hospital) we will use whatever security measures we think necessary for his protection.

"We have complete respect for the Dallas Police Department. This just happens to be our special assignment."

Colonel Garrison stressed that there was nothing "unusual" about extra police units being brought into Dallas. He refused to specify, however, how many additional troopers were ordered into the city.

But it was learned that at least 20 additional troopers were brought in from the Tyler district. Tyler is 98 miles east of Dallas.

Colonel Garrison took personal charge of the security guard for Governor Connally. He said that nobody could see the Governor without clearance.

"And that includes the Secret Service and the F.B.I.," he said.

## Experts Favor Telling Children About Death

1963年11月25日に発売された「ニューヨークタイムズ」の記事。ニューヨーク市長（当時）のロベルト・ワグナーがJFK空港に到着するアイルランド首相（当時）エイモン・デ・ヴァレラをビッグ・アップル（ニューヨーク市の愛称）に歓迎する。アイルランド首相は暗殺されたジョン・ケネディ大統領の葬儀（ワシントンD.C.）に参列するために渡米していた。写真を見ると市長は不自然な笑みを浮かべている。

ラムズフェルド国防長官とアフガニスタン初代大統領のハーミド・カルザイは明らかにフリーメーソン式握手を交わしている。（2003年6月12日に発売された「ニューズウィーク」の32ページより引用）

マンハッタン計画の主導者である物理学者のジュリアス・オッペンハイマーはリンドン・ジョンソン大統領（当時）からフリーメーソン式の握手で歓迎される。ジョンソン大統領は３階級（親方）のマスターメーソンまでしか昇進できなかった。それに対してオッペンハイマーは33階級（最高大総監）の地位まで上り詰めた。写真に写る壁画に描かれているのは７代目大統領のアンドリュー・ジャクソン。彼も33階級まで上り詰めた人物。オッペンハイマーは共産主義国家の単なるスパイではなく、高い身分であることをこの写真で示した時は、すでに安全が保障されなくなった。イスラエルにも旧ソ連にもアメリカのスパイによって核爆弾製造に関する資料が密かに提供されていたからだ。

連邦上院議員のハリー・リードと仲間の議員がフリーメーソン式の握手を交わしている。（2005年５月19日に発売された「USA Today」の６ページより引用）

（上左）パウエル国務長官がモロッコ王のムハンマド６世を訪れた時の写真。（2002年４月10日発売の「USA Today」の14ページより引用）
（上右）アメリカ外交官のルイス・ブレマー３世とイラク統治評議会議長のアフマド・チャラビー。（2003年６月23日発売の「タイム」より引用）
（下左）マヤア・ファルコとボリビア大統領（当時）ハイメ・サモラ。写真は1990年９月20日外交問題評議会での様子。（1990年の外交問題評議会年間レポートの46ページより引用）
（下右）アメリカのキリスト教プロテスタント保守派の指導者のパット・ロバートソンと中国共産党中央政治局常務委員を務めた朱鎔基が1998年に会う様子。秘密結社「700クラブ」は中国共産党に莫大な資金援助をして、強制中絶政策を支持していた。

The Grand Lodge of the State of Israel
of Ancient Free and Accepted Masons

**To the Masons of Peace**

The Honorable **Yitzhak Rabin,** Prime Minister of Israel
His Majesty **King Hussein** of Jordan
The Honorable **Bill Clinton,** President of the United States

With warm fraternal congratulations
on the signing of the peace agreement
between Israel and Jordan

**Ephraim Fuchs**
President of the Israel Order of Masons

イスラエルのグランドロッジ
平和に貢献したメーソン会員
イスラエル首相イツハク・ラビン
ヨルダン王フセイン１世
アメリカ大統領ビル・クリントン
上記のメーソン会員達はイスラエルとヨルダンの平和条約実現に貢献したことを彰する
フリーメーソンイスラエル支部会長
エフライム・フックス

（上左）パレスティナ自治政府大統領のマフムード・アッバースとイスラエル首相のアリエル・シャロン。写真にあるとおり、２人ともフリーメーソンの人間だ。
（下左）作家ステッフェン・ナイトの著書『Brotherhood（友愛）』の表紙には「フリーメーソンの秘密の世界」と記されている。この本は英国の警察や裁判所や政府機関とフリーメーソンの関係を暴露したため騒動の原因にもなった。これらの職業に就いてる人はフリーメーソンに所属しているということだ。
（下右）ポーランドで生まれ育ったユダヤ人のシモン・ペレス。イスラエルの首相と国防省長官を務めた人物。アメリカの商務長官を務めていたピーター・ピーターソンを歓迎する様子。ピーターソンもイルミナティの一員。

(上) ローマ教皇のピウス12世とアメリカカトリック教会大祭司のフランシス・スペルマンが握手する様子。
(下) ボストン大聖堂の枢機卿ベルナド・ローと司祭のポール・シャンレーが握手を交わす写真。シャンレー司祭はNAMBLA創設メンバーの1人、そして小児愛者で少年に対する性的暴行で逮捕されている。ロー氏は公然軽蔑罪でアメリカから国外追放処分を受けたが、ヴァチカンに移住した彼は2005年にヨハネパウロ2世の死後ヴァチカン市内で高い地位に就いた。亡くなった教皇の墓場の公開の場で群衆をまとめる高い役割が与えられ、その様子は世界中で放送された。ヴァチカンは性的虐待を働いた司祭をこのように“処分”する。

*Ἀπὸ τὴν συνάντησιν Ἀθηναγόρου καὶ λύκου τῆς Ρώμης εἰς τοὺς Ἁγίους Τόπους. Ὁ κ. Ἀθηναγόρας χαίρεται ὅτι κατώρθωσεν νὰ προδόσῃ τὴν Ὀρθόδοξον Πίστιν μας καὶ νὰ ὑποταγῇ εἰς τὴν παπικὴν ἀλαζονείαν.*

*Ὁ ἀρχιμασόνος πρώην πρόεδρος τῶν ΗΠΑ Χάρρυ Τρούμαν μὲ τὴν ἡγεσίαν τῶν Ἑλλήνων μασόνων. Μεταξὺ τῶν τελευταίων, ὁ «μέγας διδάσκαλος» Ἀλέξανδρος Τζατζόπουλος, ὁ ἑβραῖος Μπεχαρᾶ καὶ ὁ ἀσφαλιστὴς Εὐαγ. Μακρυμίχαλος. Φωτογραφία εἰλημμένη τὴν 11 Μαρτίου 1964.*

（上左）ギリシャ語で書かれたフリーメーソン関連の本にローマ教皇パウロ６世がフリーメーソン式の握手をしている写真が掲載されている。
（上左）ギリシャのビジネスマングループが集団でフリーメーソン式で手をつなぎ合っている様子。（フリーメーソンロッジに展示されているギリシャ語で書かれた本より引用）
（下）アメリカカトリック教会大祭司のフランシス・スペルマンがローマ教皇のヨハネ23世を歓迎する様子。

# Put another nickel design in – two, actually

## Back of Jefferson coin recognizes two historic events

By Barbara Hagenbaugh
USA TODAY

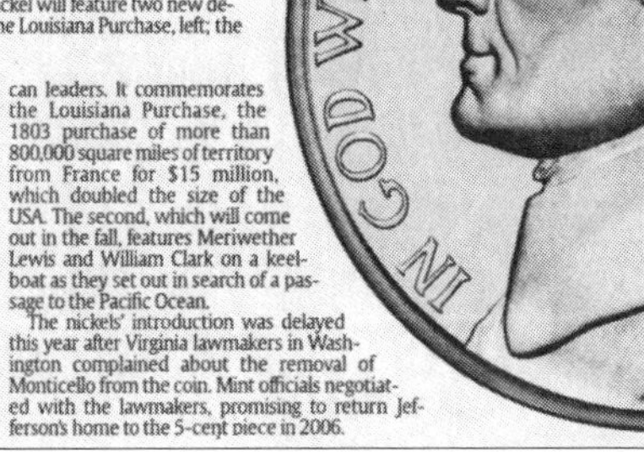


**5 cents' worth:** Special editions of the nickel will feature two new designs on the back. One commemorates the Louisiana Purchase, left; the other, the Lewis & Clark expedition.

WASHINGTON — Coin collectors, get ready for more change.

Drawing on the enormous popularity of the state quarter program, the U.S. Mint on Thursday unveiled two new nickels it hopes will also lure collectors.

The nickels, which mark the 200th anniversaries of the Louisiana Purchase and the Lewis & Clark expedition, are the first redesign of the 5-cent piece in 65 years. The two will hit cash registers in 2004 and will be followed by new designs in 2005.

The "heads" side of the nickels will continue to feature Thomas Jefferson throughout. In 2006, Monticello, Thomas Jefferson's home in Virginia, will return, but the image might be redesigned.

The state quarter program, which is at the halfway point after beginning in 1999, has turned millions of Americans into coin collectors. That has made the U.S. Mint one of the few government agencies that makes more money than it spends and has thrilled members of the coin-collecting community, who were frustrated by the infrequent redesign of the nation's change.

"There are a lot of people interested in coins, and a lot of that can be traced to the state quarters," says Beth Deisher, editor of *Coin World*, a weekly publication for coin collectors, and *Coin Values*, a new monthly publication aimed at novice collectors.

Mint officials are preparing for a run on the current nickels, which might be seen as collector's items, and will soon be selling uncirculated coins on their Web site.

The first nickel out next year will be released in the spring. It depicts the Jefferson Peace Medal, which was presented ceremoniously to Native American leaders. It commemorates the Louisiana Purchase, the 1803 purchase of more than 800,000 square miles of territory from France for $15 million, which doubled the size of the USA. The second, which will come out in the fall, features Meriwether Lewis and William Clark on a keelboat as they set out in search of a passage to the Pacific Ocean.

The nickels' introduction was delayed this year after Virginia lawmakers in Washington complained about the removal of Monticello from the coin. Mint officials negotiated with the lawmakers, promising to return Jefferson's home to the 5-cent piece in 2006.

（上）米ドル紙幣と硬貨には、基本的にイルミナティの秘密の刻印やメッセージが潜んでいる。「USA Today」から切り取ったこの記事は、1803年のルイジアナ買収を記念して2004年に5セント硬貨がリニューアルされたことを取り上げている。この硬貨にはメーソン式握手とXの文字がはっきり読み取れる。
（下左）ギリシャ500ドラクマ（ユーロ導入以前の通貨）紙幣。メーソン式握手が確認できる。
（下右）聖書の辞書に載ってるメソポタミア神話のナブーは秘密の握手の見本になっているように見える。事実、ナブーのタイトルは“神と通訳”だった。書記の神と言われていた。ダニエル書に登場する王、ネブカドネザルは後にナブーと改名されいる。このイラストはイギリスのロンドンの博物館に展示されているもの。

go on a Master Mason's errand, even barefoot, and bareheaded, to save his life or relieve his necessities. Furthermore do I promise and swear, that I will remember a brother Master Mason, when on my knees at my devotions. Furthermore do I promise and swear, that I will be aiding and assisting all poor and indigent Master Masons, their widows and orphans, wheresoever dispersed round the globe, (they making application to me as such, and I finding them worthy,) as far as is in my power, without injury to myself or family. Furthermore do I promise and swear, that if any part of this my solemn oath or obligation be omitted at this time, that I will hold myself amenable thereto, whenever informed. To all which I do most solemnly and sincerely promise and swear, with a fixed and steady purpose of mind in me to keep and perform the same, binding myself under no less penalty than to have my body severed in two in the midst, and divided to the North and South, my bowels burnt to ashes in the center, and the ashes scattered before the four winds of heaven, that there might not the least tract or trace of remembrance remain among men or Masons of so vile and perjured a wretch as I should be, were I ever to prove wilfully guilty of violating any part of this my solemn oath or obligation of a Master Mason; so help me God, and keep me steadfast in the due performance of the same.

Master, to candidate—What do you now most desire?

Candidate—Light.

Master—Brethren, please to stretch forth your hands and assist in bringing this new-made brother to more light in Masonry. "And God said, Let there be light, and there was light."

[The candidate has the bandage dropped from his eyes in the same manner as in preceding degrees, with three stamps on the floor, and three clapping of hands.]

Master, to candidate—On being brought to light, you first discover, as before, three great lights in Masonry, by the assistance of three lesser, with this difference, both points of the compass are elevated above the square, which denotes to you that you are about to receive all the light that can be conferred on you in a Mason's Lodge.

The Master steps back a few steps, and then advances again.

Master — Brother, you now discover me as Master of this Lodge, approaching you from the east, under the sign, step, and due-guard of a Master Mason.

The sign is the hailing sign of distress given on page 29. The words accompanying it are, "Is there no help for the widow's son?" As the last words are uttered, you let fall your hands in a manner to indicate solemnity. The due-guard is given by putting the open right hand to the left side of the bowels, the palm of the hand flat, and downwards; then draw it quickly from the left to the right, and let it fall by your side.

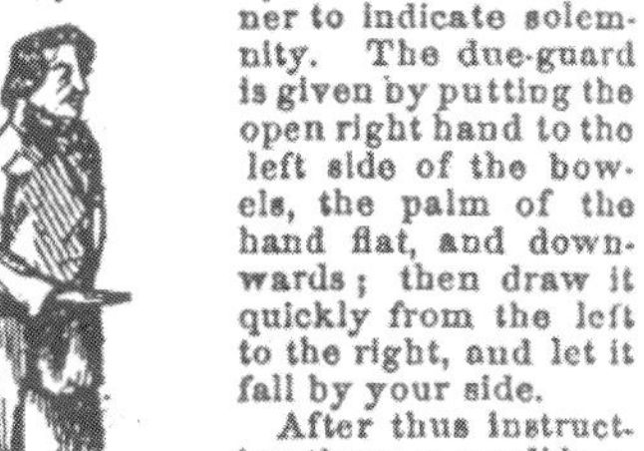

After thus instructing the new candidate, the Master approaches him, and taking him by the hand, says:—Brother, in token of a continuation of true brotherly love and esteem, I present you with my right hand, and with it you will receive the pass-grip and word of a Master Mason. Take me as I take you.

The pass-grip is given by pressing the thumb between the joints of the second and third fingers where they join the hand, and the word is TUBAL-CAIN.

As the Master gives the grip, the following dialogue ensues, the Senior Deacon answering for the candidate:

Master—What is that?

Senior Deacon—The pass-grip of a Master Mason.

Master—Has it a name?

Senior Deacon—It has.

Master—Will you give it me?

Senior Deacon—I did not so receive it, neither can I so impart it.

Master—How will you dispose of it?

Senior Deacon—Letter, or syllable it.

Master—Syllable it, and begin.

Senior Deacon—No, you begin.

Master—No, begin you.

Senior Deacon—TU

Master—BAL-

Senior Deacon—CAIN.

Master—TUBAL

Senior Deacon—TUBAL-CAIN.

フリーメーソンロッジの公式書物に記載されている握手。

22 RICHARDSON'S MONITOR OF FREE-MASONRY.

Sign and Due-guard of a Fellow-Craft.

This sign is given by taking hold of the left breast, with the right hand, as though you intended to tear out a piece of it, then draw your hand, with the fingers partly clenched, from the left to the right side, with some quickness, and drop it down by your side.—The due-guard is given by raising the left arm until that part of it between the elbow and shoulder is perfectly horizontal, then raising the rest of the arm in a vertical position, so that that part of the arm below the elbow, and that part above it, forms a square. The two are always given together, and are called the sign and due-guard of a Fellow Craft.

Master—Brother, I now present you with my right hand, in token of brotherly love and confidence, and with it the pass-grip and word of a Fellow Craft Mason.

The pass-grip is given by taking each other by the right hand, as though going to shake hands, and each putting his thumb between the fore and second finger, where they join the hands, and pressing the thumb between the joints.

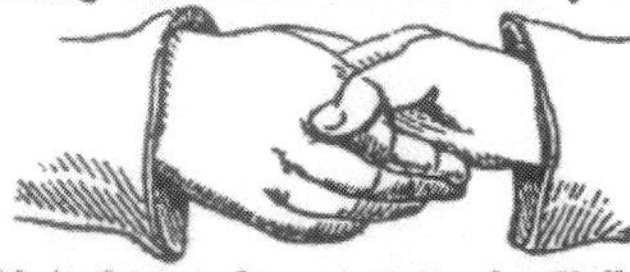

This is the regular pass-grip of a Fellow Craft Mason, and the name of it is SHIBBOLETH. Its origin is explained hereafter. In some Lodges the word is given in syllables, but usually it is pronounced entire.

The real grip of a Fellow Craft Mason is given by putting the thumb on the joint of the second finger where it joins the hand, and then each one should crook his thumb so he can stick the nail into the joint of the other. The name of the grip is JACHIN.

After the Worshipful Master has given the candidate these grips in due form, he says—Arise, brother Jachin, from a square to a perpendicular; go and salute the Junior and Senior Wardens, and convince them that you have been regularly passed to the degree of Fellow Craft. [The candidate goes and salutes the Wardens with the Fellow Craft sign.]

After saluting the Wardens he is conducted back to the Worshipful Master in the east, who thus addresses him: Brother, I now have the honor of presenting you with a lamb-skin apron, as before, which I hope you will continue to wear with honor to yourself, and satisfaction to the brethren; you will please carry it to the Senior Warden in the West, who will teach you how to wear it as a Fellow Craft Mason.

The candidate goes to the Senior Warden, who ties on his apron, and turns up one corner of the lower end, tucking it under the apron string.

Senior Warden—At the building of King Solomon's Temple, the workmen were distinguished by the manner in which they wore their aprons. Fellow Crafts wore theirs in the manner I have here arranged.

The candidate is again conducted by the Senior Deacon back to the Worshipful Master in the east.

Master—Brother, as you are dressed, it is necessary you should have tools to work with: I will, therefore, present you with the tools of a Fellow Craft Mason. They are the plumb, square and level. The plumb is an instrument made use of by operative Masons to raise perpendiculars; the square, to square their work; and the level, to lay horizontals: but we, as Free and Accepted Masons, are taught to use them for more noble and glorious purposes. The plumb teaches us to walk uprightly, in our several stations, before God and man; squaring our actions by the square of virtue; and remembering that we are traveling on the level of time to that "undiscovered country, from whose bourne no traveler returns." I further present you with three precious jewels; their names are Faith, Hope, and Charity; they teach us to have faith in God, hope in immortality, and charity to all mankind. The greatest of these three is Charity; for Faith may be lost in sight, Hope often ends in fruition, but Charity extends beyond the grave, through boundless realms of eternity.

The Senior Deacon now conducts the candidate back to the preparation room.

リチャードソンモニターの書のイラストに記される握手。

solemn oath or obligation of a Most Excellent Master Mason, which I assure you, as before, is neither to affect your religion or politics. If you are willing to take it, repeat your name and say after me:

I, John Smith, of my own free will and accord, in presence of Almighty God, and this Lodge of Most Excellent Master Masons, do hereby and hereon, most solemnly and sincerely promise and swear, in addition to my former obligations, that I will not give the secrets of Most Excellent Master to any one of an inferior degree, nor to any person in the known world, except it be to a true and lawful brother of this degree, and within the body of a just and lawfully constituted Lodge of such; and not unto him nor them whom I shall hear so to be, but unto him and them only whom I shall find so to be, after strict trial and due examination, or lawful information.

Furthermore do I promise and swear, that I will obey all regular signs and summonses handed, sent, or thrown to me from a brother of this degree, or from the body of a just and lawfully constituted Lodge of such; provided it be within the length of my cable-tow.

Furthermore do I promise and swear, that I will support the constitution of the General Grand Royal Arch Chapter of the United States; also, that of the Grand Chapter of this State, under which this Lodge is held, and conform to all the by-laws, rules and regulations of this, or any other Lodge of which I may hereafter become a member.

Furthermore do I promise and swear, that I will aid and assist all poor and indigent brethren of this degree, their widows and orphans, wheresoever dispersed around the globe, as far as in my power, without injuring myself or family.

Furthermore do I promise and swear, that the secrets of a brother of this degree, given to me in charge as such, and I knowing them to be such, shall remain as secret and inviolable in my breast, as in his own, murder and treason excepted, and the same left to my own free will and choice.

Furthermore do I promise and swear, that I will not wrong this Lodge of Most Excellent Master Masons, nor a brother of this degree, to the value of anything, knowingly, myself, nor suffer it to be done by others, if in my power to prevent it.

Furthermore do I promise and swear, that I will dispense light and knowledge to all ignorant and uninformed brethren at all times, as far as is in my power, without material injury to myself or family. To all which I do most solemnly swear, with a fixed and steady purpose of mind in me to keep and perform the same; binding myself under no less penalty than to have my breast torn open, and my heart and vitals taken from thence, and exposed to rot on the dunghill, if ever I violate any part of this, my solemn oath, or obligation, of a Most Excellent Master Mason. So help me God, and keep me steadfast in the due performance of the same.

Master to the candidate—Detach your hands and kiss the book six times. [Candidate obeys.] You will now rise and receive from me the sign, grip and word of a Most Excellent Master Mason.

The sign is given by placing your two hands, one on each breast, the fingers meeting in the centre of the body, and jerking them apart as though you were trying to tear open your breast: it alludes to the penalty of the obligation.

The grip is given by taking each other by the right hand, and clasping them so that each compress the third finger of the other with his thumb. [If one hand is large and the other small, they cannot both give the grip at the same time.] It is called the grip of all grips, because it is said to cover all the preceding grips.

Master (holding candidate by his hand and placing the inside of his right foot to the inside of candidate's right foot) whispers in his ear—RABONI.

Should there be more than one candidate for initiation, the ceremony stops here until the others are advanced thus far, and then they all receive the remainder together.

A noise of shuffling feet is now heard in the Lodge, which is purposely made by some of the members.

その他のメーソン式握手。

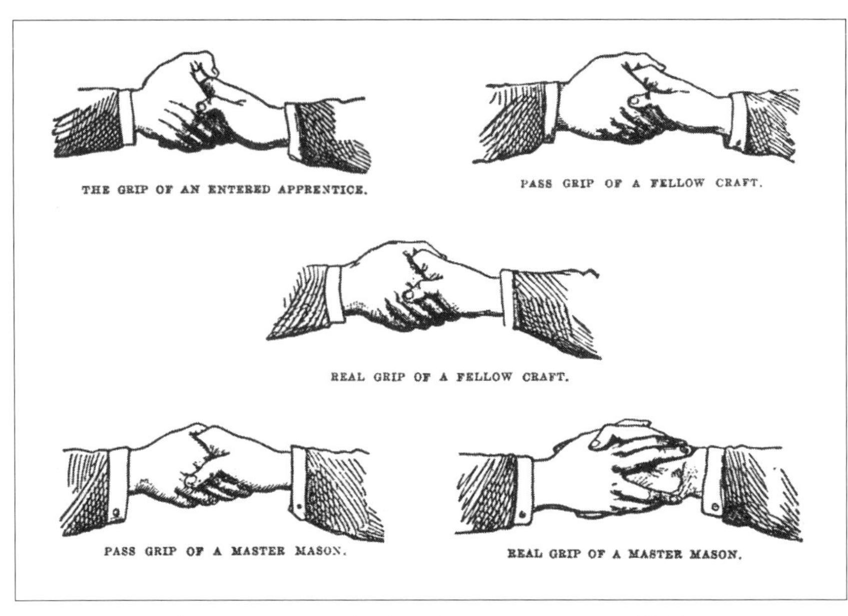


ダンカンモニターの書３版に記されているメーソン式握手。

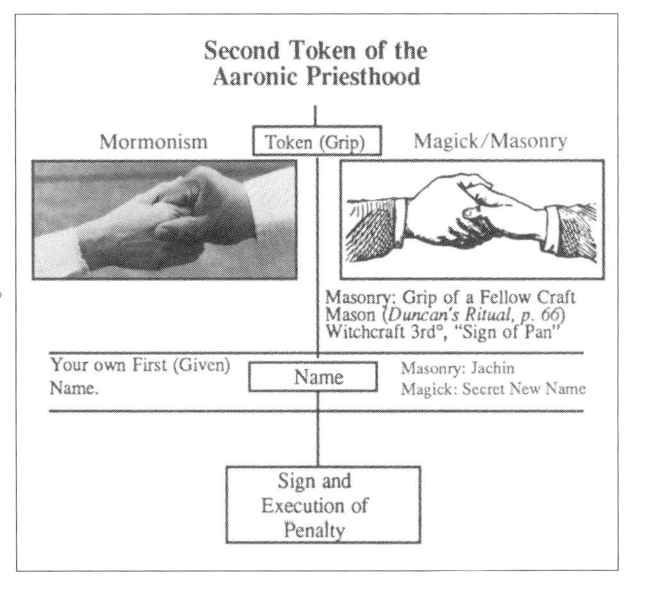


ジェームズ・スペンサーとウィリアム・スノベレーンの共著『Mormonism's Temple of Doom（モルモン教神殿の破滅）』。元モルモン教徒の２人はモルモン教とフリーメーソンに共通する秘密の握手、印、儀式を暴露している。モルモン教創設者のジョセフ・スミスはフリーメーソンに所属していた。そして現在のフリーメーソン幹部はモルモン教とフリーメーソンの秘密の握手、印や儀式を承知している。

（上）ブッシュ大統領とFBI長官のロバート・ミューラーが講壇の裏で秘密の握手を交わす。（2001年7月22発売の「ワシントンポスト」より引用）
（下左）2000年8月にヨルダン首都のアンマンで会談するイスラエル首相のエフード・バラックとヨルダン国王のアブドゥッラー2世。1948年のイスラエル建国以来、歴代首相は皆フリーメーソン及びイルミナティに所属していた。（2000年8月17日発売の「Austin American-Stateman」3ページより引用。写真はAP通信）
（下右）EU共通農業政策長官のフランズ・フリスチュラー（左）とドイツ農業省長官のカール・ヘインッツがベルギー首都ブリュッセルにある欧州議会で握手を交わす様子。写真は1998年12日7日に発売されたワシントンD.C.の週刊誌「The Spotlight」より引用）

# Checkmate for Fidel?

Some Cubans believe that a papal visit would endanger the Castro regime; others fear it might give the Communist leader a new propaganda victory. But everyone agrees the Pope's trip would be an important challenge to the Communist government.

By KRISTINA ARRIAGA DE BUCHOLZ

Back in April 1966 Father Miguel Angel Loredo was arrested at his church in San Francisco, Cuba. He was taken to the forced-labor camps on Isla de Pinos and put to work in the quarries. One morning while he was there, the guards pulled him aside—for no reason except that he was a priest—stripped him, and beat him with their bayonets. Unconscious and bleeding from his mouth and nose, he was sent back to prison, where he would spend ten more years.

Thirty years after his arrest, Father Loredo traveled to Rome to witness an audience between Pope John Paul II and the man who was responsible for his torture, Fidel Castro. He was delighted. "I really enjoyed watching Fidel Castro meet with the Pope," he said with relish. "I think this was a great victory for his Holiness," he added. "He's poised to

■ Fidel Castro with the Vatican Secretary of State, Cardinal Angelo Sodano.

（上）キューバのカストロ前議長とバチカン枢機卿のアンジェロ・ソダーノがメーソン式握手を交わす。キューバの独裁者は長い間フリーメーソンと関連の秘密結社オッドフェローのメンバー。そしてヴァチカンの教皇庁の歴代枢機卿のほとんどがフリーメーソンや薔薇十字団に所属していたカバリスト達である。（写真は1997年１月に発行されたカトリック雑誌の「カトリックワールドレポート」より引用）

（下左）南アフリカ共和国の代表的な政治家だったネルソン・マンデラと南アフリカ共和国共産党党首のオリバー・タンボが握手を交わす写真。欧米メディアにもてはやされたマンデラは共産主義者でテロを働いた犯罪者でもある。彼が南アフリカ政府のトップになったのは、ロックフェラー、ロスチャイルド、オッペンハイマーといったイルミナティ幹部クラスの人間の命令によるもの。おかげでイルミナティ幹部クラスの人間は南アフリカのダイアモンド、金、プラチナビジネスで特権階級になった。（写真は1998年にアメリカのカロール出版社より出版された『In The World of Nelson Mandela（ネルソン・マンデラの世界）』より引用）

（下右）ニューヨーク州知事（当時）ジョージ・パタキと株式会社東京エレクトロン会長の東哲郎と共和党議員のヨセフ・ブルーノ。この時は３億ドルにも及ぶ調査と開発を発表するために会談した。（写真は2003年に発行されたアメリカ共和党議員ヨセフ・ブルーノのニュースレターの１ページより引用）

英国王族のケント公爵エドワード王子はイングランド最大のフリーメーソンロッジのユナイテッドロッジの最高責任者である。そのロッジのタイトルは「The Most Worshipful Grand Master」(最も讃えるべきグランドマスター)。南アフリカのケープタウンを訪れた時に誰かとメーソン式握手をしている。

1992年３月に中国でカトリック教会の枢機卿とメーソン式握手をするヨハネ・パウロ２世。よく見ると指筋をしっかりつまんでいる。

（上）イスラエル首相となったテロリスト、メナヘム・ベギンは有名なキリスト教の牧師で秘密結社の仲間のであるジェリー・ファルエルとメーソン式の握手を交わす。ファルエル氏はパレスチナ人排除政策とユダヤ人選民政策貢献したことでジャボチンスキー賞を授与した人物である。ジャボチンスキーは共産主義者及び有名なシオニストだったため、この賞はそのように名付けられた。そしてイスラエル政府から数百万ドルもするプライベートジェット機が贈呈され、米国納税者から50～100億ドルにもおよぶ巨額の補助金も受けている。ファルエル氏に贈呈するために、ベギン氏とイスラエルは米国納税者からお金を強奪してる。
（下）1992年３月にイスラエル外務大臣（当時）のデイビット・レビーが北京で中国共産党党員と握手を交わす様子。

ALLIES

# RUMSFELD'S MISSION

**Rumsfeld met on Wednesday with King Fahd; the kingdom is helping the U.S., but quietly**

SALIM AL HASHLI—AP

OMAN

**On Thursday, Sultan Qaboos offered bases and was rewarded with a U.S. arms deal**

ブッシュ政権で国防長官を務めたラムズフェルド（左）とサウジアラビア国王のファハド・サウド（上）とオマーン国王（下）が秘密の握手を交わす。(2001年10月15日に発売された「タイム」より引用)

フランスの政治家でパリロッジに所属するジャン＝マリー・ル・ペンはイギリスを訪れた時にイギリス国民党議員のニック・グリフィンにメーソン式握手で出迎えられる。２人とも極右的な思想で、そのことで写真が載っている新聞では批判される記事が書かれている。ル・ペン氏はこの握手によって、裏ではフリーメーソンとつながっているシオニストでヘーゲリアンであることを証明している。

# Nationalists Jailed for Criticizing Radica

xley-Blythe

Dec. 14, 2004, and
aylight, four plain-
ves woke up British
ick Griffin and his
in mid-Wales and
ader of the British
was then taken on a
urney to a Halifax
e was questioned by
elease at 5:30 that

Griffin, 45, was that
iting "racial hatred"
luslim community.
British Broadcasting
ad secretly filmed
nd then screened it
g" program on July
ne, Griffin is alleged
other things, that
ricked faith."
, kept in the cell for

French populist leader Jean-Marie le Pen (left) shakes hands with British National Party (BNP) leader Nick Griffin prior to a press conference held by the BNP in

political rival."
And from wh
would appear oth
well orchestrated, t
The day before
the founder of the
who lives in How
arrested because of
in Lancashire.

WHO'S ALIEN TO BR

Some observers
Tyndall's arrest wa
response to Tory
ard's claim that th
Britain. Tyndall n
"the BNP could b
Britain as Mr. Hec
fact that the Rom
Hecht had been
Howard in the late
As a result of th
12 men were arre
were not charged w
A Yorkshire p
reported as saying t

WORLD

# slam onflict, says

## foe is terrorism

al scientists have theorized hat the next major geopolitical ault line will be between Musm and Judeo-Christian societes.

But Clinton, noting that a uarter of the world's populaion — including 6 million mericans — are Muslim, said he only dividing line was beween those who support or ractice terror and those who egard it as murder.

Clinton noted that there are ,200 mosques and Islamic cen-

By Don Emmert, Agence France-Presse

**General Assembly opens:** President Clinton, with U.N. Secretary-General Kofi Annan, was among nearly 50 government leaders present.

Saudi financier Saudi Osama bin Laden. U.S. retaliation for the attacks, in turn, produced widespread Muslim anger.

Khalilzad said the president's speech also appeared to be directed at Iranian President Mohammed Khatami,

クリントン大統領（当時）と国連事務総長（当時）のコフィー・アナンが国際連合総会の開会式でメーソン式握手をしている写真。世界の２代リーダーは各国の国旗を並べたが、ニカラグア共和国の国旗にデザインされているイルミナティの紋章ピラミッドとすべてのお見通しの目がはっきり見える位置で写真を撮った。コフィー・アナンはロスチャイルド財閥の白人女性と結婚している。（写真は1998年９月22日発売の「USA Today」より引用）

メーソン式握手をするクリントン大統領（当時）とカバリストのステッフェン・ブライヤー。ブライヤー氏はクリントン政権で合衆国最高裁判所長官をクリントンに任命された人物。ブライヤーの右に写る女性はルース・ジンズバーグでクリントン政権でも合衆国最高裁判所の仕事をした。タルムード立法者でカバリストでもある。（写真はアメリカの新聞「The Cincinnati Post」の1994年10月１日発売号より引用）

宇宙飛行士のフランク・ボーマンとNASA最高責任者とメーソン式握手を交わす。

1991年ホワイトハウスでバプテスト教会牧師のジェリー・ファルエルがスカル・アンド・ボーンズ結社の教え子である大統領（当時）のジョージ・H・W・ブッシュと秘密の握手を交わす。ファルエル氏は中絶反対を訴える人物だが、アメリカ連邦最高裁判所長官に中絶を支持するデイビット・ソーターを任命した時や、その他の連邦政府関係のポストに中絶を支持する人物を任命した時もけっしてパパブッシュを批判することはなかった。

フランスのシラク大統領（右）とアイルランド首相のパトリック・アハーン（左）とパリオリエントロッジ前で堂々と握手を交わす。

ınd even "Turd Blossom," as George W.
alls him. But what about Karl Rove, po-
te speaker at the Conservative Political
ce's annual conference last week in Washington, the
d White House deputy chief of staff attracted an over-
early 1,000 GOP
ng hundreds of
s who crammed
At the back of the
helle Morrow, 19,
lly and taking pix
camera. "He is my
he said. "I wish I
." She's not alone.
on the campaign
Rove offered "pri-
Cost: $4,000 per
other $1,000 if
cture with the
he budget-conscious, there's always the ILoveKarl-
store, which sells, among other things, a $10 thong
h his photo inside a large pink heart. Rove, who was
comment, tries to downplay his celebrity. When intro-
as a fan of Mark Hanna's, President William McKinley's

ベイビーブッシュ政権で次席補佐官を務めたカール・ローヴ氏とベイビーブッシュとメーソン式握手をシェアする場面（写真は2005年２月20日発売の「ニューズウィーク」より引用）

フリーメーソン関連団体 Americans United for Separation of Church and State（教会と州に分裂によって団結したアメリカ人）を創設したフォイ・バレンタイン氏と団体の幹部のバリー・リーン。この団体は学校で祈りを禁止にする、十戒が書かれたものの公共の場からの撤去、クリスマスの飾りやイエス・キリストの名前を表示しない、といった活動を働きかけている反キリスト団体である。

（上）在イスラエルのエジプト大使館大使を務めたモハメッド・バッシウニーとその妻と当時のイスラエル首相のシモン・ペレス。エジプトのカイロロッジとエルサレムロッジでも行われる握手である。左手は右手で行われるメーソン式握手を隠すために使われる。（写真は1997年９月１日発売のエルサレムの日刊新聞の５ページより引用）
（下）イスラエル首相とイスラエル労働党党首を歴任したシモン・ペレスとアメリカ外交問題評議会議長のモートン・ジャンクローとメーソン式握手を交わす。（写真は1990年に発行された外交問題評議会の年刊レポートより引用）

1995年に会談するクリントン大統領とローマ教皇のヨハネ・パウロ２世。ヨハネ・パウロ２世はメーソン式の秘密の握手を隠すために左手を使っている。また1989年にソ連最高責任者のゴルバチョフとのマスターメーソン（親方）を意味する握手を交わし、世界中のカトリック信者に衝撃が走った。（1976年に発行されたダンカンモニターの書３版に載っている握手）

（左）ローマカトリック教会大主教のチャールズ・サラトゥカーとメーソン式握手を交わす場面。握手するのと同時に左手でそれを隠している。
（右）ローマでユダヤ教の教主のイスラエル・ラウとヨハネ・パウロ２世が握手を交わす。ラウはエルサレムロッジのメンバーであり、右手で行うメーソン式握手を左手で隠している。ダンカンモニターの書３版210ページには“Cover grip”（握り隠し）と説明されている。

GUESS WHO'S COMING TO CHURCH?

Dr. Robert H. Schuller's special *Hour of Power* guest **Mikhail Gorbachev**.

This Sunday, October 22, 2000 at 7am, WNYW-5.

*Also seen Saturday, October 21, 2000 at 9pm on TBN.*

THE NEW YORK TIMES **NATIONAL** SATURDAY, OCTOBER 21, 2000

（上）ソ連のゴルバチョフとヨハネ・パウロ２世がカメラの前でフリーメーソンの印を手で示す。（写真は1989年10月１日発売のニューヨークタイムズより引用）

（下／右）クリスタル聖堂で当時ソ連の最高指導者のゴルバチョフと明らかなメーソン式握手を交わす33階級メーソンのロバート・スチューラー牧師。グランドオリエントロッジに所属するメーソン政治家のゴルバチョフはスチューラー牧師の教会で講演を行った。

アメリカ33代目大統領ハリー・トルーマンと牧師のビリー・グラハムがメーソン式握手を交わす様子。グラハムの左手は、ヤブロンの手を表現している。コイルのフリーメーソン百科事典によると、トルーマンは1940年にミズーリ州のグランドマスターに任命されている。33階級のフリーメーソン会員としては史上初、葬儀の様子がテレビで世界に中継された。

(上右)「International Forum for a Non-nuclear World and the Survival of Humanity(世界の非核化及び人間生存評議会)」で1987年２月13日から15日にわたって会談をした。写真に写るセブンスデー・アドベンチスト教会最高責任者のネアル・ウィルソンはフリーメーソンに所属していた。彼だけではなく、セブンスデー・アドベンチスト教会幹部クラスの牧師も所属している。彼らは共産主義を支持した他、アメリカユナイテッド、名誉毀損防止同盟、アメリカ自由人権協会等、反クリスチャン団体の支援も行っていた。
(下)1966年にワシントンD.C.のスコッティッシュライトのロッジがある「The Temple of the House」にいた３人のキリスト教名牧師はビリー・グラハム、ノーマン・ペール、ロバート・スチューラーである。後にカリフォルニア州ガーデングローブに位置するクリスタル聖堂にこの３人のメーソン牧師の彫像が建てられた。

# 第9章
# イルミナティが手で表現する印——それは称賛と驚きを表現するため

すべてはどんなであるか次第。

司法長官の質問に答えるクリントン大統領

薔薇が他の名で呼ばれても、性質は薔薇のまま。

古いことわざ

フリーメーソンの聖書的な存在である『リチャードソンモニターの書』によると、ロイヤルアーチの幹部クラスのメンバーは、ロッジに訪れる時は必ず称賛と驚きの印を表現しなければならない。その印の説明はソロモンの神殿に初めて訪れた時のシバの女王のイラストに基づいて作られたのだという。『ダンカンモニターの書』によると、同じ階級のメンバーがロッジを訪れる時は、ソロモンが神のために建てた壮大な建物（ソロモンの神殿）の内側を訪れた歴代の先祖達に対する敬意を暗示するためでもあると記されている。
手の内側を前にして腕を上げる時は受け身、降伏、慈悲のアピールを意味する。ガリア戦争でシーザーはガリア人女性がローマ軍に降伏する意味としてこれを使っていたのを観察していた。手の平を上にして片腕だけを上げる時は、この世の者ではない、またはこの世にない力を呼び寄せる意味である。時には全能の神様に対する呼びかけでもあれば、悪魔に対する呼びかけでもある。手の平を前にして両腕を上げる時は、あの世に者に対して尊敬や称賛の表現を意味する。具体的にはこんな意味だ。
「地下の親愛なる神よ、偽りの知恵をお与えくださったおかげで敵に勝利することができ、そして偉大なる計画を実行できることを感謝します」

さて、表舞台でアメリカ大統領、大統領候補、いろんな国の首相やその他のＶＩＰな人、フランスの歴史的な皇帝ナポレオン等が、本章で見てもらうイラストの真似をしているのが確認できる。

１９９３年にビル・クリントンは雑誌「タイム」で「Man of the year」に選ばれたが、表紙の「TIME」のＭの文字がクリントンの頭の後ろにほとんど隠れ、上の部分だけが角に見える形で写っている。もし、「タイム」のこの記事を担当した編集者に質問したら何て答えるだろう。クリントンはデビルマン（悪魔崇拝者）か、それとも偶然にしてこんな写真ができたと答えるだろうか？
だが、クリントンがデビルマンであることを証明する写真は他にある。ホワイトハウス大統領執務室で撮られた写真だが、手の平を前にして両腕を上げて尊敬を意味する印を表現している。大統領デスクとの真ん中に左に向いている鷲が刻まれているのが確認できる。だがクリントン目の前のカーペットに

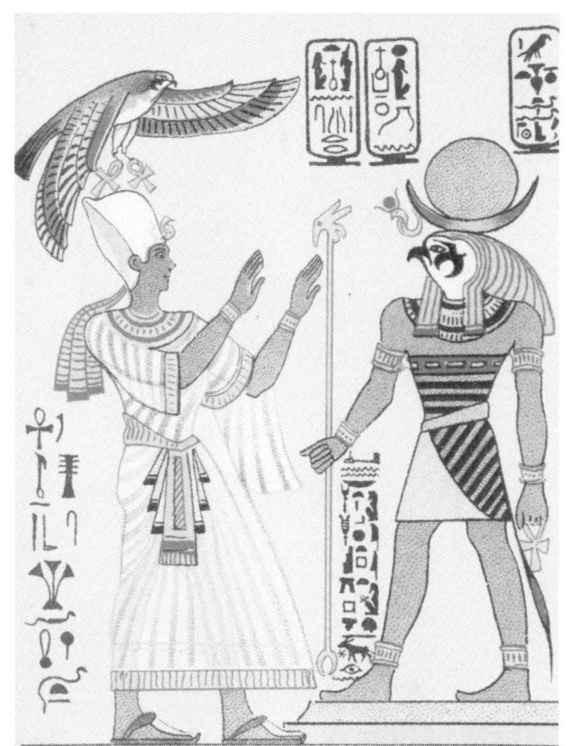

ファラオのラムセス２世は太陽の神のオリシスの息子ホルスに対する称賛を示す。太陽の神は米ドル１ドル紙幣に印字されているすべてお見通しの目の印である。フリーメーソンが用いる称賛や尊敬の印は古代エジプトやバビロンの古代宗教を元に作られている。(1998年に出版されたヒラリ・エヴァンズ著『Other World（他の世界)』より引用)

エジプトの歴代祭司は職務に就く時は礼服を着る。豹の皮でできたものだ。そして“秘密の神”を礼拝する儀式に出席をする。秘密に包まれた礼拝は太陽系の６番目の天体、土星という名で知られている。イラストで豹の皮でできた礼服を着ている祭司は手の平を前にして両腕を上げている。これは現代フリーメーソン、薔薇十字団、東方聖堂騎士団等が儀式で行う振る舞いそのものである。(アレクサンダー・ヒズロップ著『The tow Babylons（２つのバビロン)』の45ページより引用)

JANUARY 4, 1993
MAN OF THE YEAR
$2.95
TIME
President-elect
Bill Clinton

大統領就任直後に大統領執務室を訪れるクリントンは両手で称賛の意味をする印を行った。この写真では当選したことに喜んでいるだけなのか、それともデスクとカーペットに刻印されている双頭鷲に対する称賛を示しているのか？（写真は1993年１月４日発売の「ニューヨークタイムズ」29ページより引用）

セルビア共和国大統領のスロボダン・ミロシェヴィッチが右手に薔薇を持っている。それは、彼が薔薇十字団の団員であることを示しているのだ。ミロシェヴィッチ氏はイルミナティのエリートの秘密のアジェンダの希望に添うことができず、失脚させられた後、"バルカンの人殺し"の汚名を着せられた。そして人道に対する罪で逮捕起訴され、国際刑事裁判所で有罪判決を受け収監された。（写真は1993年１月４日発売の「タイム」の45ページより引用）

描かれている鷲は右を向いている。大統領執務室では真逆の方向に向いている2羽の鷲が確認できる。言うまでもなく、フリーメーソンで神として称賛されている蛇を暗示する双頭鷲のことである。わかりやすく言うと、クリントンとイルミナティのエリート神で1ドル札に刻まれている太陽の神のルシファーのことだ。そしてクリントンが左手に薔薇を持っているのが確認できるが、これはイルミナティと薔薇十字団の親密度を表している。クリントンと同じように、当時のセルビア共和国大統領のスロボダン・ミロシェヴィッチが右手に薔薇を持ったまま両腕を上げている写真を見てほしい。サタニズムでは、悪意のある魔法を行う時は左手を用いて行う。左手で薔薇を持っているクリントンは現在も世界的なリーダーとして認知されているのに対して、ミロシェヴィッチはクリントンとその仲間達によって失脚させられ、逮捕されてしまった。同じイルミナティの仲間を試してはならないことをクリントンは証明してみせた。

本章では今紹介した2人以外の著名人が両腕や両手を使ってイルミナティの印を示している写真が多数掲載されているため、それらのサインの意味を確認しながら読んでいこう。

## 苦難の訴えから示される印

苦難の訴えから示される印は多くのフリーメーソンや関連の秘密結社のメンバーが表舞台で示してきた。それは、エリートが試練のまっただ中にいて、とにかく困っている時に他の仲間にその旨を示す内容である。

この印はハイサインと呼ばれる。このサインの意味を認識している仲間にエマージェンシー宣言をして助けを期待する、いわば、メーソン110番。

女優のシャロン・テートを殺害した罪で起訴されたオカルト指導者のチャールズ・マンソンは公判中に何度もこのハイサインを表現したことが確認されている。彼の裁判を担当した裁判官が33階級メーソンだと期待して〝メーソン110番〟を示したが、無駄だった。

モルモン教の創設者のジョセフ・スミスもイリノイ州のノーヴーで逮捕された時、拘置所でハイサインを送った。拘置所前で怒りに満ちていた群衆はフリーメーソンが指導していたことを知っていたからである。スミスもフリーメーソンに所属していたからあの組織のやることを熟知していた。だが、彼も組織に裏切られた1人である。どうやら、伝統ある組織の秘密のサインや印をそのままモルモン教の儀式で使うようになったことを他のメーソン仲間は良く思っていなかったらしい。スミスは床に倒れ死んでいく時に「未亡人の息子には助けはないのか？」と叫んだ。フリーメーソンで教えられたこの不可解な叫びは、スミスがフリーメーソンの神を信じていることを証明した。新約聖書ヨハネの黙示録にはその神のことを「大売春婦、謎のバビロン、淫婦たちの母」を27回も記している。

ジョン・ロビンソンは著書『Born in Blood（血のある場所に生まれる）』でフリーメーソンをかばいながら批判に対する苦言をしている。そして3階級で教えられる苦難のサインについても述べている。「儀式が終了すると、目隠しが外される。そして新しく誕生したマスターメーソン（親方）に3階級の秘密が教えられる。処罰の印が教えられるが、それは手でカットするような動きで、その時は手の平は下に向いて親指は自分の体に向けて胃にめがけて行う動きである。宣誓をする時は両手を聖書とコンパスと広場に向けて行う。ここまでは1、2階級とさほど変わらないが、3階級ではマスターメーソンの苦難の印がこの時に伝授される。両腕を真っすぐに伸ばして、手の位置を頭より上に上げて、そして手の平を前に向ける。とにかく助けを要する緊急自体の場合はジェスチャではなく言葉で『未亡人の息子には助けはないのか？』と叫ぶこと」

これはソロモンの宮殿建造のために派遣された石工職人のヒラム・アビフがナフタリの未亡人の息子だったところから生まれた発想である。ロビンソンは処罰の印について言及し、儀式の誓いで口にすると言っている。

本章ではこの苦難を示す印をしている著名人たち多数が載っている。ソ連の独裁者だったヨセフ・スタンリーも苦難の印を示した1人。元マスターメーソンで現在クリスチャンになってからフリーメーソンを脱退したジャック・ハリスの著書『Freemansorry』でメリーランド州のロッジのマニュアル内容を暴露してる。

「グランドマスターによって派遣された紳士的なメッセンジャーが全宇宙で最も栄光のあるロッジのことを完璧に訳してくれる」

ハリスによると儀式はこんな風に行われる。

「すべてのメンバーはマスターの声が聞こえる東へ向く。3階級のメンバーが危険を感じた時にどうのように対処をしたらいいか教えられる。それは、両手を頭よりも上に上げる振る舞いのことだが、簡易にこの印を示してはならない。身の危険を感じた等、よっぽどのことがある時に限ってこの印を行うことが許される。この印を確認したフリーメーソン仲間は、自分の命を犠牲にしてでも助ける価値があると判断した時は助けに行くだろう。もし、光が行き届かない場所にいる場合は代わりに同じ意味を持つ言葉を口にしてよい。それは『未亡人の息子には助けはないのか?』である。この言葉を耳にしたメーソン会員は、命を犠牲にしてでも助ける価値があると判断した場合は兄弟を助けに行かなければならない」

THE INEFFABLE DEGREES: PERFECT MASTER. 135

Master—Before you can be admitted to this privilege, it will be necessary for you to join the funeral procession of Hiram Abiff.

Candidate is then conducted several times round the Lodge, the brethren joining in the procession, and singing a dirge from text-book, after which he passes to the tomb of Hiram Abiff, joined by the Master, (personating King Solomon.)

Master (looking at inscription J. M. B. on the tomb, and making sign of admiration)—It is accomplished and complete.

The brethren now make the same sign of admiration, viz.: raise hands and eyes upward, and then let the arms fall crossed upon the abdomen, looking downwards.

Master and brethren now resume their proper places, while the Master of Ceremonies instructs the candidate how to approach the east, and to take upon himself the obligation in this degree, as follows: by four times four steps from a pair of compasses, extended from an angle of seven to that of sixty degrees. Candidate then takes the obligation, which enjoins secrecy, and to obey the orders and decrees of Council of the Princes of Jerusalem, under penalties in all former degrees, and of being smitten to the earth with a setting maul, &c.

Master (drawing green cord from can...

let the right arm fall perpendicularly on the right side. This alludes to the penalty of being smitten down with a maul.

Second sign is that of admiration—Raise the hands and eyes upwards, as in the engraving, then let the hands fall crossed in front, at the same time casting the eyes downwards.

The pass-word is ACCASSIA.

The token is that of a Mark Master, given on the five points of fellowship, [page 42.] Mysterious word, JEVA, pronounced Je-vau.

Master then invests candidate with the jewel and apron of a Perfect Master, and informs him that the jewel should remind him to measure his conduct by the exact rule of equity.

Master then instructs candidate in the history of the degree, as follows:

After the body of Hiram Abiff had been found, Solomon requested Adoniram to make suitable arrangements for his burial. The brethren were ordered to attend with white aprons and gloves, and he forbade that the marks of blood, which had been spilled in the Temple, should be effaced until the assassins had been punished. In the meantime, Adoniram furnished a plan for a superb tomb and obelisk of white and black marble, which were finished in nine days. The tomb was entered by passing between two pillars, supporting a square stone surrounded by three circles. On the stone was engraved the let-

5階級の完璧な親方（The Perfect Master）の儀式では称賛を意味するサインが行われる。リチャードモニターの書135ページの記載されているイラストの説明には“手の平と目は上を向いたまま、肘を腹部まで曲げ落とす”と書いてある。必ず片手または両手を上げたままでないといけないようだ。

212 MOST EXCELLENT MASTER, OR SIXTH DEGREE

The brothers now all join hands as in opening, and while in this attitude the Right Worshipful Master reads the following passage of Scripture, 2 Chron, vii. 1, 4.

FIG. 30.

SIGN OF ADMIRATION, OR ASTONISHMENT.

"Now when Solomon had made an end of praying, the fire came down from heaven, and consumed the burnt-offering and the sacrifices; and the glory of the Lord filled the house. And the priests could not enter into the house of the Lord, because the glory of the Lord had filled the Lord's house. And when all the children of Israel saw how the fire came down, and the glory of the Lord upon the house, they bowed themselves with their faces to the ground upon the pavement, and worshipped and praised the Lord, saying, For he is good (here the Master, who is high-priest of the Chapter, kneels and joins hands with the rest), for his mercy endureth forever."

They all then repeat in concert the words, "*For he is good* (here one of the brethren, standing behind the candidate, throws a piece of blazing gum-camphor or other combustible matter into the *pot of incense* standing on the altar, around which the brethren are kneeling), *for his mercy endureth forever*," six times, each time bowing their heads low toward the floor. The mem-

ロイヤルアーチ6階級では称賛の儀式が行われるが、その時6回頭を下に向けて6回揺らす振る舞いが6回繰り返される。6＋6＋6または666。これが6階級の儀式で行われる（ダンカンモニターの書212〜213ページ記載されている）。この儀式で表現される称賛はソロモンの宮殿が完成した時に内側を訪問した時に称賛した思いだという。

イルミナティが創設した外交問題評議会（略称 CFR）の本部所在地はニューヨーク。公式ロゴは白馬に乗馬した裸の男性だが、片手で称賛の意味を示すハンドサインを行いその指は外交問題評議会の星を隠すようにしている。それはルシファーを指で隠しているという意味である。下に書かれている文字“VBIQVE”はラテン語で「どこでも」を意味する。このロゴは以前外交問題評議会が公表するすべてのものに印字されていた。白馬に乗る男性の由来はおそらく、ヨハネの黙示録6章の4人の騎士の話で最初の白馬に乗っている騎士で、嘘の平和をもたらす。

ソ連最高責任者のゴルバチョフがニューヨークの外交問題評議会を訪れた時、保存されている1921年当初の文書のコピーを紹介された。その文書にはソ連の共産主義者でイルミナティの一員だったウラジーミル・レーニンの署名が書かれている。ゴブバチョフが右手で称賛を意味する印を“聖なる文書”のコピーに向かって表現しているのがわかる。

悪魔崇拝者ロックスターのオジー・オズボーンは悪魔崇拝のため主催したコンサート中に蝙蝠の頭を食いちぎって世間を騒がせた。ベイビーブッシュと妻のローラ・ブッシュにホワイトハウスでの食事会に招待された時は両腕で悪魔崇拝者であることをアピールした。招待されたことがよほど嬉しかったようで早めに着いてこのパフォーマンスを見せた。その意味を感じ取ったブッシュ大統領は拍手して母親のバーバラ・ブッシュがオズボーンのファンであることを語り始めた。

2004年の大統領選挙活動でオハイオ州に到着するジョン・ケリー。ケリーの手は空を向いているため、太陽の神の信仰者ってことかな？　そうじゃない。彼は、"空の神"（サタン）を称賛する印を示したのである。2003年３月15日に発売された「タイム」からこの写真を引用したが、この記事を担当した編集者はケリーがなぜ腕を上げているのか一切言及していない。

フランスの画家ジャン・グロがピラミッドの戦いでのナポレオンの様子を描いている。ギザの美しいピラミッドに驚いたナポレオンは左手で薔薇騎士団への称賛を示した。フランス皇帝がピラミッドを見た時に驚きを隠せなかった事実は学校の歴史で習ってきた。この印は手の平が称賛の対象となるものに向いていれば、左手でも右手でも行ってよい。

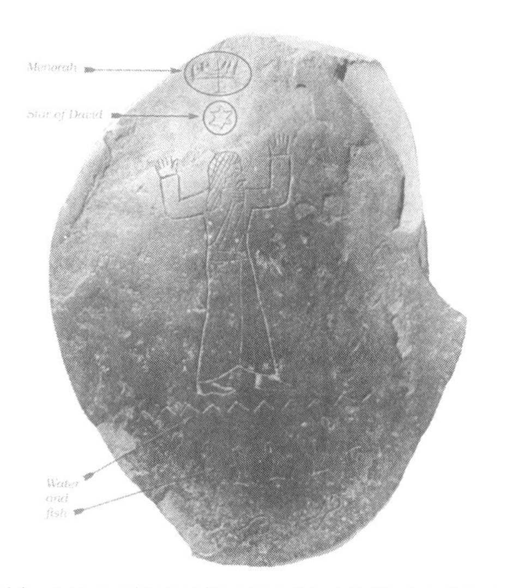

（左）イリノイ州の洞窟で発見された石に水中を歩く「Jesus」が彫刻されている。いったいなぜ、キリストの頭上にダビデの星とユダヤ燭台が彫刻されいるのだろうか？　そしてなぜキリストは両手を上げるメーソンの印をしているのだろうか？（写真は『Ancient american（古代アメリカ人)』より引用）
（右）この女神の子像は、イギリスの有名な魔術師のアレックス・サンダーズの事務所に置いてあった。この魔術師は女神と角の生えた男性の神の両方を崇拝していた。（写真は1974年香港で出版された本『Witchcraft, Magic and the Supernatural』より引用）

テキサス州フォートワース市の教員のマニュアル。アメリカの独立学校区の資料にも６枚のプラットフォームの上に太陽を称賛する女神を拝む13人の崇拝者（正確には13人の魔女）が描かれている。このイラストはイタリアの教育者、マリア・モンテッソーリを称賛するイタリアの教育団体が作ったものである。

1860年に発行されたリチャードソンモニターの書のイラストには緊急時代に示す“苦難の印”が描かれている。手の平を水平にして肘を曲げて苦難から発するハイサインがこれだ。前ページの石に彫刻されているキリストと同じ振る舞いである。

バビロンの古代宗教が秘密の儀式に出席する時の入り方が描かれている。この儀式では女神が持っているカップの飲み物を飲むことが含まれている。イラストを見ると参加者は膝を地面につけて両手を上に上げていて、右側の男性は左手でパンのようなものを与えている。（イラストは1916年に出版されたアレックサンダー・ヒズロップの著書『The Two Babylons（２つのバビロン）』より引用）

# DAILY BRIEFING

Austin American-Statesman　statesman.com

NEWSMAKERS

Rob O'Neal FLORIDA KEYS NEWS BUREAU

## Taking in the Truman show

**President Truman** stayed 11 times from 1945-53 at what is now the Harry S Truman Little White House Museum in Key West, Fla. Fellow Democrats ex-**President Clinton** and his wife, U.S. Sen. **Hillary Rodham Clinton**, had their own getaway there this weekend.

**Sunday talk**

**'News Sunda**
Fox: John Negr
U.S. ambassado
Sens. Lindsey G
R-S.C., and Dian
stein, D-Calif.

**'This Week,'**
ABC: Negropo
Chuck Hagel,
Joseph Biden,
former Verm
Howard Dean

**'Face the N**
a.m., CBS: N
Sen. John
Ariz.

**'Mee**
a.m.,
Rep.
Cali

アメリカ元大統領のハリー・トルーマンの肖像画に称賛を示すビル・クリントン。クリントン夫妻もトルーマンもフリーメーソンに所属するエリート。33階級まで上り詰めたトルーマンの実績を讃える意味でビル・クリントンは肖像画に対する称賛を表現した。クリントン夫妻がフロリダ州のトルーマンの博物館である「Harry S. Truman Little White House Museum（ハリー・トルーマンの小さなホワイトハウス）」を訪れた時の写真である。（写真は2005年１月25日発売のテキサスの新聞「Austin American-Statesman」の２ページより引用）

THE TORONTO STAR

# CONTEXT

ANALYSIS • COMMENTARY • WORLD REPORT • SCIENCE

Sunday, July 23, 1995 Section F



# The rainbow returns

環境保護団体グリーンピースのメンバーが出発する団体の船を不自然な振る舞いで見送る。彼らは否定しているが、世界のほとんどの環境保護団体や財団はイルミナティの資金援助を受けて設立されている。

# 第10章
# 〝広場での誓い〟——ぞっとするほど存在するイルミナティの秘密の印

イルミナティのエリートは何かを表現するために多くの印を〝広場での誓い〟で示す。時には秘密結社への忠実信の表現であったり、時には秘密漏洩をした裏切り者に他する復讐の宣告の表現であったりもする。

ニクソン大統領が1974年に大統領の座を辞任した時、ロイヤルアーチ2階級（職人）の印である〝Dueguard〟（最終防衛）を表現した。ニクソンとその〝警護者〟の大統領首席補佐官のハリー・ハルデマンは、イルミナティがメディアを利用してアメリカ国民を洗脳する方法を阻止しようとしていた。それにユダヤ系イルミナティ支配下にあるFBIをも潰す計画をしていた。ニクソンはどんなリスクを犯して身を危険にさらしていたか承知していたし、ケネディ大統領の暗殺はケネディ政権で副大統領を務めたリンドン・ジョンソン、シオニストでFBI初代長官のジョン・フーヴァー、秘密結社スカル&ボーンズ、そしてCIAの暗躍で行われたことを知っていたからである。ニクソンはデイビッド・ロックフェラーと親しかったし、ロスチャイルド財閥の人間とプライベートで親交があり、頻繁に会っていた。サンフランシスコの秘密結社、ボヘミアンクラブの重要な儀式にも出席していた。大統領就任中、ニクソンはアメリカで絶大な権力を持つイルミナティを失脚させようという希望を持ったが、逆にウォーターゲート事件で失脚させられた。前任者のトマス・ウィルソン、ルーズベルトといった歴代大統領や後任者のクリントとブッシュ親子の犯罪と比較するとウォーターゲート事件は大した話ではない。

ウィリアム・モルガンはもっと残酷な運命をたどった。19世紀にフリーメーソンの儀式中に殺害され、その遺体は川に遺棄された。この事件に激怒したのは6代目大統領のジョン・Q・アダムズだった。自身の著書『Letters on Freemasonry（フリーメーソンに関するレポート）』でフリーメーソンのメンバー達を〝悪魔崇拝者〟と非難し、アメリカ国民にとっては危険極まりない殺人集団であることを暴露した。本章では処罰を意味する印を〝広場〟で表現している多数の著名人が登場する。アメリカで日常的に使われるフレーズが実はフリーメーソンが由来であることも判明する。

本章を読んでいくうちに多くのイルミナティのエリート、39代アメリカ大統領のジミー・カーター、オッドフェローズ（Odd fellow）所属のキューバのカストロ元議長、ボリシェヴィキ政権でイルミナティの独裁システムがどう機能するか実験して5000〜6000万人もの罪のない人を虐殺したヨシフ・スターリン等がロシアの祈禱師のグリゴリー・ラスプーチンと親交があったことが判明する。イルミナティに服従するアル・ゴアが表現するサインやオクラホマ連邦政府爆破事件の主犯格ビルティモシー・マクベイが見せるハンドサイン「ファ〇〇ユー」やその他イルミナティのエリートが表舞台で表現する印が載っている。

By Gregory Bull, AP

**Historic visit:** Former president Jimmy Carter, left, greets students at a medical school outside Havana. Cuban President Fidel Castro joins him.

**Carter's skills can smooth**

39代目アメリカ大統領のジミー・カーターがキューバ首都のハバナでカストロ議長を訪れた時の記事。カストロはキューバで知られている秘密結社オッドフェローズに所属するサインをした。隣のカーターは“Dueguard”（最終防衛）を意味するサインを表現。（写真は2002年５月16日発売の「USA Today」の11ページより引用）

1991年に合衆国最高裁判所長官に任命されたチャレンス・トーマス。合衆国議会で右手を上げて誓いをするが、同時に左手で２階級の“Dueguard”（最終防衛）であることも表現する。

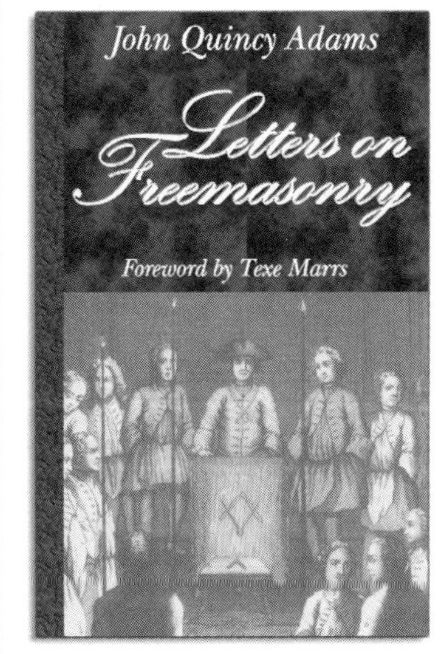


“フリーメーソンは永遠に封印されるべきだ。彼らの行いは、悪以外に何ものでもない。悪魔のアジトであり、そこからいいことが生まれるわけがない”

アメリカ６代目大統領ジョン・Q・アダムズ

アメリカ６代目大統領ジョン・Q・アダムズはフリーメーソンや関連の秘密結社のイルミナティを批判する数少ない政治家だった。現在、これらの秘密結社の陰謀論は多くの人の間で議論されるが、アダムズは悪の根源であることに疑いの余地を持っていなかった。フリーメーソンで行われる儀式は多くの人に不幸をもたらす悪であると説明している。作家で愛国心の強い彼はアメリカ大使、国務長官、大統領を歴任した実績を持つのだから間違いない。彼は秘密結社フリーメーソンの会員達を“悪魔崇拝者”と非難し、人類に不幸をもたらす史上最悪の結社とも記している。アダムズの著書『Letters on Freemasonry（フリーメーソンに関するレポート）』は1933年に初めて出版されたが、一般人がその本を入手することは不可能に近かった。だが、筆者が改めて出版したから興味のある人は筆者のホームページから22ドルで購入することが可能になった。

22 RICHARDSON'S MONITOR OF FREE-MASONRY.

Sign and Due-guard of a Fellow-Craft.

This sign is given by taking hold of the left breast, with the right hand, as though you intended to tear out a piece of it, then draw your hand, with the fingers partly clenched, from the left to the right side, with some quickness, and drop it down by your side.—The due-guard is given by raising the left arm until that part of it between the elbow and shoulder is perfectly horizontal, then raising the rest of the arm in a vertical position, so that that part of the arm below the elbow, and that part above it, forms a square. The two are always given together, and are called the sign and due-guard of a Fellow Craft.

After the Worshipful Master has given the candidate these grips in due form, he says—Arise, brother Jachin, from a square to a perpendicular; go and salute the Junior and Senior Wardens, and convince them that you have been regularly passed to the degree of Fellow Craft. [The candidate goes and salutes the Wardens with the Fellow Craft sign.]

After saluting the Wardens he is conducted back to the Worshipful Master in the east, who thus addresses him: Brother, I now have the honor of presenting you with a lamb-skin apron, as before, which I hope you will continue to wear with honor to yourself, and satisfaction to the brethren; you will please carry it to the Senior Warden in the West, who will teach you how to wear it as a Fellow Craft Mason.

The candidate goes to the Senior Warden, who ties on his apron, and turns up one corner of the lower end, tucking it under the apron string.

Senior Warden—At the building of

リチャードソンモニターの書の22ページに２階級に所属する Felow Craft（職人）に所属している証の Dueguard のポーズが記されている。

Candidate taking Fellow Craft Obligation. [The left arm should be perpendicular.]

Due Guard.

DUE GUARD OF A FELLOW CRAFT.—Hold out the right hand a little from the body and on a line with the lower button of the vest, the palm being open and turned down-ward; also raise the left arm so as to form a right angle at the elbow, from the shoulder to the elbow being horizontal and fore-arm perpendicular.

SIGN OF A FELLOW CRAFT.—Made from the due-guard by dropping the left hand carelessly to the side and at the same time raise the right hand to the left breast, with the palm towards the breast and the fingers a little crooked; then draw the hand smartly across the breast from left to right and let it drop perpendicularly to the side.

Sign Fellow Craft

SIGN WITHOUT DUE GUARD.—The usual way out side the lodge). Draw the right hand, palm open and fingers a little crooked, smartly across the breast from left to right and drop it carelessly by your side.

PASS GRIP OF A FELLOW CRAFT.—Take each other's hands as in ordinary hand-shaking and press the top of your thumb hard against the space between the first and second knuckles of the right hand. Should the person whose hand you hold be a Fellow Craft, he will return a like pressure on your hand, or else may give you the grip of an Entered Apprentice.

1826年に発行されたリチャードソンモニターの書の107ページにウィリアム・モルガンが dueguard のポーズを表現しているイラストが記載されている。モルガンは30年にわたってフリーメーソンに所属していたが、脱退して秘密結社の悪事を暴露すると決意した。暴露本を出版した後、組織の人間に誘拐された後殺害され、フリーメーソンの死の儀式として遺体を切断された。この残酷な事件をきっかけに全米でフリーメーソンのイメージが悪くなり、多くの会員が秘密結社を脱退する大事になった。この事件はアメリカ６代目大統領ジョン・Q・アダムズが暴露本を出版するきっかけにもなった。『Letters on Freemasonry（フリーメーソンに関するレポート）』でアダムズはフリーメーソンのメンバー達を“Luciferian”（悪魔崇拝者）と非難している。

グリゴリー・ラスプーチンはただのフリーメーソン会員ではなく、集団性交集会にも参加していた。そして血友病を患っていたアレクサンドラ・フョードロヴナ（ニコライ２世皇后）の息子を癒したとフョードロヴナの付き人が言ったため、儀式では多くの人が集まった。彼の人気に対する嫉妬は最終的に彼の暗殺を招いた。彼がこの写真で左手で示しているのは、フリーメーソン２階級（職人）の処罰を意味する印である。

*Ὁ καρδινάλιος Μπέα, εἰς τὸ πλευρὸν τοῦ Ἀθηναγόρα χαιρετᾷ τοὺς προδότας τοῦ Φαναρίου, οἱ ὁποῖοι τὸν ἐπευφημοῦν*

**Sign and Execution of Penalty**

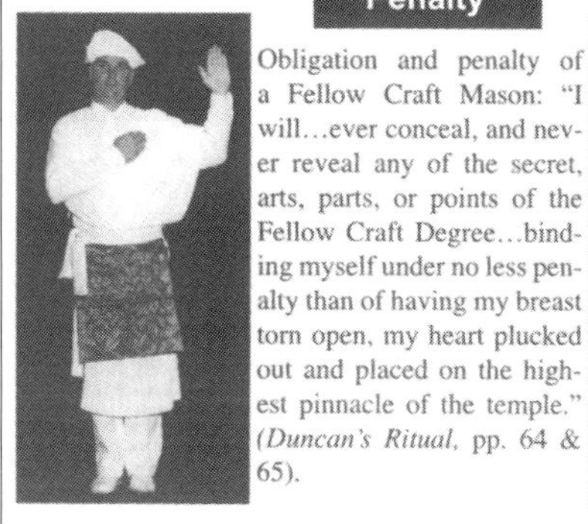

Obligation and penalty of a Fellow Craft Mason: "I will…ever conceal, and never reveal any of the secret, arts, parts, or points of the Fellow Craft Degree…binding myself under no less penalty than of having my breast torn open, my heart plucked out and placed on the highest pinnacle of the temple." *(Duncan's Ritual*, pp. 64 & 65).

Masonry: Sign of a Fellow Craft Mason *(Duncan's Ritual*, p. 17)

**"The penalty is executed by placing the right hand on the left breast, and drawing the hand quickly accros the chest…"** *(Mormon Temple Ceremony)*

（左）カトリック教会の枢機卿（左）がギリシャを訪問した際にギリシャ正教会の祭司（右）を訪れた時の写真。
（右）元モルモン教信者のジェームズ・スペンサーとウィリアム・スノベレーンの共著『Mormonism's Temple of Doom（モルモン教神殿の破滅）』でモルモン教とフリーメーソン２階級の儀式では共通の印があることを暴露している。

ガブリエレ・バックバーン著『THE LIGHT OF KRISHNAMURTI（クリシュナムルティの光)』ではクリシュナムルティ主催のオカルト儀式での著者の体験を記した内容になっている。この本にはクリシュナムルティとの友情関係、彼を取材した記録や彼の教えの解説、人生で試練に遭った時の対処法について、シンプルに記している。またこの本は陰のない真の光について記している。個人に神聖人生の証及び永遠の金の光の神のクリシュナムルティの教えについての書物である。神智学協会創設者のアニー・ベサントはインドの宗教的指導者のジッドゥ・クリシュナムルティを“新時代のキリスト”と評価している。この写真に登場する“グル”は“広場で誓い”をするポーズをしてイルミナティに対する服従の証を示している。

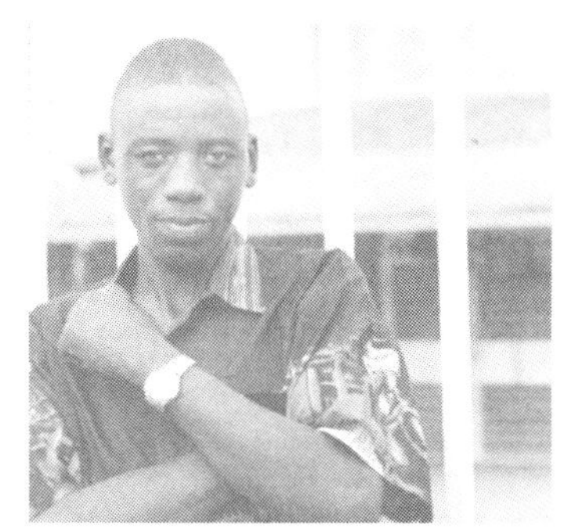

（右上）この男性は、1994年に起きたルワンダ紛争で教会に避難していたツチ系住民の3000人の難民の虐殺に関わった。この写真を掲載したテキサスの新聞「Austin American-Statesman」(2004年4月11日発売）によると自分のやったことを後悔しているが、腕は真逆のことを語っている。

（右中）ロックスターのオジー・オズボーンがメーソン仲間に対して“広場の誓い”をするポーズ。(写真は2002年11月29日発売の「USA Today」の10ページより引用)

（右下）60年代にヒットしたドラマ「弁護士プレストン」の主演をはじめ数々のドラマに出演したユダヤ人、Ｅ・Ｇ・マーシャル。彼も“広場の誓い”を見せている。

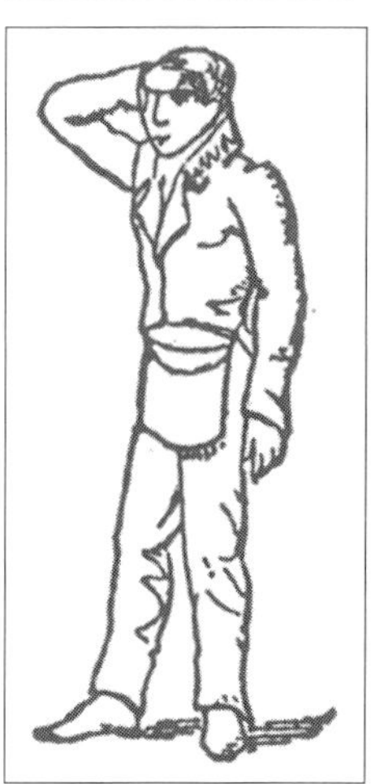

（上）1974年８月９日に大統領を辞任し、ヘリコプターからお別れの挨拶をするニクソン。だが、彼がここで示しているのはフリーメーソン７階級のDueguardの印であることを理解できた人はほんの一握りの人。この歴史的な出来事のドキュメンタリー映画でもこの写真と同様、ニクソンが飛行機の前で右腕を真っすぐにした状態で手を額に当てるシーンがある。これは、リチャードソンモニターの書３版の251ページに記されている７階級の儀式のポーズそのものである。フリーメーソンの教えによると、フリーメーソンに入会して規定を冒瀆したり、上階級のメンバーを冒瀆したり、または部外者に密告した場合、裏切りに対して適切に処罰しなければならないことになっている。ニクソンはイルミナティの支援を受け、儀式にも参加をして秘密を知り、その秘密を漏洩した。そして迅速に処罰されたのである。
（下）ニクソンが行っているポーズはリチャードソンモニターの書の79ページに記されている７階級の儀式のイラストの男性と同じものである。

JEWISH WORLD **23**

## JEWISH TIME

ПРАВДА

A report in *Pravda*, the official Soviet daily, said 48 years ago last week that a predominantly Jewish group of doctors was arrested for conspiring to kill the Soviet leadership, in collusion with the CIA, the Zionist Organization, and the Joint Distribution Committee. The report touched off a wave of antisemitic attacks, including dismissals from key economic, cultural, and academic posts. It remains unclear where that anti-Jewish effort would have led had Stalin not died six weeks after its publication. Some scholars contend the Soviet dictator was serious about deporting some two million Jews from the western USSR to Siberia. On April 4, 1953, one month after Stalin's death, *Pravda* conceded that the "doctors' plot" story was fabricated by the KGB. However, Stalin's successors retained – until Mikhail G
Glasnost era – the emigration ban which kept Soviet Jewry
ing to the free world generally, and to Israel in particular.

この写真は1953年１月20日にロシアの新聞「プラウダ」に掲載された独裁者スターリンの写真だが、2001年に「Jewish World」(23ページ）に引用されている。ソ連共産党の公式新聞だった「プラウダ」はスターリンがマスターメーソン（３階級）のポーズをしている写真を堂々と掲載した。ダンカンモニターの書の18ページに載っているイラスト６のポーズと比較すると明らかだ（さらにスターリンは左手で自分が悪魔崇拝者であることをも暗示している)。

18 ENTERED APPRENTICE,

FIG. 6.

SIGN OF A MASTER MASON.

And then (Fig. 6) the sig
to the penalty of the oblig
[*Explanation of Fig.*

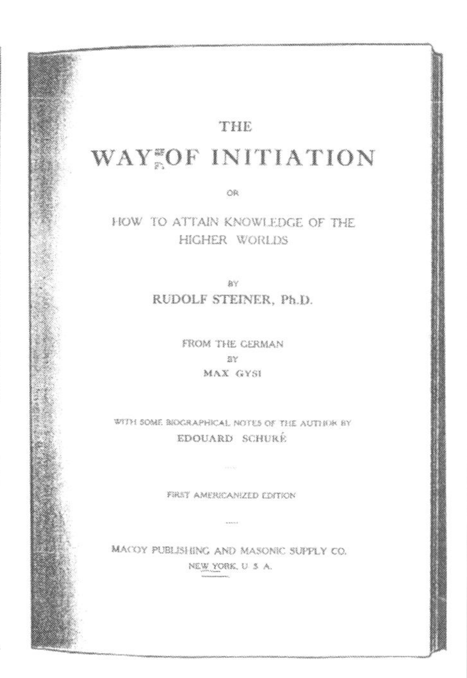

THE

WAY OF INITIATION

OR

HOW TO ATTAIN KNOWLEDGE OF THE HIGHER WORLDS

BY

RUDOLF STEINER, Ph.D.

FROM THE GERMAN
BY
MAX GYSI

WITH SOME BIOGRAPHICAL NOTES OF THE AUTHOR BY
EDOUARD SCHURÉ

FIRST AMERICANIZED EDITION

MACOY PUBLISHING AND MASONIC SUPPLY CO.
NEW YORK, U. S. A.

ヒットラーと同じ時期に活動したルドルフ・シュタイナーがマスターメーソン（親方）のハンドサインを示す。ナチスドイツの時代にフリーメーソンと薔薇騎士団に基づいた教えで有名になった。写真は自身の著書『The Way of Initiation: How to Attain Knowledge of the Higher Worlds（異様の世界の知識を伝授されるための扉）』より引用したものである。また、全米の学校で広く採用されている「シュタイナー教育」を考えついた人物。

36 RICHARDSON'S MONITOR OF FREE-MASONRY.

and see if the Master's word cannot be found. He searches, and soon reports—No trace of it, my lord!

The Master and brethren all give the grand hailing sign of distress (page 29) and exclaim—O Lord, my God, I fear the Master's word is forever lost!

The Master directs that the body be raised by the Entered Apprentice's grip.

A brother takes the candidate by that grip (page 11) and pulls so as to raise him a little, then lets him back and says—My lord, the body cannot be raised by the Entered Apprentice's grip; the skin cleaves from the flesh.

The Master and brethren again give the grand hailing sign of distress and repeat aloud—O Lord, my God, I fear the Master Mason's word is forever lost!

The Master orders another of the twelve to raise the body by the Fellow Craft's grip. He takes hold of the candidate by that grip, pulls him partly up, lets him fall back, and says—My lord, the body cannot be raised by the Fellow Craft's grip; the flesh cleaves from the bone. All again raise their hands, as in the hailing sign of distress, and exclaim,

The Master's grip is given by taking hold of each other's right hand, as though you were going to shake hands, and sticking the nails of each of your fingers into the joint of the other's wrist where it unites with the hand. In this condition

the candidate is raised, he keeping his whole body stiff, as though dead. The Master in raising him is assisted by some of the brethren, who take hold of the candidate by the arms and shoulders. As soon as he is raised to his feet they step back, and the Master whispers the word MAH-HAH-BONE in his ear, and causes the candidate to repeat it, telling him at the same time that he must never give it in any manner other than that in which he receives it. He is also told that Mah-hah-bone signifies marrow in the bone.

リチャードソンモニターの書36ページに記されている“ライオンの手の握手”。スコッティッシュライト3階級の儀式で伝授される。

Al Gore..
the "Little Horn"
that wars against
the saints? Dan 7:21
Look up "gore"
in the Strong's
Concordance.
It's # 5055 and
it means to :
"war against"

2000年に民主党から大統領に立候補したアル・ゴア氏。フリーメーソン３階級のマスター（親方）の意味を示す手の組み方をしている。彼が３階級以上のフリーメーソン会員であることに疑いの余地はない。リチャードソンモニターの書61ページに載っているマスターメーソンの手の組み方が同じである。これが根拠。

solemn oath or obligation of a Most Excellent Master Mason, which I assure you, as before, is neither to affect your religion or politics. If you are willing to take it, repeat your name and say after me:

I, John Smith, of my own free will and accord, in presence of Almighty God, and this Lodge of Most Excellent Master Masons, do hereby and hereon, most solemnly and sincerely promise and swear, in addition to my former obligations, that I will not give the secrets of Most Excellent Master to any one of an inferior degree, nor to any person in the known world, except it be to a true and lawful brother of this degree, and within the body of a just and lawfully constituted Lodge of such; and not unto him nor them whom I shall hear so to be, but unto him and them only whom I shall find so to be, after strict trial and due examination, or lawful information.

Furthermore do I promise and swear, that I will obey all regular signs and summonses handed, sent, or thrown to me from a brother of this degree, or from the body of a just and lawfully constituted Lodge of such; provided it be within the length of my cable-tow.

Furthermore do I promise and swear, that I will support the constitution of the General Grand Royal Arch Chapter of the United States; also, that of the Grand Chapter of this State, under which this Lodge is held, and conform to all the at all times, as far as is in my power, without material injury to myself or family. To all which I do most solemnly swear, with a fixed and steady purpose of mind in me to keep and perform the same; binding myself under no less penalty than to have my breast torn open, and my heart and vitals taken from thence, and exposed to rot on the dunghill, if ever I violate any part of this, my solemn oath, or obligation, of a Most Excellent Master Mason. So help me God, and keep me steadfast in the due performance of the same.

Master to the candidate—Detach your hands and kiss the book six times. [Candidate obeys.] You will now rise and receive from me the sign, grip and word of a Most Excellent Master Mason.

The sign is given by placing your two hands, one on each breast, the fingers meeting in the centre of the body, and jerking them apart as though you were trying to tear open your breast: it alludes to the penalty of the obligation.

The grip is given by taking each other by the right hand, and clasping them so

リチャードソンモニターの書61ページに記されているマスターメーソン（親方）の手の組み方。

（上）モルモン教の女性信徒が礼拝で見せるポーズはダンカンモニターの書17ページに記されているフリーメーソンの儀式のイラストと同じである。モルモン教創設者のジョセフ・スミスがフリーメーソンの握手をそのままモルモン教の儀式で引用したからである。これが原因で彼はフリーメーソンから追放され、殺害されてしまった。(写真はキャシー・バーンズ著『Masonry and Godhood（フリーメーソンと神格）』より引用）
（下）写真は筆者が読者の皆さんにおすすめできるマイケル・ホフマン2世の著書『Secret Societies and Psychological Warfare（秘密結社と心理戦）』より引用。

*Michael A. Hoffman II　　Secret Societies and Psychological Warfare　　Page 66*

**All the Pyramid's Men**

The Confederate officer on the left is First Lt. John Oden, of the Tenth Alabama Volunteer Infantry who fought at First Manassas, Chancellorsville and Antietam, where he was seriously wounded. Lying bleeding, Oden used a stick and his own blood to draw masonic symbols on a paper. Then he called out to the Union troops on picket duty to take the paper to any Yankee who was a Freemason.

It was carried to a Union Colonel who was a mason, but not of a high enough degree to comprehend Oden's symbolic message. Another mason, Union Capt. Perry was summoned and he recognized the drawings and announced that a fellow mason was in distress. Four Northern masons crept out to the field, placed the wounded Southerner on a cot and carried him to the field hospital of the 5th New

## その他の秘密のハンドサイン

（上）環境保護団体グリーンピースのメンバー達がVサインを示すが、これがイルミナティの秘密のハンドサインであることを知る人は少ない。左上の男性は腕で共産主義者のポーズをしている。彼らの背後にある国旗には逆さま十字架が描かれている。（写真は1995年７月23日発売のカナダの日刊紙「トロントスター」１ページより引用）

（下左）2005年２月14日に発売された「タイム」の写真に写るのは、パキスタンで「核開発の父」と呼ばれたアブドゥル・カーンを支持するデモ隊。写真に写る人々が腕や手で表現する印で、“裏で彼らを支援している連中”が誰なのか、説明するまでもない。

（下右）マイケル・チェルトーフは、アメリカの合衆国司法省の検察官でユダヤ教のラビ（主教）を務めた人物の息子。合衆国司法省は反キリスト集団であることは言うまでもない。ベイビーブッシュ政権で国土安全保障長官を務めた人物。このエリートも手でManofino（マノフィノ）のハンドサインを示している。彼がイスラエル諜報特務庁の工作員だと信じる人が多い。

バーモンド州副知事を務めた後、民主党全国委員長を務めたハワード・ディーン3世は両手で印を披露している。（写真 は2004年1月12日発売の「ビジネスウィーク」の35ページより引用）

ジョン・メリウェザーはウオール街の債券トレーダーでロングタームキャピタルマネジメントの創設者。左手を不自然な形で机に置いてるが、ワザとやっていることに疑いの余地はない。（写真は1999年5年3日発売の「U.S. News and World Report」の45ページより引用）

全米で名の知られたキリスト教牧師のロバート・スチューラはこの写真でフリーメーソン33階級に所属していると示す手の組み方をしている。

アカデミー主演女優賞の受賞歴のあるメリル・ストリープは、1994年９月26日発売の「ニューズウィーク」掲載の写真で指で角のようなハンドサインをしている。冷静でリラックスしている。ストリープはカバリストポーズを披露している。

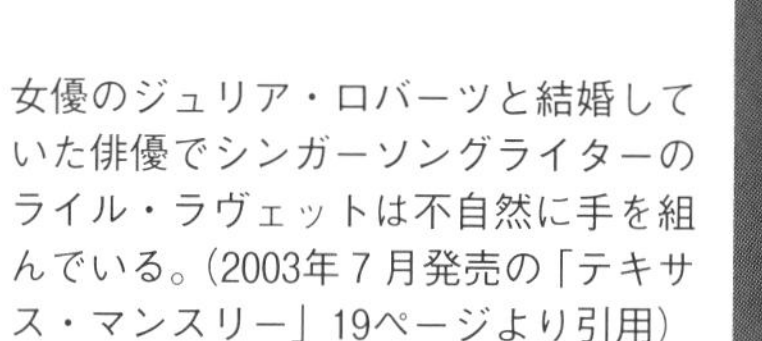

女優のジュリア・ロバーツと結婚していた俳優でシンガーソングライターのライル・ラヴェットは不自然に手を組んでいる。(2003年７月発売の「テキサス・マンスリー」19ページより引用)

EWS

# o regrets, o remorse

*Oklahoma City ber is unrepentant*

BY MIKE THARP

hen he was a soldier in the Persian Gulf War, Sgt. Timothy McVeigh expressed compassion for ured and hungry Iraqi chile saw on the battlefield. A later, he referred to the 19 n killed in the Oklahoma City ng as "collateral damage." book being published this McVeigh takes full respon for the 1995 blast that left ople dead and more than 500 led. "I blew up the Murrah ng," McVeigh said, "and isn't

AMERICAN TERRORIST TIMOTHY McVEIGH & THE OKLAHOMA CITY BOMBING Lou Michel and Dan Herbeck

**McVeigh was interviewed for the book in prison. He is to be executed May 16.**
● *He's "trying to become a martyr."*

some 70 hours of interviews that authors Dan Herbeck and Lou Michel

"His intended victim w government and, un nately, the government people."

**Eager witnesses.** McV scheduled to die by leth jection on May 16 in Haute, Ind., in what v the first federal exec since March 1963. The set to take place 23 day McVeigh's 33rd birthd expected to attract mo tention than any death ty case since 1977, when Gilmore became the fir son executed after a 10 moratorium. More tha victims and families of v want to witness the exec There will be a limited ber of spectators allowe the U.S. Bureau of Pris considering televising t ecution on closed-circu

McVeigh's former tri yer, Stephen Jones, disputes his f client's claim that he was the sole trator. "If McVeigh is saying he

1995年に168人もの犠牲者を出したオクラホマシティ連邦政府ビル爆破事件主犯格のティモシー・マクベイは連邦裁判所で殺人罪で死刑判決を受け、薬物投与による死刑が執行されるまで、不可解な態度を貫き通した。この写真は彼が処刑される直前に撮られたものだが、彼がどんな人物だったのか示している。彼の手の組み方を見るとManofino（マノフィノ）という魔法のハンドサインを示している（拳を握って親指を突き出すハンドサイン）。
秘密結社の儀式では、親指は男性器を用いて何かをしている意味を示す。マクベイは最後に世界と自分を恨んでいる人に対して“F...k you”（ファ○○ユー）を示したのである。この記事のタイトルは“反省の色なし”と題して、“爆弾男は反省の色を見せていない”と記している。この写真での彼の表情は明らかに怒りに満ちている。（写真は2001年４月９日発売の「U.S. News & World Report」より引用）

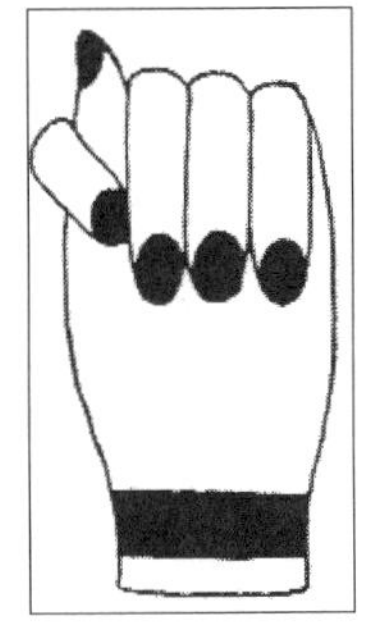

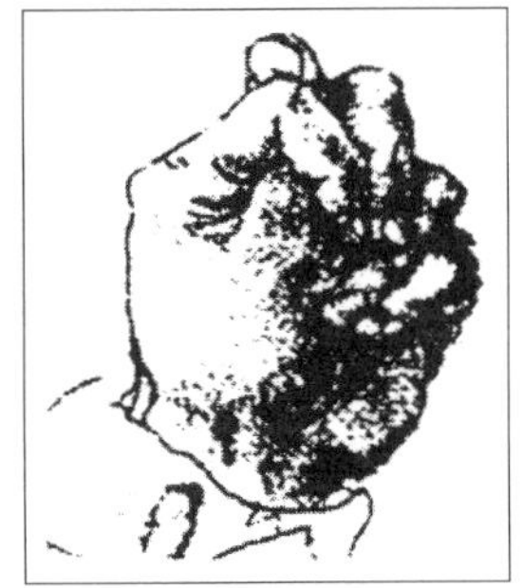

左のイラストがManofinoを示している。右は２つ目のバージョン。マクベイが見せたのは３つ目のバージョンである。東洋が起源のフィグ・サインの意味は女性器に陰茎が挿入されていることである。キリスト教が始まった頃、このハンドサインは「manus obscenus」（ラテン語で“淫らな手”意味する）と呼ばれていた。

第11章

# 〝十字架に誓う！　嘘なら死んでもいい〟Xの字の謎に迫る

Xは古代で変身や変化を表す印である……中世とルネサンスの芸術と長い間つながっている。すべてを生まれ変わらせる、来るメシアのように。

フリーメーソン33階級　ジム・トレスナー（「スコッティッシュライトジャーナル」）

フリーメーソンやイルミナティのエリートはXの字を太陽の神（エジプト神話）オシリスを表現する意味として用いる。

テックス・マーズ著『Dark Majesty（闇のマジェスティ）』

Xの文字は長い歴史の中でフリーメーソンや古代の謎に包まれた宗教、ユダヤ教、オカルト等の間で使われてきた。イルミナティは現代でこのXの文字を驚異的な何かや歴史的な出来事を表現するために用いる。Xの字はエリート達が使わなくても命や人格があるかのように非常に影響力がある。「Christian

Intelligence Resource Network」のマーク・エウストンはフィクションドラマやテレビ番組等で目にするXの文字について指摘している。「Xファイル」が有名だ。

「XXX」または「トリップルエックス」は英語圏でポルノ動画を暗示するために使われている。エウストンはさらにMicrosoftのヒット商品のX-Box、映画「X-Men」があり、またノーブランドの商品がBrand-Xと呼ばれていることについても言及している。

テロ容疑者を収容するキューバのグアンタナモ基地はCamp X-Rayという名称があり、アメリカでは最近の若者はX Generation（Xの世代）と呼ばれている。またXは星や惑星を表記するためにも広く用いられている。Planet Xがその例。これらはすべて、秘密結社の暗示だ。さまざまなジャンルで使われるXの字についてエウストンはこんな疑問をぶつけている。

「これだけ広く使われるのは単なる偶然だろうか？　それとも、洗脳手段の一種だろうか？　それとも、何かの暗示をしているのだろうか？」

いい質問だ！

筆者の知人のキャシー・クリークは販売される新薬はV、ZまたはXが名前に使われる場合が多いことを教えてくれた。「Clarinex」というアレルギーの薬のパッケージにはIの字の部分の代わりに太陽が描かれている。ジョーン・マイヤーという知人はこの件について筆者にレポートを送り、そこにはエドワード・ウェイター著書の『A New Encyclopedia of Freemansory（フリーメーソンの新百科事典）』の話が含まれていた。マイヤーの話ではXの字は何か悪いことを表記（Xレート）するために使われると指摘し、市販の薬にXの字が広く使われている事実について言及している。クリスマスを省略して表記する文字は"Xmas"。アメリカ法関連辞書『Black's Law Dictionary』で調べると、Xは重要書類の署名の代わりに用いられる文字と記されている。

Xに関する謎はまだある。子供が遊んでいる時に「Cross my heart and hope to die（十字架に誓う！嘘なら死んでもいい）」日本語では、ゆびきりげんまん、嘘ついたら針千本~のようなフレーズを聞くことがある。ギリシャ文字のChiはXとして表記され、数字では600を表記する。だからXが3つも並べば666になる。

アフリカ系アメリカ人が中心となって設立したイスラム教団体「ブラック・ムスリム」の幹部はXの文字を霊的な表記をするために用いる。ブラック・ムスリムの有名なリーダー2人がMalcolm XとLouis Xに改名している（自分達で希望した名前である）。ルイ・ファラカン・モハメド（Louis Farrakhan Muhammad）は1933年5月11日にニューヨークでブラック・ムスリムでイスラム教へ改宗したと同時に、自ら希望してルイ・エックス（Louis X）と改名した。通称ルイ・ファラカンとして知られている彼はフリーメーソン33階級に所属している人物である。

## 太陽の神として表記されるXの字

聖書研究所の南アフリカ研究所所長のJ・C・コスターによるとXはバビロンの空の神のカルデアを表記している。古代ではXは太陽の神と性的な意味を暗示する表記として使われていた。また古代セム語ではXは十字（クロス）を意味する。

フリーメーソンの起源は、ルシファーである太陽の神を暗示するXの字が関連している。フリーメーソンロッジでXの字を使うのは、性的な意味を暗示する古代バビロンに基づいているからである。スコッティッシュライトの公式マガジンである「Scottish Rite Journal」でフリーメーソン33階級ジム・トレスナーが17階級の儀式でXの字の使い方について議論したことが記事になった。

フリーメーソン33階級所属のジム・トレスナーは17階級の儀式を「フリーメーソンで最もパワフルで奥深い階級である」と述べている。

「ここは、我々が命を発生させるエネルギーを伝授される場所だ」「ここまでたどり着く選ばれし人間のみ、伝授されることが許される」とも述べた。

## Xは変身の表記

トレスナーはさらにXの字はローマ字の数字の10の暗示とカバラの生命の木の10個のセフィラとダアトの暗示であると述べた。そしてこの階級の入会候補者は2つの紐を身にまとうが、1つは黒でもう1つは白、どっちもフリーメーソンの教義を意味していると述べている。

「彼らがクロスをするのは、Ordo ab Chao（ラテン語でカオスから生まれる秩序を意味する）を表現するためだ」「クロスはXの意味で、古代では変身の印として用いられていた」と。

そして「この階級まで上り詰めた者は精神的に変身し、世界で起こる大きな変化に備えることになる」とも述べた。

トレスナーは慎重に言葉を選んでいた。筆者が思うには、この階級の入会候補者に対して遠回しにX

はクリスチャンとの戦いの準備であると教えている。ヨハネの黙示録を読んだことのあるクリスチャンなら納得してもらえるはずだ。ただ、トレスナーがそんなことを認めるはずがないので、読者の皆さんにはこの資料を紹介するとしよう。

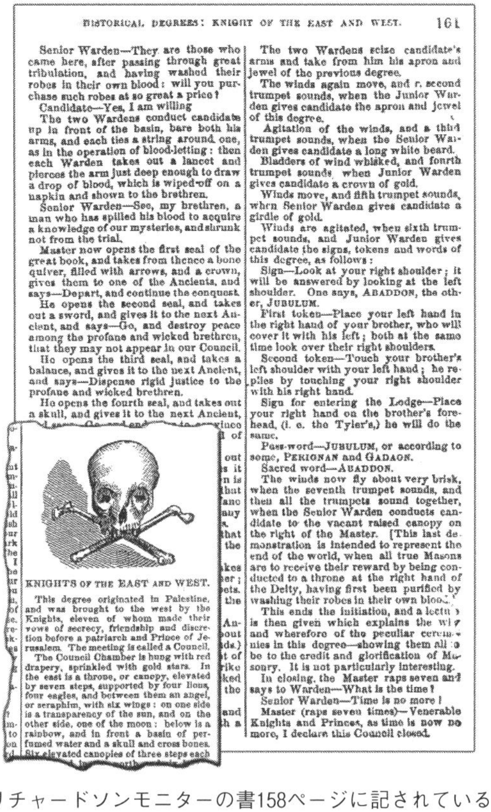

HISTORICAL DEGREES: KNIGHT OF THE EAST AND WEST. 161

Senior Warden—They are those who came here, after passing through great tribulation, and having washed their robes in their own blood: will you purchase such robes at so great a price?

Candidate—Yes, I am willing

The two Wardens conduct candidate up in front of the basin, bare both his arms, and each ties a string around one, as in the operation of blood-letting: then each Warden takes out a lancet and pierces the arm just deep enough to draw a drop of blood, which is wiped-off on a napkin and shown to the brethren.

Senior Warden—See, my brethren, a man who has spilled his blood to acquire a knowledge of our mysteries, and shrunk not from the trial.

Master now opens the first seal of the great book, and takes from thence a bone quiver, filled with arrows, and a crown, gives them to one of the Ancients, and says—Depart, and continue the conquest.

He opens the second seal, and takes out a sword, and gives it to the next Ancient, and says—Go, and destroy peace among the profane and wicked brethren, that they may not appear in our Council.

He opens the third seal, and takes a balance, and gives it to the next Ancient, and says—Dispense rigid justice to the profane and wicked brethren.

He opens the fourth seal, and takes out a skull, and gives it to the next Ancient,

KNIGHTS OF THE EAST AND WEST.

This degree originated in Palestine, and was brought to the west by the Knights, eleven of whom made their vows of secrecy, friendship and discretion before a patriarch and Prince of Jerusalem. The meeting is called a Council.

The Council Chamber is hung with red drapery, sprinkled with gold stars. In the east is a throne, or canopy, elevated by seven steps, supported by four lions, four eagles, and between them an angel, or seraphim, with six wings: on one side is a transparency of the sun, and on the other side, one of the moon: below is a rainbow, and in front a basin of perfumed water and a skull and cross bones. Six elevated canopies of three steps each

The two Wardens seize candidate's arms and take from him his apron and jewel of the previous degree.

The winds again move, and a second trumpet sounds, when the Junior Warden gives candidate the apron and jewel of this degree.

Agitation of the winds, and a third trumpet sounds, when the Senior Warden gives candidate a long white beard.

Bladders of wind whisked, and fourth trumpet sounds, when Junior Warden gives candidate a crown of gold.

Winds move, and fifth trumpet sounds, when Senior Warden gives candidate a girdle of gold.

Winds are agitated, when sixth trumpet sounds, and Junior Warden gives candidate the signs, tokens and words of this degree, as follows:

Sign—Look at your right shoulder; it will be answered by looking at the left shoulder. One says, ABADDON, the other, JUBULUM.

First token—Place your left hand in the right hand of your brother, who will cover it with his left; both at the same time look over their right shoulders.

Second token—Touch your brother's left shoulder with your left hand; he replies by touching your right shoulder with his right hand.

Sign for entering the Lodge—Place your right hand on the brother's forehead, (i. e. the Tyler's,) he will do the same.

Pass-word—JUBULUM, or according to some, PERIGNAN and GADAON.

Sacred word—ABADDON.

The winds now fly about very brisk, when the seventh trumpet sounds, and then all the trumpets sound together, when the Senior Warden conducts candidate to the vacant raised canopy on the right of the Master. [This last demonstration is intended to represent the end of the world, when all true Masons are to receive their reward by being conducted to a throne at the right hand of the Deity, having first been purified by washing their robes in their own blood.]

This ends the initiation, and a lecture is then given which explains the why and wherefore of the peculiar ceremonies in this degree—showing them all to be to the credit and glorification of Masonry. It is not particularly interesting.

In closing, the Master raps seven and says to Warden—What is the time?

Senior Warden—Time is no more!

Master (raps seven times)—Venerable Knights and Princes, as time is now no more, I declare this Council closed.

リチャードソンモニターの書158ページに記されている東西騎士団の儀式の解説に、Abaddon（アバドン）という単語が言及される。ヨハネの黙示録にはアバドンは終わりの日に地球を滅ぼすために地獄から放たれる悪霊達のリーダーの名前として記されている。

だからリチャードソンモニターの書の著者は東西騎士団の儀式のこの部分について書くために、間違いなくヨハネの黙示録を読んでいる。東西騎士団の儀式では参加者にアバドンという衝撃的な言葉が伝えられる。

ヨハネの黙示録9章11節には、そのアバドンの正体について記されている。

「彼らは、底知れぬ所の使を王にいただいており、その名をヘブル語でアバドンと言い、ギリシヤ語ではアポルオンという」

リチャードソンモニターの書ではアバドンを言葉にした後、その印を目で見えるように表現することになっていると記されている。「世界の終わり」を表現するという意味だ。

## Xの字は、フリーメーソンロッジの印である

ここで言えるこは、Xの字は単に東西騎士団の17階級の儀式に使われるばかりではなく、フリーメーソンの儀式にも使われる。少なくとも、ロイヤルアーチのスーパーエクセレントマスター階級とセレクトマスター階級では使われている。スーパーエクセレントマスター階級では胸の前で腕をクロスして当てている。これは、秘密漏洩をした裏切り者に対する処罰の意味。

セレクトマスターメーソン階級の2番目の

“スーパーエクセレントマスターメーソン階級”の最初の印。

“セレクトマスターメーソン階級”２番目の印。（リチャードソンモニターの書91ページより引用）

斜め十字

サインでは手でクロスをして首下に当てて素早く下ろす印を表現する。これは、裏切り者の体が引き裂かれて殺害されることを意味する。リチャードソンモニターの書では6階級（親密な秘書）の儀式の内容を記しており、Xの字が使われると言及している。
「この儀式の参加者は、右膝を地面につけて、両手をクロスして組むが、その時左手の親指が右のこめかみ、そして右手の親指を左のこめかみに触れるようにする」

## Xを斜め十字とセックスの印として用いる

古代インドではXは金剛杵（こんごうしょ）の意味をする。フリーメーソンが儀式でXの字を使う理由の1つと言える。
事実、フリーメーソンでは性がかなり乱れている。アメリカ人作家のバーバラ・ウォーカーは自身の著書『The Woman's Dictionary of Symbols and Sacred Objects（女性の神聖な印の辞書）』で、聖アンデレ十字を"tumbling cross"（斜め十字）と"somersault"（宙返り十字）と呼んでいる。この場合は、反キリストを意味する。
サイエントロジー教会では、ニューエイジをポリシーに持ち、そこには伝統的な垂直十字架にXのような聖アンデレ十字が統合されている。

## 死の印としてのX

Xは最も恐ろしい意味と言っても過言ではない。フリーメーソン会員が死ぬ時はメーソン式の葬儀が行われるが、その際は会員達と遺族の目の前でXの字が登場する。フリーメーソンロッジで葬儀に関するマニュアルがあり、そこにはどのようにしてメーソン会員の遺体を処理するべきか記されている。「兄弟達は、腕を上げた状態で手の平を垂直して〝我々の亡き兄弟の遺体を墓に委託する〟と述べた後、右腕を左胸に、左手を右胸に、両腕がクロスするようにして指を肩に当てること」

本章では小説家スティーヴン・キング等がメーソン式のマニュアルどおりに右腕を左胸に、左手を右胸に、両腕がクロスするようにして指を肩に当てるポーズをしている写真を多数目にすることになる。死の小説王である彼は、作品を死をイメージして書いているのだろうか？　表舞台で死の印を表現することによって、フリーメーソン33階級所属に所属したジム・トレスナーがいう「命を発生するエネルギー」が伝授されるとでも考えたのだろうか？

## 古代エジプトとXの字の関連性

なぜ、フリーメーソン会員は儀式でXの字を表現したがるのだろうか？　筆者は古代エジプトとの関連性をもう1つの著書『Dark Majesty（闇のマジェスティ）』で解説した。

「古代エジプトでは骨をXの字にクロスして重ねた印は、宗教と非常に強い関連性があった。エジプトのピラミッドや神殿では、無数のXの字を目にすることができる。それは古代エジプトの太陽の神であるオリシスの印である」

古代エジプトではファラオが死んだ時、オシリスに対する服従の意味で足をクロスした状態で葬られる習慣があった。古代でも現代のエジプトでもオシリスは太陽の神として拝まれる対象になっているが、その影響はフリーメーソンやイルミナティによるもの。彼らは太陽の神、ヤブロンやルシファーの偉大な建築に対する敬意と尊敬によって「光を当てられた者（ラテン語でイルミナティの意味）」だと信じている。

それはオシリスの目を意味する〝すべてお見通しの目〟を1ドル札に描いたほどだ。そして、ピラミッドの頂点にあるすべてお見通しの目は、太陽の光が当てられており、彼らが目指す新世界秩序（ラテン語でNovus Ordo Seclorum）を示している。

Xチーム!?　これは2003年7月14日発売の「タイム」誌のマーベル・コミックスに関する記事で、魔法で蘇ったダイアナ妃が主人公の漫画を紹介したもの。タイトルは『Di Another Day』と記している。筋書きは、ダイアナ妃が死から一緒に蘇った仲間達と偉業をしながら悪と戦う内容であるが、彼らは胸に赤色のXの字入りのロゴが描かれている。（写真は2003年7月14日発売の「タイム」79ページより引用）

180億ドルもの莫大な資産を保有する英国のエリザベス女王の冠の中央には、Xの字がかたどられている。（写真は2004年8月の雑誌「マジェスティ」より引用）

エフード・バラクは1999年に14代目のイスラエル首相に就任したフリーメーソン会員。妻のナヴァはXの字に腕を交差してバラクを抱いている。そして、彼女のピアスはフリーメーソンの印の１つである双頭の鷲が彫刻されている。（写真は1999年５月31日発売の「タイム」64ページより引用）

BROAD MANDATE
Barak, here with his wife Nava, has the authority now to pursue peace

パキスタンのムシャラフ大統領の軍服には、黒い丸の中にイスラム教の星と三日月があり（魔女ダイアナの星及びの魔法の月）その下には交差する２つの剣が描かれている（ローマ神話の戦いの神、マールスの印）。これがどういう意味がなのか、ムシャラフ氏は知る由もない。

(上左) クリントン政権後半期で合衆国財務長官を務めたローレンス・サマーズは左手を前にして腕をXの字に組んでいる。そしてボアズとジャチンの柱（ソロモン神殿の入り口の銀の2つの柱）とヘーゲルの哲学に基づくオセロの白黒の床も登場している。サマーズはハーバード大学の学長をも歴任している。
(上右)「ワシントンポスト」のCEOを務めるドナルド・グラハム。職場で椅子に座っている時の写真。(雑誌「ヴァニティ・フェア」より引用)
(下) マデレーン・オルブライトはクリントン政権で国務長官を務めた人物。黒くて丸いピアスの中に金色のXの字が描かれている。父親はチェコスロバキア共産党の幹部で、彼女自身がユダヤ系である情報がインターネットで発覚した。ユダヤ人達は歴史上の共産主義者達がユダヤ人でイルミナティに所属していた事実を隠蔽してきた。その代表的な人物はソ連建国の中心的な役割を果たしたレニーンとスターリンである。(写真は1997年の「ヴァニティ・フェア」より引用)

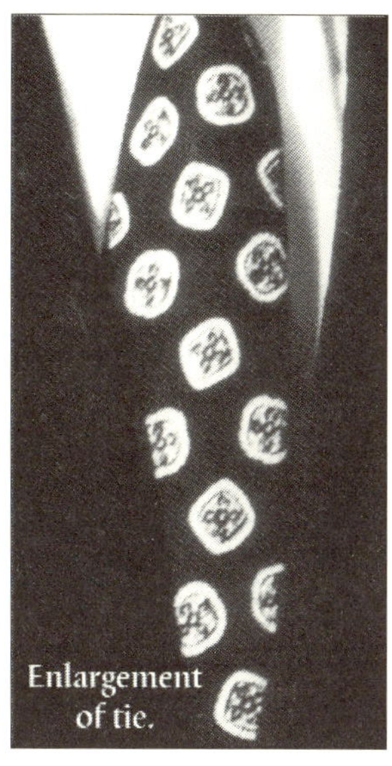

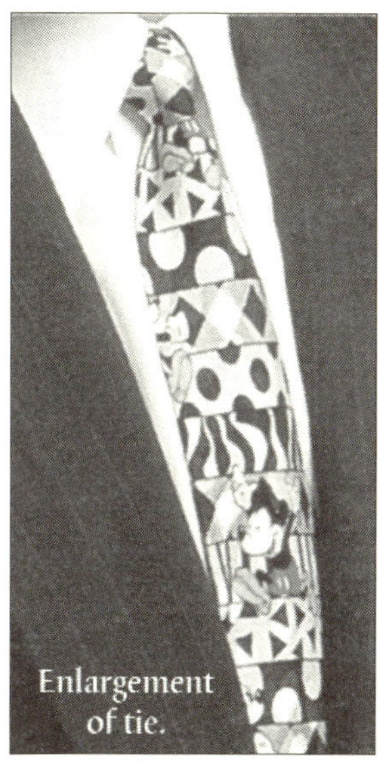


時には、持っているものでXの字を示すことがある。南アフリカの政治家ネルソン・マンデラ（上）とディズニーCEOのマイケル・アイズナー（下）はネクタイに印がデザインされている。その印は明らかにXの字である。（写真は1997年11月発売の「ヴァニティ・フェア」より引用）

博物館やビルを主に手がける日本の有名な建築家の谷口吉生のポーズをよく見るがいい。

1999年12月20日発売の「フォーチュン」は記事にComp USA 社のマイケル・ラスコッフ（左）とステファン・ポリーの幹部２人の写真を掲載した。だが、記事にはなぜこの２人がＸの字に足を組んでいるのか一切言及していない。

バンク・オブ・アメリカの副社長を務めたジェームズ・エーウィンはダラスで大きな金融プロジェクトの主導者だった。彼がこの写真で見せるＸの字に組んだ足は偶然なのか、それともイルミナティの印を表現しているのだろうか？

# CampusReport

November 1994 ■ Volume IX, Number 10

*Ginsberg is NAMBLA Booster*

## Pro-Pedophile Poet Paid $1M By Stanford

Stanford University just paid nearly a million dollars for a collection of gay poet Allen Ginsberg's papers and "memorabilia."

What do students get for this hefty expenditure? Among other things, they get a pair of Ginsberg's old tennis shoes. They get snippets of his beard from various trimmings. They get dried-out vines of hallucinogenic plants.

And they get more than 300,000 old utility bills, newspaper clippings, paper napkins, old concert tickets, and anything else the gay poet chose to save.

Conservative critics and alumni have questioned the price paid and the propriety of supporting Ginsberg in view of the fact that he is a long-time member and booster of the North American Man/Boy Love Association, a group of pedophiles that openly advocates sex between adult males and young boys. Most homosexual groups will have nothing to do with them.

Ginsberg writes, "I'm a member of NAMBLA because I love boys... Everybody does who has a little humanity."

about the fact that we now have a president "who dared to put a joint to his lips."

Ginsberg himself acknowledges that Stanford has not been an admirer of his unconventional poetry in the past.

"Stanford was dominated by a very conservative, formalist poetry that very much rebelled against the kind of ecstatic, apocalyptic, William Carlos Williams-based naturalistic poetry we wrote," Ginsberg told the *New York Times*. "I gave readings for ten years or so, at every university up and down the coast, and the one place that never invited me was Stanford."

**Gay poet Alan Ginsburg built the 300,000 piece collection because he believed his life "embodied the struggle for sexual, social and political liberation in the 1950's and 60's."**

この小児愛者は、サタニスト（悪魔）でイルミナティに所属するエリートだったことは言うまでもない。彼は亡くなる数年前にスタンフォード大学から100万ドルの報酬を受けている。見返りに大学は“ギンズバーグ・コレクション”と称して30万点もの新聞、ナプキン、コンサートのチケットやその他、ゲイ詩人の収集物を得た。

アレン・ギンズバーグはXの字の見本を見事に表現している。1997年12月22日発売の「ニューズウィーク」に掲載されたこの写真には見出しがない。この天才が数年で残した功績を絶賛する内容になっている。彼はNanbla（北米少年愛協会）に所属するほどの小児愛者だった。

フェミニズムの運動活動家のグロリア・スタイネムはニューヨークのマンションでこんな写真を撮られた。真っ黒の洋服を身にまとうのと、太陽の形がかたどられたベルトをしている。そして、腕でXの字を表現している。70歳を超える高齢な彼女は他の“選ばれし者”と同様、表の顔と裏の顔は全然違うようだ。プレイボーイクラブのイメージキャラクターのバニーガール（ウサギガール）を務めた彼女は密かにCIAのために働いていた。イルミナティのアジェンダが記載される雑誌「ミズ」を創刊し、頻繁にインドへ旅行していた。彼女に与えられた役割は反キリスト者を出生させるのと、破滅文化を生み出すフェミニズム活動だった。

ドイツ出身の女優、マレーネ・ディートリッヒはCIAの前身のOSS（第二次世界大戦中のアメリカ軍の諜報機関）の道具で、ハリウッドで性の印を示す字を表現している。彼女は同性愛者でもあった。

1940年公開の映画「独裁者」でヒットラーを演じるチャプリンの帽子にはXの字が2つ描かれていおり、そしてドアには薔薇十字団の紋章が2つ彫刻されている。チャプリンはただの天才コメディアンではなかった。1989年4月16日ロンドン生まれの彼は30歳になった時、ハリウッドの映画配給会社のユナイテッド・アーティスツを設立した。共産主義支持者でシオニストの彼は10代の女性と遊ぶことが趣味で、時にはその子達が彼をトラブルに巻き込むこともあった。イルミナティはチャプリンを称賛し、IBM社の数々のCMに抜擢した。（写真は「タイム」より引用）

1952年に撮られたこの写真でチャプリンは誰を崇拝しているのか世界に配信した。言うまでもなく、悪魔だ！　この写真はイルミナティが支配する雑誌に載ったもので有名な写真家だったリチャード・アヴェドンにより撮影された（写真は2004年10月11日発売の「タイム」より引用）

ロックスターのトミー・リーがXの字でヒップホップ歌手のショーン・コムズを抱いている。リーの左手には悪魔の印である五芒星のタトゥーがある。（写真は2001年6月4日発売の「USA Today」の4ページより引用）

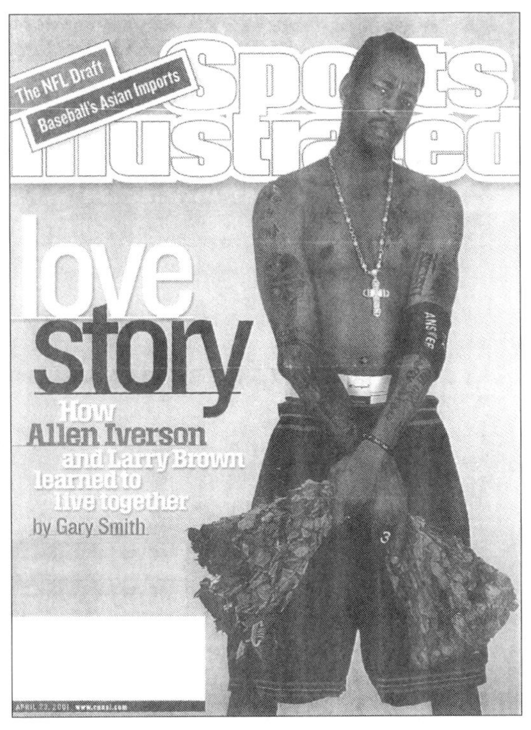


NBAでプロのバスケット・ボール選手だったアレン・アイバーソン。体に頭蓋骨のタトゥーがあり、そして腕でXの字を表現している。

ホラー映画によく登場する有名俳優のボリス・カーロフ。ミイラ役を演じた時は墓の中でXの字で腕を組んだいる。古代ファラオが葬られる時と同じだ。

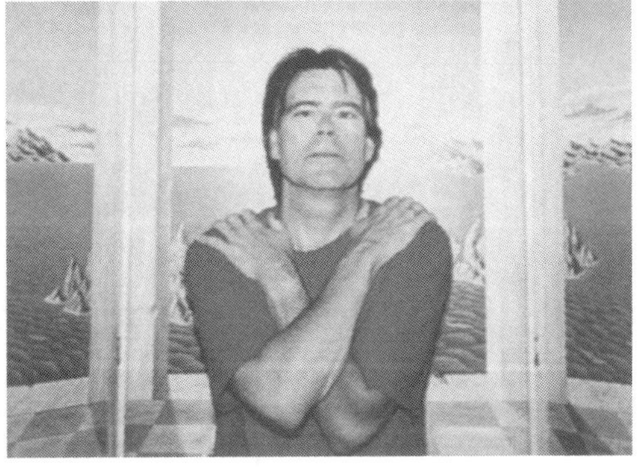

ホラー小説家のスティーヴン・キングの作品は常にイルミナティ支配下の雑誌に取り上げられ、ベストセラーとなる。2000年8月28日発売の「ニューズウィーク」の45ページに載ったこの写真のタイトルには「王になるのはとっても気分がいい」と書かれている。

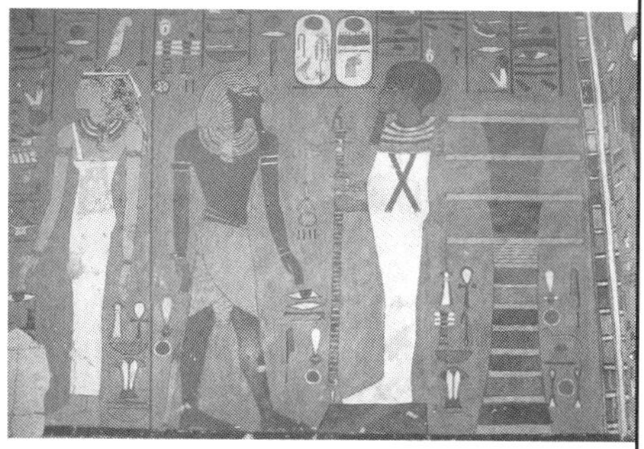

（左）発見されたラムセス２世（紀元前1279－1213年に生きたと推測される）のミイラ。エジプトでは、このファラオは古代でユダヤ人を奴隷化して数々の町を建設させたとされている。
（上）エジプトのテーベにあるエジプトのラムセス１世の絵画。

（右）古代エジプトのこれらの作品にはＸがオシリスの聖なる印であったことの証。
（下）右の像（堕天使⁉）は翼をＸの字にクロスしているが、その意味は秘密とされている。秘密結社テンプル騎士団の暗示として使われているのだ。（アーコン・ダロール著書『Secret Societies（秘密結社）』より引用）

古代エジプトの像が太陽の神のオシリスにとってXがどれだけ重要だったか物語っている。

バビロニア神話に出てくる悪霊、パズズ。現在でも密かに崇拝されている。

Xの字に腕を組むアステカ像。メキシコの博物館に保存されている。

この写真は古代エジプトの本物のミイラ。腕をXの字にクロスして組んでいる。

薔薇十字団やその他のオカルト団体は洗浄や生まれ変わりをもたらすとされる錬金術を採用している。イルミナティが描くNWO（新世界秩序）は“洗浄”や“生まれ変わり”「Ordo Ab Chao」（ラテン語でカオスから生まれる秩序）のフェニックス（不死鳥）によって生まれる社会だ。この絵は1622年に「ミリウスの哲学」で描かれた錬金術の“洗礼”の様子。太陽と月の統合の儀式である。２人の人間によってＸの字がはっきりと表現されている。

ヒンドゥー教の聖人スワミ・ブアは2003年に115歳を迎えた。ヒンドゥー教の聖人がヨガを行う時のように、足をＸの字にクロスしている。スワミ・ブアのライフスタイルはけっして国家を元気づけるようなものではない。事実、インドの平均寿命は北米地域よりも23歳も短い。（写真は2003年８月９月号発売の雑誌「Transformation」より引用）

滅びと死の女神、カーリー。左手で悪魔のサイン（アイラブユーサタン）をして指は太陽の印を表現している。カーリーの色は青、ブルーディグリーと呼ばれるフリーメーソン最初の3つの階級と同じ。彼女が持つ花は、現在多くのオカルト団体や秘密結社にも採用されている。

ペンシルベニア州バルトに位置する「恩寵の聖母マリア教会」。ピオ神父は手の聖痕によって有名になったカトリック教会の神父で1999年5月2日にはヨハネ・パウロ2世によって列福され、“聖人”とされた。

Our Sunday Visitor's
THE POPE SPEAKS
THE CHURCH DOCUMENTS BIMONTHLY
March/April 2003
Five Dollars
The Rosary: Contemplating Christ Together With Mary
The Lesson of 9/11: To End Terrorism
Choosing and Forming Future Priests
Vol. 48, No. 2

ヴァチカン教皇のダゴンの冠物にはXの字がはっきりと印字されている。写真は「The Pope Speaks」(教皇の言葉)の表紙を飾るヨハネ・パウロ２世。

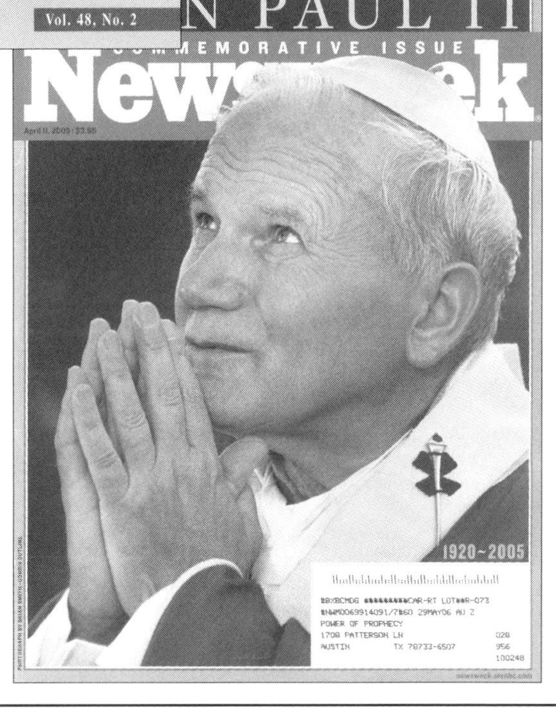


ヨハネ・パウロ２世が着用する礼服に付いているXの字は黒い炎に包まれたシルバーでできている。銀は古代の神の印として使われていた。ヨハネ・パウロ２世はここでイエス・キリストの聖なる母、マリアの印として使っている。そしてXは聖なる父の印だが、旧約聖書と新約聖書に登場する父なる神ではなく、バビロンと古代エジプト神話に登場する父なる神(悪魔)である。

CIRCLE
NETWORK NEWS

*Nature Spirituality Quarterly*
Summer 1994 • Issue 52 $4.50

*Special Section*
*Sacred Sun*

（上左）この像はアイルランドのロスコモーン市の木の根っこを掘り起こした時に発見されたもの。素材は黄銅が使われている。現在アイルランド首都のダブリンに位置するトリニティ・カレッジ博物館に展示されている。"彼らは釣りや狩猟に出かける際成功することを祈り、この像をお守りとして拝んでいた"（2002年に発売されたヘンリー・オブライアン著『The Round Towers of Atlantis（アトランティスの丸い形のタワー）』より引用）
（上右）1870年にパリで祭司を務めたジョージズ・ダーボイ。両腕をXの字にクロスさせ、左手で帽子を持ちながら指で角の形をして悪魔を愛するハンドサインをしている。（写真は1981年に発売されたアウグスト・ハズラー著『How The Pope Became Infallible（教皇がどのようにして無敵になったか）』より引用）
（左）全米で名の知られた魔術雑誌「Circle Network News」の表紙。角の生えた狩猟の神、ケルヌンノスが腕をXの字にクロスしている。そして、中心には崇拝の対象となっている太陽が描かれている。（1994年に発売されたもの）

（上）イェール大学公認雑誌の「Yale Literary Magazine」より。この写真では、前列に座る5人の男性は手をXの字にクロスしている。そして後列の右から2番目の男性はジェームズ・アングルトンだ。フリーメーソン会員で長い間CIAで工作員を務めた彼は強姦、殺人、拷問、反逆等の数えきれないほどの重罪を犯した人物。イェール大学は秘密結社スカル＆ボーンズが発足された場所で数多くのエリートを輩出している。
（中）秘密結社スカル＆ボーンズの海賊旗（Jolly Roger）。写真は『Pirates and the Lost Templar Fleet（海賊と失われたテンプル艦隊）』より引用。
（下左）スコットランドに位置するエディンバラ大学の紋章。
（下右）イリノイ州に位置するギャレット福音神学校のロゴ。

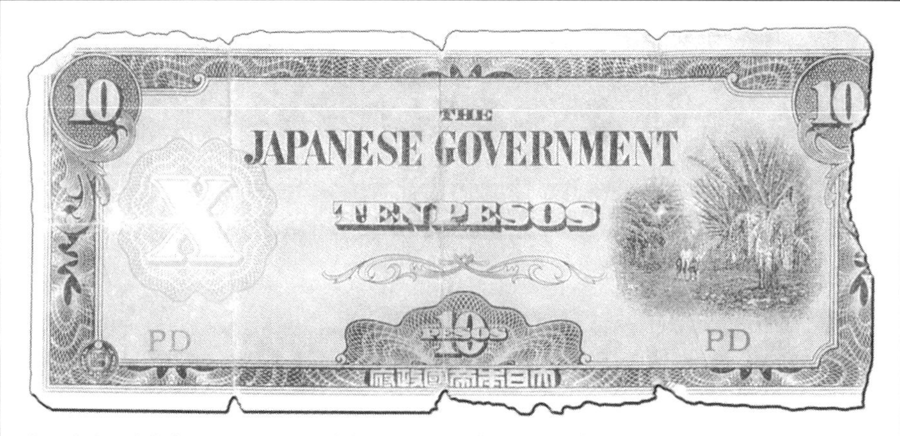


第二次世界大戦中にフィリピンを占領していた日本軍は、独自の現地通貨を発行した。この10ペソ紙幣は、米兵が日本兵の遺体から発見したものである。このＸはローマ数字の10を意味しているだけなのか。

この十字は２つの棒がＸの字に重なり合っている。共産主義のロシア軍と戦ったレオン・デグレールを率いる武装親衛隊の紋章。

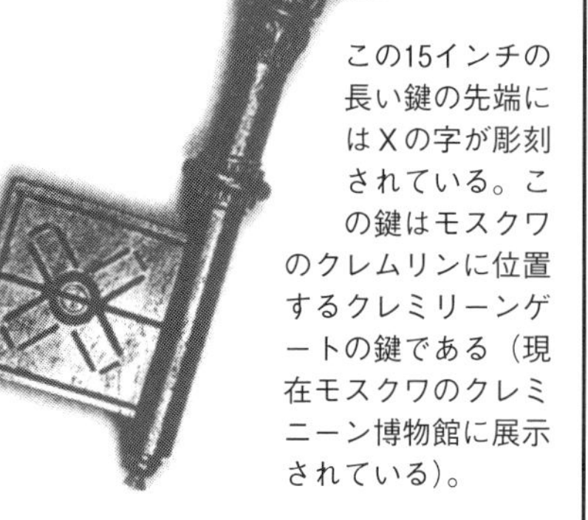

この15インチの長い鍵の先端にはＸの字が彫刻されている。この鍵はモスクワのクレムリンに位置するクレミリーンゲートの鍵である（現在モスクワのクレミニーン博物館に展示されている）。

アメリカ連合国海軍の軍旗（レベル・フラッグ）はアンデレの十字に基づいて作られたと信じる人がいるが、事実からかけ離れた発想である。この旗はイエズス会及びフリーメーソンに所属していたユダヤ人（ロスチャイルド派）が密かに考えたものである。スコティッシュライトでは十字をＸの字（アンデレの十字）のように強調している。

自称“ジェントルマン”でKKKの目に見えぬ皇帝がユダヤ人としてラジオ番組に出演した後に筆者宛に送ってきた手紙。彼はユダヤ教のユダヤ人をクリスチャンに導く「International Board of Jewish Missions（ユダヤ人を救う会）」の代表だという。KKKはこの人が反ユダヤ主義じゃないことに少しは動揺したはず。手紙の上の部分にある紋章は黒くて丸い輪の中にフリーメーソンの三角（ピタゴラスの定理）が含まれている。KKKは1865年にアメリカ南北戦争中にフリーメーソンによって設立された秘密結社であることは有名な話。

8/4/96

To: Living Truth Ministries

Subject: International Board of Jewish Missions
Aug. 4,1996 WWCR Broadcast

The hidecus crimson hour has arrived;

TEXE MARR, you have defiled your soul with canaanite excrement and the world listen as you whored for the so-called jew.

The bride shall not be bartered for your cup of self-glorification.

I pray that YAHSHUA the CHRIST will put an end to your corrupt, negro mixing, jew idolizing sorcery!

In hoc sign vinces,

Mikel P. Geren

Mikel P. Geren

Invisible Empire v,

Realm of Tennessee

Militant Ku Klux Klan
$14.00

このTシャツは「Aryan Graphics」という会社が提供しているもの。中に印された南軍旗が注目ポイント。

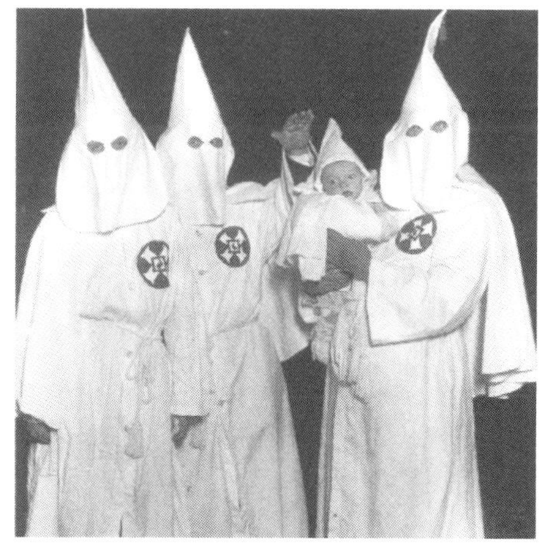

KKKのメンバーが着ている白い礼服の左胸の部分にはXの字が印字されている。KKKはネイサン・フォレストとアルバート・パイクによって設立された秘密結社。パイクはスコティッシュライトのグランドマスターを務めた人物で、著書『Morals and Dogma（道徳と教義）』は現在もフリーメーソン幹部に称賛されている。南北戦争で南部連合の将軍を務め、リンカーン大統領暗殺の首謀者でもある。ワシントンD.C.に位置する合衆国司法省の広場にパイクの像が立てられており、遺体はワシントンD.C.のスコティッシュライトのHouse of the Temple（神殿の家）に葬られている。

宇宙にもイルミナティあり。NASAの紋章には、フリーメーソンやオカルトの印が用いられている。もちろん、エジプト神話のオシリスのXの印も確認できる。

h and the
of a pop star.
e you didn't
ike Nicole
My mom, myself
atology. With
ows like
, it's so easy to
celebrity now,
doesn't take
rk.
ake much
you. When you
r first record,
immediately
n
n.

was
Morning
I skidded
t. I had no

ve chops now?
y moments.
ect perfection.
it all happened

dad before you go
onstage? I can't say I

Q&A
LISA MARIE
PRESLEY

for me. I still h
family there. W
Christmas dinn
the house. I fin
responsibility t
there and injec
life into it.
Are you what y
would call a Ha
Headed Woma
all. That's some
stubborn. I'm r
Your single Dirt
Laundry, a 198
Henley song, is
the bl

th
was r
vant now
ever. Our e
tainment now
reality-show th
about watching
demise, humili
darkest hour of
Have you been
be a witness in

リサ・プレスリーは「タイム」のこの写真でカバリストポーズを表現している。足はダイアモンドのポーズを取り、腕でXの字を表現している。体全体で表現しているポーズは性的エネルギーを意味している。

４人のアメリカの大物政治家が連邦政府の予算を決めるためにホワイトハウスに集まった時にXの字が表現された。この握手は写真撮影用に組まれたもの。副大統領のアル・ゴアがクリントン大統領とボブ・ドール連邦上院議員の腕越しに手を伸ばして握手するのは明らかに不自然だ。（写真は1995年12月21日発売のUSA Todayより引用）

# MORALS AND DOGMA.

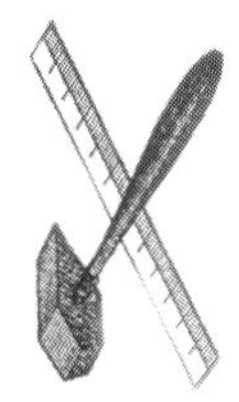

I.

## APPRENTICE.

THE TWELVE-INCH RULE AND THE COMMON GAVEL.

FORCE, unregulated or ill-regulated, is not only wasted in the void, like that of gunpowder burned in the open air, and steam unconfined by science; but, striking in the dark, and its blows meeting only the air, they recoil, and bruise itself. It is destruction and ruin. It is the volcano, the earthquake, the cyclone;—not growth and progress. It is Polyphemus blinded, striking at random, and falling headlong among the sharp

スコティッシュライトのグランドマスターを務めたアルバート・パイクが出版した『Morals and Dogma（道徳と教義）』は現在もフリーメーソン幹部には聖書的な扱いを受けており、イラストにはハンマーと棒が重なり合ってXの字を表現している。
このイラストが載っているページでパイクは記している。“群衆の暗黙の力は抑制される必要性があり、抑制しなければならないのはエリートである我々だ”

80 MORALS AND DOGMA.

hour; and hence, in several African dialects, as names of the Sun, *Airo, Ayero, eer, uiro, ghurrah,* and the like. The royal name rendered *Pharaoh,* was PHRA, that is, *Pai-ra,* the Sun.

The legend of the contest between *Hor-ra* and *Set,* or *Set-nu-bi,* the same as *Bar* or *Bal,* is older than that of the strife between *Osiris* and *Typhon;* as old, at least, as the nineteenth dynasty. It is called in the Book of the Dead, "The day of the battle between Horus and Set." The later myth connects itself with Phœnicia and Syria. The body of OSIRIS went ashore at *Gebal* or *Byblos,* sixty miles above Tsūr. You will not fail to notice that in the name of each murderer of Khūrūm, that of the Evil God Bal is found.

*　　*　　*　　*　　*　　*

Har-oeri was the god of TIME, as well as of Life. The Egyptian legend was that the King of Byblos cut down the tamarisk-tree containing the body of OSIRIS, and made of it a column for his palace. Isis, employed in the palace, obtained possession of the column, took the body out of it, and carried it away. Apuleius describes her as "a beautiful female, over whose divine neck her long thick hair hung in graceful ringlets;" and in the procession female attendants, with ivory combs, seemed to dress and ornament the royal hair of the goddess. The palm-tree, and the lamp in the shape of a boat, appeared in the procession. If the symbol we are speaking of is not a mere modern invention, it is to these things it alludes.

The identity of the legends is also confirmed by this hieroglyphic picture, copied from an ancient Egyptian monument, which may also enlighten you as to the Lion's grip and the Master's gavel.

アルバート・パイクが出版した『Morals and Dogma（道徳と教義）』において、マスター階級（親方）の儀式を解説する時に古代エジプトの記念碑から引用して“ライオンの握り”（Lion's grip）について言及している。儀式の２つスタンダードの解説である。絵を見ると、儀式に出席しているメンバーはもうすぐライオンの手による力強い握りによって“起こされる”状態にいる。ライオンはアンクの印である右手を握っている。アンクは古代エジプトで蘇り、再生の印である。男性の胸にあるXの字は太陽の神オシリスの印。死んだが、死から蘇ったとされている。

XXIX.

GRAND SCOTTISH KNIGHT OF ST. ANDREW.

A MIRACULOUS tradition, something like that connected with the *labarum* of Constantine, hallows the Ancient Cross of St. Andrew. Hungus, who in the ninth century reigned over the Picts in Scotland, is said to have seen in a vision, on the night before a battle, the Apostle Saint Andrew, who promised him the victory; and for an assured token thereof, he told him that there should appear over the Pictish host, in the air, such a fashioned cross as he had suffered upon. Hungus, awakened, looking up at the sky, saw the promised cross, as did all of both ar
Hungus and the Picts,

『Morals and Dogma（道徳と教義）』の801ページには29階級の儀式、アンデレ騎士について解説されている。

スコティッシュライトの儀式で使用される紋章には、アンデレ騎士が刻印されている。

第12章

# 貪欲な闇の鳥――イルミナティの秘密を見せる双頭の鷲

彼は力強い声で叫んで言った、「倒れた、大いなるバビロンは倒れた。そして、それは悪魔の住む所、あらゆる汚れた霊の巣くつ、また、あらゆる汚れた憎むべき鳥の巣くつとなった。

ヨハネの黙示録18章2節

ロイヤルの秘密……世界の平衡の秘密……これこそ、新の友愛の聖堂を建ててくれる。

アルバート・パイク著『Morals and Dogma（道徳と教義）』

頭は1つより2つあったほうがいいに決まってる。しかし同じ鷲の体につながっている場合、話は別。

テックス・マーズ

1羽の鷲は2つの頭を持つことはできるのだろうか？　非常識な質問かな？　だが、筆者は信じている。狂気とは、矛盾してる2つことが同じであると頑なに信じる人にたとえられる。もし、どうみてもまったく関連性のないことを関連性があると頑なに主張する人がいるとすれば、その人は〝我を失った〟か狂気状態にある。「リンゴは鳥である」または「黒色と白色は同じ色」と主張する人がいれば、明らかに正常な状態からかけ離れている。

しかしこの常識、イルミナティには通用しない。「白は黒」「神は悪魔」「2＋2＝5」等、彼らの哲学は矛盾だらけの狂気としか言いようがない。彼らは社会を物質的に、そして精神的現実に変革をもたらすために〝科学的に〟この矛盾システムを作り上げたのだ。

## 錬金術と魔法――実はこれは世界的な働き！

群衆を洗脳するイルミナティのシステムは錬金術と魔法に基づいている。それは世界的な働きであり、悪魔が中心となる2つの源から成り立っているのだ。

その源はカオスから生まれる秩序「Ordo ab Chaos」である。この働きは神の姿に似て創造された人間を神の御心から逸らして無で何の価値もない存在である蛇へ向かわせることである。言い方を変えると、悪魔のために魂無き人間に作り変えることだ。この偉大なる働き、天と地をひっくり返す大掛かりな働きを完成させること。つまり天と地を地獄と化することこそが、悪魔の最大の望み。この悪魔の最大の望みこそ、〝ロイヤルの秘密〟なのだ。

これがイルミナティの狂った教義だ。彼らの枢機卿の教えは、世界的なカオスは最終的に平衡とイルミナティの神聖帝国建国のためにカバリストの神、偽メシア及び反キリストはやって来るということだ。アルバート・パイクは自著『Morals and Dogma（道徳と教義）』の861ページにその事実を暴露するように記している。

「君が王子であるロイヤルの秘密、もし君が本当に選ばれし者なら……ゾハール（カバラのテキスト）は世界の平衡の秘密……我が兄弟よ、これぞマスターメーソン（親方）の秘密の言葉。これこそ、新の友愛の聖堂を建ててくれることを可能にしてくれるのだ」

## 神の被造物を滅ぼす

エゼキエル書28章を読むと、ルシファーは神が最初に創造した被造物で、天国で最も美しかったと記している。その体は肉体ではなく、宝石で構成されていた。その存在を称賛するために音楽までも用意されていた。そのくらい美しかったのだ。しかし、神に反逆をしたルシファーは天国の天使の3分の1と共に天国から追放された。それから醜く変形して、下劣な悪霊となった。

「黎明の子、明けの明星よ、あなたは天から落ちてしまった。もろもろの国を倒した者よ、あなたは切られて地に倒れてしまった。あなたはさきに心のうちに言った。『わたしは天にのぼり、わたしの王座を高く神の星の上におき、北の果なる集会の山に座し、雲のいただきにのぼり、いと高き者のようになろう』しかしあなたは陰府に落され、穴の奥底に入れられる」（イザヤ書14章12〜15節）

聖書によると、天から堕ちて怒りに満ちたサタンはライオンのように滅ぼす対象を探しまわっているのだという。滅ぼす対象と成りうるのは神の被造物だ。それは、神の被造物は美しいものとして創造されたため、神に反逆して滅ぼして美しい被造物の形を壊して神が望んでいる美を完全に取り壊すためである。男性が女性化し、女性が男性化する。結婚を倒錯化して男女のものにするのではなく、同性同士の結婚にする。罪のない子供の無謀な虐殺を合法化する中絶。セックスの倒錯を一般化する。貪欲な小児性愛者という恐ろしい情熱を与える。精神的価値は欲望の材料に変換され、偽の神が賛美される。偽聖書が出版され、暗殺や虐殺は宗教の最終目標となる。

## 上のものは下へ

地上を破壊し、文明を打ち落とし、純粋な精神を完全に破壊し、カオスを地上に呼び込み、サタンの秩序を地上に定着させる。地上は地獄と化して、地獄は地上と化する。上のものは下へ……これがイルミナティの最終目標。

双頭の鷲は男女の一体を意味する。フリーメーソンロッジで見かける白と黒の市松模様である。薔薇十字団の鏡はあの有名な「美女と野獣」の元になっている。鏡で自分の姿を見た美女は恐ろしい魔女を鏡の反対側で見たり、白と黒色の礼服を着たカトリック祭司の交流、これらはアメリカの表と裏を表しているのである。十字架を逆さまにして主の祈りを逆から読むのは、悪魔崇拝行為を意味する ad nauseam（ラテン語で飽きるまでを意味する）である。

すべてを逆に変換する。ネガティブはポジティブに、悪は善に、黒は白に、不細工はかっこ良く、かっこ良いを不細工に、神は敬遠され、サタンは崇拝の対象に。イルミナティズムは周期的に統合を繰り返す二重構造。この合成は周期的に衝突して、統合して一時的に解決したように見せかける。だが、凍結解除され再び衝突させる。この繰り返しである。

カオスは秩序を生み出したが、再び現れた。正反対の理念（テーゼ&アンチテーゼ）が衝突して、統合して一時的に解決したように見せかける。この衝突を繰り返しながらイルミナティは世界の平衡化を目指している。常に変化を求め、完璧を目指す。黄色のレンガ道を歩くより多くの光を求めて変革を目指す。

〝常に明日のことを考えるんだ〟はクリントン夫妻の好きな曲の歌詞。

〝すべてに変革をもたらす必要がある〟。これは、フランス革命に携わったイルミナティのメンバー達のスローガンだった。

アメリカ議会には共和党と民主党（テーゼ&アンチテーゼ）が中心となってアメリカの政策を決めている。アメリカのこの2大政党を操るのはもちろんイルミナティ。この2つの政党の争いはけっして問題を解決することはない。ジンテーゼ（総合命題）だけが生まれる（弁証法）。問題が満足に解決されることはけっしてないし、この争いが終わることもない。だから我々は〝ネバーランド〟の市民であり、その事実に気づく必要がある。

筆者が20世紀で最も尊敬するフリーメーソン学者のマンリー・ホールは自著『The Secret Teaching of All Age（すべての世代の封印された教え）』でこのページのタイトルを“双頭の鷲――最高の印”としている。

## すべての問題の第三側面

悪魔崇拝者だったアントン・ラヴェイがこのことについて説明している。
「問題は常に2側面であるとは限らない。この馬鹿げたスローガンは既得利権によって叫ばれる……」
「重大な事項には必ず別の案が存在する。それは、サタンの側面の第三側面だ」
「同じコインの2つの側面のほとんどの主要な問題は、巧妙にわからないように構成されている。それを知らずに群衆は問題のある部分を見て反対意見を述べて暮らしている」
サタンの印である逆さま五芒星の星の上の2つの部分は自然の2側面による争いを意味する。人は流行の二項対立によってモチベーションを保ってきた。好きか好きではないかにかかわらず。グレーの色合いは反対色の間でしか現れない。
フリーメーソンと薔薇十字団では終わりのない争いの構造について会員達に伝授している。フリーメーソンの提唱者のガレース・ナイトは自著『The Rose Cross and the Goddess（薔薇十字と女神）』でこの終わりなき争いについて記している。「その印は、フリーメーソンの印である定規とコンパスによって表現されている」と述べている。
スコティッシュライトの最高階級の儀式では、東西の古代の王を称賛する内容になっている。それは、1つの体に2つの頭を持つ鳥で表現される。つまりデュアリティ（2側面）だ。

## 世界的な蛇の力

書物がいまだに称賛され、ワシントンD.C.に位置する合衆国司法省の広場に像が立てられており、そして遺体はワシントンD.C.のスコティッシュライトのHouse of the Temple（神殿の家）に葬られているアルバート・パイクもドゥアリティについて記している。「対立する勢力の争いは力強い魔法によって生み出すことができる」。

「たった1人の男であってもこの構造と使い方を身につければ、世界に革命を起こして根本的に変えることが可能である」

『Morals and Dogma（道徳と教義）』ではさらにこう述べている。

「この力は古代でも知られていた。全世界共通のエージェントによって伝授されるからである。そのエージェントはサバトの聖堂で崇拝されていた。バフォメットの背後に潜むエージェントだ。世界が創造されて生命が誕生した時からこの国際エージェントは2つの性質を持っていた。国際エージェントは聖霊の体であり、自分の尻尾を食べる蛇である。力が力を引きつける……」

ユダヤ系カバリストの言葉はこの力のように謎に満ちている。この力は2つの三角形によって生み出されるという。2つの三角形は男と女が一体となって新しい生命を生み出す性行為のことを意味する。その結果はソロモンの印及びダビデの星として知られている。カバラ哲学によると、つながった2つの三角形は善と悪の統合したエネルギーであり、白いエホバと黒いエホバの統合である。上のものは下へと彼らが考えるのはこのためだ。

イルミナティにとってはすべてが偽り。変革の力がダイナミック、光の流砂は拡散されるが、拡散されるために再び集められ、区別できないほど光は闇であり、闇は光である。神は悪魔に服従し、悪魔が神になる。蛇は永遠に自分の尻尾を追いかける。

## 透明の光

これらのことは誰が見たって狂ってるが、イルミナティにとっては当たり前のこと。フランシー・ムーアはアメリカのルーシズ・トラスト出版社から出した『The Beacon』の中で「The Invisible Sun（透明の太陽）」というタイトルをつけて"Ageless Wisdom"（永遠の知恵）について記している。

「"Ageless Wisdom"（永遠の知恵）は可視光線から来たものである。その光は豪華で輝かしい純粋な光であるため、闇のように世界を完成させる」

ムーアのいう闇のような光は、我々一般人からすれば透明の光である。天地創造では光と闇は混同し、「彼らの均衡は謎の謎である」と記している。

ここで再びイルミナティのデュアリティ（二面性）思考を目にする機会を得た。両性愛者が望ましく、善は悪となる。ドゥアリティとは現実と妄想が混同し、闇と光の争いが永遠に終わらない法則だ。聖書にはこのことについて書かれている。

「そんな人間は、二心の者であって、そのすべての行動に安定がない」（ヤコブの手紙1章8節）

## 陰陽

イルミナティのデュアリティ思考は陰陽に基づいている。陰陽は、未完成の光と闇が混同している。異なった2つの物質はお互いに影響し合っている。これは対立する勢力の両立を意味している。イルミナティの魔法は陰陽が深く関係している。まさに〝上は下へ〟の思考だ。

万物創造でダイアナは闇と光と均等の2つの力に分けられた。闇は月によって支配され、光は均等の力を持つ兄弟の太陽、ルシファーによって支配されることとなった。

## 鷲は太陽である

『The Herder Dictionary of Symbol（ヘルダーの印辞書）』では、鷲はパワーの印であり、そして忍耐力と天国への脱走力の印であると記している。これは太陽（太陽の神）及び霊的マジェステイを意味している。コイルの『フ

イスラム教の紋章を見ると、鷲の胸にスーフィーの八角形が刻印されている。（アーコン・ダロール著『A History Of Secret Societies（秘密結社の歴史）』より引用）

リーメーソン辞書』にはこんなことが記されている。

「異教徒にとって、鷲は木星の象徴でドルイドは至高の神象徴であった」

鷲はいろんな国の記章に登場する。ローマ帝国、ナチスドイツと現在のドイツ、ロシア帝国、アメリカ等。ロスチャイルドは双頭の鷲をロスチャイルド一族の記章として採用している。アメリカ合衆国の国章にも鷲は採用されており、イスラム教のスーフィーでも聖なる印となっている。

## 大統領執務室と国章に登場する鷲

以前は「ウォール・ストリート・ジャーナル」に勤め、現在政治評論家のペギー・ヌーナンが大統領執務室でジョージ・W・ブッシュを取材した時のことだ。ブッシュはケネディ、レーガン、クリントン等も座ったデスクの前面に刻印されている鷲を見て気にしていたという。そして絨毯に描かれている鷲を見てこう言った。「頭は爪で持っているオリーブの枝と遠くへ向かっている」「鷲の頭の向きを変えたのはハリー・トルーマンだ。彼はアメリカが平和へ向いてほしかったのだ」

ペギー・ヌーナンは実に面白いことを書いている。

33代目アメリカ大統領のハリー・トルーマンがフリーメーソン33階級に所属していたことを忘れてはいけない。フリーメーソンのエリートにとって〝平和〟は筆者と読者が考える意味とはまったく異なる。フリーメーソンは平和を二面性として解釈している。ヘルダー哲学のように。実際、ヘルダー哲学のモ

この３つの写真が謎を解く鍵である。左の写真はホワイトハウスの大統領執務室内にある伝統的な大統領デスクで、ラザフォード・ヘイズが大統領を務めていた1887年に英国王室のヴィクトリア女王から贈呈されたもの。デスク中央のパネルは、ルーズベルトが大統領時代に車椅子を利用していたことを隠すために設置した。ルーズベルトはフリーメーソンの32階級に所属していた人物。左下にはデスクの前のカーペットに織り込まれた大統領記章がある。カーペットに織り込まれた大統領記章はデスクに刻印された鷲と同じだが、デスクの鷲は右を向いているのに対してカーペットの鷲は逆の右を向いている。カーペットの鷲はデスクの鷲と同じだが、頭の向いている向きが異なる。この写真ではブッシュが座っているが、彼が大統領を務めた時のカーペットとクリントン政権で使用されていたカーペットの色は異なっているものの、鷲が描かれている点は同じである。２つの頭が別の方向を向いている鷲はフリーメーソン33階級の儀式で目にする。そしてブッシュ政権で使用されたカーペットでは太陽から放たれる光が描かれており、アメリカ大統領は“光を当てられている”（ラテン語ではイルミナティ）のだ。そして、椅子の置かれている位置はフリーメーソンの儀式の並び順とまったく同じ。赤い薔薇は女性器を意味していて、鷲は男性器を意味している。

ットーは〝永久的な平和のために永久的な戦争を起こす〟である。
2羽の鷲の頭が大統領室で逆方向を向いているのは、フリーメーソンの双頭の鷲を遠回しに表現しているのだという事実にヌーナンは気がつかなかったようだ。

## 東からの猛禽の鳥

イルミナティにとって双頭の鷲は非常に大きな意味を持つ。それは彼らの矛盾した理念である〝上のものは下へ〟を表現しているからであり、そして天地創造の働きを意味するからである。イザヤ書46章11節には〝東からの猛禽の鳥〟が神から招きを受け、反逆した人々に破滅と混乱を招くと記している。

本章で記載しているデュアリティ(上のものは下へ)を示す写真を見ているということは、それは封印された謎に包まれた神の秘密を目にしているということになる。

透明の世界(地獄)の鍵を持つ神

古代エジプトや古代バビロンのオカルト儀式では双頭の進歩と豊かさの神であるマモンの姿を目にすることがある。確かにマモンは強力な悪霊で地獄の4大悪霊に数えられるほどである。富と豊かさを求めるユダヤ系カバリスト達に崇拝の対象とされている。

の秘密である。狡猾な嘘と欺瞞（ぎまん）の神、そして二面性を持つ双頭の鷲の神である。わかりやすくいうと、読者が目にしているのは変装したサタンの姿だということだ。

２つの金のフェニックス蛇がワシントンD.C.のスコティッシュライトのロッジで向き合っている。スコティッシュライトのHouse of the Temple（神殿の家）はホワイトハウスから13ブロックの場所に位置する。注目ポイントは黒い石でできた祭壇の３つの太陽のメダルだ。ここが蛇が互いに最も睨み合っている場所。床には“The Goal of Initiation”（創造のゴール）と書かれている。事実、33階級に昇進するメーソン会員はここで跪き、そして頭蓋骨に入ったワインを飲む儀式を行う。

医師はヘルメスの持ち物とされるケーリュケイオを世界共通の商売の神の像として使うことがある。医師達はヒポクラテスの誓いをし、医神として現在も医学の象徴的存在となっているアスクレーピオスへ敬意を払う。ケーリュケイオは２匹の蛇が睨み合う形に作られている。イルミナティの矛盾した哲学が表現されいている。１つの棒に２匹の蛇が絡み合っている。双頭の鷲のように。

下のイラストはテンプル騎士団の苦難の印である。テンプル騎士団の儀式で伝授される。

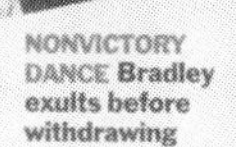

FAREWELL

# SETTING BILL FREE

"COME SEE BILL BRADLEY!" SCREAMED THE YOUNG BLACK MAN STANDING AT THE corner of New York City's Bryant Park. Just blocks away, in another life, Bradley regularly packed Madison Square Garden to the rafters. But the evening before Super Tuesday, the crowd just swept past. When Bradley arrived for his last rally, the park lawn was untouched, his crescent of supporters thin enough to fit onto the concrete entry. Thankfully, night had fallen and the gas lamps burned low. One would not want a man so proud to see clearly their pitying smiles.

The next night Bradley lost every primary, and badly. As he conceded—"He won, and I lost," Bradley said simply—his wife Ernestine kept her eyes trained on him, as if hoping her gaze could soak up the sting. His young aides went into full bawl, some bending over in sobs. That it was over spilled into the smallest indignities: before Bradley was done speaking, the hotel staff began breaking down the bar and buffet.

**NONVICTORY DANCE Bradley exults before withdrawing**

And yet. The last few weeks, and imminent defeat, made Bradley a new man. Shoulders back and loden eyes alight, he joyfully returned to talk of a world in which everyone has health insurance, children live outside poverty and there is no soft money. As others cracked in sorrow, Bradley kept a slight smile Super Tuesday. "I knew I was going back to telling people what I believed at the end," he told TIME. "I had a great time."

Bradley, aloof and famously wary of the media, even embraced the youthful band of reporters who traveled with him at the end, joshing with them on flights. At his last press conference the questions were harsh, his answers often waspish. But Bradley added a coda. Grinning, he had an aide hand him a Tiffany's shopping bag, and he called reporters forward to hand them baby-blue boxes. Inside each was a running-shoe charm on a key chain. The gift came with tins of the lozenges he sucked on during the campaign. "Who is this guy, and what has he done with the Senator?" joked a reporter. "Too bad this guy didn't show up six months ago," answered another. "This might have been a different race."

Bradley's life has always been about winning—college All-American, Rhodes scholar, champion Knick, U.S. Senator. What is it like to be nearly 60 and fail, so soundly and so publicly, for the first time? "I once wrote, 'Defeat has a richness of experience all its own,' and that's probably true here too," he said.

But failure has given Bradley back his freedom. Since he was a boy, he has lived in the stifling hothouse of others' expectations, put up as a presidential contender while still a gawky teenager. "Are you running, Bill?" others asked. "Are you running, Bill?" he asked himself. Now he has, and it is done. "Today means the closing of a chapter," he said about those expectations. "This is a loss, and you move on." Bradley, for the first time of his adult life, may now enjoy the serenity of knowing that no one is pressing for the next move. *—By Tamala M. Edwards*

PHOTOGRAPHS FOR TIME BY P.F. BENTLEY

アメリカの元上院議員のビル・ブラッドリーはこの写真で“敗北のダンス”を披露している。彼は2000年に民主党から大統領に立候補したものの、敗れてしまった。事実、ブラッドリーはイルミナティには支持されていなかった。ただ、当選したアル・ゴアに“敗れる”競争相手として選ばれたに過ぎない。反対勢力をもコントロールするのがヘルダーの哲学だ。ビルは敗れる義務を果たし、後に“敗北のダンサー”と呼ばれた。これは矛盾の哲学、“上のものは下へ”の影響である（リチャードソンモニターの書の93、99、121ページで確認できる）。ブラッドリーはイルミナティの上階級のブラザーに暗示のメッセージを送っている。“敗れたことは悔しいけど、あなた達のために義務を果たした”ってね。（2000年３月20日発売の「タイム」より引用）

歌手でエンターテイナーのサミー・デイヴィスJr.が“上のものは下”をダンスパフォーマンスで表現している。自伝『Yes I can』でアントン・ラヴェイが設立した悪魔教会の会員だったことを暴露している。彼はライブで悪魔の五芒星のネックレスをよく身に着けていた。そして悪魔崇拝の証として爪を黒色に塗っており、ヒット曲「The Candy Man」の歌詞には悪魔を崇拝する内容が密かに含まれている。この曲には淫らな行為を助長するのと、弟子が師匠にヘロインやコカインといった違法薬物を贈呈する内容になっている。

エジプト大統領を務めたムハンマド・ムバラクは陰の顔と向き合っている。正反対との組み合わせ、これはフリーメーソンの原則である。（写真は2005年３月14日発売の「U.S. New & World Report」の30ページより引用）

BURYING THE ROMANOVS

**End of a chapter:** *Boris Yeltsin came to St. Petersburg to redress history and assert his authority over a country facing economic and political chaos. At the burial of Russia's last tsar and his family, Yeltsin denounced his communist predecessors, 80 years to the day after the Romanovs were murdered by Bolshevik revolutionaries. 'We are all guilty,' he said, paying his respects to Nicholas II; his wife, Alexandra, and three of their five children (the other two bodies are still missing). 'I bow my head before the victims of political violence.' To make sure potential coup makers got the point, Yeltsin added that 'you cannot change society with violence.'*

「ニューズウィーク」のこの記事（1998年７月28日発売号の31ページ）に、ボリシェヴィキの支持でレーニンと家族が虐殺された話が載っている。この写真の奥の窓の上に金の双頭の鷲が確認できる。

『ユダヤ百科事典』の表紙には双頭の鷲が冠を冠っている絵が描かれている。これは、イルミナティの魔法（カバラの魔法）を見る者の王が来て、群衆を奴隷化することを意味している。（写真は『ユダヤ百科事典』の表紙）

CHIEF CHARLES MOOSE
The situation called for subtlety, smarts and swiftness, and for a few days people wondered whether a man named Moose was the right person for the task. But with all eyes on him, the Montgomery County, Md., police chief led some 1,000 investigators in a 22-day manhunt for the snipers who haunted Washington's suburbs. In the end, he got the duo believed to be the shooters, and America got a new hero.
Photograph for TIME by Brooks Kraft—Gamma


ワシントンD.C.で多数の罪のない犠牲者を出した連続狙撃事件。警察署長のチャールズ・ムーズ（鏡姿が写っている）。22日間の捜査では1000人以上もの警官が導入された。メディアはムーズ氏をヒーローであるかのような報道をしたが、実際のところ彼が行ったのは妨害行為である。彼はADL（名誉毀損防止同盟）のイルミナティメンバーによって“選ばれた者”である。この写真は2001年1月6日に発売された「タイム」から引用したが、エリート達の原則“上のものは下へ”を指で印を行っている（本書で解説している）。鏡で写るムーズは指でダイヤモンドの印（重なった2つの三角形）を表現しており、これは秘密結社で地獄の入り口を意味している。これほどわかりやすい印はない。しかし、「タイム」のこの写真の本当の意味を理解した人はほとんどいないだろう。

2000年４月13日に発売されたスペインの雑誌「Holla」でフアン・カルロス１世国王が刻印された硬貨を紹介した。フアン・カルロス１世国王はブルボン家の相続人である。彼のあだ名の１つは“エルサレムの王”で硬貨の裏側に双頭の鷲が刻印されている。

“上の者は下へ”の哲学はこの聖職者のハンドサイン“Il Cornuto”（イタリア語で角の生えた悪魔の意味）によって表現されている。片手は上で片手は下を向いている。これは、キリストとサタンの立場が天でも地でも地獄でも逆転するべきであるという秘密結社の原則。

“上の者は下へ”。カリオストロはイルミナティに所属して、悪魔の魔法を習い、フランス革命にも影響を与えている。この絵はカリオストロの呪いの魔法を習うベンジャミン・フランクリンの姿だという。（絵は『Whitchcraft, Magic and Supernatural』より引用）

ΟΙ ΑΔΙΣΤΑΚΤΟΙ ΜΕΤΑΡΡΥΘΜΙΣΤΑΙ ΟΙ ΟΠΟΙΟΙ
ΠΡΟΕΒΗΣΑΝ ΕΙΣ ΤΗΝ ΑΛΛΑΓΗΝ ΤΟΥ ΕΟΡΤΟΛΟΓΙΟΥ
ΚΑΙ ΑΠΕΣΧΙΣΘΗΣΑΝ ΑΠΟ ΤΗΝ ΕΚΚΛΗΣΙΑΝ
ΤΟΥ ΧΡΙΣΤΟΥ «ΠΑΤΡΙΑΡΧΗΣ» ΜΕΛΕΤΙΟΣ ΜΕΤΑΞΑΚΗΣ
ΚΑΙ ΑΡΧΙΕΠΙΣΚΟΠΟΣ «ΑΘΗΝΩΝ» ΧΡΥΣΟΣΤΟΜΟΣ ΠΑΠΑΔΟΠΟΥΛΟ

ギリシャ正教会のこの祭司は、双頭の鷲のネックレスをお守りとして首にかけている。十字架は悪魔のお守りの左側に追いやられている。

ロシア革命でニコライ２世を転覆させたフリーメーソンメンバーのアレクサンドル・ケレンスキーは新しい通貨を発行した。250ルーブル紙幣の中央に双頭の鷲が卍（太陽の神）と重なり合わせる形で描かれている。卍はダイアモンド型にアレンジされている。ケレンスキーは後に十月革命でレーニンとトロツキーに政権を明け渡した。ケレンスキーはパリへ逃亡し、オリエントロッジのメンバーとなった。フリーメーソン会員と悪魔崇拝者だったレーニンとトロツキーは、ルーブルに刻印された秘密がロシア国民にユダヤとフリーメーソンの秘密の起源、革命等がバレることを恐れて、ソ連を樹立した時に通貨から外し、代わりにソ連の国章で鎌と槌を使用するようになった。

ゾハールの魔法の頭は“上のものは下へ”の理念に基づいて敵意の頭の描かれている。これは、カバリストとユダヤ教のラビの教育機関で広く採用されている。

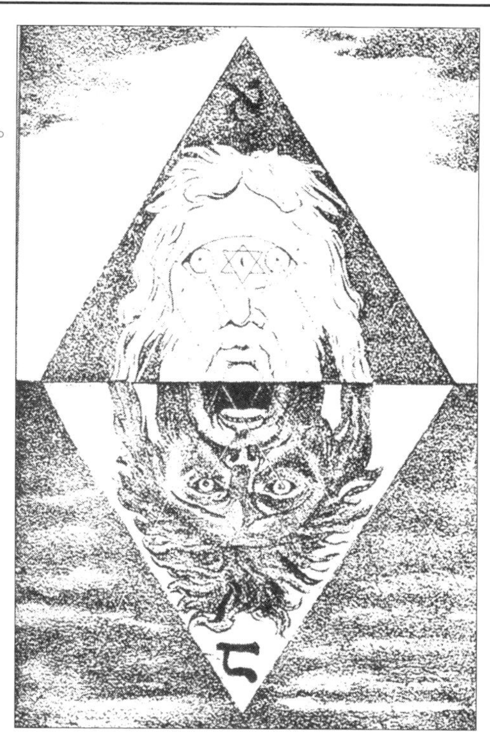

グノーシス主義のアブラクサスは太陽の神の象徴である。蛇の形をした両足はデュアリティ（二面性）を表現している。

建築家のイオ・ミン・ペイが“上のものは下へ”のサインを表現している。彼はパリのルーヴル美術館の設計とフロントのエジプトのピラミッドをフランス大統領でフリーメーソン会員のフランソワ・ミッテランに依頼を受けた。この美術館の認知度は間違いなく世界トップクラスに入る。入り口のピラミッドのガラスは666に見えるように設計されている。

タロットカードの中に“Magician（魔術師）”と呼ばれているカードがある。（Magus または Juggler とも呼ばれている）。若い男性が杖を右手で高い位置に持ち、自分の左下の地面を指している。彼の前のテーブルには4つの印が置かれていて、頭上には永遠を意味する印がデザインされている。カードの男性はすべての計画に含まれる神のような魔術師で知恵と霊知によって解放される。彼の手はオカルトの基本理念を表現している。それは言うまでもなく“上のものは下へ”である。

このイラストは究極を表現しているが、蛇が自分の尻尾を追いかけて噛み付いている。この絵の意味は地の果てまでも悪魔の支配が及び、王達の王となり、上でも下でも永遠の支配者となることを表現している。フリーメーソン33階級に所属したレックス・ハッチェンズ著書『A Bridge to Light（光に通じる橋）』でフリーメーソンのさまざまな儀式で用いられる印を記載して解説している。ハッチェンズはこの本で19世紀に出版されたアルバート・パイクの著書『Morals and Dogma（道徳と教義）』の原則について述べ、それによるとウロボロスの蛇は永遠と三位一体の神の聖霊を意味する。言い方を変えると、イルミナティにとって悪魔として記されているこの蛇、彼らにとっては聖なる神である。

Horus-Set

Azure Green とういう会社の商品カタログで“エジプトの神”の飾りを付けたもの。2つの人格が1つの体を共有する。ここで改めて統合の原則及び太陽の神オシリスを目にすることができた。角は太陽の神の息子であり、父と子が同じ体を共有している。神の統合は反対勢力及び、オシリスの鏡の姿を意味する。だが、その鏡に写るのは太陽の光ではなく地下の世界の光、命と太陽の神のオシリスの反対勢力、死人の神の光である。

旧ロシア皇后について記したW・ブルース・リンコーンの著書の表紙にロマノフ王朝の記章に双頭のフェニックスが描かれている。冠を冠った勝利をしたヒーローが銛を持ちながら白馬に乗ってその双頭の闇の鷲の“心”を探っている。この象徴的意味は、聖書の預言の観点から控えめに言っても圧倒的である。

ロシアを旅行中に筆者宛に知人が送ってきた写真。広大で豪華な古い邸宅のフェンスとゲートの外側である。

この双頭の鷲はフリーメーソン33階級に所属したアルバート・パイクの著書『Morals and Dogma（道徳と教義）』の表紙に載ってるもの。双頭の鷲はユダヤ系フリーメーソンにとっては非常に重要な意味を持つ印。バビロンでは富または貪欲の神のマモンの印だからであり、そしてユダヤ系エリートが実行する終わらない争いであるヘーゲルの弁証法の象徴である。また、33階級のメンバーに贈呈される“メーソンの宝石”にも刻印されている。

# Red Army cuts are announced by Gorbachev

NEW YORK (AP) — Mikhail S. Gorbachev, urging a "period of peace," announced a cutback of 500,000 Red Army troops on Wednesday and called on the United States and its allies to "take certain steps" in reply. President Reagan and President-elect George Bush embraced the troop reduction gesture after a cordial luncheon summit with the Soviet leader.

In a speech at the United Nations, Gorbachev billed the cutback in troops, artillery, planes and tanks as "unilateral" — part of a reduced reliance on military might. He later said "Nyet, nyet, nyet," when asked if there was resistance at home to the move, but there was evidence to the contrary.

Reagan said in a speech in Washington a few hours later that if the Soviet reduction is carried out speedily and in full "history will regard it as important — significant."

On a day that blended superpower substance and symbolism, the Soviet president bade farewell to Reagan and answered Bush's welcoming handshake with a vigorous two-handed embrace. He declared the president-elect would find the Soviets ready "without long pauses or backtracking" to continue work toward a new arms control treaty as well as on other issues.

Bush, who played a low-key role throughout the day, said he had told Gorbachev he "needed some time" to settle in as president after his inauguration next month. He hailed the troop reduction announcement, even while saying it was not enough to produce a balance of forces in Europe.

Reagan declared he "heartily" approved of Gorbachev's overtures. "Read our smiles," he said after emerging from lunch and taking Gorbachev and Bush for a brief ride to the edge of Governors Island and a spectacular view of the Statue of Liberty across New York Harbor.

In the face of severe economic pressures at home, Gorbachev used his U.N. speech to declare that military force no longer "can or must be an instrument of foreign policy." He said 50,000 Soviet troops and 5,000 tanks would be pulled out of Eastern Europe by 1991, and pledged reductions on Western and Eastern soil within the Soviet Union, as well. Overall, the reductions were to reach half a million.

A few hours later he told reporters, "We do hope that the U.S. and the Europeans will also take certain steps."

The Soviet leader called for steps to end the war in Afghanistan under U.N. auspices within a month and urged international cooperation on issues ranging from arms control to the environment.

**ON THE MARK**
Soviet leader Mikhail Gorbachev, President Ronald Reagan and President-elect George Bush look for their marks on the viewing stand overlooking New York harbor form Governors Island Wednesday. The marks were placed by White House advance personnel to indicate where the leaders should stand for the best picture situation. (AP Laserphoto)

地下の世界の神（サタン）を認識しているゴルバチョフの写真。パパブッシュとレーガンとニューヨークで会談した時に笑顔を見せながら印を表現するゴルバチョフ。この写真ではふざけているようにも見えるが、パリのグランドロッジのメンバーである彼は両手でイルミナティのインナーサークルの人間にしかわからないように暗示している。（写真は1988年12月8日発売の記事より引用）

ヒンドゥー教の神、ガネーシャとラクシュミーをデザインした、ホワイトハウスで初めて行われたディーワーリーの儀式を記念して作られたシルバーコイン。2003年にブッシュ大統領参加のもとに行われた。

1795年に旧ロシア皇后の王室で使われた布。イルミナティ記号である双頭の鷲、三角形、ダイヤモンドがデザインされている。

旧ロシア皇后（Czarina）が所有した双頭の鷲のペンダント。「Czar」はロシア語で Caesar（シーザー）を意味する。

ロシア最大の石油会社ルクオイルの CEO と会談するプーチン大統領。2人が座る間のデスクには双頭の鷲が確認できる。（写真は AFP（フランス通信社）より引用）

ロシア有数の政治家、ウラジーミル・ジリノフスキーは左手にゴルバチョフ政権で復活した、双頭の鷲が刻印されている旧ロシア皇后の記章を持っている。ジリノフスキーは90年代に反ユダヤ主義思考で世界中から批判を浴びた。しかし、ジリノフスキー自身がユダヤ系であることが明るみとなり、それ以降は大人しくなった。イルミナティでは表の顔と裏の顔が違う。ヘーゲルの弁証法（テーゼとアンチテーゼの統合）とはこういうことだ。意図的に問題を起こし、そして予め用意された解決策（イルミナティのエリートに有利な解決策）を提案する。（写真は1994年 4 月17日発売の雑誌「Europian」より引用）

“ロシア皇后は死んでいる。ロシア皇后万歳”現代のロシアの叫びであるかのよう。ロシア皇后族はレーニンを中心とした共産主義社達によって虐殺された。だが、近代のロシアでは双頭の鷲が刻印された皇后の記章が復活している。ドイツの有名雑誌「Der Spiegel」がタイトルを「Czar Boris」（ボリス・エリツィン大統領）にして、胸に双頭の鷲の記章があるエリツィンの写真を起用した。

信じ難い話だが、ワシントンD.C.に位置する司法省ビル前に南北戦争で南軍の司令官及び、フリーメーソン33階級に所属したアルバート・パイクの像がある。これに対してファハランやジェシー・ジャクソンといった黒人リーダー達は不満に思わないのだろうか？　彼らは通常、政府の土地に建てられた記念碑の像に不満を持っている。彼らが沈黙し続けるのは、自分達も33階級に所属するフリーメーソン会員だからではないだろうか？　とにかく、司法省にあるアルバート・パイクの像の前に、双頭の鷲と三角形が刻印されたフリーメーソン33階級の旗を手に持っている正義の女神の像がある。

アンドロギュノスは両性具有者の雌雄同体のことで、双頭の鷲の元になっている。ユダヤ系カバラでは両性具有者の“半アダム半エヴァ”のゴーレムをAdam Kadmon（アダム・カドモン）と呼んでいる。正反対の性の統合はヘーゲルの哲学の一種であり、現在も多くの魔術師から崇拝の対象となっている。魔術会では太陽と月の統合（性行為）の意味として用いられ、その儀式では性行為が行われるのは一般的だ。

ローマ神話に登場する2つの顔（太陽と神の意味）を持つ神、ヤーヌスは目に見えぬ霊の世界の扉の“守護者”と言われていた。ヒスロップは自著『The tow Babylons（2つのバビロン）』でヤーヌスのことを“異教の神々の起源”と記している。双頭の鷲の前身はヤーヌスなのだろうか？

第13章

# アメリカ合衆国の国章と蛇の〝すべてお見通しの目〟の謎

この巨大な龍、すなわち、悪魔とか、サタンとか呼ばれ、全世界を惑わす年を経たへびは、地に投げ落され、その使たちも、もろともに投げ落された。

ヨハネの黙示録12章9節

エデンの園の偉大な蛇と主なる神は同一である。

ヘレナ・ブラヴァツキー著『Secret Doctrine（秘密の教義）』

アメリカ合衆国の国章、これは本当は何を意味しているのだろうか？　非常に興味深い。そして1ドル紙幣のすばらしい両面デバイスを設計し、目立つように刻印したのはいったい誰だろうか？　なぜ最も流通量の多い1ドル紙幣に芸術的な工夫がなされているのだろうか？

**謎の解説**

1ドル紙幣は一見してアメリカの歴史、政治、宗教、遺産と互換性がないように見える。エジプトのピラミッド、ラテン語の謎のフレーズ、太陽から放たれた光として刻印されているすべてお見通しの目等……いったい、アメリカとどんな関係があるというのか？

国章には2面があり、表面には、戦争に備えた鷲があり、その頭の上に星の星座が刻印されている。裏面はピラミッド、ラテン語で書かれた謎のフレーズ、すべてお見通しの目等、非常に神秘的である。なぜ国章に2面も？　実はこれは、〝暗殺のスタンプ〟である。公文書が本物であることを証明するために、国章の印鑑が押される。裏面に印鑑を押す必要はない！

国章の両面の謎の印は、大陸会議の時代から使われてきた。

1776年にアメリカの独立宣言が採択されて数時間後に、ベンジャミン・フランクリン、トーマス・ジェファーソンそしてジョン・アダムズを中心に構成された委員会で国章のデザインが採択された。国章デザイン作成のために招待されたデザインアーティストのピエール・ドゥ・シミテーレのデザインが採択された。しかし、大陸会議ではデザインはすぐに採択されなかったため、1782年にシンボルや紋章権威者のウィリアム・バートンと議会秘書のチャールズ・トンプソンを議会に招待し議論した上で、両面のある国章が正式に採択されることとなった。

## ハイム・ソロモンというロスチャイルド財閥の男

これらのことは当然、公式委員会で決まったものだ。ちょうどこの頃、フィラデルフィア在住でヨーロッパから来たハイム・ソロモンという男が噂になっていた。

この男はベンジャミン・フランクリン、トーマス・ジェファーソンそしてジョン・アダムズを中心に構成された委員会を密かに傍聴していたのだという。ヘイム・ソロモンという男は、ロスチャイルド財閥のユダヤ人銀行家で、アメリカでロスチャイルド財閥の代理人となるために渡米してきていた。

ソロモンはほとんどのアメリカ人議員を賄賂で支配下に置き、望むことをすべて実行できるほど絶対の権限を持っていたのだという。当然アメリカ国章のデザインにも関わり、ロスチャイルド財閥の望みであるイルミナティの紋章をアメリカ国章に印字することを望み、そうなるように働きかけた。

ロスチャイルド財閥のユダヤ系シオニスト達は旧約聖書と新約聖書の全能の神を崇拝する人々ではなく、サバチアン及びフランキスト（悪魔崇拝者）だった。彼らが建国しようとしていた（今もなお建国しようと企んでいる）のは世界でのユダヤ王国であった。この王国は古代バビロンと古代エジプトの後継となる。魔法と知性によって世界を征服する強豪国となる。現在のアメリカがその代行国だ。

アメリカはその分身となり、カバリスト達のユダヤ国家となる。中世の新エジプト、中世の帝国そして古代の太陽の神の子。新エルサレムのアメリカは旧エルサレムと団結してイルミナティの支配下に置かなければならない。

ロスチャイルド財閥のアメリカ代理人のヘイム・ソロモンは賄賂をまくには困らない額、数百万ドルもの莫大な資産を保有していた。その資産の大部分を望みを叶えるためにアメリカ議会へ提供した。その資金は、独立戦争に流れた分もあれば、議員のポケットマネーに流れた分もある。

反対勢力がいない中、ロスチャイルドが要求していたデザインをアメリカ国章に刻印することに成功したが、実際にはフリーメーソンとイルミナティの印を認識するごく少数の人々が激しく抵抗した。

ユダヤ人イルミナティから密かに〝アメリカ独立戦争の支援者〟と呼ばれているハイム・ソロモンに言及する歴史教科書は何冊か存在する。

最近になってようやく彼の正体を暴露する情報が拡散されてきた。一部のユダヤ系書物がイルミナティの〝壮大な成果〟について記しており、この銀行家のもう1つの一面について、そして彼がどれだけアメリカ独立戦争に貢献したかを記している。

イルミナティは最終的にハイム・ソロモンにスポットライトを当てることを企んでいる。書物やテレビでも取り上げ、ジョージ・ワシントン、ベンジャミン・フランクリンやトーマス・ジェファーソンと同等の歴史的なヒーローに仕立てているつもりだ。称賛の証として彼の銅像も立てられるだろう。その第一号は彼が生活したフィラデルフィアですでに立てられている。読者はいつかこの日が来ることを覚えておくがいい。

さて、ここからはその印が持つ難解な意味を解くことができるかどうか、アメリカ合衆国の国章を検証してみよう。よりわかりやすくするために、輝きを放って奥の基礎を見てみよう。イルミナティの印の秘密を暴露することは、アメリカの未来はもちろんのこと、人類の未来のために、極めて重要な情報となる。

## ピラミッドと切石積みの石

フリーメーソンとは、エジプト、バビロンそしてユダヤ人の独特な機関である。

ピラミッド自体は古代エジプトのファラオ王朝と神々が帰る場所である。そのピラミッドを構成する石自体に難解な意味が潜んでいる。フリーメーソン哲学では、無知な状態の人間は、本来の自然な状態であると伝授される。少し、またはまったく〝光〟のない状態、秘密に満ちた宗教から光で照らされない状態の人間は美にかける石と同等であると彼らは考える。しかし、一度悟りの光を照らされると、教育を受け、洗練され、そして規律と文化の人間に細工される。そして精神的にも洗練され、初めて美しく完成した〝切石積みの石〟となる。

多くの異教の宗教は〝不完全な石 vs 完全な切石積みの石〟について教えてきた。

特にフリーメーソンでは強く強調されてきた。ピラミッド建設に使われるのは、完全な切石積みの石のみ。細心の注意を払って欠陥を監視し、ラフ、または不完全な石を拒否する「ビルダー達」によって選別されて建てられたと言われている。

より完成度の高い石工が使われる理念がフリーメーソンでも反映され、New World Order（Novus

Ordo Seclorum）では彼らはロイヤルアーチの神殿建設ですべてお見通しの目を持つ秘密の神の監視役の「ビルダー」となる。その秘密の神の名前はJahbuhlun（ヤブロン）である。

ビルダー（完全な切石積みの石）はイルミナティとその部下達であり、その役目は世界の改築と復興（ペレストロイカまたはチックンオラム）を果たすことである。

だが新しい構築の前に古い構築を取り壊す必要がある。我々が今日暮らす文明はカオスによって取り壊され復興しなければならず「Ordo Ab Chaos（カオスの秩序）」を完成させる。

この野心的な目標が完成された時、その象徴はピラミッドのトップに設置される。石の中に生きている者たちが後の世界を支配するために表に現れる。フェニックス（サタンと彼の息子）は伝説の炎の鳥が生まれたばかりのように、破壊の炎から上昇する。

しかし現実にフェニックスは竜鳥及び飛蛇である。

ピラミッドという単語の意味は「火の中」意味しており、読者は今この瞬間、この単語はオカルト的な意味を持つ事実を知ったのだ。

## すべてお見通しの目に接続

ハイム・ソロモンの命令でベンジャミン・フランクリン及びトーマス・ジェファーソンはアメリカ国章にすべてお見通しの目を太陽の光に当てられた位置にデザインした。

エジプトでは長い間、太陽の神であるオシリスとその息子のホルスの目として崇拝される対象とされてきた。これ自体は間違っていないが、それ以上の意味が潜んでいる。

オシリスは太陽の神として崇拝されてきた。これについてアルバート・パイクはこう記している。
「太陽……我々のロッジではすべてお見通しの目である」
パイクがさらに言う。
「古代人にとって、ブレイジングスター（五角形の星）は全知の象徴であった。それはすべてお見通しの目であり、太陽の神の前身である」

フリーメーソン及びイルミナティとその服従者達は無数の神を崇拝の対象としており、太陽の神とされるオシリスとその息子のホルスも含まれる。
しかし、彼らはこの神々の裏に潜む神の正体を隠す。その神の正体を封印するために「太陽」「中央の太陽」「ヒラム アビフ」「アイン ソフ」等と呼んできた。また、宇宙の偉大な建築家の「アバドン」「マハボン」「ヤブロム」といった名前でも呼んできた。
イルミナティのエリートは表向きはパンテオンといった多くの神を崇拝するが、これらの神の名は彼らが崇拝するルシファーの表の顔に過ぎない。彼らにとっては真の神及び光の神である。アルバート・パイクは自著『Morals and Dogma（道徳的な教義）』で「疑ってはならない」と記している。

## 彼らの神は蛇

聖書を見ると、イザヤ書14章とヨハネの黙示録12章9節ではルシファーのことを〝巨大な龍〟として記しており、全世界を惑わす古代蛇、サタン、悪魔とも記している。

どんな名前で呼ばれようと、イルミナティ及びフリーメーソンが崇拝する神の正体は蛇である。実際にスコティッシュライトで公式に認められているレックス・ハッチェンズ著の『A Bridge to Light（光に通じる橋）』では「その聖霊の正体は国際エージェントである」と記している。その正体は「自分の尻尾に噛み付く蛇」に他ならない。これぞ、ウロボロスである。

思い出してほしい。

筆者が本書で紹介したマンリー・P・ポール、アルバート・パイク、アルベルト・マーキー等はフリーメーソンの教えの秘密の起源は古代バビロン、古代エジプト、古代ギリシャや古代ペルシャ等にあると自身の著書で共通して記している。地球の最古の時代について調べると、ジョージ・H・ペムバーはこんな声明を発表した。

「これらの謎の秘密は、サタンによる自分自身への崇拝であることに、疑う材料はほどんどない」

本書でもイルミナティとフリーメーソンの理念がユダヤ系カバラと関連している事実を知ることとなる。その他のオカルト団体や魔術等の理念も、ユダヤカバラに基づいている。ヘレナ・ブラヴァツキーは自著『Secret Doctrine（秘密の教義）』でサタンを〝全人類の先生〟として称賛している。「サタンは人類を神性と自由へ解放したとして崇拝されるべきである」と記している。

ブラヴァツキーがオカルトやイルミナティの教義についてどう述べたかよく聴くがいい。

「エデンの園の偉大な蛇と主なる神は同一である」

## 自分の身を食い尽くす

オカルトと異教研究家のバーバラ・ウオーカーはこう記している。

「死の神のオシリス、時には地下の世界の偉大な蛇として語られる。時には足の指が頭に当たるほど体を丸くする蛇としても語られていた」

書物に登場する蛇及びサタンは、死の神である。

その正体はオカルトの世界で足の指が頭に当たる形で描かれることが多い。簡単に説明すると、〝自分の身を食い尽くす！〟これは全能の神を挑発し、敵と見なして宣戦布告をする人間に起こることだ。〝自分の尻尾に噛み付き〟結果的には自分の身を滅ぼすのである。

## ウロボロス

自分の尻尾に噛み付く蛇であるオロボスは本書『CODEX MAGICA』の表紙にデザインされている。イルミナティがこの生き物を崇拝の対象としている事実を暴露するために書いた本だからである。しかし、この事実が人類にとってはどれほど危険なのか、ほどんどの人は認識していない。

イルミナティ及びフリーメーソンのエリート達は政治、金融、技術そして社会を支配するほどの絶大な権力を手に入れたが、彼らは単に宗教的ではなく、彼らはサタニストであり、そして崇拝する対象が悪魔である事実は恐ろしいのではないだろうか？
イルミナティの理念は破滅そのものだ。
第2章で詳しく述べたが、蛇の代理人である彼らは人格障害者であり、人類にとっては危険極まりない連中である。だが最も危険なのは、彼らに無知な状態でいる数十億人にものぼる人類だ。なぜなら、これらの人々が蛇の嘘に騙されて破滅した場合、それは全人類にとって永遠に取り返しのつかない損失を被る結果を招くからである。

自著『Occult Geometry（オカルトの幾何学）』でA・S・ローリーはこのサークル印を検証してこう記している。
「サークルの1つの形態は、口に自分の尻尾を持つ蛇である……統一に向かうという意味……真のサークルは進化を象徴……蛇のサークルの退縮……そのパワーは多様性の統一をもたらす……だから蛇のサークルがどんな場合でも破滅の象徴に変わりはない」

本章で1915年にユダヤ新年に出回ったユダヤ人アーティストの作品であるポストカードの写真を目にすることになるが、世界を征服しているウロボスの蛇（サタン）がデザインされている。これのどこがHappy New Yearなんだい？
筆者が何度も証明してきたように、イルミナティの宗教的理念と大量虐殺を切り離して語ることができない。
その狂信は、彼らの〝先生〟であるサタンから影響を受けたものであり、ユダヤ系カバラで反聖書の理念を徹底して教えられる。反聖書理念では、蛇は重要な鍵を握り、〝知恵の蛇〟として崇拝の対象とされている。世界とイルミナティの運命は知恵の蛇が握っていると言われている。

（左）このタバコメーカーの広告には3つの印が確認できる。1.すべてお見通しの目、2.永遠の印、8の字が側に横たわっている姿に似ている。3.罪深い三位一体を示すポイント。
（右）犯罪防止NPO団体のガーディアン・エンジェルスのニューヨーク支部は天使の翼を持つピラミッドの頂点に位置するすべてお見通しの目（プロビデンスの目）のシンボルマークを採用している。書かれているメッセージは“We are Watching”（我々は見ている）。

パリの国立博物館に保存されているReason（La Raison）はダルシスによる版画。血の霊を捕獲するように言われ、フランス革命でイルミナティに大きな影響を与えた。この作品で明らかに確認できるのは父なるルシファー（Lion）、母（女神）とその息子（すべてお見通しの目）で構成された三位一体の神である。

ロバート・レイチェマンM.Dとカール・ジャピクセーの共著『Active Meditation（アクティブな瞑想）』から引用したこの写真にはヘルメス主義の僧侶が手に太陽の形をしたディスクを持ち、その中にはすべてお見通しの目が印字されている十字架がある。

ケーブルTVのTCL（The Learning Channel）の奇妙な広告。この男性のタトゥーは本物だ。すべてお見通しの目が刻印されている位置にはヒンドゥー教で"ajna center"と呼ばれている場所である。その場所は眉の上の額の中間点に位置する。

## A History of the World

冒険家のウォルター・ローリーは洗練された廷臣で、かなりの文学成果を残した人物である。彼が書いた詩の多くは失われていたが、いくつかの印象的な散文作品が残っている。その野心的な作品の１つは1607年から1614年の間に死刑判決を受け、監禁された獄中で書かれたとされる『The History of the World（世界の歴史）』である。ローリーの名前は初版（上記）の精巧に刻まれた表紙に表示されていないが、原作者であることに疑いはない。この本は直ちにイングランド王ジェームズ１世により出版禁止令が出された。ローリーは序盤の章で旧約聖書の国際年表を並べて、イングランドの歴史は世界の他の地域と関連しているかのように、彼自身の時代に話を持ち出した。一番古い部分では紀元前130年に起きたマケドニアの崩壊についてだけ記した。ジェームズ１世の不満はアッシリアの伝説の女王のセミラミスの描写がエリザベス１世の貢物とされたことと、女々しい後継者のニヌスに対するお世辞としか思えない絵が原因で起きた。

ウォルター・ローリーの『The History of the World（世界の歴史）』でこのイラストを表紙にデザインしている。当時のイングランド王ジェームズ１世が出版禁止令を出した理由は、あまりにも多くの秘密を暴露しているからに他ならない。表向きはバビロニア女王セミラミスと女々しい息子ニヌスの描写のために書いたことになっているが、ここに示されているアートワークは両性具有の神のアンドロギュノスを含む、あまりにも多くのオカルト的秘密を明らかにしている。アンドロギュノスは、すべてお見通しの目を頂点に持つ地球儀を持っている。

1890年頃のUnited Mineの鉱山労働者の結束のポスター。２人鉱山労働者がすべてのお見通しの目が見守るなか、メーソン式握手を交わしている。アメリカとヨーロッパのほとんどの財団や団体はユダヤ系カバラに基づいてフリーメーソンやその他のオカルト団体によって設立されている。

ほとんどのメダルや紋章バッジはどこかにすべてお見通しの目が彫刻されている。ジョージ・ウィーザーによる版画「枯れ神の男」（1635年）の足の下に太陽の神（ルシファー）が彫刻されている。

NASAの宇宙望遠鏡はすべてお見通しの目が写るように撮った。この写真は1997年4月発売の「ナショナルジオグラフィック」の表紙である。

パリ出身のサタニスト詩人エリファス・レヴィの著書『Transcendental Magic（超越の魔法）』はフリーメーソンロッジや儀式に基づいている。ウロボロスの蛇を卵の形でデザインしており、ダビデの星やルシファーの古代の印等がデザインされている。12章で詳しく解説した双頭の鷲の哲学“上のものは下へ”もしっかりイラストに含まれている。

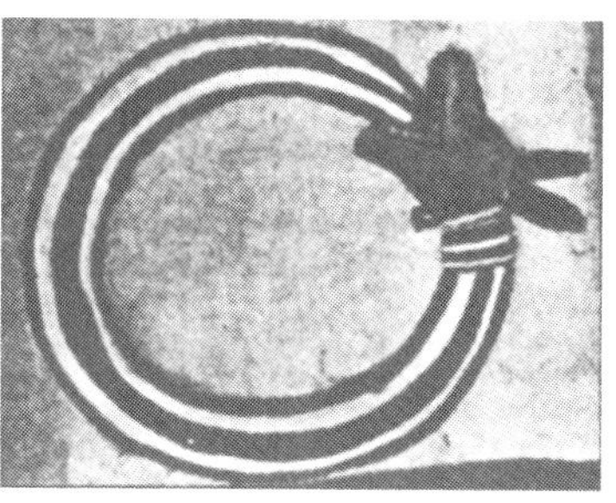

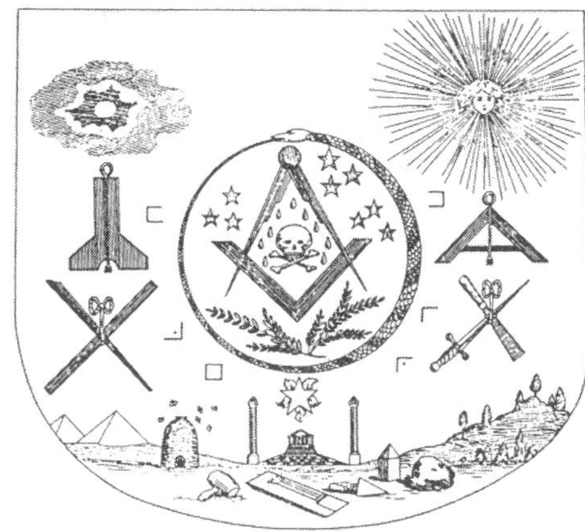

自分の尻尾に噛み付くウロボロスの３つのイラスト。
左上は1618年に出版された『Atlanta Fugiens（アトランタの避難）』のイラスト。
右上のウロボロスのイラストはアフリカ西部のダホメ王国のもの。
左下はフリーメーソンのエプロン。ウロボロスの蛇、五芒星、頭蓋骨と骨（スカル＆ボーンズ）、ピラミッド、マレットやＸの字を含むオカルトシンボルがずらりと描かれている。

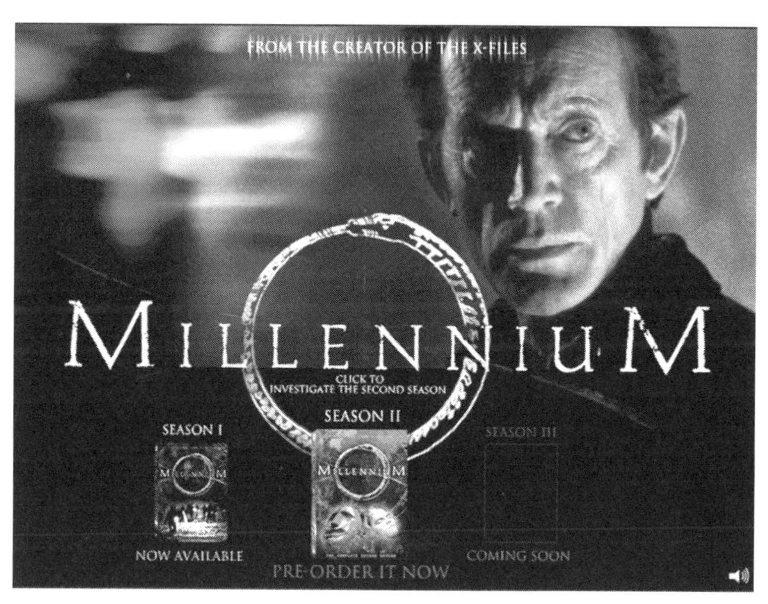


Fox-TV network の人気シリーズの「Millennium」は67個ものエピソードがある。その意味を一度も説明をしたことがないにもかかわらず、ロゴにはウロボロスの蛇が採用されている。

薔薇十字団の錬金術のイラストには十字架にかけられた蛇が描かれている。これは錬金術で用いられる水銀の哲学。キリスト教の十字架と誤解されがちだが、これはTau（ギリシャ文字）である。カルバリの十字架をよく見ると、蛇は鏡を見るかのように後ろを振り返っている。

Austin American-Statesman

# Black Crowes dive into reviving careers

**Album review**

**The Black Crowes**
**'Three Snakes and One Charm'**
(American Recordings)
★★★

**By Chris Riemenschneider**
American-Statesman Staff

Don't count the Black Crowes out just yet. After tripping disasterously while trying to run over new territory on last year's "amorica," then proving to be a mess of a live act on the '95 H.O.R.D.E. Festival, it seemed the group was forever entombed to classic rock status only five years after releasing its smash debut.

The Crowes readily bounce back with their fourth album, "Three Snakes and One Charm." Granted, the group's leaders Chris and Rich Robinson have returned to blatantly rehashing age-old rock bravado, but at least here they go beyond the Jagger/Richards camp to album-oriented rock's other songwriting team, Page/Plant.

Just like Stones licks hadn't sounded as good in a long time as they did on the Crowes second album, "The Southern Harmony and Musical Companion," it's been too long since Zeppelin riffs have reverberated as strongly as they do in such sure-to-please rock-fit (at least in the studio) than to any songwriting genius it may lack. Chris Robinson's ragged, soulful vocals have never sounded as good as they do on "Three Snakes," and the guitar work of Rich and fellow riffman Marc Ford in "Nebakanezer" or "Blackberry" is pure, ecstatic bliss.

Best of all, though, is the fact that the group sounds more inspired by what it's doing here than it has since its debut album. "Good Friday," the first single from this album, plus "Under a Mountain" and "Better When You're Not Alone" again show them as a great, great band. And if they're nothing more, that's still something the rock world can always use.

■

Other albums released today include Alice in Chains' "MTV Un-

**The Black Crowes bounce back from last year's disasterous 'amorica' with the release of their fourth album, 'Three Snakes and One Charm.'**

1996年に「The Black Crowes」というロックグループが発売したアルバムの表紙にデザインしたもの。アルバムとタイトルは「Three Snakes and One Charm」（3つの蛇と1つのお守り）。

エジプトの古代宗教のイラスト。このパピルスの絵には罪深い三位一体の神が描かれている。座っているのは父なる神のオシリス。その後ろにいるのは母なる女神のイシスとその息子のホルス。蛇は三位一体の焦点となる。蛇は女神の頭として表現され、その手には破滅の兵器を持っている。

In 1976, prosecutors tore Patty Hearst's credibility to shreds. A new case against her SLA partners rests on rehabilitating it.

# From Villain to Victim

BY MARK MILLER

SHE WAS THE SPOILED rich kid who unaccountably helped her own kidnappers wage a campaign of robbery and wanton violence, a reckless debutante with an extreme case of radical chic. And when she went on trial for taking part in a 1974 San Francisco bank robbery, Patty Hearst's attempts to explain it away were shredded by prosecutors and rejected by the jury: she was convicted and served nearly two years in jail.

Twenty-five years later, Hearst has undergone a transformation from leftist wanna-be to earnest victim. Now 47 and the mother of two daughters, Hearst has established a modestly successful acting career and last year won a full pardon from Bill Clinton. Soon her rehabilitation will be complete—when she appears in a California courtroom to testify against four of her old comrades from the Symbionese Liberation Army who will be on trial for murder, in a case that will hinge largely on her credibility.

REBEL: Hearst, shown here in 1974, says the four engaged in 'jihad' against the U.S.

The defendants are Emily Harris, William Harris, Sara Jane Olson and Michael Bortin, all of whom allegedly took part in a 1975 bank holdup in Carmichael, Calif., in which a customer, Myrna Opsahl, was shot and killed. All four are expected to plead not guilty. Because the Carmichael robbers wore ski masks, the prosecution will rely on Hearst to prove that the defendants were there. Hearst, who had become an SLA member calling herself "Tania," has admitted taking part in the heist, although she says she was only driving a getaway car. In her version, Emily, Olson and Bortin were inside the bank and William was stationed outside with another SLA member, Steven Soliah. Hearst says Emily directed the stickup and that Emily, carrying a shotgun with a finicky trigger, later said she shot Opsahl by accident.

The question now is whether Hearst, with her admitted involvement in the SLA's campaign of armed violence, will be a credible witness. The Carmichael case has been gathering dust for 20 years precisely because prosecutors thought her testimony was unreliable. In her book and at her trial in 1976, Hearst said she became an SLA member under duress because she was beaten and raped while imprisoned for months in a closet in an SLA safe house. Prosecutors didn't buy it, and neither did the jury that convicted her. James L. Browning, the former federal prosecutor who tried Hearst, says, "It was pretty plain from the evidence that she did everything voluntarily. That's the way I feel about it, and probably her testimony [in the new case] is going to be somewhat suspect."

William Harris, now in jail, told NEWSWEEK two years ago that Hearst was never tortured, raped or coerced. In retrospect, Harris said he thought Hearst's conversion to the SLA cause was a prime example of Stockholm syndrome, in which hostages come to identify with their captors. "We're accused of brainwashing her," Harris said. "That's ridiculous—we didn't know how to do that." He said gang members were "infatuated with the political theater" of Hearst's transformation and that no one understood the psychological dynamic between the prisoner and her captors. "It was beyond our control and hers," he said. "We were all swept up in the thing."

Now they loathe each other. In a recent interview on CNN, Hearst compared the SLA members to Timothy McVeigh and Charles Manson and said they were conducting "their own little jihad" against the United States. Stuart Hanlon, the San Francisco attorney who is representing Emily Harris, says Hearst's performance was a disingenuous attempt to portray herself as a victim. "She has continually used her money, her position, to try to rewrite history," Hanlon said. "She took no responsibility for anything she ever did."

Hearst's attorney did not respond to NEWSWEEK's request for comment. But Michael Latin, the assistant district attorney who prosecuted Olson in a separate case, says he thinks Hearst will be very effective on the stand. For one thing, her credibility problems have diminished over the years—and in this case, unlike her own trial, she does not need to persuade the jurors she is innocent. "She knows the truth and she is willing to tell the truth," Latin says. "That is really all that is required." Because California had no death penalty when the crime was committed, the defendants will not face execution if convicted. But they could spend the rest of their lives in prison if the jury believes the woman they called Tania. ■

FEBRUARY 4, 2002 NEWSWEEK 29

パティ・ハーストは1974年にSLA（シンバイオニーズ解放軍）のメンバーに誘拐され、SLAはハーストのこの写真を公開し、どういうわけか彼女はそのメンバー達と共に悪事を働いていたらしい。後に陰謀研究家によってSLAは裏で密かにFBIから資金援助を受け秘密に設立された団体であることが発覚した。（写真は2002年2月4日発売の「ニューズウィーク」の記事より引用）

クラウンロイヤルウィスキーの広告。緋色の冠、ガラス瓶にはダイヤモンド形、そしてSの字（SatanのS⁉）にガラス瓶に巻きつく邪悪の蛇。「Tempted？（誘惑？）」という質問があり、その下のフレーズは“Enjoy our quality responsibly”（当社の責任と品質を楽しんでください）と記されている。地獄的なギャグにしか聞こえない……。
クラウンロイヤルウィスキーはシーグラム＆サンズという世界最大の蒸留所で製造されている。シーグラム社の所有権はカナダのユダヤ系財閥ブロンフマンにある。サミュエル・ブロンフマンは名誉毀損防止同盟（ADL）ともつながっており、世界ユダヤ人会議の議長をも務めた。

竜はもちろん、蛇の形をした神。ヨハネの黙示録では竜及び古き蛇として記している。竜を拝んで敬意を払う人のために、このカタログはピラミッドコレクション、リング、ペンダントや宝石類のアイテムを提供している。

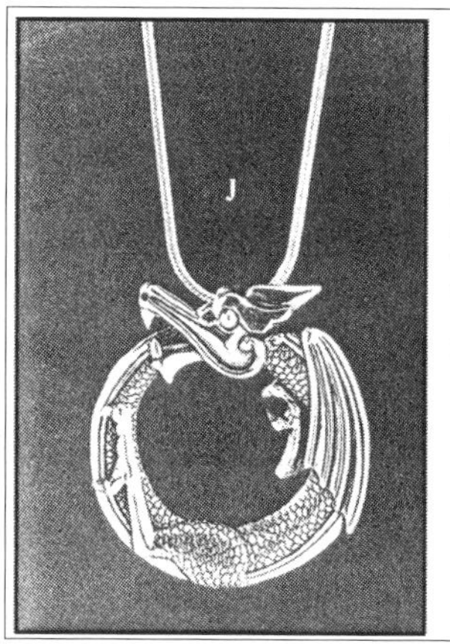


J. From Page to Pendant

**Exclusive!** Artisan Stephen Harris is one of the foremost translators of Celtic art into contemporary jewelry—demonstrated in this antiqued sterling silver pendant, crafted in a design familiar to admirers of the illuminated *Book of Kells*. 1½" diam.

**P14-752** Dragon Circle Pendant **$49.95**

**P150-068** 18" Sterling Figaro Chain **$14.95**

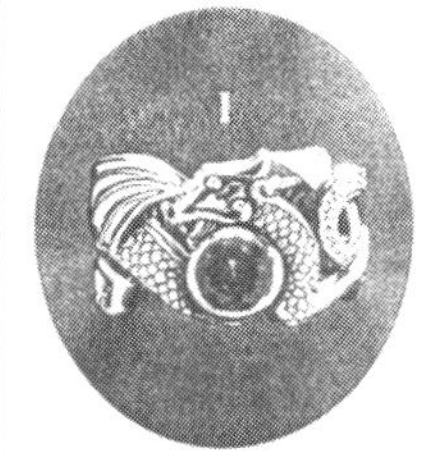


I. The Dragon of Cymru

As descendants of the ancient Celtic tribes of Cymru (*Chim*-ree), the Welsh immortalize the dragon as a symbol of national unity—depicted on their flag, as well as in the casting of this garnet-centered, antiqued sterling silver ring by designer/artisan Stephen Harris. For men and women. Whole sizes 6–12.

**P11-750** Garnet Dragon Ring **$39.95**

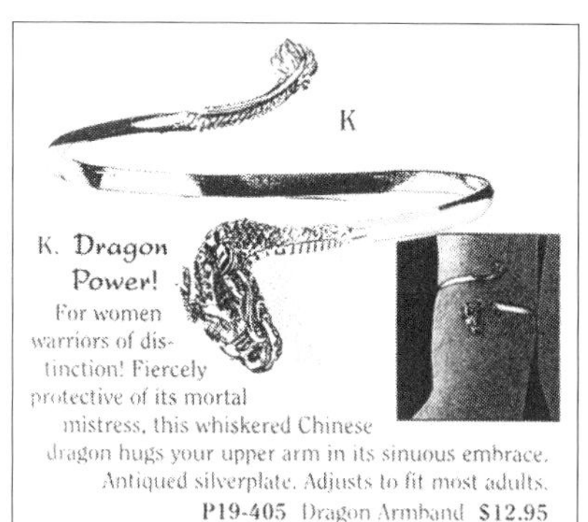

K
K. Dragon Power!
For women warriors of distinction! Fiercely protective of its mortal mistress, this whiskered Chinese dragon hugs your upper arm in its sinuous embrace. Antiqued silverplate. Adjusts to fit most adults.
P19-405 Dragon Armband $12.95

ヒスロップ著『The Tow Babilons（2つのバビロン）』に登場するイルミナティの蛇。
“原始世界の神話で蛇は、太陽のシンボルとして普遍していた……太陽は地球に光を当てる役割をしているため、蛇は霊の光を当てる役割を果たした。こうして人類は善悪を区別できるようになった”

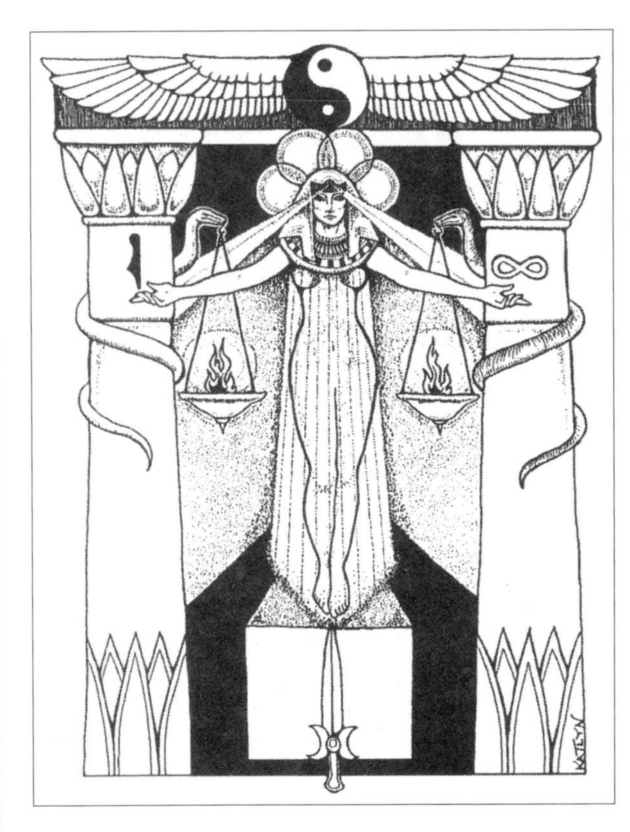

魔法についての出版物、『New Moon Rising』の図版。頭上に位置する陰陽の黒色の部分はSの字のように描かれており、白は黒で黒は白になっている。そしてベールを冠った神の両サイドには互いに顔を合わせる2匹の蛇が確認できる。ここで再び反対勢力の統合というオカルトの原則を目にすることとなった。オカルトの邪悪な印に専念するなら、筆者は60時間以上にも及ぶ講演を開催するほどのネタを持っている。

蛇は長い間神話と関連してきた。右のイラストはギリシャ神話に登場する髪の毛が蛇とコブラでできているメドゥーサ。コブラが古代エジプトでは宗教の象徴そして崇拝の対象とされてきた。（イラストはワンダ・マールズ著『New Age Lies to Women（新時代は女性を欺く）』より引用）

Egyptian Symbol For Cosmic Consciousness

エンターテイナーのブリトニー・スピアーズは彼女の曲のプロモーションビデオで真っ白な錦蛇を担ぐ。“純粋” な白色の蛇を使用する場合は良い魔法を行うためだと考える人がいるようだが、まったくの誤解である。悪魔崇拝者は他の方法を認識している。Temple of Set のリーダー的な祭司のマイケル・アッキーノは「オプラ・ウィンフリー・ショー」というトーク番組に出演した際「黒魔術と白魔術に区別はない。魔術は魔術だ！」と断言した。(写真は2001年12月19日発売の新聞「The Tennessean」の3ページより引用)

ギリシャで発売されたこの本はシオニストメーソンの描く世界をデザインしている。著者はイルミナティ及びウロボロスの蛇の世界に対する理解を著書で示している。

ウロボロスは体を丸くして自分の尻尾に噛み付く蛇である。1597年にホラポロが出版した著書『Hieroglyphica（ヒエログリュピカ）』にデザインされている。太陽と月はイルミナティの哲学である反対勢力との争いを示す。

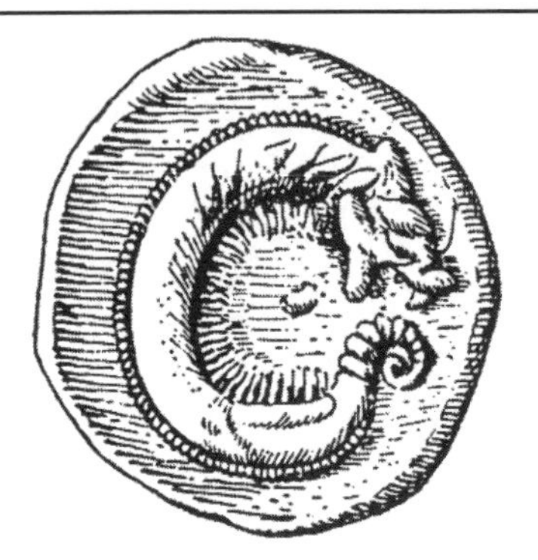

ボヘミアの古代ケルトの２つの硬貨には、（紀元前の最初か２番目の世紀）竜と蛇が彫刻されている。左の硬貨には自分の尻尾に噛み付こうとするウロボロス（竜）が彫刻されている。右の硬貨には体を丸めた角と耳の生えている蛇が彫刻されている。この２つの硬貨が意味することとは、謎に包まれた宗教で蛇に対する密かな崇拝である。今日に復活した古代の謎に包まれた宗教は、蛇への忠実心を強調する。

１米ドル紙幣に刻まれたピラミッドの頂点にすべてお見通しの目が刻まれている。これは古代エジプト神話に登場する太陽の神のオシリスを意味している。ピラミッドの下にはラテン語で「Novus Ordo Seclorum（New World Order)」と書かれており、未完成のピラミッドの割れている２つの舌につながっている。ラテン語で書かれた“Annuit Coeptis”の意味は「肯定の意思を示す」。つまり、“我々の味方である”ことを示している。アメリカ国章の表面（裏面）に刻まれているこの奇妙なメッセージは１米ドル紙幣の表面にも刻まれていることを知ることが重要だ。だが、なぜ、アメリカ国章には“暗殺のスタンプ”を裏側に必要とするのだろうか？　そしてなぜ、国章の裏面は1935年までに一般に知られていなかったのだろうか？　この年の大統領は、フリーメーソンの32階級に所属していたフランクリン・ルーズベルトだった。彼は国章のデザインを１米ドル紙幣の表面にデザインするように命令した。それまでは150年もの間、イルミナティ関係者以外はすべてお見通しの目と太陽の神の印であるピラミッドがサタンのこの印であることを知ることはなかった。来るべき未来のために、長い間封印されていたのだろう。未完成のピラミッドはビルダー（職人）達が神によって混乱させられたバベルの塔を再建設している象徴を意味する。ここで再びバベルの塔の再建設の象徴を目にすることができた。だが、ここでは違うことを象徴している。それは、一時的にこの世界の支配者となるサタンの王国（New Word Order）を建設しているということだ。世界をグローバル化するビッグブラザーシステムがその事実を物語っている。

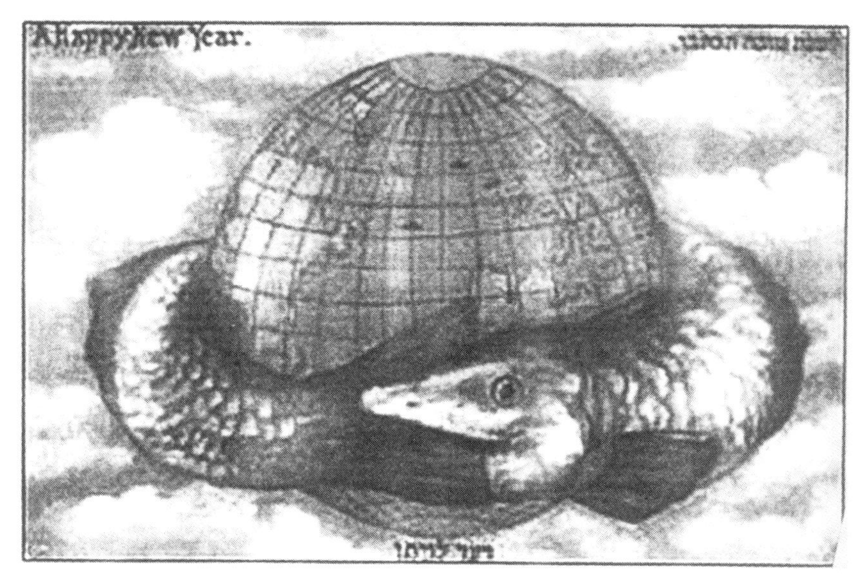


この年賀状は、1915年にユダヤ新年に出回ったユダヤ人アーティストのアライン・ロスの作品である。このはがきのイラストは長い論争の中で発見された「シオン賢者の議定書」をイメージできる。ユダヤ系シオニストの陰謀は、自分の尻尾に噛み付く蛇が世界を丸めることを明確にしている！　この解説が正しいものであることを強調しているかのように、このユダヤ人新年のはがきの下部に書かれているヘブライ語は“Leviathan（リヴァイアサン、怪獣）”。イザヤ書27章には Leviathan の正体は蛇及びサタンであると記している。Happy New Year に納得がいく！

生と死のアイオンサークルと関連しているウロボロスの蛇。（イラストのはデイビット・フニーンの著書『Cydonia: The Secret Chronicles of Mars（火星の秘密の表記、シドニア）』より引用）

世界屈指の陰謀研究家のフリッツ・スプリングマイヤーはイルミナティのシンボルであるウロボロスの蛇がオレゴン州のポートランド市の国立図書館のロゴに使われている事実を突き止めた。（イラストは1993年10月15日発売の『Newsletter From A Christian Ministry』より引用）

イルミナティの概念である未完成のピラミッド（頂点がまだ統合されていない）が、明らかに意図されている。この写真は1999年にアメリカ法曹協会（ABA）で行われた年次大会の様子。会長のフィリップ・アンダーソン（左）、クリントン政権で合衆国司法長官のジャネット・レノ（中央）と当時の大統領のビル・クリントン。立っているこの3人を注意深く観察すると、それぞれの顔と体は三位一体を構成しているように見せかけている。彼らの背後にはイルミナティの未完成のピラミッドであるABAのロゴが配置されている。(写真は1999年8月10日発売の「USA Today」の8ページより引用)

『Herder Dictionary of Symbols（ヘルダーの印の辞書）』を見ると2種類の異なる“統合した三位一体”が確認できる。左のイラストは薔薇十字団の紋章で、右は錬金術師のバレンティームのイラストの「Duodecim Claves（12のクラベス）」（1678年）である。

第14章

# 奴隷よ黙れ！　じゃないと喉から耳まで切り裂いていく！

喉を切り裂かれ、舌を根元から切り裂かれる。故意に1階級の義務に違反した時、この処罰を受ける身となる。

フリーメーソン1階級の儀式の誓い

さて、わたしの兄弟たちよ。何はともあれ、誓いをしてはならない。天をさしても、地をさしても、あるいは、そのほかのどんな誓いによっても、いっさい誓ってはならない。

ヤコブの手紙5章12節

フリーメーソンの儀式で重要とされてるのは、会員が秘密漏洩や裏切り行為を行った場合、とてつもない恐ろしい処罰を受ける覚悟の誓いである。

例えば1階級の儀式では会員はこんな誓いをさせられる。
「喉を切り裂かれ、舌を根元から切り裂かれ、そして24時間でて低潮が2回も干満する荒れた海の砂浜に体を埋められる。故意に1階級の義務に違反した時、この処罰を受ける身となる」
フリーメーソン2階級では、以下の凶悪な誓いを暗唱させられる。
「胸を引き裂かれ、えぐり出された心臓は空のものを食い尽くす禿鷹の餌食にするために、神殿の頂点に置かれる。故意に2階級の義務に違反した時、この処罰を受ける身となる」
3階級の誓いはこうだ。
「2つに切断された体から腸がえぐり出され、灰に焼かれ、風によってその煙は空へ飛び散る。故意に3階級の義務に違反した記録を残さぬよう、この処罰を受ける身となる」
これで終わりではない。
ヨークライトの4階級（著名な親方）の儀式では、秘密漏洩した会員の耳が切り裂かれることを聞かされる。
5階級の不運な入会候補者は以下のことに同意させられる。
「後に単語の発音ができぬよう、舌を先端から根まで切り裂かれる処罰（今までの処罰に加え）を受ける身となる」

142 RICHARDSON'S MONITOR OF FREE-MASONRY.

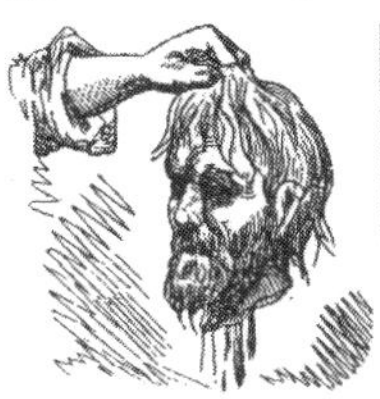

MASTER'S ELECT OF NINE.

Some of the Societies call this degree "Elected Knights of Nine," but we have given its original name according to the French Rituals. It is founded on the award of punishment to the principal murderer of Hiram Abiff. After that murder was perpetrated, a great assembly of Masters was convened to take measures to apprehend the murderers. A stranger came and disclosed the fact that he had discovered a person concealed in a cave near Joppa, who answered the description of one of the supposed murderers. Solomon appointed nine Masters to proceed to the spot with the stranger as guide. On their way, Joabert, one of the nine, learned from the guide the location of the cavern, and he made his way there apart from the rest, where, by the light of a lamp, he discovered the murderer fast asleep, with a poinard at his feet. He took the poinard and stabbed him, first in the head, and then in the heart. The villain exclaimed, "Vengeance is taken!" and then expired. Joabert then cut off the murderer's head, and, taking it in his hand, and the bloody knife in the other, returned to Jerusalem with his companions. Solomon was at first offended at this summary vengeance, but at the intercession of the others he became reconciled.

The meeting is called a Chapter, and represents the audience chamber of King Solomon, hung with red and white hangings—the red representing flames. There is a group of nine lights in the east, and one in the west.

Master (representing King Solomon, and dressed in royal robes) sits in the east before a table covered with black, and is styled Most Potent.

There is only one Warden, who represents Stolkyn, and is called the Inspector, he sits in the west, with seven brethren around him.

Grand Marshal sits in the north.

The Inspector and brethren are dressed in black robes, and with their hats flapped. They wear white aprons sprinkled with blood red, and lined and bordered with black; on the flap of the apron a bloody arm, holding a dagger, and on the apron a bloody arm holding a bloody head by the hair. They also wear scarfs of wide black ribbon from the left shoulder to the right hip, with four rosettes near the extremity in front, four behind, and one at the bottom, to which is attached the Jewel of the Order, viz., a gold-handled dagger, with silver blade.

The brethren sit with knees crossed, and lean their heads on their right hands.

Most Potent Master raps seven, when the Grand Marshal rises.

Master—Brother Grand Marshal, are we all Masters Elect?

Marshal—We are, Most Potent.

Master—Your place in the Chapter?

Marshal—In the north.

Master—Your business there?

Marshal—To see that the Chapter is duly guarded.

Master—Please to inform the Sentinel that we are about to open a Chapter of Masters Elect, and charge him to keep guard accordingly.

Marshal goes to the door, informs the Sentinel, and returns to his post.

Master raps eight, and Inspector rises.

Master—Brother Stolkyn, are you a Master Elect?

Inspector—One cavern received me, one lamp gave me light, and one fountain refreshed me.

Master—What is the hour?

Inspector—Break of day.

Master raps eight and one, and the companions all rise.

Master—If it is break of day, it is time to open a Chapter of Masters Elect. Brother Stolkyn, you will inform the companions that we are about to open a Chapter of Masters Elect of Nine, for the dispatch of business, and I will thank them for their assistance.

Inspector repeats this order, when the brethren give the signs up to and including those of this degree, hereafter described.

Master raps eight and one, which is repeated by the Inspector and Marshal, and all the companions clap eight and one with their hands, when the Master declares the Chapter duly open.

THE INEFFABLE DEGREES: MASTER ELECT OF NINE. 143

If a candidate is to be admitted, he is prepared in an outer room by one of the companions, who is detailed as Master of Ceremonies, and who hoodwinks him, conducts him to the door of the Chapter, and raps eight and one.

Inspector raps the same from the inside, and demands—Who comes there?

Master of Ceremonies—A companion, who is desirous of going in search of the assassins of Hiram Abiff.

Inspector opens the door, and the candidate is led in and placed in the west behind the Inspector's seat.

Master to candidate—What do you desire of us?

Candidate—To be installed as a Master Elect, and avenge the death of our late Grand Master, Hiram Abiff.

Master—Have you the courage to revenge his death?

Candidate—I have.

Master—Then you shall have the opportunity.

Candidate—I am ready.

Master—You shall now be shown the place where one of the murderers lies concealed: a stranger has discovered it to me, and if you have the resolution, follow the stranger.

Candidate—I will follow.

Master of Ceremonies leads candidate out, and through several passages, or rough roads, and then into a room lighted by a single taper, seats him on a block, representing a stone, and says—I am now going to leave you: after I have gone you can remove the bandage from your eyes and drink some water from the spring to refresh yourself after so fatiguing a journey.

Candidate removes the bandage, and discovers a basin of water with a tumbler beside it. He is also astonished to see a human head lying on the floor, and a bloody knife, or poinard, beside it. The Master of Ceremonies returns and directs candidate to take up the knife in his right hand and the head in his left.

Candidate takes them and (under instruction) goes to the door of the Chapter and raps eight and one.

Master of Ceremonies (who has gone in, and raps eight and one from inside)—Who comes there—what do you want?

Candidate—An Intendant of the Building, who desires to enter this Chapter of Masters Elect of Nine.

Master of Ceremonies—By what right do you claim this privilege?

リチャードソンモニターの書の142～143ページには、フリーメーソンや関連の秘密結社のエリートが秘密漏洩をした時、血まみれになる恐ろしい処罰が記されている。“奴隷よ黙れ！”はこの地上でサタンに服従するしもべのための宣伝文句であることは確か。

ヨークライトの6階級（最優秀の親方）ではこんな恐ろしい処罰を聞かされる

「切り裂かれた体から心臓と肝腎をえぐり出され、腐敗化させられる処罰を受ける身となる」

聖書に記されている我々の神であるイエス・キリストが自分の弟子や信者に対して誓いを立ててはならないと命じたのは不思議ではない（マタイの福音書5章34～37節）。ヤコブ5章12節を見ると、〝天をさしても、地をさしても、あるいは、そのほかのどんな誓いによっても、いっさい誓ってはならない〟と記している。筆者はクリスチャンと自称して騙すメーソン達がこの御言葉を用いて教会で踊る姿を見てみたいもんだ。

## 沈黙のサイン

イルミナティのエリートは何かについて沈黙する必要がある時に知らせるサインを用いる。ヨークライトの1階級ではそのサインを〝Dueguard〟(最終防衛)と呼び、右手の人差し指を唇に置いて行う。

リチャードソンモニターの書はこのサインの解説を〝引き続き沈黙を保つように要望する時〟と説明が記されている。

4階級(秘密な親方)の儀式では昇進した会員は2つの指を唇に当て、そして彼が果たす義務は〝今までの階級の処罰を受ける身となることを思い出し、これまでの義務やエルサレムの王子の義務を密かに楽しめ〟と聞かされる。

ヨークライトの5階級(巨匠の親方)の儀式では、再び沈黙を保つ警告を示すために親指を口に当て〝処罰の Dueguard〟のサインを行う。

## 処罰の減刑化⁉

４階級（秘密な親方）の儀式では、入会候補者は２つの指を唇に当て自分の義務を“密かに楽しむ”と述べる。（リチャードソンモニターの書133ページ）

ヨークライトの５階級（巨匠の親方）では右手の親指を口に当て、会員は絶対に秘密漏洩をしないと誓いをさせられる。（ダンカンモニターの書３ページと189ページ）

ロイヤルのマスター階級（親方）の儀式では人差し指を唇に当て、仲間に沈黙を保つように呼びかける。（リチャードソンモニターの書81ページ）

ここ数年フリーメーソンや関連の秘密結社の秘密が世界中の数百万人のもフリーメーソン会員が名乗り出て、恐ろしく冷血の誓いを撮影して暴露し、筆者やその他勇気ある作家によってそれが表に出たため、拡散されてきた。この結果を見ると、ロッジの儀式で教えられる処罰は減刑化されていると筆者は理解した。その一方、今まで儀式で使われてきた恐ろしい単語やフレーズの一部が使われなくなった。

２００１年６月に発売された「スコティッシュライトジャーナル」を見ると、33階級所属のフレッド・クラインクネヒトはアルバート・パイクが独自で改正した新基準の儀式があると説明している。

クラインクネヒトによると、上のイラストは19世紀にパイクの独自基準によって改正された7階級と27階級の儀式のサインある。

批判者のためにも、改正された儀式を記しておこう。

これで確実に言えるのは儀式の改正によって処罰が減刑化されたということだ。減刑化によって既存の会員が秘密の厳守を保つモチベーションやエリートのステータスを失なわないモチベーションを上げる効果がある。また時々秘密漏洩をするメンバーの暗殺を防止する効果もある。

それにしてもフリーメーソンがいまだに恥ずかしく、恐ろしい儀式を行う事実は興味深い。それと、モルモン教の教会で行われるフリーメーソンから引用された儀式はやや骨抜きにされてきた。

## 沈黙のサインの起源

フリーメーソン会員が行う恐ろしい秘密のサインの起源は古代異教にある。古代ギリシャ、古代エジプト、古代ローマや古代バビロンの異教の秘密を漏洩した者は舌を切り裂かれたり、または自分の資産や命で償うことを強いられた。それほど古代の人々にとっては異教の秘密は重要なものであった。エジプト人とローマ人は沈黙の神及び太陽の神とされるハルポクラテースを崇拝の対象としていた。ハルポクラテースは自分の母の乳を吸ってる姿で描かれた。後にカトリック教会はマリアが子供を抱いている姿の像を採用した。また、ハルポクラテースはパワーの印として裸や角の生えた状態で描かれた。またハルポクラテースは蓮の花に座っている姿でも描かれた。蓮の花は、女性の膣の印である。

アメリカ建国に関わったベンジャミン・フランクリンを中心とした人々が活躍した時代では、イギリスの秘密結社ではハルポクラテースを崇拝の対象としていた。地獄の火クラブというイギリスの秘密結社を設立したイルミナティメンバーのフランシス・ダッシュウッドは、儀式を悪魔崇拝、魔術と性的不品行を中心に行っていた。

遊女、時には処女がダッシュウッド秘密結社の儀式で利用されていた。ダッシュウッドは秘密結社地獄の火クラブを設立した時、指を唇に当てるハルポクラテースの像を作った。それは、〝ここ（地獄の火クラブ）で起きたことは、ここに留まる〟ことを強調するためだ。

ローマでは女神アンジェローナの秘密があった。その像は口に指を当てた姿で作られた。それは秘密厳守の哲学を意味する。

女神アンジェローナは季節の代わりに行われていた祭りで密かに性交の儀式を見守る役目があったとされていた。

ローマの古代宗教の上階級の儀式では、名が知られていない神の名前が何回か儀式で明らか

ハルポクラテースの像。角が生えており、周りは蛇やその他の印に囲まれている。唇に指を当てていて、頭上にはハープ型の何かが置かれている。コメディアンのハーポ・マルクスはその姿をよく真似していた。

母である女神のイシスに抱かれ乳を吸う沈黙の神ハルポクラテース

魔法の宝石に立つハルポクラテース。（イラストは1983年に出版されたデイビット・フィデラー著『Jesus Christ, Sun of God（太陽の神、イエス・キリスト）』より引用）

にされたため、圧倒的な影響と規模を得ていたクリスチャン達は、これらの神の名はルシファー及び悪魔を指していることに気がつき始めた。そのため、ローマ人は秘密を保つ必要性を意識するようになり、名の知られていない神の正体を隠すために異教の信者達は必死になった。面白いのは、50年代初期の頃に子供が良く見ていた非常に人気のあったユダヤ人コメディアンのグルーチョ・マルクスのゲームショーの番組だ。グルーチョには同じコメディアンで映画や多数のテレビ番組に出演していた兄弟がいた。兄のハーポ・マルクスだ。ハーポは常に金髪でミュートな少年の天使のキャラクターを演じていた。言い方を換えると、兄のハーポはハルポクラテース及び幼児ホルスとされていた沈黙と秘密の神の像を認識していたのだ。

クワキウトル族の部族長の像がフリーメーソンの沈黙のサインをしている。フリーメーソンの多くのロッジには沈黙のサインをしているクワキウトル族の像が置かれている。この部族長の冠物を見ると、明らかにフリーメーソンが裏で絡んでいるのがわかる。(イラストはフランシス・ハクスリーの著書『The Way of the Sacred (神聖への道)』より引用)

小さな玄武岩石のタブレットに刻まれた古代エジプトで沈黙と秘密の神ハルポクラテース。この姿は連の花から出て来る恐ろしい竜にも見える。(写真はマンリー・P・ホールの1988年の調査資料『The Adepts in the Esoteric Classical Tradition (難解な古典的な伝統の熟練)』より引用)

この古代絵にエジプト人の神ハルポクラテースはフリーメーソンの沈黙の印を指で示している。その下で支えているのはライオンの神で体の周りを覆うのはウロボロスの蛇である。

古代エジプトの太陽の神のオシリスの息子のホルス。(イラストは『ヘルダーの印の辞書』より引用)

BUSINESS & TECHNOLOGY

# Dot-com gallows humor

*A chronicle of the great Web shakeout*

BY FRED VOGELSTEIN

Philip Kaplan surfs through his E-mail and bursts out laughing. "Look at that. That number means there are 1,129 of them—all in the past month. I've gotten more than that, but I've deleted a bunch." Lately, Kaplan estimates he receives more than 100 E-mail messages a day. "Thanks for documenting the stupidity in the business world," reads one. "You are my idol. Period," goes another.

Who is Philip Kaplan, and why is he so popular? A month ago, the 24-year-old programmer was living the hermetic existence of a young entrepreneur, subsisting on fast food and working 15-hour days out of his Manhattan loft to build a consulting business. But on Memorial Day, he put up a Web site challenging visitors to pick the next dot-com flameout. He gave it a vulgar if somewhat catchy name,

**Philip Kaplan's Web site captures the Internet shakeout's zeitgeist.**
● *"I don't want my site to end up on my site."*

awarded based on how many players selected the company and the severity of the bad news. Companies that aren't widely picked to crater but do so anyway are the ones that generate the most points.

Kaplan gets all his information by encouraging his audience to tell him confidentially what's happening in their companies. Then, usually at midnight, he culls all of these leads into 30 or

フィリップ・カプランは自身が作った“人気ウェブサイト”Fucked Companyによってかなりの悪評を得た。（写真は2000年７月10日発売の「US News & World Report」の41ページより引用）

Alumbrados（イルミナティ）と提携した中世の司祭は、修道士やブラザー達に対して秘密結社の秘密を厳守するように伝えている。

カバラ及びフリーメーソンのロイヤルアーチのDuguardのサインを見せるコリン・パウエル。

BUSINESS

Brainy economist Larry Summers replaces Wall Street wizard Robert Rubin at the Treasury. Can he leave well enough alone?

TAKING THE HANDOFF

（上右）ハーバード大学学長とクリントン政権後半期に財務長官を務めたローレンス・サマーズ。（1999年５月24日発売の「タイム」の表紙）
（上左）欧州委員会委員長を務めたフランス人のジャック・ドロール。この写真は英国首相が住むロンドンのダウニング街に到着した時。写真の見出しには“ジャック・ドロール、ダウニング街に到着した痕跡をまったく示さない”と書かれている
（下）英国首相を務めたチャーチルはドルイド司祭でもあり、この写真で沈黙のサインを表現している。

唇に指を当てて沈黙のサインを見せるコメディアンのハーポ・マルクスはコメディアンであったマルクス兄弟の１人。ハーポの生まれた時の名前はアドルフで後に正式にアーサーに改名した。だが彼はエンターテイナーのキャリアで無言劇のパントマイムを演じた。この時の舞台で彼はハーポと改名した。その由来は古代ギリシャで伝わる沈黙と秘密の神のハルポクラテースだ。

画家のオディロン・ルドンの1911年の作品「沈黙」。これは沈黙と秘密の神のハルポクラテースの肖像画である。

第15章

# 災害時には彼らの首を見上げよ

まな板の上に自分の首を見上げた時、鈍い刃は不要である。
1789年パリでギロチンの刑の執行を傍聴した匿名傍聴者

まな板の上に自分の首を見上げる時、鈍い刃は確かに不要ではないだろうか？　イルミナティのエリートや関連の秘密結社の人間達に間違いなく適用できる。ホワイトハウスの有名なグリーンルームの壁には、アメリカの建国の父の1人と言われるベンジャミン・フランクリンの肖像画が飾られている。その肖像画を見ると、フランクリンは左手で重要書類を読みながら、右手では人差し指と親指をVの字で喉に当てている。この肖像画では、フランクリンの首が重要な意味を持つ。これは、明らかに彼がコミュニケーションを図っているからである。

筆者の調査で過去と現代のエリートがこの奇妙な印を表現している事実に気がついた。オールド・ベンは確かにオカルト秘密結社の家長だ。事実、フリーメーソンと薔薇十字団でこの男の偉業は伝説となっている。マッキーの『フリーメーソン百科事典』では、フランクリンのことを「献身的なフリーメーソン会員で、長年にわたっての公の場を占有し、目立つ熱意と適性と彼のブラザー（メーソン会員）にサービスを提供した」と絶賛している。

この百科事典では、フランクリンの献身的なメーソン会員としての偉業を絶賛することに大量のページを費やしている。アメリカでだけではなく、フランスとイギリスについても記している。フランクリンは1779年にパリの〝9人姉妹ロッジの高名なマスター〟に選出され1782年にはロッジの最高責任者に抜擢された。ベンジャミン・フランクリンは以前1人のメーソン会員の葬儀を公認し、〝偉大で邪悪な無神論者、ヴォルテール〟と言って絶賛した。歴史家のヴォルテールも間違いなく〝まな板の上に自分の首を見上げた〟1人である。

## 処罰の印を表現する首

多くの印の辞書を読むと、首に置かれた手は処罰を表現していると記されている。処罰は、具体的に2つの意味を持つ。1つは、秘密結社の秘密を漏洩した者を継続的に威嚇して処罰を適用すること。もう1つは、イルミナティの偉業達成のために自分を犠牲とする意欲である。

same penalty on all who are guilty of disclosing the secrets of this degree.

The candidate is then instructed in the signs, words and token in this degree, as follows:

Signs—Place the point of a poinard under your chin, and draw it downward to the waist, as if in the act of ripping open the body, speaking the word ZERBUL. The brother will answer by giving the Entered Apprentice's sign as on page 7, and saying ELIHAM. Another way is to clench the fingers of the right hand, extend the thumb, place it on the abdomen, and move it upwards to the chin, as if ripping open the body with a knife. The brother answers as before.

Words—The pass-words are Eliham and Zerbal. Sacred words, Zerbal, Beniah, Benhakar, Bendaka, &c.

Candidate is now clothed as a companion of this degree, and salutes the Senior Warden as a Master Elect of Fifteen.

If there is no other business before the Chapter, it is then closed in same manner as in the preceding degree, except that the Master and other officers rap three times five, and the companions clap three times five with their hands, &c.

omon. It is hung with red and white curtains, and is lighted by twelve candles on four triangular branches.

The officers consist of Thrice Potent Master, representing King Solomon, sitting in the east: Grand Inspector in the west, and Master of Ceremonies.

The brethren wear white aprons, each with an inflamed heart embroidered or painted upon it, and lined and bordered with black. The ribbon, or Order, is similar to that in the preceding degree, except that in place of three heads, three hearts appear upon it. The jewel is the same.

In opening the Chapter, Thrice Potent Master raps ten, and Grand Inspector rises. Master makes the usual inquiries as to whether the Chapter is duly guarded, and the duties of the several officers, as in former degrees, which are answered by the Inspector.

Master raps eleven, and inquires of Grand Inspector—What is the hour?

Grand Inspector—It is twelve, Thrice Potent.

Master raps twelve, which is repeated by the officers, and the brethren clap twelve with their hands: Master says—If it is twelve it is time to labor by the greatest of lights. I pronounce this Grand Chapter open.

The brethren now give the signs of the different degrees, and then those of this degree, hereafter described.

If a candidate is to be admitted, he is prepared outside by the Master of Ceremonies, who brings him hoodwinked to the door, and gives twelve raps, which are answered by twelve by the Inspector, who demands, who comes there? &c.

Master of Ceremonies—A Master Elect of Fifteen desires to receive the degree of Sublime Knight.

Candidate gets admittance in the same manner as in the previous degree, and is led to the Grand Inspector in the west, who examines him in all former degrees.

グランドマスター階級で表現される処罰の印は、あごの下に短剣を当てて行われる。（リチャードソンモニターの書146ページ）

## 首の儀式

首は脳と頭につながる頸静脈が通る場所であり、物理的にナイフや凶器で切り裂くことができる部分だ。そのため、処罰の印を表現する部分として適切であると考えられており、ダンカンモニターの書を見ると、首を〝処罰の記号〟として解説している。処罰について首を〝裏切り者を生きている状態で首を切り裂く必要性を示して威嚇する行為〟として記されている。リチャードソンモニターの書に記されているフリーメーソングランドマスターの儀式の解説を見ると、あごの下に短剣を当てるか、右手の指を握り締めながら親指を伸ばして腹部に当ててからあごに当てる。ナイフで体を切り開くイメージをして行う。ヨークライト5階級の儀式では、右手の親指を唇に当てて行う。〝舌の先端から根までがペナルティを受ける対処となる暗示〟とダンカンモニターの書に記されている。

## 首に痛みが走る階級

ダンカンモニターの書を読むと、マスター階級でセカンドサインを両手をクロスしながら首に当てて行うと記されている。会員がクロスしている両腕と自分の首を切り落とす覚悟を持たせるためである。この儀式は、会員がもし秘密漏洩等を行った場合は体が切り裂かれることを知らせるためだ（首にはさみを入れるようなイメージで始まるため、筆者はこのことを〝首に痛みが走る階級〟と呼ぶ）。

（上右）筆者が“首に痛みが走る階級”と呼ぶサインがこれである。マスター階級でセカンドサインを両手と両腕をクロスしながら首に当てて行う。この後素早い動きで体が切り裂かれるようなイメージをして行う。（リチャードソンモニターの書84ページ）
（左）フリーメーソンと薔薇十字団に所属していたベンジャミン・フランクリンの肖像画。これは1766年にデイビッド・マーチンによって描かれたもの。この有名な肖像画は現在、ホワイトハウスのグリーンルームに飾られている。

ユダヤ人魔術師のユリ・ゲラー。親しい友人には、カバラオカルトと関連していた上院議員クレイボーン・ペルやマイケル・ジャクソン等がいる。(写真は1998年12月5日発売の「US News & World Report」より引用)

**URI GELLER.** Age: 42.
**Job:** Lecturer, inventor, consultant who uses psychic skills to explore for minerals and oil.
**On skeptics:** "I don't care what those schmucks think. I'm a millionaire."
**Hobby:** Bending spoons for the likes of Senator Claiborne Pell, left.
**Best claimed feat:** Found gold in Amazon for Japanese firm.

愛国者のポール・リビアの肖像。スコティッシュライトには1万人以上もの有名なアメリカ人フリーメーソン会員に関する資料がある。フリーメーソンロッジができた頃、リビアはイギリス軍が来ることを夜に馬に乗って群衆に知らせて有名になった。

# THE RUSSIAN SPHINX

EVERY age has its riddle. Helena Petrovna Blavatsky was the enigma of the nineteenth century. The publication of her letters and also those of Mahatmas Morya and Koot Hoomi cast a new and fuller light upon her extraordinary personality. She is revealed as a woman in the memory of the living, not as a half mythical sibyl from some distant age or the Pythia of some ancient oracle. Though but a few decades have passed since Madame Blavatsky departed from this life, hers is already a name to conjure with. She is the third person of a bewildering triad—St.-Germain, Cagliostro, and Blavatsky.

As though by common consent, humanity attacks viciously and relentlessly anyone who assails the infallibility of the mediocre. Dare to preach or even presume that order reigns behind the chaos of life—that anything in the universe other than man has intelligence—and an outraged society shows its claws but partly hidden by the semblance of its culture. Oppose the knowledge of the few to the ignorance of the many, and morons are provoked to a frenzy of resentment. A large portion of mankind has been baptized in the faith of the commonplace. Stupidity is the vogue and all men dread to be out of style. The fear is not that the occultist may be wrong; the fear is that the occultist may be right. To the criminal we may give the benefit of the doubt; to the occultist, never. The criminal violates only our laws; the occultist (*Que le Diable l'emporte!*) violates our sacred opinions.

Like children, incapable of the emotions of maturity, we are pitifully deficient in our grasp of spiritual values. Indifferent to the light given us and the efforts made for our improvement, we permit our petty ambitions to overshadow higher issues. We tolerate every form of error, but are utterly intolerant of Truth. We are generous toward any state but that of wisdom, which, when recognized, we swear to destroy. Occultism is regarded as a synonym for imposture, and the philosopher can hardly expect a better fate than hemlock or the rood in an age



Co-Mason（女性のメーソン会員の呼び名）ヘレナ・ブラヴァツキー。神智学協会の創設者で著書『The Secret Doctrine（秘密の教義）』はヒットラー等の影響を受けて書いている。

BUSINESS & TECHNOLOGY

# Creating a new corporation

*How Peter Drucker radically changed American business*

*In* The Capitalist Philosophers *(Times Business Books, 2000, $26), Andrea Gabor looks at the people behind the ideas that shaped this dynamic age. This article is adapted from a chapter on management consultant Peter Drucker.*

One of Jack Welch's first decisions after being named General Electric's new CEO in 1980 was to meet with Peter F. Drucker. The Austrian intellectual, then 71, and the working-class boy turned business executive (at age 45, the youngest CEO in GE history) seemed like unlikely soul mates. Yet, after little more than an hour, Welch was hooked.

Drucker, in his slow, measured, Viennese-accented baritone, had asked one of the "big questions" that so intrigued Welch, a question that would dominate the executive's thoughts and actions for the next several years. " 'If you weren't already in this business, would you choose to get into it now?' " Welch recalls Drucker asking. "You could write a book and not learn as much as you would from that question."

The question spurred Welch to act. He began shedding businesses in which GE could not be No. 1 or No. 2. The massive restructuring helped boost GE's market value from $12 billion in 1981 to $492 billion in 1999 and, in the bargain, made Welch one of America's most admired business executives.

In many respects, though, Drucker was an unlikely apostle of management. Born in Hapsburgian Vienna, he worked as a journalist before moving to the United States in 1937. He believed that the failure of European capitalism to give "status and function" to the individual had paved the way for fascism. That idea fostered Drucker's romance with large corporations, which he saw as "the representative institution" for building citizenship in U.S. society. In 1943, when most Americans were preoccupied with World War II, Drucker gained entree to General Motors and conducted a sweeping analysis of its structure and management. He published his observations in *Concept of the Corporation,* which quickly became required reading for managers across the country.

Over the course of six decades, Drucker became the most sought-after adviser to CEOs, among them Walter Wriston of Citicorp, David Rockefeller of Chase Manhattan Corp., Henry Luce of Time Inc., and Mark Willes of Times Mirror Co. He invented the term "management by objectives" and helped develop objective measures for pay and promotion. He identified the importance of the "knowledge worker"—the elite of the white-collar work force—earlier than almost anyone else.

He also wanted to orient companies around consumers, not just technology. Functioning more like that famous Viennese psychoanalyst, Drucker probed deeply, asking questions and drawing connections. He would lecture executives on such topics as the demographic changes in Latin America, including the shift of peasant populations from the countryside to the cities, and what it meant to GE's businesses. "You're in the transportation business. Do you think the move to big cities means a new market for transportation?" he would query.

**Jet power.** Drucker's ability to grasp new ideas—and to inspire the confidence of GE managers—was crystallized in the role he played helping GE's jet-engine division revolutionize the commercial aircraft business. GE had to convince aircraft makers who had long catered to the military that it was worth spending enormous sums of money to design civilian aircraft. Drucker's role was to help GE's jet-engine executives, "all of whom were technically oriented, most of whom came out of the military, understand . . . the value system of potential customers."

Drucker was sometimes wrong, with stunning long-term consequences. "We designed the world's most scientific compensation system, and it damn near ruined GE," admits Drucker with calculated self-deprecating humor. He helped come up with what remains, according to Drucker, "the foundation for [most] compensation systems"—one tied to return on investment. But it stifled innovation by penalizing managers who sacrificed short-term gains for long-term growth.

In his 90s, Drucker still consults, though he rarely leaves his modest home in Claremont, Calif. He still serves on the faculty of the Drucker School of Management of Claremont Graduate University. But he is no longer convinced that corporations are the institutions for "creating citizenship" and worries that the mobility of the new knowledge society is fostering new social problems. "Corporations once built to last like pyramids are now more like tents," he says. ●

DAVID STRICK—CORBIS OUTLINE

**Management guru Peter Drucker**
● *Asking the "big questions" of corporate executives*

THE CAPITALIST PHILOSOPHERS
ANDREA GABOR

*Andrea Gabor is a professor of business journalism at CUNY–Baruch College in New York City.*



2000年５月８日発売の「US News & World Report」はピーター・ドラッカーを「経営の第一人者」といって観想的な写真を掲載。イルミナティに生け贄として捧げられた“神のような男”だ。

ソ連外相シェワルナゼ(左)は共産党党首のゴルバチョフの弟子でイルミナティに気に入られていた。

ヨルダン首都のアンマンのローマカトリック教会祭司のセリム・サイエフ。(写真は2003年5月発売の「US Catholic」の31ページより引用)

CIAの防諜部長を務めたジェームズ・アングルトンは拳をあごに当てている。これはイルミナティの革命の秘密を暴露した者には処罰が下ると警告を示している。

2000年９月に発売されたスコティッシュライトの公式マガジンにマイケル・リチャーズを“クレイマーではなく、生まれ変わった男”として紹介した。クレイマー役で一躍有名になったユダヤ系は俳優のリチャーズ。スコティッシュライトの公式マガジンの表紙に載った彼はフリーメーソンの32階級の会員であることがわかる。そして赤い帽子を贈呈されている。チャールズは勉強熱心でカリフォルニアの自宅には1000冊以上ものフリーメーソンに関連する書物があると述べている。彼はフリーメーソンのサインであるＶの字の“Duguard”をこの写真で表現している。テンプル騎士団の１階級ではこのサインを、秘密漏洩した裏切り者の頭が体から切断され、神殿の頂点に置いて禿鷹の餌食にされると警告するために使うと教えている。これはスコティッシュライトの５階級の“Dueguard”のサインに似ている。

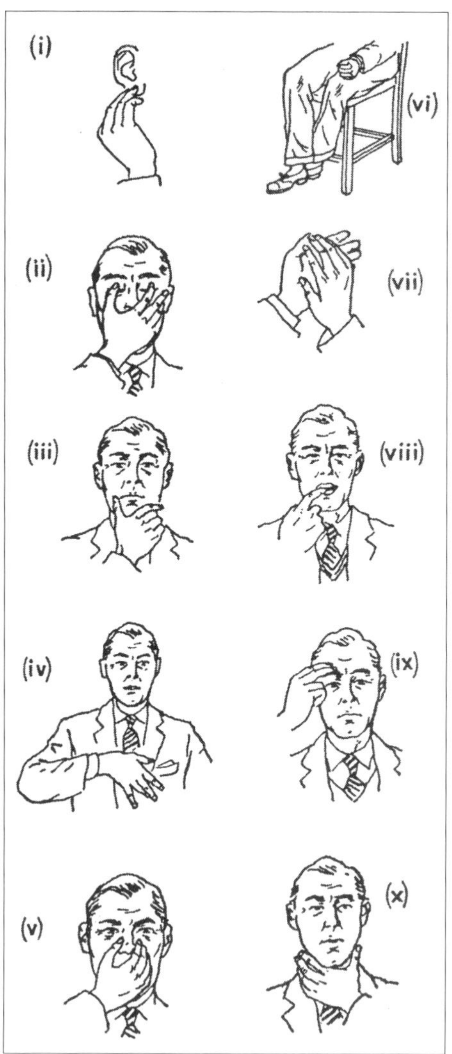


これは薔薇十字団のサイン。フリーメーソンやその他の秘密結社のサインと非常に似ている。喉を切り裂く処罰のサインはXの字で表現される。

連邦上院議員のケイ・ハッチンソンのこの写真を見ると、エリートに称賛されているのがわかる。2つの刀（権威のシンボル）と2つの太陽のサイン（フリーメーソンとイルミナティの神の象徴）の間に立つハッチンソン。「ニューズウィーク」（2000年6月26日発売）にこの写真が掲載されたということは、彼女がどれだけ秘密結社で重要な人物であるか示している。見出しにはこう書かれている。“パキスタンでさえ女性がリーダーになれるのになぜアメリカはだめかしら？（ハッチンソンの言葉）” だが、これほど重要とされている彼女なら、国のリーダー以上のポストが秘密結社から用意されるはずだ。

## 第16章 胸に手を当てる――それは親分への敬意の誓いだった

フリーメーソンの敬意の表現は、胸（心臓のあたり）に手を当てて表現される。フリーメーソンロッジの幹部は、フリーメーソンの儀式を行うことで古代エジプトの宗教が復活すると考える。エジプトの『死者の書』には「我が母の我が心……変身の心」と復活の源の意味として記している。

古代エジプトの母なる神はイシス、ハトホル、レアといった名前で崇拝の対象とされていた。この女神は唯一〝敬意の誓い〟として心臓が捧げられた神とされている。崇拝する人々は生け贄の神に対して自分のエネルギー（心臓）を捧げる必要があると考えた。

### 心臓をえぐり出して食べる

中米に位置するメキシコのピラミッドにも生け贄の神があり、生け贄として捧げる対象となっていたのはやはり心臓だ。部族長は部族間の争いで負傷した兵士の心臓をえぐり出して生け贄として捧げていた。生け贄を捧げる大石の頂点で生きた状態の人間の腹部を切り裂いて心臓をえぐり出していた。えぐり出された心臓は古代エジプトの宗教と同様に食べられていた。今日の悪魔崇拝の儀式でも行われることだ。

## エジプトへ帰還

フリーメーソンはエジプトの古代宗教との関連性を認めており、それを誇りであるように語っており、ワシントンD.C.のロッジにはそれらの神の銅像が堂々と立てられている。そしてフリーメーソンの上階級の儀式でヒンドゥー教のパンテオンは〝聖なる三位一体〟として称賛される対象とされている。ヒンドゥー教では、宇宙全体が心を中心にしていると言われている。ヨギの教えでは、宇宙の心臓の心拍は女神シヴァの心臓の心拍であると教えられている。東洋の宗教の教えで神は1人1人の心に眠る起源となっていて、その神は起こされなければいけないことになっている。

## 秘密の親分への敬意

フリーメーソンの1階級では、秘密結社のインナーサークルに潜む秘密の親分へ心（心臓）を捧げて敬意を払わなければならないと教育を受ける。その人生は秘密の親分の教えに従い、階層（サタンと悪霊達）によって指示されているため、設定した目標に専念する必要があるという。言い方を換えると、イルミナティのエリートの人生は神殿そのものであり、儀式や魔法によってその心は生まれ変わっていくとされている。Ordo Ab Chao（カオスの秩序）から来る生まれ変わりだ。

## 多数の意味

心臓の位置に手を当てる印は多数の意味を持つことがあり、手や指の位置によってその意味はまったく違う表現になる。胸に当てられた左手は常にオカルトの筋道を意味する。胸に当てられた手の親指が上を向き、Lの字を表現する場合は、それは〝広場にいる〟感謝の証を意味する。（マトリックスのエージェントのように）上を向いた親指は力を求める子供の魂を意味している。胸に手を当てて敬意を表現する行為はフリーメーソンの多くの階級の儀式で行われる。例えば、

選ばれた崇高な騎士の階級では、右手を胸に当てて親指を上に向けるように教えられる。（リチャードソンモニターの書147ページ）

選ばれたコンパニオンの階級では、右手でサインが行われる。（リチャードソンモニターの書86ページ）

選ばれたマスターの階級では、〝フリーメーソンの最も一般的なサインはこのように作られる〟と言われて、右手の平を心臓の位置に置いて〝SECRESY〟（秘密性）という単語を発音せよと教えられる。（リチャードソンモニターの書80ページ）

ペリカンの騎士の階級と薔薇十字の騎士の階級では、リーダーが18番目のブラックルームを通るように教えられる。この説明の後、左胸に右手を当てるサインが行われる。（18階級の秘密の儀式）

マークマスター階級の儀式では会員達はロッジの周りを行進しながらこんな歌を歌う。
〝すべてマークマスターは監視する親分の前に現れる……広場を通った君、報酬を受け取るために心と手を準備せよ……報酬は君の働きの対価である〟（ダンカンモニターの書161ページ）

## 分けられた指によるサイン

指を分けると独特の解釈がある。それはカバリスト達によって考えられたサインであり、ヘブライ語のアルファベットを用いて胸に手を当ててコミュニケーションを取る。

本章に掲載しているイグナチオ・デ・ロヨラとクリストファー・コロンブスが重要な例である。この2人はユダヤ系カバリストによって設立された秘密結社に関わっていたからだ。サンヘドリンのラビ（主教）によって設立された秘密結社である。

## 混乱を消去

イルミナティやフリーメーソンの印はアメリカ合衆国の国旗への忠誠の誓いと混同してはいけない（同じ形で自国の国旗へ忠実心を行う国もある）。イルミナティの意図を判断するために、今までの歴史で誰がどのようにこのサインをしているのか注意深く検証する必要がある。

この本を読んでる読者の皆さんには、これらの写真やイラストを検証して独自の判断をしていただきたい。

フリーメーソンは長い間女性会員がいないと主張してきたが、フリーメーソンの『マッキーの百科事典』にはエリザベス・マルドウオースの絵が掲載されている。353ページのテキストで33階級のマッキーは“時には女性を排除できないようなルールを受け入れざる得えなかった”と記している。

マクシミリアン・ロベスピエールはフランス革命に貢献した血も涙もないモンスター。ジャコバン派の影響を受けたロベスピエールは多くの人をギロチンで処刑した。イエス・キリストを否定し、無名の新しい宗教「至高の存在」の崇拝を呼びかけた。敵対していた勢力の多くの人が死へと送られた後、ロベスピエールのためにもtumbrel（フランス革命で死刑囚をギロチン台まで運ぶ護送車）が用意された。テロ脳を持ったユダヤ人はその頭を失うことになった。頭が転がった瞬間群衆は“我がマジェスティ、痛みを感じるのですか？”とあざ笑って言った。

クリストファー・コロンブスが15世紀にテンプル騎士団の隠れ団員だった？　それを証明する証拠はいくつも持っている。これは左手でカバラの道の印を表現している。（画家セバスティアーノ・デル・ピオンボによる1519年の肖像画）

ヘルムート・コールは戦後最長にわたってドイツ首相を務めた人物。イルミナティのインナーサークルのしもべで東西ドイツの統一と欧州連合の統合に多く貢献している。隠れユダヤ人のコールはビルダバーグ会議のメンバーで、数多くの秘密結社の設立に貢献した。この写真でたった1人、イルミナティのポーズをしている。（写真は1997年11月発売の雑誌「Vanity Fair」より引用）

作家ロザモンド・リチャードソンの著書『Stalin's Shadow（スターリンの陰）』の表紙のソ連共産党リーダーの独裁者スターリン。ユダヤ人とのハーフでイエスズ会で訓練を受けた彼は手でロイヤルアーチのサインを表現している。

イラン外務大臣を務めたカメル・カラージ。(2002年９月30日発売の「Vanity Fair」より引用)

worst of times for Pakistan to try to revive fundamentalist laws. Everything seems to be going wrong for Nawaz Sharif. His support of the Taliban militia in neighboring Afghanistan has drawn enmity from Iran and the Central Asian republics (*see following story*). India and Pakistan have intensified their cross-border artillery fire in disputed Kashmir. Nearly bankrupt, Pakistan may run out of foreign

mosques are then seized by adversaries who try to convert the prayer-goers to a harsher vision of Islam.
Will a stronger dose of religion cure Pakistan's ills? Many of Nawaz Sharif's countrymen think it could send Pakistan into terminal decline. According to the well-respected Karachi newspaper *Dawn*, people "just want a little improvement in their lives from the tyranny and callousness of Pakistani officialdom." Political opponents, including, of course, ex-Prime Minister Benazir Bhutto, say the new Islamic bill is likely to

**DESPERATION** The Prime Minister wants Pakistan to become more Islamic

56

パキスタン国防大臣を務めたミヤーン・ムハンマド・シャリーフ。(2001年発売の「タイム」より引用)

パレスチナでハマスの要人を夕食に歓迎する場面。

米軍によるパナマ侵攻で失脚したマヌエル・ノリエガの後に大統領に就任したギジェルモ・ガリマーニ。(写真は10月25日発売の「US News & World Report」の37ページより引用)

パパブッシュ政権第１期で財務長官を務めたニコラス・ブレイディ。この写真が載っている記事タイトルは“今は見えるが、今は見えない”“なぜブレイディは心臓に手を当てているのだろうか？”意図的にこのタイトルにしたのは明らかだ。

ミシシッピ州のインディアン、チョクトー族のリーダーのフィリップ・マーチンがワシントンで撮った写真。(2002年４月29日発売の「USA Today」の１ページより引用)

エズラ・スタイルズはイェール大学の創設者の1人。フリーメーソンのメンバーだったスタイルズは著書『Literary Diary of Ezra Stiles（エズラ・スタイルズの文学日記)』を出版する時にこの絵を掲載し、フランクリン・デクスターによって編集された。スタイルズの頭に左上には太陽が描かれており、そして左手には謎の本を持っている。その本はどう見ても聖書ではない。面白いことにこの地域の男性が身につけていた襟と手入れしていたあご髭は古代バビロンのエリートの風貌に似てる。

カトリック教会の修道会イエスズ会の創設者で初代総長のスペイン人イグナチオ・デ・ロヨラはイルミナティ関連の秘密結社の Alumbrados に所属していた。教皇は、宗教改革への対抗をロヨラに委託した。そのためイエスズ会の会員達は皆宗教改革に対抗し、多くの殺人をもたらした。司祭や兵士を悪魔の管理下にあったイエスズ会の支配下に置くために、ロヨラはイスラム教とムーア人の教えを祈りに盛り込んだ。ロヨラが伝授したこの“霊的なエクササイズ”は今日もイエスズ会の祭司達やその他の関連の秘密結社によって実行されている。

ロバート・フラッド（1574−1637）は医師で後にイングランド秘教に関わった。薔薇十字団の団員で視覚と想像力のシンボルの魔法を実践していた。

*Michael A. Hoffman II* *Secret Societies and Psychological Warfare* Page 56

## Eating Raoul ...and Others

"How would you like to bite into a part-human bacon cheeseburger?" asks Michael Colgan, Ph.D., in the journal *Nutrition & fitness* (sic) (vol. 10, no. 1 & 2). In five years they'll be at a burger stand near you, predicts the author. The U.S. Department of Agriculture's research center in Beltsville, Md., has been inserting human genes into fertilized swine eggs, and a herd of "hupigs" now resides at the center. One goal of such research is to manufacture "spare parts for humans," that is, genetically engineered organs to replace diseased human organs; another goal is to "design" animals for more efficient meat production.

The USDA creatures reportedly suffer from coordination so poor that they can barely walk. They also are subject to arthritis and lung and gut diseases. State and federal laws severely restrict access by journalists and the public, and photographs of the "hunimals" are forbidden.

マイケル・A・ホフマン２世の著書『Secret Societies and Psychological Warfare（秘密結社と心理戦）』の56ページ。このすばらしい書籍には秘密結社の心理戦のたとえが記されている。秘密結社のエリート心理戦と錬金術の基本の場面には、豚や他の動物に人間の遺伝子を挿入する恐怖の世界を記している。

ミシェル・セルヴェは1555年に三位一体を批判する本を出版したため、カルヴァン派によって火刑に処せられた。キリスト教の敵だったセルヴェはイルミナティの会員で、キリスト教のイメージを汚すために暗躍していた。彼は“ユニテリアンの父”と呼ばれた。

ギリシャ正教会の祭司が例のサインを表現している。

1982年９月15日にヴァチカンでパレスチナのアラファト氏と会談するローマ教皇。

ユジン・ヴィントラスはフランスでオカルト精神の哲学を広めた人物。礼服には逆さま十字架を使用しており、自分の神殿で手を使って秘密結社のサインを表現している。ヴィントラスは地上を支配する王子が間もなくやって来ると主張して1830年から1840年には多くの信者を獲得した。

オスマン帝国時代のラビ。（イラストはジョン・フリーリー著『The Lost Messiah（失われたメシア）』より引用）

若い頃にオカルト儀式に参加するアレイスター・クロウリー。彼が出版した本は後に悪魔教会を設立したアントン・ラヴェイや Temple of Set を設立したマイケル・アッキーノに大きな影響を与えた。クロウリーは新宗教のサイエントロジーを設立したラファイエット・ハバードにも大きな影響を及ぼした。

イスラム教関連の新興宗教のダルヴィーシュの老人祭司とダルヴィーシュの訓練を受ける少年。（写真はジョン・フリーリーの著書『The Lost Messiah（失われたメシア）』より引用）

宗教改革の中心人物マルチン・ルター。この肖像画はルーテル教会の「クリスチャンニュース」に載ったもので、フリーメーソンのサインを表現している。同じルター派の新聞には薔薇十字団のデザインがすべてのエディションのシールに引用されている。実際にルターは薔薇十字団に所属していたのだ。(2003年２月18日発売の「クリスチャンニュース」１ページより引用)

ネット上にある“Calvinism”（カルバニズム）というタイトルの記事でジョン・Ｐ・ジョーンズは、フリーメーソン研究家のマンリー・Ｐ・ホールの言葉を引用して、宗教改革のマルチン・ルターは薔薇十字団の創設者であると記している。記事ではルターの公印（中央）は、マルティン・ルターのリング上のシール（右端）と一緒に描かれいる。左にあるルターの公印は、記事作成者ジョーンズによると、花びらがつながっていることを示す。結果的にはオカルト五芒星が完成する。

俳優クリストファー・ウォーケンはエリートのお気に入りらしい。彼はしばしば、サイコパシー、殺人者、マフィア等といった悪役に抜擢される。取材をした雑誌はタイトルも説明も一切記さずにこの写真を一面に使った。写真はすべてを物語る。

“God and Monsters”（神とモンスター）という奇妙なタイトルの記事で、ハリウッド俳優のジョージ・クルーニーは劇場の外側で印を示している。この劇場では映画「A Perfect Storm」が公開されていた。(写真は2000年発売の「Elle」より引用)

Polo ブランドの広告をする雑誌の表紙。

# 第17章 周りがトライアングルだらけの謎

今日ではどこを見渡してもトライアングルを見かける。テレビ、芸術品、建物、商品のデザイン等。そして宗教では重要な印とされている。これほど広く使われているということは、人間の精神に神秘的及び魅惑的な影響を及ぼすことができるという結論に至った。四六時中、我々の目に留まるトライアングルは我々一般市民を昏睡状態にさせるために意図的に見せつけられている。

## 古代バビロンへタイムスリップ

トライアングルが今日イルミナティのエリートに悪魔のシンボルとして使われている謎を解くには、古代バビロンへタイムスリップして検証する必要がある。数学の歴史の内容を記す著書『Early Computations（古代の計算）』はこんなことを教えてくれている。

「紀元前1900年～1600年の年号を表記する古代バビロンのタブレットは〝ピタゴラスの三つ子との契約の Plimpton 322〟と呼ばれていた」

古代のこの文書にはトライアングルの基本的なことが詳しく解説されている。

## 女性のトライアングルは〝聖なる扉〟を意味する

バーバラ・ウオーカーは自著『The Woman's Encyclopedia of Myths and Secrets（女性の神秘と秘密の百科事典）』で古代宗教がどのようにしてトライアングルを聖なるものに定めたか記し、ヒンドゥー教ではトライアングルを命の源（性行為）としていたことを明かす。女神カーリーヤントラは女性の膣の印として知られていた。古代エジプトでトライアングルは〝女性〟の象形文字だった。古代ギリシャでトライアングルはセックスの〝聖なる扉〟、つまり女性の膣の外部の印として知られ、女神デメテル及びすべての母の膣の印であった。女神デメテルは〝母デルタ〟という呼び名で知られていた。

〝トライアングルは古代のすべての地域で女性の三位一体及び神々と関連していた〟とバーバラは記す。

なぜゲイが同性愛運動にピンク色のトライアングルを印として採用しているのか理解できる。特に男性の同性愛者にとってはトライアングル型の女神像とフェミニン像は〝ゲイ解放運動〟の大きなモチベーションとなる。

オカルトでは上向きのトライアングルは火を意味し、そして下向きのトライアングルは水を意味する。これは均衡及びデュアリズム（二面性）の統合を表すためであり、フリーメーソンや関連の秘密結社のイルミナティが目指すシステムのゴールを示すためである。

## 教皇の Triceps

ヴァチカンは現在でもトライアングルと深い関わりを持つ。今日のローマカトリック教会の講壇周辺にはすべてお見通しの目が刻印されているトライアングルを見かけることがある。教皇のダゴン型の冠物に Triceps の印が刻印されていることがある。そこにはユニークなトライアングルがデザインされている。

Triceps とは、北欧のダイアモンド型にデザインされた地と霊的な魔法の力を呼び込むことができるとされているトライアングルのことある。トライアングルでスペースが開いている部分に線を引くと、もっと多くのトライアングルが完成することに気がついた。ユダヤの星または、ダビデの星（六芒星）が完成するのだ。

## フリーメーソンとトライアングル

フリーメーソンはキリスト教と関連している秘密結社だと信じる人は意外に多い。そのため、儀式で利用されるトライアングルがキリストへの崇拝に当たると誤解している人がいる。しかし、フリーメーソン33階級会員

竜の目

カトリック教会の教皇の冠物には Triceps が刻印されている。トライアングルでスペースが開いている部分に線で繋ぐと、トライアングルの中央にダビデの星（六芒星）が完成する。ユダヤの星が刻印されているものを教皇が冠ることになる。

のレックス・ハッチャンズが出版した本『A Bridge to Light（光に通じる橋）』はトライアングルは古代の異教の印であると記している。ヒンドゥー教の三位一体であるブラフマー、ヴィシュヌとシヴァとも関連していると記している。

## 竜の目

そしてトライアングルの中にYの字が印字されている場合は「竜の目」と呼ばれている。サタンのすべてお見通しの目を持つイルミナティとの関連性がうかがえる。

## トライアングルと占星術

占星術では、非常にラッキーと言われている「グランドトライン（大三角形）」の概念がある。自著『What Does Joan Say?（ジョアンは何て言うでしょうか?）』で、ロナルド・レーガン大統領とファーストレディのナンシー・レーガンなどを顧客に持っていたことで知られる占い師ジョアン・クイグリーは「グランドトラインは正三角形で3つの惑星から成り立っている。星占いをした時に、このグランドトラインが出たとすれば、満塁ホームランを打ったようなもの」だと述べている。それは、円とトライアングルが重なる重要な形である。

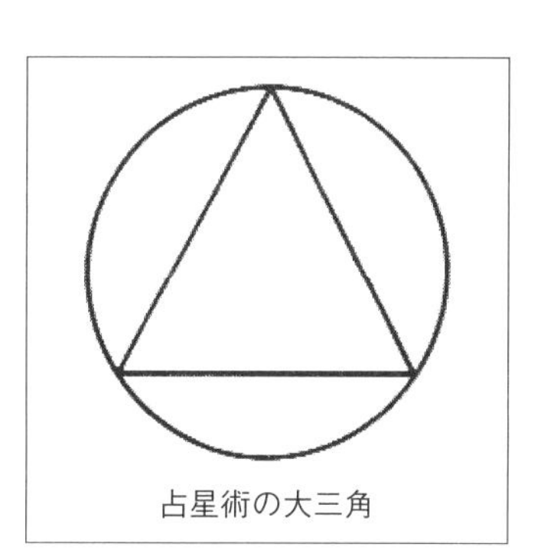
占星術の大三角

ビル・ウィルソンが設立した団体アルコホーリクス・アノニマス（Alcoholics Anonymous　通称ＡＡ）は円とトライアングルが重なった記号を団体の公式ロゴとして採用している。筆者が調べた結果では、ビル・ウィルソンはアルコール依存症を患っていた。彼はキリスト教を軽蔑し、キリストの代わりに「ハイアーパワー」を崇拝する団体のＡＡを設立した。彼は円とトライアングルが重なる夢を見て、それをＡＡの公式ロゴにすることを思いついた。

## イルミナティは密かに女神を崇拝するのだろうか？

面白いことにユダヤ系カバラでトライアングルを女性の膣の印として使っている。10個のセフィラの内の第3のセフィラまたはトライアドは女性の力を記す記号だ。トライアングルの形をして性的に父と一体となる〝偉大で生産的な母〟と呼ばれている。

これはカバリスト達にとっては女神に相当する存

トライアングル型のロゴを採用しているグローバル企業。イルミナティの影響だろうか!?

在である。フリーメーソンは男女平等を批判して、女性が会員になることを好まなかった。同じように
ユダヤ系カバラでも表舞台での女性の権利を認めていない。だが、フリーメーソンもユダヤ系カバラは
秘密結社の儀式で密かに女神を崇拝している。ローマカトリック教会ではマリアを女神的な存在として
崇拝の対象としている。

男尊女卑者は驚くかもしれないが、ルシファーの配偶者の女神の印は下向きのトライアングルである。
その女神はサタンの横に並んで崇拝の対象とされている。

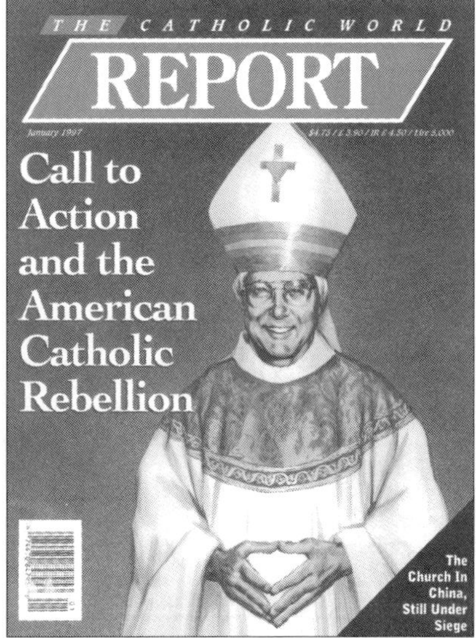


(上左／上右) 時のファーストレディのナンシー・レーガンと会談するヴァチカン教皇のヨハネ・パウロ2世。教皇は広場にいることをもアピールしている。
(下左) ヨハネ・パウロ2世が再び悪魔のサインをレーガン夫妻の間で表現している。いろんな色の入ったキャップはユダヤ人とカトリック聖職者が冠ることが多い。その意味は、十字架にかけられたゴルゴダのイエス・キリストの恐ろしい記憶の表現だ。(写真は著書『Pope John Paul II Visits America（ヨハネパウロ2世がアメリカを訪問した）』より引用)
(下右)「The Catholic World」は祭司が同性愛者や幼児愛者であることが発覚して教会から追放されたことを特別編として発売した。この記事を担当した編集者はこの出来事の見出しを「反乱」と記している。微笑むこの祭司の冠物にデザインされている十字架には下を向いたトライアングルがデザインされており、そして祭司は両手で女性器（母デルタ）を意味する下向きのトライアングルを表現している。

同性愛活動家はデモや集会を行う時に手にピンク色のトライアングルをつける。この写真では大学構内でピンク色のトライアングルがデザインされている看板を持っているのが確認できる。そしてゲイの学生の手には黒色の円とピンク色のトライアングルの記号がつけられている。雑誌「Frontiers」の見出しには「登録して！」と書かれている。表紙の男性はゲイで胸には虹色の下を向いたトライアングルがデザインされている。新聞の切り抜きには「着色のトライアングルはゲイの名誉の印となっている」と書かれている。（1998年６月28日発売カナダのモントリオールの新聞「Gazette」の見出し）

# Colored triangle has become badge of honor for gays

CINDY RODRIGUEZ
HARTFORD COURANT

HARTFORD, Conn. —Gay men wore pink, and lesbians wore black.

Nazi Germany forced gay men and women to wear colored triangles as an announcement of their homosexuality — symbols of oppression and discrimination.

Over time the gay community has reclaimed the triangles and revised the meaning: they now symbolize gay pride.

"Never again will we let ourselves be oppressed," said Baruch Gould, 48, of New London, Conn., who wears a pink triangle as a "badge of honor."

Pink and black triangles have been highly visible at parades and other gay festivities in June, which is designated Gay Pride Month.

The triangles are not the only signs that have special meaning to those who wear them.

Rainbow flags, freedom rings, the labyris (a double-bladed axe), interlinked woman's symbols, the Greek letter lambda and the color lavender also are worn by those wishing to visually express pride for their homosexuality.

Rainbows symbolize hope for better days, Gould said. The colors represent a diverse world, while the arch gives a feeling of shelter.

Freedom rings are the most recent items to carry the rainbow. Introduced a year ago, they are a set of six aluminum rings — each a different color of the rainbow.

Designed by New York artist David Spada, the rainbows also appear in earrings, necklaces, bracelets, key rings and on caps and suspenders.

"For me, it's a visible piece of being lesbian and being proud of who I am," said Shawn Lang, 36, who wears freedom rings.

The labyris represents the double-bladed axe used by an ancient Amazonian goddess.

The Woman's Encyclopedia of Myths and Secrets by Barbara Walker says the labyris "has been adopted by lesbians as a symbol of reminiscence of the all-female community of Lesbos and its founding mothers, who worshiped only the goddess in nature and in each other."

The Greek letter lambda is used by men and women and are found on T-shirts, posters and jewelry. The the arms on the letter resemble the arms of justice and represent gay and lesbian rights.

Lavender's mixture of red and blue — colors associated with women and men — is a symbol of androgyny, Gould said. □

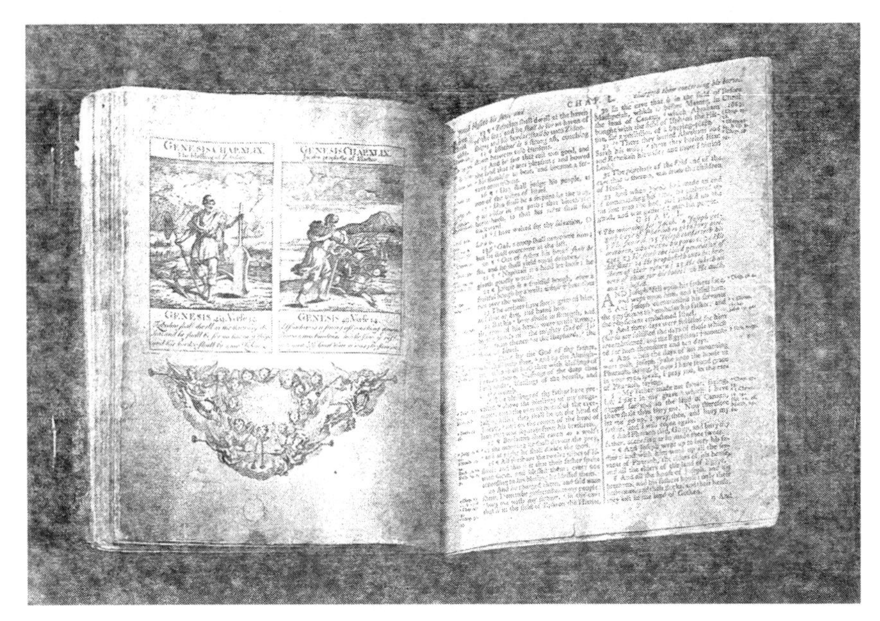


1789年 4 月30日にアメリカ合衆国初代大統領の就任式がニューヨークで行われた際、創世記の49章と50章の部分が開かれた聖書がフリーメーソンロッジより提供された。その部分にはトライアングルの内側に円がアーティストによって描かれている。就任式でジョージ・ワシントンはこの部分の上に手の平を置いた後口付けした。そしてロッジのメンバーが次の世代のためにこのページをマークした。2005年にこの聖書が大統領就任式に使われるのは 5 回目だった。それは、別のジョージがこの聖書の216歳目の誕生を祝ったのだ。

ユダヤ系ボリシェヴィキによって完成したロシア共産党によって発行された公式はがきのタイトルは“プロレタリア革命のリーダー達”。共産党幹部のこの 6 人がユダヤ人だったことがわかる。レーニンやトロツキーもユダヤ人だったようだ。またこの 6 人の位置は 2 つのトライアングルを完成させている。

ユタ州ソルトレイクシティで行われた2002年冬季オリンピックの開会式での三角構造。(2002年２月18日発売の「ニューズウィーク」より引用)

ニューヨークの名所タイムズスクエアの年越しイベントで使われたこのボールは職人によって504個もの“治癒を期待する”ウォーターフォードクリスタルよってトライアングルを完成させた。挿入図は、各三角形の最終インテリアデザインを示している。(2001年12月31日発売の「USA Today」の１ページより引用)

Amazon.com の従業員が書籍販売事務所の倉庫で子供向け小説の本『ハリー・ポッター』を積み上げている様子。妙なことに、この本は逆さまに積み上げられており、各書籍のボックスには“Deeper Secrets, Darker Powers, Strong Magic”（より深い秘密、闇の権力、より強力な魔法）と記されている。（写真2003年6月18日発売の「Associated Press」より引用）

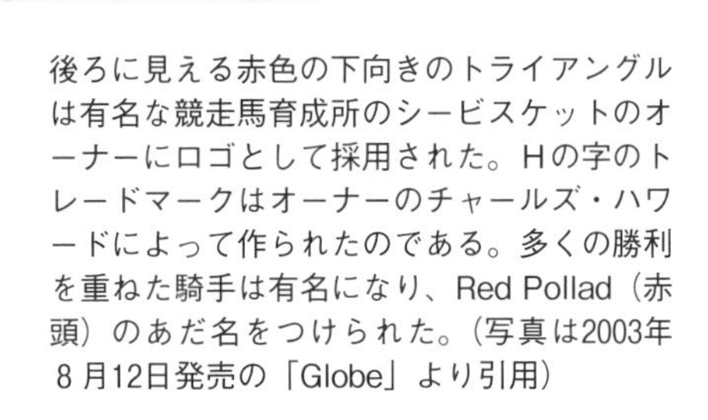

Tobey Maguire as jockey Red Pollard astride one of the eight horses that played Seabiscuit in the hit film

後ろに見える赤色の下向きのトライアングルは有名な競走馬育成所のシービスケットのオーナーにロゴとして採用された。Hの字のトレードマークはオーナーのチャールズ・ハワードによって作られたのである。多くの勝利を重ねた騎手は有名になり、Red Pollad（赤頭）のあだ名をつけられた。（写真は2003年8月12日発売の「Globe」より引用）

『伝統の印の図鑑』によると、この図は、オカルトと錬金術の記号が満載されている。注目するべき点はトライアングルの集点だ。トライアングル（それを囲む同心円トライアングル）の内側に男性と組み合わせた女性、つまり雌雄同体の占星術の印が描かれている。これはイルミナティの哲学である弁証法（デュアリティ）が表現されている。

東方聖堂騎士団の３つのロゴ。黄金の夜明けに基づいて工夫されたトライアングルを採用している。左のロゴは炎を放出するホルスの目。右のロゴはGreat White Brotherhood（偉大な白人友愛）が採用してる紋章でヒエラルキーの象徴でババロンがデザインされている。下のロゴが東方聖堂騎士団が採用しているロゴで後に悪魔崇拝者のアレイスター・クロウリーが出版した『法の書』の表紙を飾ることになった。紋章の横にクロウリーは「バフォメット」を記している。

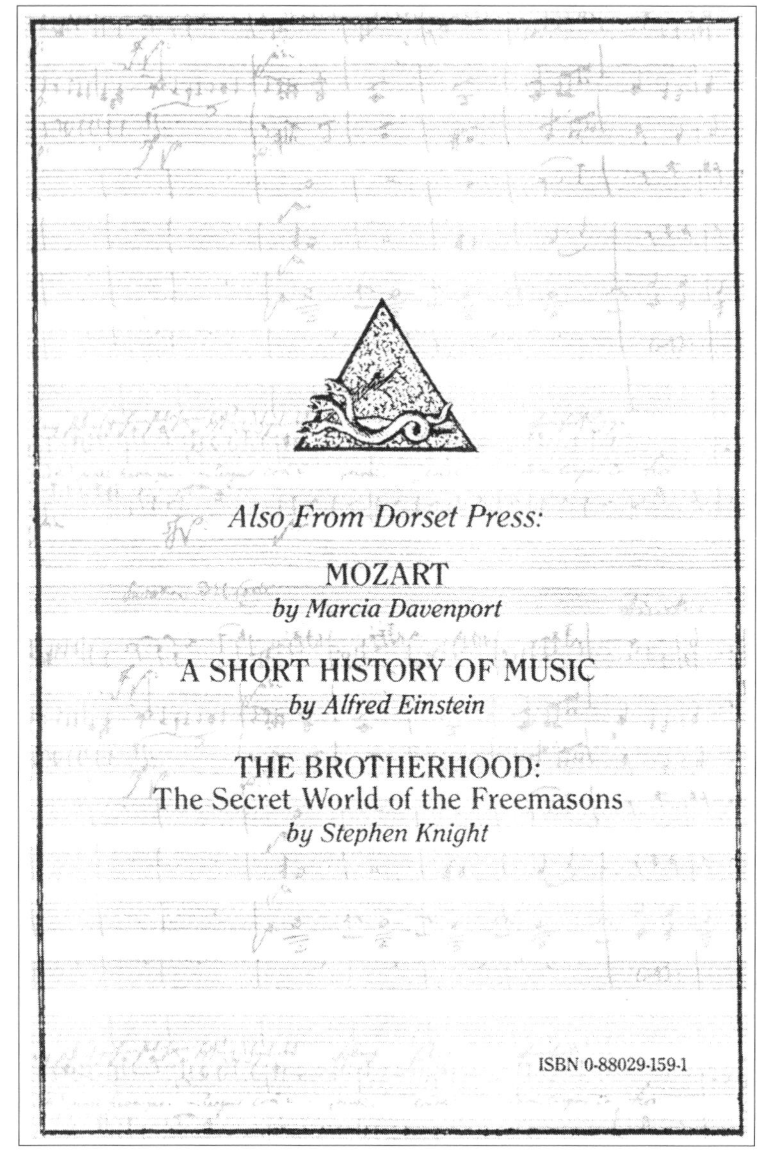


数多くのフリーメーソン関連書籍を出版したドーセット・プレス出版社から出版された『Mozart and Freemasonry（モーツァルトとフリーメーソン）』の裏表紙。トライアングルの印はかなり目立つ。３つ頭の蛇は罪深い三位一体を表現している。そして蛇の頭の近くに描かれている印は蛇の頭から放出される稲妻を表現している。
現在も世界的に有名な演奏者として名が知られているモーツァルトは1791年に作曲した「魔笛」でフリーメーソンの儀式の秘密を暴露し、それが原因で殺害されてしまった。フリーメーソンは彼を毒殺しただけではなく、彼の葬儀をも排斥した。そのため、モーツァルトの遺族や友人達は彼の葬儀に参列することはなかった。

モーツァルトの葬儀のレポートによると、確認された参列者は愛犬のみ。この絵はルートヴィヒ・ヴァン・ベートーヴェンの論文の中から発見された。右の絵は世界的に名の知られた演奏家の未完成の肖像画。

このロゴはフリーメーソンの高い階級や関連のオカルト団体で構成されている Lucis Trust というニューヨークの団体の紋章。この団体の会員の多くは国連の職員として働いている。トライアングル型のロゴの中にはXの字と三叉の槍が重なり合っている。三叉は３つのファルスの印であり、インドでは三位一体の女神シヴァの棺かつぎの印である。古代ギリシャや古代ローマではシヴァはハデス、プルートやポセイドンといった神々の印である。そしてこの三叉の槍に悪魔が密かに描かれている。

この紋章は英国陸軍情報部のものである。

（上左）ロックンロール雑誌の「Rip」は悪魔の印で表紙を飾る。
（上右）アレックス・サンダーズは魔法の儀式で両手でトライアングルを表現している。彼は英国で有名な魔法リーダーである。この写真に写る女性も彼と同様の魔術師である。（写真は1974年に出版された『Whitchcraft, Magic and Supernatural』より引用）
（下左）ジョー・マンスエットはモーニングスター株式会社の創設者。ウォール街の格付けでナンバーワンを獲得した投資信託企業である。（写真は1991年10月10日発売の「ニューズウィーク」より引用）
（下右）2001年11月５日に発売された「ニューズウィーク」の記事の写真で、ラシッド・ドスタムがトライアングルのサインを表現している。ソ連時代にカブールで秘密警察の将軍を務めた人物である。

(上左) マーク・アンドリーセンは1993年に米国立スーパーコンピュータ応用研究所に所属していた頃にウェブブラウザ「NCSA Mosaic」を開発した。Mosaic はインターネット利用を可能にしたウェブブラウザである。(写真2003年 4 月21日発売の「ニューズウィーク」の 6 ページより引用)

(上右) メディア界の二大トップ。バイアコム社会長のサムナー・レッドストーン(ユダヤ人でレッドストーンは実名ではない)と社長のメル・カルマジン(彼もユダヤ人)。バイアコム社は CBS、MTV、ディズニーなどを所有し、シオニスト的な編集や方針を推進している。(写真は2004年 6 月14日発売の「U.S. News & World Report」の70ページより引用)

(下) このシナリオは2001年 3 月にホワイトハウスで行われた。イスラエル首相のアリエル・シャロンとアメリカ大統領のベイビーブッシュは鏡像降順のトライアングル(デルタ、または女性の膣の意味)を手で表現している。2つのトライアングルが重なるとユダヤの星及びダビデの星が完成する。秘密の力を表現するためにシャロンが座っている位置は後ろにリンカーンの銅像が写る位置である。シャロンが密かに伝えてるメッセージはこれだ。“自分の地を否定する不幸なパレスチナ人を打ち砕いた”。シャロンはリンカーンと同じ一面がある。結局のところ、リンカーンは南部の反乱を鎮圧したからシャロンと同じではないだろうか?(写真は2001年 3 月21日発売の「USA Today」の13ページより引用)

民主党の宣伝映画を作ってきたマイケル・ムーアがトライアングルのサインをしていることに疑いの余地はない。ムーアはユダヤ人でクリントン家のエージェントであり、そして謎に満ちたモサド（イスラエル諜報特務庁）のスパイエージェントではないかと疑う人は少なくない。コードネームは“MEGA”らしい。（写真は2001年5月13日発売の「タイム」の72ページより引用）

シカゴで行われた世界の宗教議会はロックフェラーが資金提供したイベントで聖公会主教（左から２番目）は正体不明のカップルと70以上もの Warlock 団体（男性用の魔術団体）を監督するドナルド・フルー（右）と親交がある。フルーは手でトライアングルを表現しているのが確認できる。（写真は2005年の冬に発行されたニュースレター「SPC」より引用）

An honest politician is one who stays bought. —a Louisiana saying

ルイジアナ州知事のエドウィン・エドワーズは賄賂で有罪判決を受けた。この時は“高い権力”を行使している。エドワーズの写真の下の見出しに注目してもらいたい。「An honest politician is one who stays bought」（真面目な政治家は買収された１人に過ぎない）（写真は2001年５月６月発売の「Oxford American」より引用）

この２人の手が明らかに秘密のサインを表現しているが、偶然に知らずにやっているのだろうか？　右側の男性が両手でＸの字のサインを表現しているのに対して、隣のリチャード・バイは指でトライアングルを表現している。これはホワイトハウスで行われたエンロン社の財務失敗の下院委員会での公聴会の様子。バイはエンロン社の財務担当責任者の１人。これらのサインは、イルミナティから公聴会での保護を求めたアピールなのだろうか？（写真2002年２月８日発売の「Austin American-Statesman」の３ページより引用）

これは「ニューズウィーク」(2001年７月９日発売）の記事で、手で非言語的なメッセージを表現している男性。ヒップホップに関する短いＱ＆Ａが載っている。

QUESTIONS & ANSWERS

## Can Hip-Hop Handle a Gay Rapper?

**NEWSWEEK: How'd you get started?**
**CAUSHUN:** I called into a radio station to rhyme [on the air], and they shunned me. They heard my voice, and they was like, "Oh, wait a minute, are you sweet?" Had I sounded more thuggish, they would've let me on. After that, I was like, "You all are gonna hear me."

**Is the homophobia and misogyny in hip-hop overpublicized?**
There are artists you can call "studio thugs." They're made to appear that they're so against women and homosexuals. But you have a conversation with them and realize they're not homophobic at all.

**Are there many gay people working behind the scenes in hip-hop?**
We're there, honey. You have hip-hop artists wearing flamingo-pink suits. Think that was a heterosexual's idea? *(Log on for Jane Spencer's full Q&A.)*

ラムズフェルド国防長官が手でトライアングルのサインを表現している。(写真は2004年11月29日発売の「U.S. News & World Report」の20ページより引用)

ロシアでの宣伝看板。手の位置はトライアングル型であり、そして白と黒の陰陽のロゴの意味でもある。

「Parade」と「ニューズウィーク」を中心に大量に流通したこの写真はアメリカ軍で3つ星を獲得した初の女性クラウディア・ケネディ将軍。エリート達は明らかに自分のしもべに対して秘密のメッセージを伝えている。彼女が手で表現しているサインと背後の影に注目してほしい。彼女の両足の背後に写る影は意図的にそう写るように仕組まれた。彼女は2つの緑の低木の茂みの真っ只中に立っていて、そして彼女は目を閉じている奇妙な事実が映し出されている！　これらの奇妙な組み合わせは1つの情報を伝えている。2000年当時のケネディ氏はすでに軍を退役していて、大統領に立候補すると騒がれていた。イルミナティは彼女に他のポストを用意したのだろうか？

ハーバード大学の法学科教授のメアリー・グレンドンは1998年に国連会議でヴァチカンの代表団を率いた。（写真は1998年7月発売の「The Catholic World Report」の39ページより引用）

No circus trial for Intel's Andy Grove

# Intel is no Microsoft

## The company settles its antitrust case

BY WILLIAM J. COOK

Round II in the federal government's antitrust assault on the dynamic duo known as "Wintel" (as in Microsoft Windows and Intel microprocessors) has been called off. One day before a Federal Trade Commission trial of Intel Corp. was to begin last week, the two sides agreed to settle the case. Specific terms will not be announced until FTC commissioners vote on the agreement, but clearly Intel has promised to change its business practices enough to satisfy the government's antitrust prosecutors.

Intel had been charged with using its near monopoly power to bully customers. The chip maker had demanded that some of them hand over, free of charge, certain proprietary data. In one case, according to the FTC, Intel wanted technology held by

コンピューターチップ業界大物のアンディ・グローブはユダヤ人でインテル社のトップであり、その手から彼が欲しいものが表現されているのではないだろうか？

スポーツ雑誌の「ESPN」の表紙。

女優ドリス・デイは純粋なイメージからかけ離れた恐ろしいメッセージを手で表現している。この時に取材を受けたハリウッドの名プロデューサーは冗談でこう言ったが、おそらく彼の言ったことは間違いではない。“ああ、デイのことは長い間知ってるさ。彼女が処女じゃなくなる前から知ってたのさ！”

「USA Today」(2005年10月５日発売)に取り上げられたロックバンドのR.E.M.。担当ライターはアルバムについて「現代アメリカの裏側」と記している。

Music

Warner Bros. Records

**Somber sounds:** Michael Stipe, front, Mike Mills and Peter Buck of R.E.M. explore the darker side of modern America on *Around the Sun*.

ter P also has discovered girls. They're his favorite subject when

*Missin' You* follow in a similar vein. Bouncy dance jams such as *Bobble-ead* and boasts such as *Can't Stop ls*, with his group Rich Boyz, add to

# Dave Matthews Band: Solid as a rock star

By Dan Winters, RCA Records

**Flying high:** "At this point, we get to do pretty much what we want. ... And we don't want anything bad enough to bow down for it," says Dave Matthews, center. From left are Stefan Lessard, Boyd Tinsley, Carter Beauford and Leroi Moore.

Misera marri can m you si

Women of heart

By Marilyn Elias
USA TODAY

MONTEREY, Calif. nice to have a house?

Yes and no.

この新聞の写真では、秘密のハンドサインが中央に写っている。１人を除いては誰の手も写っていない。2001年３月12日に発売された「USA Today」のこの写真の中央に写るデイヴ・マシューズはこう自慢している。“我々は望むもの以上に多くのものを獲得する……”これは有名な悪魔崇拝者のアレイスター・クロウリーの名言に似ていないだろうか？“法から解放され、汝の意思することを行え”

BARADEI
BOMBED

The United States is ratcheting up its efforts to oust Mohammed ElBaradei, the head of the UN's nuclear watchdog agency, be-

the way Feinberg is trying to implement it is as far as possible—which is surprising given that the law was passed in a frenzy of midnight drafting just after the attacks.

Trade Center or the Pentagon, plus the owners of the Twin Towers, the businesses in and around the towers and anyone else damaged that day—a stadium's worth of

ance coverage. This meant that although thousands of people and businesses might sue the airlines, the pot from which they could collect would be limited to the insur-

（上左）国際原子力機関の事務局長を務めたモハメド・エルバラダイはイルミナティのエリートであることを手のサインで表現している。(2005年２月21日発売の「American Free Press」の２ページより引用)

（上右）1990年12月14日から16日に発売された新聞「The European」に載った旧ソ連のKGB長官のウラジーミル・クリュチコフ。クリュチコフはソ連分裂で“ナイスガイ”のイリュージョンを見せつけている。だが実際に彼が手で表現しているのはイルミナティ幹部に認められた“タフガイ”である。

（下）“伝統”によると、米軍の葬式で遺族は正確に６つ星を表示して折り畳まれた旗のトライアングルが与えられる。この伝統の起源がフリーメーソンであることを知っている遺族は多くない。(写真は2002年１月７日発売の「ニューズウィーク」の29ページより引用)

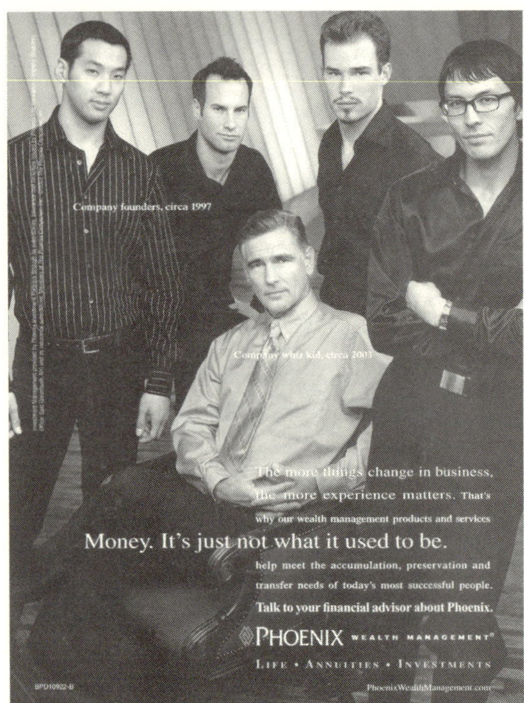


投資会社 Phoenix Wealth Managementの広告ページ。フェニックスのシンボルを理解するには、双頭の鷲の秘密が詳しく記されている12章を読んでもらいたい。

ヒューレット・パッカード社の元CEOのカーリー・フィオリーナ。

出版された「スター・ウォーズ」のさまざまなシリーズでこの表紙が使われている。左上の男性（サガのキャラクター）に注目してほしい。明らかにメーソン式サインの2つのコンビネーションを表現している。（写真はSF雑誌より引用）

*Τὸ Β΄ Οἰκουμενιστικὸν συμπόσιον τοῦ ἱδρύματος Εὐρώπης Δραγάν. Συνῆλθεν εἰς Ἀθήνας (11-6-1969) μὲ θέμα «τὸν κοινὸν ἑορτασμὸν τοῦ Ἁγίου Πάσχα». Εἰς τὸ κέντρον διακρίνεται ὁ τότε «μητροπολίτης» Ἰωαννίνων κ. Σεραφεὶμ νῦν «ἀρχιεπίσκοπος» νεοημερολογιτῶν, μὲ τὸν μέγαν ρεφερενδάριον τοῦ «οἰκουμενικοῦ» πατριαρχείου, πρόεδρον τοῦ ἱδρύματος, κ. Κων/νον Δραγάν.*

ギリシャ正教会の祭司と会談するカトリック教会の神父達。左から３番目の神父は手でトライアングルのサインを表現しており、彼の背後の壁には双頭の鷲が写っている。

90年代にテレビで精神的能力によるタロットカードの読み解きをして人気になったミス・クレオのタブロイドでの広告。多額のお金を稼いだが，連邦当局が偽物であると疑って調査してからその人気は一気に衰えた。

Human Relations Center
of Santa Barbara

**Residential Symposium Series, 1983**

*Casa de Maria Retreat Grounds*
*Santa Barbara, California*

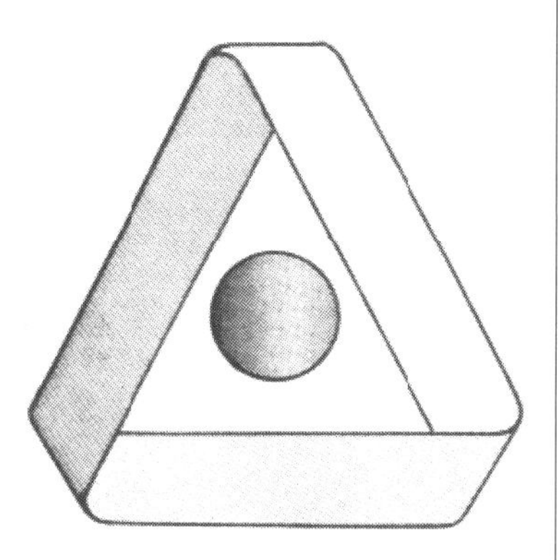

- **Jean Houston**
  *February 14 - 18, 1983*
- **Joseph Campbell**
  *April 6 - 8, 1983*
- **James Hillman**
  *May 31 - June 2, 1983*

ニューエイジ・グループは広告でこのシンボルを採用した。ジャーン・ホーストン、ヨセフ・キャンベル、ジェームズ・ヒルマンといった責任者達はオカルトとの関わりが深い。ジャーン・ホーストンはヒラリー・クリントンのオカルトカウンセラーを務めていたほどの人物であった。ヨセフ・キャンベルは公共放送サービス（Public Broadcasting Service、略称：PBS）にメーソン式ロゴを使うように働きかけ、ビル・モーヤーの番組で採用された。

ON BECOMING
AN INITIATE

**Proven techniques to help you attain Initiation into a Brotherhood.**

Produced and distributed by:
The Stelle Group
P.O. Box 75 •

ニューエイジ・コミュニティの Stelle Group では、興味のある人にこのパンフレットを支給している。このパンフレットは友愛の“秘密のパワー”へと誘惑する効果があるという。Stelle Group の創設者の話では、このシンボルは霊によって与えられたものであり、自分の体にも印字しているのだという。

最後のロシア皇帝のニコライ２世とその家族写真。彼らはイルミナティとはつながっていたが、1917年のロシア革命でロシアで社会主義党を樹立させたレーニンやトロツキーといったシオニストが率いるボリシェヴィキ党によって迫害された。レーニン達の命令でロシア皇帝一家（写真に写る全員）は誘拐された後、殺害された。

# Attacks prompt lawmakers

## They are likely to drop items that divide them and focus on healing

By William M. Welch
USA TODAY

WASHINGTON — Congress is responding to last week's terrorist attacks with a dramatic reordering of its priority list, focusing full attention on the nation's security and putting aside issues that it has spent months or years debating.

Big-ticket proposals such as a prescription-drug benefit for seniors, which backers hoped to push this fall, and an overhaul of Social Security, which the Bush administration was seeking, appear unlikely to go anywhere in the fore-

**Congress**

seeable future. Congressional leaders in both parties say they probably will abandon or stall other issues that have divided rather than united lawmakers.

In their place, Congress is tightly focusing on the immediate tasks at hand: recovering and rebuilding

like health care, campaign-finance reform, maybe even the energy bill are going to have to be put on the side burner."

The events have transformed Congress in a way unimaginable before. Gephardt and House Speaker Dennis Hastert, R-Ill., scarcely on speaking terms bef

keep lawmakers in Washington until Thanksgiving. Now they are talking about trying to move swiftly on annual government spending bills and finishing up in October.

Congress left town for the weekend after overwhelmingly appr ing $40 billion

By Chris Kleponis, for News Sunday, via AP

**Undergoing transformation:** House Minority Leader Richard Gephardt, left, and House Speaker Dennis Hastert discuss terrorist attacks.

ハウスマイノリティのリーダーのディック・ゲッパート（左）がフリーメーソン及びイルミナティに服従する弟子であるのは有名な話。デニス・ハスタート（右）は連邦下院議員議長を務めた経験があり、手でデルタまたは“聖なる扉”を意味するトライアングルのサインを表現している。（写真は2001年９月17日発売の「USA Today」より引用）

8D · MONDAY, JANUARY 27, 2003 · USA TODAY

A better
# Life
Health, education & science

By Bebeto Matthews, AP

**Living history:** Alice Cohn Ginott was one of Alfred Kinsey's research subjects more than 50 years ago.

## Kinsey's study still vital after 50 years

In 1944, Alice Ginott Cohn joined thousands of women who openly discussed a subject most others only whispered about: sex. The result of those private interviews was Alfred Kinsey's landmark book *Sexual Behavior in the Human Female*, which shocked the world in 1953 with its explicit revelations. Indiana University, which fostered the research, marks the book's 50th anniversary in 2003 with a year-long series of art exhibitions, film festivals and lectures exploring women's health and sexuality, the arts, science and history. Mostly, though, the school

アリス・ジノットはユダヤ人女性でインディアナ大学で性科学を研究していたアルフレッド・キンゼイの研究に参加していた。ジノットはギンセイの研究グリープのインタビューに答えたと証言している。彼女はギンセイの両性愛と幼児に対する性的虐待に関しては知るよしもなかった。そしてこの写真でその意味を知らずして女性の性器を意味するトライアングルを手で表現した。（写真は2003年１月27日発売の「USA Today」より引用）

カナダ出身の俳優マーティン・ショート。（写真は1997年７月14日発売の「People」の148ページより引用）

1995年10月19日発売の「Jerusalem Report」というイスラエルの雑誌の表紙を飾るイスラエル人歌手ヨセファ。この写真は彼女が発売したアルバム「The Desert Speaks（砂漠は言う）」でEMIレコード社によって世界に配信された。

（上）テレサ・ハインツ・ケリーはジョン・ハインツとジョン・ケリーという秘密結社スカル＆ボーンズを樹立した２人の連邦議員と結婚歴があり、莫大な遺産を相続した大富豪である（ハインツは謎の飛行機事故の犠牲になった）。テレサはユダヤ人で独身時代の名前はシモエス・フェレイラーだった。彼女はイルミナティのメンバーであり、カーネギー研究所、外交問題評議会、ブルッキングス研究所等、イルミナティが樹立した機関のメンバーである。

（中）「Parade」（2000年９月24日発売）に写るこの男がイルミナティのメンバーであることに疑いの余地はない。彼の名はヴァーツラフ・ハヴェルでチェコスロバキアの大統領などを歴任した人物で共産主義を支持した反体制派詩人としてメディアにもてはやされた。チェコスロバキアの共産主義時代の彼は高級マンションに住み、そして車は２台の高級ベンツを所有していた。ダライ・ラマ２世と親交のあった彼は同氏のことを“チベットの良い人”と呼んだ。

（下）ハリウッド映画監督のロバート・アルトマン。彼の写真を載せた「The European」（1993年９月12日発売の17ページ）は彼の写真のページの見出しを“Lion of Venice”（ヴェネツィアのライオン）と記している。

# 第18章 黒魔術、メーソン魔術そしてトライアングルの効力

フリーメーソンがなぜワシントンD.C.の米議事堂の上に女性像石及びニューヨーク港で「自由の女神」と呼ばれる女性の彫像を設置したか考えたことがあるだろうか？　実はアメリカでは悪魔の愛人であるイシスで満ちている。これであなたの目は開かれた。

テックス・マーズ

トライアングルはフリーメーソン、イルミナティ及び関連の秘密結社の薔薇十字団にとっては非常に重要な意味を持つ。また星占術やフリーメーソンのエリートが行う黒魔術でもトライアングルが使われる。

ソロモンの星と呼ばれるダブルトライアングルは悪魔崇拝者の儀式は魔術に使われる。重なり合ってできているダブルトライアングルはユダヤ人に「Magen David」と呼ばれている。上向きのトライアン

グルは肉体及び男性器を意味し、下向きのトライアングルは女性器を意味する。

男女の性器が重なり合う行為はセックスそのものである。または正反対の陰と陽、神と悪魔の和解のシンボルでもあり、冒瀆的な提案であることが明確だ。

イルミナティワールドでは必ずといっていいほどセックスを示すこのシンボルを見にすることを思い出してほしい。イルミナティは世界最大のセックスオカルト団体と言っても過言ではない。そのセックスシンボルが動かぬ証拠だ。

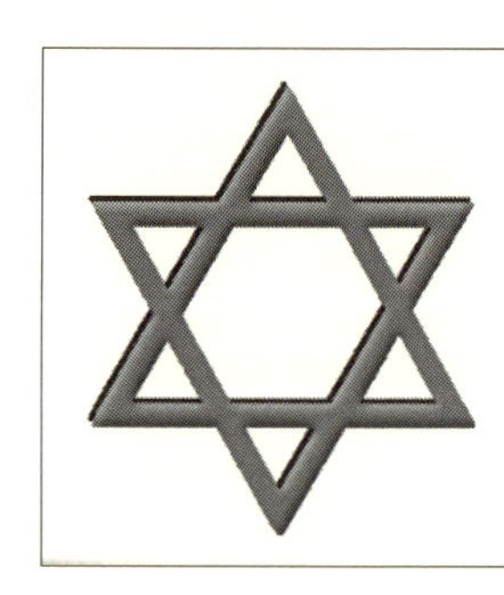

## ダビデの星と獣の数字666

2つのトライアングルが重なり合うダビデの星には、ヨハネの黙示録に記されている獣の数字である666が隠されている。外側のトライアングルを数えてみると6個もあり、ペンタグラムが完成するのに6つの線がつながることになる。どう見ても666を暗示している。

それにこのシンボルは、3辺それぞれの6つのトライアングルが内蔵されている。そうなると6が3回も暗示されてることになる（6×3＝666と6＋6＋6＝18）。

Ｏ・Ｊ・グラハムは六芒星と呼ばれるダビデの星について研究し、その研究の結果を『The Six-Pointed Star』という本で記している。グラハムによると、六芒星は古代イスラエルで王を務めたダビデによって使われた事実はなく、「ダビデの星」は誤称に過ぎないのだという。六芒星は１９４７年にイスラエル建国の際に国章として利用するようにロスチャイルドによって選定された。それは、不正を働くラビ達が儀式で六芒星を使うようになったのが理由。

グラハムはこのシンボルが悪魔的で聖なる人が使用するに値しないと断言するのに言葉を選んでいない。

## オカルトのトライアングルとフリーメーソンロッジ

さて、一般的なトライアングルの話に戻ると、アメリカでグランドマスターを務めたベンジャミン・フランクリンの影響を受け、メーソン達は建国の際トライアングルを国章に印字した。その形はピラミッドの頂点で太陽のように輝く（１米ドル紙幣の裏面に印字されている）ものである。

33階級に所属するエリートメーソンはインターロックでできたトライアングルの形をした宝石を身につける。33階級所属のエリートメーソンの握手はトライアングルの形に見えるように見せ、自分は儀式によって〝生ま

れ変わった〟（キリスト教で言う生まれ変わりの悪用）ことを示す。

本章にはエリートが見せるその握手の写真が多数掲載されてる。『コイルのフリーメーソン百科事典』を見ると、トライアングルの刑務所が記されている。それはバビロニア王国の王だったネブカドネザルの命令によってユダヤ人達が捕らえられ、トライアングルの形をした三角鎖によって束縛された伝説があるからである。ネブカドネザル王が三角鎖で束縛したのは、デルタのシンボルと呼ばれるトライアングルがユダヤ人にとっては神の印だったことを知っていたからだ。

## ソロモン王とトリプルトライアングル

フリーメーソン6階級の儀式ではトリプルトライアングルの話が伝授される。世界最古のフリーメーソンロッジを創設する時に出席した3人のうちの1人はあのソロモン王だったと昇進した新会員は説明を受ける。

旧約聖書第一列王記を読むと、ソロモン王はその妻たちが彼の心を転じて他の神々に従わせたと記されている。また神殿の祭司達に毎年666タラントの黄金を献上するように命令した。だから間違いなくトリプルトライアングルは666を暗示している。彼らの神の聖なる数字だからだ。

スコティッシュライトでのグランドコマンダー（大審問長官）を務めたアルベルト・マッキーはフリ

ーメーソンの儀式でトライアングルは非常に重要であると強調した。

後に陰謀研究家のジム・ケイスはフリーメーソンにとってトライアングルがどれだけ重要なのか議論している。自身の著書で「事実、すべての階級の儀式で三位一体を意味する3人の統治役員がいる」と記している。

アルベルト・マッキーはフリーメーソン国際評議会の議長を務めた人物。

フリーメーソン関係者が出版したほとんどの本はトライアングルについて記されている。それらの本にはトライアングルは古代エジプト神話に登場するセトとローマ神話に登場するバックスの印であると記されている。どっちにしろ、サタンが化けた表の顔だ。

しばしばフリーメーソン雑誌や本を出版している33階級所属のジム・トレズナースはスコティッシュライトの15階級の儀式、東の騎士、イーグルのための儀式でトライアングルの使用について指摘している。トレズナースはこれらの儀式の際に着用する赤いエプロンに鎖で形成された3つのトライアングルがあり、一方の内側に印字されて合計3つのトライアングルが形成されると指摘している。この3つのトライアングルは人間三大制限及び人間の三大敵であると指摘する。それは専制政治、特権、迷信。現実にトレズナースはまだ真のキリスト教会を信じる既存の政治家に対する講義を行ってきた。だが、フリーメーソンが教える「迷信」は宗教の信念では受け入れ難いものである。トレズナースは筆者の評価に反対かもしれないが、自身が行ってきた儀式で筆者の主張が正しいと証明している。

## 神智学、薔薇十字団とトライアングル

薔薇十字団も儀式で会員達を指導する時にトライアングルの重要性について教えている。アーコン・ダロールは自身が出版した本『A History of Secret Societies（秘密結社の歴史）』でドイツの薔薇十字団の儀式の様子を記してる。

「儀式を行う部屋は緑色でカーペット敷き、そこに数多くの物が置かれる。三燭台がトライアングルを形成するように配置され、9つのガラスは男性と女性の性器を表示していた」

ヘレナ・ブラヴァツキーは世界中で広まったオカルト神智学で、そして多作オカルト作家であったアリス・ベーリーは自身が長年最高責任者を務めたLucis Trustで、彼らの教えの象徴としてトライアングルを採用した。Lucis Trustは1937年にはにローカル3人のトライアングル・グループによって形成され、今日は世界中の人々を奨励するというトライアングルをネットワークに子組織グループを設立している。このように、手紙の中で、親組織のオカルト達人は

「世界を照らす働き、新しいアクエリアンエネルギーでは新しいアイデアが広がり、新世界秩序が出現、機能できるようにすることが……」できると記されている。

ベーリーによると樹立されるべき新世界秩序の紋章は円の内側にデザインされたトライアングルになり、円の内側のトライアングルは3つの中心部（アメリカでの中心部）を表現し、霊的な世界の支配者（サタン）が現れて物理の世界とその世界の人々を支配するという。2つ目の中心部はサタンの〝階層〟（厳密には悪霊の階層）のものとなり、3つ目の中心部は人間の群衆の階層になるのだという。

すべてをコントロールする

またベーリーによると、この時が近づいたら生活のすべての状況を制御するといい、「三大センターは、完全な統一と同期活動になる」と述べている。フリーメーソンに所属していたイギリス出身のサタニストのアレイスター・クロウリーもトライアングルをシンボルとして扱っていた。秘密結社「ゴールデンドーン」で、クロウリーは太陽の光を放射するホルスの目のピラミッドをエンブレムに使用していた。守護霊の形で「Aiwass」（アイワス）と呼ばれていた。

クロウリーは著書『法の書』でアイワスは、自身の守護霊であることに気がついたと主張している。

## ABRACADABRAは単なる子供の遊びじゃない

ベーリーの元には多くのオカルト魔術師が訪れていた。ABRACADABRA（アブラカタブラ）という単語は日常的に子供が見るテレビアニメでウィザード、魔女や妖精よって使われることがある。

この単語の起源は非常に古い。西暦250年頃の古代ローマでは、異教の医師によって書かれたオカルトの医学上の詩で病気や熱を追い払うために使われていた。

異教の医師は、ABRACADABRAをこのように逆三角形の形で書き留めるように勧めていた。

ABRACADABRA
ABRACADABR
ABRACADAB
ABRACADA
ABRACAD
ABRACA
ABRAC
ABRA
ABR
AB
A

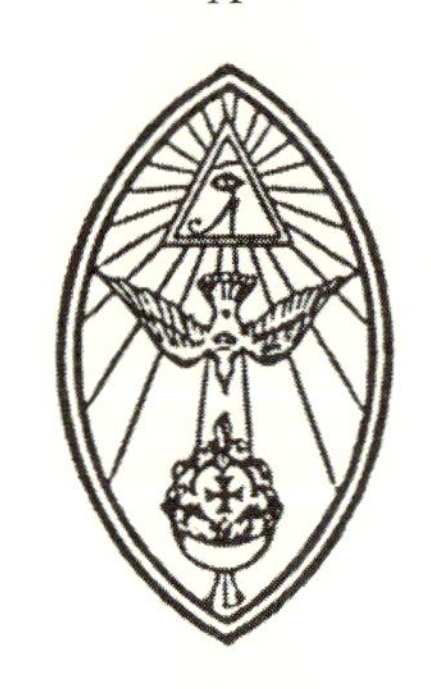

次にこの単語が書かれた紙を患者の首に9日間縛り付け、その次に東に背中を向けて背中に縛り付ける。これで熱は下がると患者に説明していた。

ABRACADABRAという魔法の言葉はエジプト神話の神であるAbraxas（アブラクサス）の礼拝でできたもの。その意味は「アブラクサスの死体」である。魔女や魔術師はトライアングルをお守りとして利用することが多く、トライアングルの内側にヘブライ語の文字を印字することが多い。このお守りはフリーメーソンの4階級の儀式で利用され、そして14階級の会員に贈呈されるリングにも刻印されている。

## 幾何学の神は女性

フリーメーソンの上階級で秘密にされているのは他の名前に化けた悪魔を崇拝していること、そして性別が女性の偉大な神を崇拝しているということ。これはイギリス出身のフリーメーソン会員のジョン・ヤーカーによって明らかにされた事実である。フランス語から英語に翻訳された同氏の著書『Lectures of a Chapter, Senate, and Council（総会、議会、評議会の講義）』を読むと、トライアングルの起源は古代エジプトの神であるオシリスにあると記している。

彼らが幾何学的と呼ぶ神の正体は古代エジプトのオシリスだったのだ。

コンパスと定規で成り立つフリーメーソンの紋章の中央にGの文字に印字されているのは一般に知られている。このGの意味は"God"（神）及び"Geometry"（幾何学）である。つまり"geometrical God"（幾何学の神）。この点についてジョン・ヤーカーは〝その象徴はオシリスの神である〟と記している。

フリーメーソンがなぜワシントンD.C.の米議事堂の上に女性石像を、ニューヨーク港で「自由の女神」と呼ばれる女性の彫像を設置したか考えたことがあるだろうか？　実はアメリカは悪魔の愛人であるイシスで満ちている。これであなたの目は開かれた。

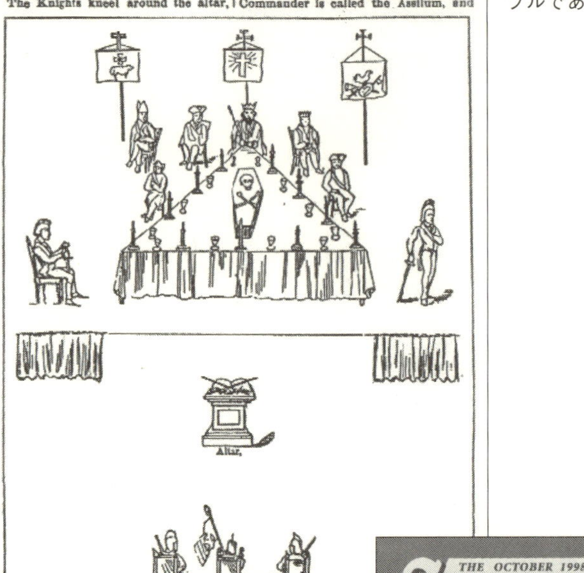

110 RICHARDSON'S MONITOR OF FREE-MASONRY.

Grand Commander — Attention, Sir Knights: you will now give the signs.

All the signs in Masonry are given by each Knight, from Entered Apprentice up to those of Red Cross Knights.

The signs in this degree are then given in detail, as explained hereafter.

Grand Commander — Attention, Sir Knights: you will form around the altar, for the purpose of opening this Council of Knights Templars.

The Knights kneel around the altar, and the proceedings of opening are similar to those in a Council of Red Cross Knights. After all is ready, the Grand Commander says:

Grand Commander—Sir Knights, this Council of Knights Templars is now open for the dispatch of business, and you will govern yourselves according to the sublime principles of our Order.

The veil is now drawn, and the hall divided. That part occupied by the Grand Commander is called the Assilum, and



リチャードソンモニターの書110ページにはテンプル騎士団の儀式について細かく解説されている。儀式の参加者達の中心になっているのは、トライアングル型のテーブルであることが確認できる。

THE OCTOBER 1998 JOURNAL
SCOTTISH RITE
OF FREEMASONRY SOUTHERN JURISDICTION USA
G
Special Issue – Masonic Education

1998年10月号の「Scottish Rite Journal」の表紙。太陽の光を放ち、そしてプロビデンスの目がデザインされたトライアングルが確認できる。そしてコンパスと定規の間にG（Geometry, Goddess, sexual Generative power　幾何学、女神、精力等の複数の意味を持つ）とフリーメーソンの“紳士的な握手”がデザインされている。

800 TRIANGLE TRIANGLE

and extent of the punishment to be inflicted, beginning with expulsion and proceeding, if necessary, to indefinite suspension and public and private reprimand. To inflict expulsion or suspension, a vote of two-thirds of those present is required, but for a mere reprimand, a majority will be sufficient. The votes on the nature of the punishment should be *viva voce*, or, rather, according to Masonic usage, by a show of hands.

Trials in a Grand Lodge are to be conducted on the same general principles; but here, in consequence of the largeness of the body, and the inconvenience which would result from holding the examinations in open Lodge, and in the presence of all the members, it is more usual to appoint a committee, before whom the case is tried, and upon whose full report of the testimony the Grand Lodge bases its action. And the forms of trial in such committees must conform, in all respects, to the general usage already detailed.

**Triangle.** There is no symbol more important in its signification, more various in its application, or more generally diffused throughout the whole system of Freemasonry, than the triangle. An examination of it, therefore, cannot fail to be interesting to the Masonic student.

The *equilateral triangle* appears to have been adopted by nearly all the nations of antiquity as a symbol of the Deity, in some of his forms or emanations, and hence, probably, the prevailing influence of this symbol was carried into the Jewish system, where the yod within the triangle was made to represent the Tetragrammaton, or sacred name of God.

The equilateral triangle, says Bro. D. W. Nash (*Freem. Mag.*, iv., 294), "viewed in the light of the doctrines of those who gave it currency as a divine symbol, represents the Great First Cause, the creator and container of all things, as one and indivisible, manifesting himself in an infinity of forms and attributes in this visible universe."

Among the Egyptians, the darkness through which the candidate for initiation was made to pass was symbolized by the trowel, an important Masonic implement, which in their system of hieroglyphics has the form of a triangle. The equilateral triangle they considered as the most perfect of figures, and a representative of the great principle of animated existence, each of its sides referring to one of the three departments of creation, the animal, vegetable, and mineral.

The equilateral triangle is to be found scattered throughout the Masonic system. It forms in the Royal Arch the figure within which the jewels of the officers are suspended. It is in the ineffable degrees the sacred delta, everywhere presenting itself as the symbol of the Grand Architect of the Universe. In Ancient Craft Masonry, it is constantly exhibited as the element of important ceremonies. The seats of the principal officers are arranged in a triangular form, the three lesser lights have the same situation, and the square and compass form, by their union on the greater light, two triangles meeting at their bases. In short, the equilateral triangle may be considered as one of the most constant forms of Masonic symbolism.

The *right-angled triangle* is another form of this figure which is deserving of attention. Among the Egyptians, it was the symbol of universal nature; the base representing Osiris, or the male principle; the perpendicular, Isis, or the female principle; and the hypotenuse, Horus, their son, or the product of the male and female principle.

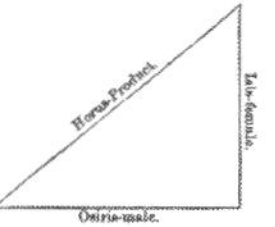


This symbol was received by Pythagoras from the Egyptians during his long sojourn in that country, and with it he also learned the peculiar property it possessed, namely, that the sum of the squares of the two shorter sides is equal to the square of the longest side—symbolically expressed by the formula, that the product of Osiris and Isis is Horus. This figure has been adopted in the Third Degree of Masonry, and will be there recognized as the forty-seventh problem of Euclid.

**Triangle and Square.** As the Delta was the initial letter of Deity with the ancients, so its synonym is among modern nations. It is a type of the Eternal, the All-Powerful, the Self-Existent.

The material world is typified by the "square" as passive matter, in opposition to force symbolized by the triangle.

The Square is also an emblem of humanity, as the Delta or Triangle typifies Deity.

The Delta, Triangle, and Compasses are essentially the same. The raising one point, and then another, signifies that the Divine or higher portion of our nature should increase in power, and control

TRIANGLE TRIANGLE 801

the baser tendencies. This is the real, the practical "journey toward the East."

The interlacing triangles or deltas symbolize the union of the two principles or forces, the active and passive, male and female, pervading the universe. (1.)

The two triangles, one white and the other black, interlacing, typify the mingling of the two apparent powers in nature, darkness and light, error and truth, ignorance and wisdom, evil and good, throughout human life. (2.)

The triangle and square together form the pyramid (3), as seen in the Entered Apprentice's apron. In this combination the pyramid is the metaphor for unity of matter and force, as well as the oneness of man and God. The numbers 3, 5, 7, 9, have their places in the parts and points of the square and triangle when in pyramidal form, and imply Perfection. (See *Pointed Cubical Stone*.)

**Triangle, Double.** See *Seal of Solomon* and *Shield of David*.

**Triangle of Pythagoras.** See *Pentalpha*.

**Triangle, Radiated.** A triangle placed within and surrounded by a circle of rays. This circle is called, in Christian art, "a glory." When this glory is distinct from the triangle, and surrounds it in the form of a circle, it is then an emblem of God's

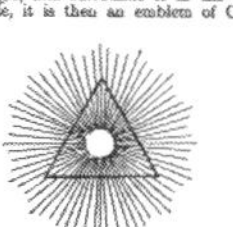

eternal glory. This is the usual form in religious uses. But when, as is most usual in the Masonic symbol, the rays emanate from the center of the triangle, and, as it were, enshroud it in their brilliancy, it is symbolic of the Divine Light. The perverted ideas of the Pagans referred these rays of light to their sun-god and their Sabian worship.

But the true Masonic idea of this glory is, that it symbolizes that Eternal Light of Wisdom which surrounds the Supreme Architect as a sea of glory, and from Him as a common center emanates to the universe of His creation.

**Triangle, Triple.** The *pentalpha*, or triangle of Pythagoras, is usually called also the triple triangle, because three triangles are formed by the intersection of its sides. But there is another variety of the triple triangle which is more properly entitled to the appellation, and which is made in the annexed form.

It will be familiar to the Knights Templar as the form of the jewel worn by the Prelate of his Order. Like every modification of the triangle, it is a symbol of the Deity; but as the degree of Knights Templar appertains exclusively to Christian

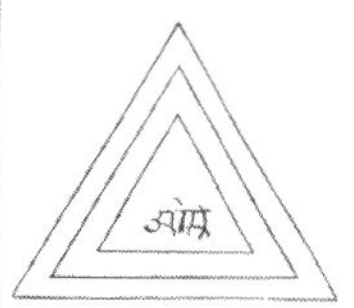

Masonry, the triple triangle there alludes to the mystery of the Trinity. In the Scottish Rite Degree of Knight of the East the symbol is also said to refer to the triple essence of Deity; but the symbolism is made still more mystical by supposing that it represents the sacred number 81, each side of the three triangles being equivalent to 9, which again is the square of 3, the most sacred number in Freemasonry. In the Twentieth Degree of the Ancient and Accepted Scottish Rite, or that of "Grand Master of all Symbolic Lodges," it is said that the number 81 refers to the triple covenant of God, symbolized by a triple triangle said to have been seen by Solomon when he consecrated the Temple. Indeed, throughout the ineffable and the philosophic degrees, the allusions to the triple triangle are much more frequent than they are in Ancient Craft Masonry.

The Indian trimourti, or triple triangle of the Hindus, is of a different form, consisting of three concentric triangles. In the center is the sacred triliteral name, AUM. The interior triangle symbolizes Brahma, Vishnu, and Siva; the middle one, Creation

52

33階級に所属したアルベルト・マッキーとチャールズ・マクレナチャンの共著である『フリーメーソン百科事典』の800と801ページ目。

フリーメーソンのエプロン。中央には光を放つトライアングルがデザインされており、エジプトの星のスカラベ、そして自分の尻尾に噛み付くウロボロスの蛇がデザインされている。

Ἡ ἀγγλὶς ἱέρεια Μαύρης Μαγείας πρὶν ἀπὸ τὴν τέλεσιν τῶν μυ-
στηρίων... ἐνῷ βαστάει τὰ δύο κόκκινα κεριά. Τὰ σύμβολα ἀπὸ πάνω
της εἶναι τὸ διαβόητον «Κρούς 'Ανσάτα» ἢ ANKX δηλαδὴ ὁ «Σταυρὸς
τῆς ζωῆς» ἐν ἀναλύσει... Οἱ ἀναγνῶσται μας τώρα ἀσφαλῶς θὰ κα-
ταλάβουν τὴν σημασίαν τοῦ σήματος T τὸ ὁποῖον φέρουν οἱ τέκτονές
μας ἐπὶ τῶν στολῶν των...

フリーメーソンの裏側。ギリシャのロッジで人間が生け贄として捧げられた写真だが、祭壇の奥には五芒星がある。背後にはその子孫（地獄）であるロイヤルアーチの象徴のトリプルタウが確認できる。デルタトライアングル（下向きのトライアングル）は女性の膣を意味する。

著書『The Black Book of Honorius（ホノリウスのブラックブック）』に出てくる2つの魔法の紋章。1つ目はギリシャオカルトの紋章で2つ目はオカルトで行われる黒魔術の紋章。共通しているのは、どちらもトライアングルが内側にデザインされていること（黒魔術の紋章には月の形も描かれている）。

フリーメーソンのロイヤルアーチバナーには明らかにトライアングルの形で翼を曲げる天使が描かれている。偶蹄の山羊足を持つ生き物はどう見てもルシファーを表している。（絵は1995年に改訂された『コイルのフリーメーソン百科事典』より引用）

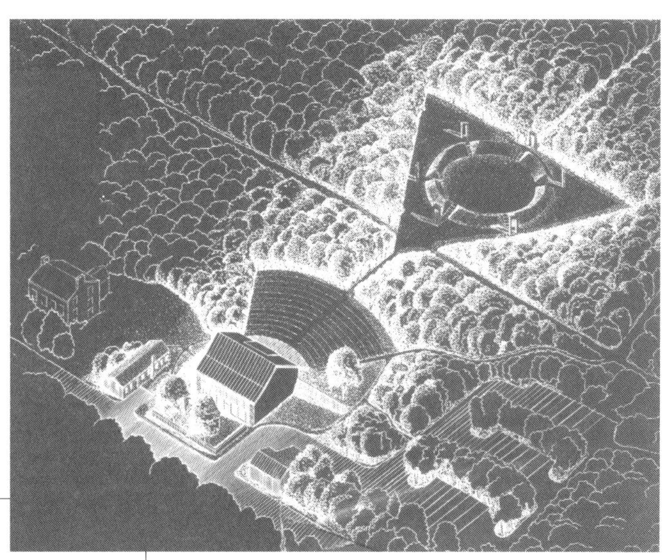

ペンシルベニア州に位置するイエロースプリングス研究所の建築デザインを見ると、音楽劇場と内側に円がデザインされたトライアングルの建物が確認できる。そしてイエロースプリングス研究所の公式ロゴには、赤いトライアングルの内側に木がデザインされている。

タバコブランドの Virginia Slims がこの広告全体に暗示しているメッセージはオカルト通の人間じゃないと理解できないような内容だ。稲妻のオカルト意義、トライアングル、広場、そして広告に起用されたモデルさんの腕と足の位置が意味するものは本書で詳しく解説している。彼女が着ている服の色、黒、赤、青、白にも意味がある。社会の中で道徳的な教えやキリスト教の知識を得ることがあってもオカルトについては教えられることがほとんどないため知識不足が現状。だからこういう広告のデザインを担当するスタイリスト等が知らずにオカルト的なものを採用することがある。筆者が考えるにはオカルト的なものが起用されると、我々にはメリットはなく、悪を働く連中にとってのみメリットがあるのだ。

From Ancient to Modern

SAROS

requests the company of reliable fellow pilgrims along the dragonways of space and time. Tickets $75 for six months.

Itinerary from
*The Courier*,
London

## Kabalah: A Process of Awakening

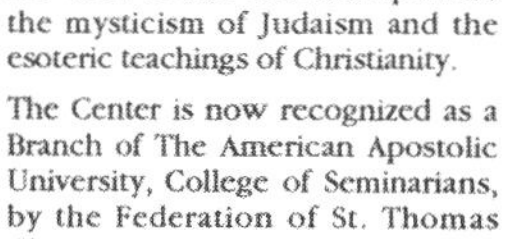

An extensive home study course encompassing philosophy, psychology and mysticism, which teaches the wisdom, understanding and use of the Tree of Life and incorporates the mysticism of Judaism and the esoteric teachings of Christianity.

The Center is now recognized as a Branch of The American Apostolic University, College of Seminarians, by the Federation of St. Thomas Christian Churches. The Seminary Program will become available to correspondence students late Spring, 1994.

For information on enrollment as a Kabalistic student or for information regarding Seminary Enrollment, write or telephone:

KARIN KABALAH CENTER

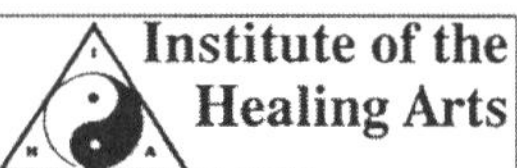

## Institute of the Healing Arts

CLASSES:
Yoga - Acupressure - Healing
Tai Chi - Meditation - & MORE

PRIVATE APPOINTMENTS:
Acupressure - Reflexology
Hands-On-Healing

WEDNESDAY EVENINGS:
Healing treatments (donation only)

このようなディスプレイ広告は、ニューエイジとオカルトの出版物に共通している。

## Institute of Spiritual Awareness

*May the Light of Spiritual Awareness brighten your path.*
*May Its presence be your guide at every turning point.*
*May Its beauty be the life that you share with others.*

CLASSES AND SEMINARS IN SPIRITUAL UNFOLDMENT
SUNDAY HEALING SERVICE 10:30 AM
SUNDAY CELEBRATION 11 AM

## Bonnie Wells

— *Astrologer* —

Specializing in Esoteric Astrology

Phone or FAX
Durango, Colorado

*Exploring Personal Meaning in the Light of Soul Experience*

Over Twenty Years in Practice • Consultation by Appointment

## INITIATION

*the Great Adventure of the*
**Western Mystery Tradition**

*A direct lineal descendent of the Golden Dawn offers a correspondence course preparatory to training in Ritual Magic. Our goal is the perfecting of our personalities to become fit vehicles for the cosmic flow of healing, love and harmony.*

**The Fraternity of the Hidden Light**
**P.O. Box , Covina, CA**

## SECRETS ENTRUSTED TO A FEW

# *The Unpublished Facts of Life*

THERE are some things that can not be generally told—*things you ought to know.* Great truths are dangerous to some—but factors for *personal power* and *accomplishment* in the hands of those who understand them. Behind the tales of the miracles and mysteries of the ancients, lie centuries of their secret probing into nature's laws—their amazing discoveries of *the hidden processes of man's mind,* and *the mastery of life's problems.* Once shrouded in mystery to avoid their destruction by mass fear and ignorance, these facts remain a useful heritage for the thousands of men and women who privately use them in their homes today.

### THIS BOOK FREE

The Rosicrucians (not a religious organization), an age-old brotherhood of learning, have preserved this secret wisdom in their archives for centuries. *They now invite you to share the practical helpfulness of their teachings.* Write today for a free copy of the book, the "Mastery of Life." Within its pages may lie a new life of opportunity for you. Address: Scribe EAX

### *The* ROSICRUCIANS
(AMORC)

San Jose　California 95191, U.S.A.

**SEND THIS COUPON**

Scribe EAX
The ROSICRUCIANS (AMORC)
San Jose, California 95191, U.S.A.
Please send me the free book the *Mastery of Life,* which explains how I may learn to use my faculties and powers of mind.

Name . . . . . . . . . . . . . . . . . . . . . . . .
Address . . . . . . . . . . . . . . . . . . . . . . .
City . . . . . . . . . . . . . . . . . . . . . . . . .

**PLEASE INCLUDE YOUR ZIP CODE**

110

薔薇十字団に興味がある人は雑誌に掲載されたこの広告を見るがいい。"Secrets Entrusted to A Few,"（一部に共有された秘密）というタイトルの下にはトライアングルと内側に十字架が印字された古代の本が描かれている。薔薇十字団は実際にいくつかの異なる順序で成り立っている。この広告は、ヨーロッパの団体よりもエリートの間で影響力の少ないアメリカをベースとする団体AMORCの勧誘のためである。一番有名な薔薇十字団員はベンジャミン・フランクリン。カトリック教皇のヨハネ23世は宗教改革を行ったとしてマルチン・ルターを薔薇十字団員として高く評価した。現在、薔薇十字団で大きな力を持つのは上院議員のテッド・ケネディ氏である。

JEWEL OF THIRTY-THIRD DEGREE

スコティッシュライト33階級の儀式で用意される宝石の設計は複数のトライアングル、背景には四重タウ、そしてXの字がはっきり見て取れる。

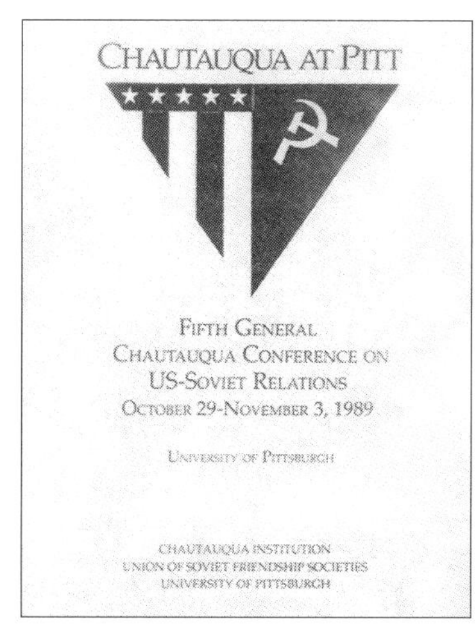


経済的合併を推進する社会主義者が保有する会議の公式ロゴ。1080年の会議で、アメリカと旧ソ連の政治演説に参加をしたのはイルミナティで上院議員ジョン・ハインツ（スカル＆ボーンズにも所属）、上院議員ビル・ブラッドリー、そしてピッツバーグ市長ソフィー・マスロッフである。

さまざまな秘密結社の幹部から歓迎されたイギリス出身の悪魔崇拝者アレイスター・クロウリー。ここでも角の生えた神の印を表現している。トライアングル式の帽子はアメリカの植民地時代を思い出させる。トライアングルにはすべてお見通しの目が印字されており、そこから太陽の光が放たれる。

people, the belief that there exists and has always existed an inner, unfolding divine plan or purpose for the human family is not new. And there is in the world today a growing number of visionary thinkers who are working selflessly to ensure that human development is in line with

profound energies are used by Triangles co-workers. Daily they visualise these energies streaming into human consciousness to help build a lighted mental climate in which people everywhere can sense and contribute to the planetary vision of a new enlightened social order.

*Through the network which the Triangles are creating, light or illumination is invoked by the daily work and attitude of the Triangles members; thus light can indeed "descend on earth" and goodwill, which is the love of God and basically, the will-to-good, can also stream forth in fuller livingness into the hearts of men; thus they are transformed in their lives and the era of right human relations cannot be stopped.*

Alice Bailey

**HELPING TO BUILD RIGHT HUMAN RELATIONS**

ISSN 0818-4984

World Goodwill is an international movement helping to mobilise the energy of goodwill and to build right human

Nations Economic and Social Council.
The World Goodwill Newsletter is published four times a

こちらのトライアングルは Lucis Trust という団体のロゴでこのオカルト団体の創設者のアリス・ベイリーのメッセージが潜んでいる。この写真は1997年に発行されたニュースレター「World Goodwill」に取り上げられたもの。「World Goodwill」は Lucis Trust と業務提供しているグローバル団体で、イルミナティをはじめとして秘密結社とネットワークを持つ。この2つの団体はニューエイジに再臨するキリスト、来る宇宙の再編や中央の太陽とも呼ばれる水瓶座の時代のアバターについて知らせてきた。

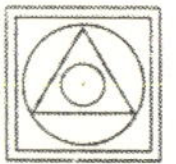

□ Energy System Parameters
○ *Pilgrim's Progress*
△ *The Community as Disciple*
· *The School of Symbols*

P.O. Box 12-939 / P.O. Box 93
Albany, New York 12212 / Unity, Maine 04988
U.S.A. / U.S.A.

August 12, 1988

Dear friends and members of ESP,

This letter is to announce the 1988 General Membership Meeting in or nearby Ottawa, Canada's national capitol, on October 14th and 15th. The past two years has witnessed change in the membership of ESP, accelerated change in the personal lives of ESP members and, as a result, a change in the group energies of ESP. It is suggested we use the meeting this fall to examine the meaning of these changes, to share the excitement of our changes, and to consider the future of ESP in light of these changes.

ニューエイジ系列の団体であるEnergy System Parameters（ESP）はこの手紙のようなロゴを採用している。一般会員の年次総会開催を発表し、この手紙の中で共同会長は、ESPの「グループエネルギー」を強調している。「宇宙の再編」及び「達成することの重要性」を新会員に強調した。署名ラインは「一人のサービスでは」というフレーズが書かれている。

32° Brothers
XXXII
Your Jewel
As based on The Supreme Council, S.J., *Statutes*, a 32° Jewel is now available. See *Current Interest* in this issue.


これはスコティッシュライト32階級の会員に贈呈される宝石。トリプルタウが4つと4つの正方形が備わっている。これはフリーメーソンが崇拝する来る王子は世界の4箇所の支配者になるという意味である。(写真は1000年10月に発行されたスコティッシュライトの公式マガジンから引用したもの)

東洋の宗教では、スリ・ヤントラの使用は目に見えない霊の世界から（魅力的）の助けを想起させることによって比類のない精神的な力を生成することができると信じられている。性的タントラの一般的な儀式で用いられるスリ・ヤントラ瞑想装置の設計は４つのＴ（タウ）でできている。興味深いことにフリーメーソン32階級の会員に贈呈される宝石のデザインと同じだ。スリ・ヤントラのこのベースでは９つ（666＝６＋６＋６＝18＝１＋８＝９）のトライアングルから引き出され、４つは下向きで５つは上向きで中央のトライアングルは42（６×７）のトライアングルの断片を形成する。オカルトでは、そのような完璧に連動する組み込みのトライアングルセットは他にないと教えている。スリ・ヤントラの図は、宇宙のすべての活動とエネルギーが中に含まれている、または合成されていると一般的に言われている。黒と白のトライアングル要素は陰陽でデザインされ、構成された。黒が白で、白が黒の原則だ。これがマスターズカーペット（チェッカーボード）の根底ともなっており、そして33階級の「暗黙の２頭の教義」及び双頭の鷲の根底ともなっている。（写真は1989年に出版された著書『Sacred Geometry（神聖な幾何学）』より引用）

スリ・ヤントラの他の２つのバージョン。左はロックバンドのアルバムの表紙に採用されたもので右は『The Tantric Way（タントラの道）』という著書に記載されたもの。性行為（性別）を表す複数のトライアングルがデザインされている。内側のトライアングル（男性器）はロータスの花（女性器）に埋め込まれている。

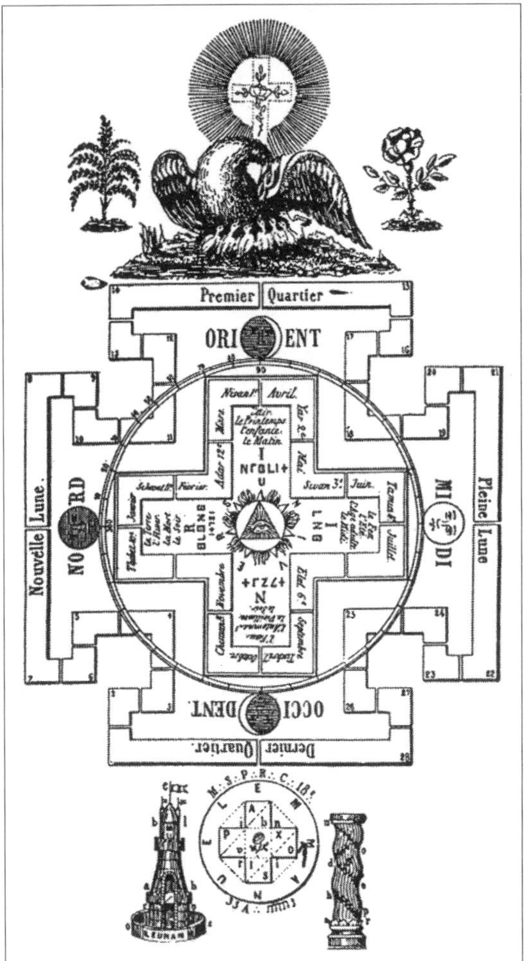


テンプル騎士団の建物でスリ・ヤントラがソロモンの印として採用されたもの。上の部分に描かれている十字架と太陽はイエス・キリストを意味しているのではなく、さまざまな名前で呼ばれる反キリストを意味しているのである。(イラストは1992年にニューヨークで出版されたアンドリュー・シンクレア著『The Sword and the Grail（剣と聖杯）』より引用)

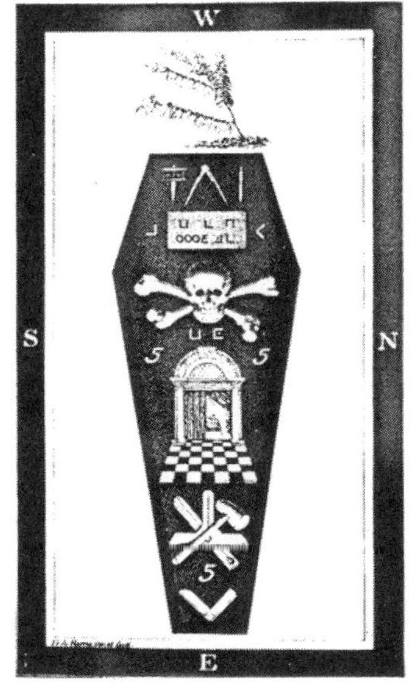


フリーメーソン式の棺には“芸術の道具”がデザインされている。下の部分にVの字がデザインされている。下向きにデザインされているが、これは地獄及び死の神を指している。スカル＆ボーンズまたは死の頭と呼ばれる頭蓋骨と骨の組み合わせは、儀式の始まりの入り口をどう守るか考えている。そして3つの5を線でつなぐと見事にトライアングルが完成する。555は死と復活の象徴とされている。アメリカ首都に位置するワシントン記念塔の高さがちょうど555フィートに設計されたのは偶然ではない。フリーメーソン会員の建築家によって設計され、オシリスのペニス（バアルのシャフト）としてエジプトで崇拝の対象になっていたオベリスクに基づいている。

オカルト精神的性質は、ニューヨークの国連本部の中の瞑想ルームで確認できる。そこには禁欲瞑想ルーム、ラフ、白黒のアシュラー祭壇（フリーメーソンが起点）、蛇、トライアングル、三日月と正方形を含むさまざまなオカルトのシンボルの壁画がある。部屋自体はその側にキャップトーンが横たわったピラミッドのように設計されている。国連にもある種の牧師を配置しているが、それは瞑想ルームの内側にいる瞑想をリードするヒンドゥー第一人者である。イルミナティは、彼らの世界の司令室といえる国連を設立した時、明らかに教会と国家の分離に熱心ではなかった。

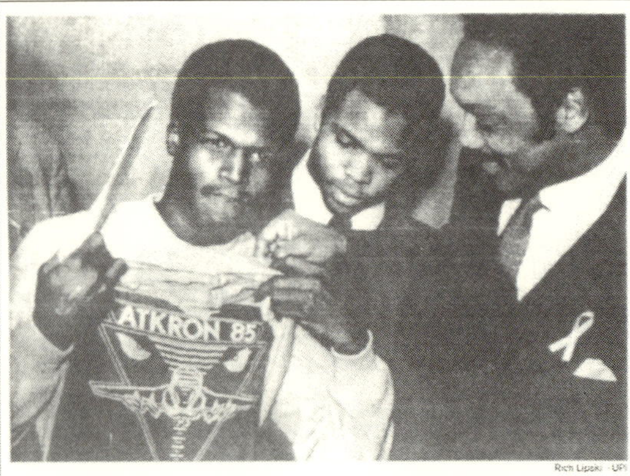

ATKRON 85

Rich Lipski - UPI

*Jackson and son, Jesse Jr., watch Goodman's T-shirt signal to shipmates: 'Send me home'*

## Appointment in Damascus

Sirens echoing in the ancient streets, a motorcade of black limos sped through downtown Damascus last weekend bearing a distinguished visitor. It was the Rev. Jesse Jackson, erroneously identified in the local press as "Senator Jackson" and actually only an untested candidate for the Democratic presidential nomination. But Jackson, in Damascus to extend what he termed a "moral appeal" for the release of a captive

the plane, and said U.S. officials should not be suspicious of his good treatment in Syrian hands. Asked repeatedly what he thought of the various efforts to bring about his release, he replied, "I'm not a politician, I'm a naval officer." Said Jackson: "A wise lieutenant."

In fact, neither Jackson nor anyone else knew whether Syrian President Hafez Assad would set Goodman free—but Jackson, at least, had nothing to lose by trying

シリア当局に拘束されていたアメリカ人飛行士海軍中尉のロバート・グッドマン・ジュニア（当時27歳）が釈放された時、自己任命の外交官だったジェシー・ジャクソンは彼の故郷であるオハイオ州アクロンからのお土産のＴシャツを彼に贈呈した。Ｔシャツには、トライアングルや悪魔の目がデザインされている。シリアの大統領のハーフェズ・アサドはジャクソン同様にフリーメーソン33階級に所属していたため、ジャクソンの対処法に合意したのだろう。後にジャクソンはキューバに渡航し、表向きは宗教指導者で人権保護推進者だが、実は秘密結社の仲間であるカストロ議長と会談して群衆の前で「Viva Fidel, Viva Fidel Castro!（カストロ万歳、フィデル・カストロ万歳）」と叫んだ。(写真は1984年１月９日に発売された「ニューズウィーク」より引用)

これはオレゴン州のオカルト紙「エクスカリバー」だが、すべてお見通しの目がトライアングルの内側にデザインされたロゴを採用している。この広告では“心霊治療”のサービスを宣伝し、心霊治療を行う者は“オメガのエネルギー”の持ち主らしい。

1939年を記念して発行された切手。39年はオカルト的な意味でフリーメーソンによって選ばれた年である。クラッシック映画の「三十九夜」でもこのロゴが採用されている。

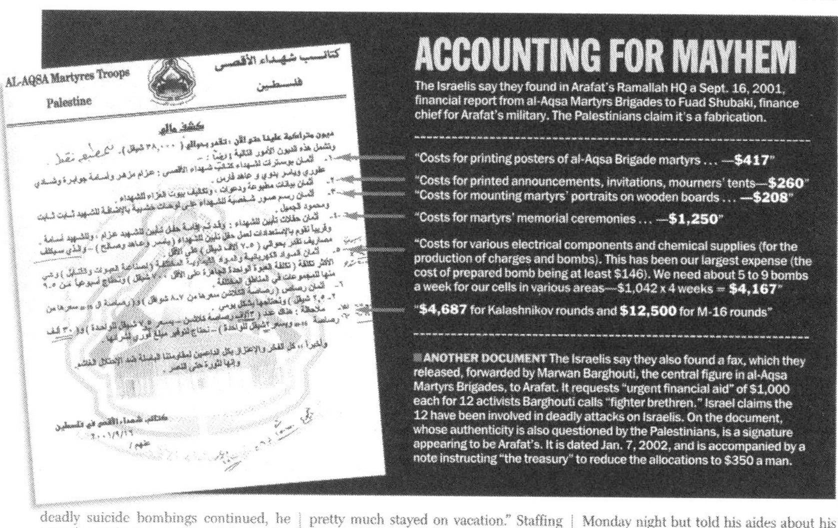

WORLD

# ACCOUNTING FOR MAYHEM

The Israelis say they found in Arafat's Ramallah HQ a Sept. 16, 2001, financial report from al-Aqsa Martyrs Brigades to Fuad Shubaki, finance chief for Arafat's military. The Palestinians claim it's a fabrication.

AL-AQSA Martyres Troops
Palestine

"Costs for printing posters of al-Aqsa Brigade martyrs . . . —**$417**"

"Costs for printed announcements, invitations, mourners' tents—**$260**"

"Costs for mounting martyrs' portraits on wooden boards . . . —**$208**"

"Costs for martyrs' memorial ceremonies . . . —**$1,250**"

"Costs for various electrical components and chemical supplies (for the production of charges and bombs). This has been our largest expense (the cost of prepared bomb being at least $146). We need about 5 to 9 bombs a week for our cells in various areas—$1,042 x 4 weeks = **$4,167**"

"**$4,687** for Kalashnikov rounds and **$12,500** for M-16 rounds"

**ANOTHER DOCUMENT** The Israelis say they also found a fax, which they released, forwarded by Marwan Barghouti, the central figure in al-Aqsa Martyrs Brigades, to Arafat. It requests "urgent financial aid" of $1,000 each for 12 activists Barghouti calls "fighter brethren." Israel claims the 12 have been involved in deadly attacks on Israelis. On the document, whose authenticity is also questioned by the Palestinians, is a signature appearing to be Arafat's. It is dated Jan. 7, 2002, and is accompanied by a note instructing "the treasury" to reduce the allocations to $350 a man.

deadly suicide bombings continued, he stayed out of sight, saying nothing for the first 48 hours. His silence amounted to a green light to Israel to counterattack—which in turn triggered more suicide bombings. One reason for Bush's silence was that his

pretty much stayed on vacation." Staffing the President was a junior press aide normally assigned to Homeland Security chief Tom Ridge, and it showed. "I can understand why the Israeli government takes the actions they take," Bush said. "Their coun-

Monday night but told his aides about his decision Tuesday morning.

When Bush threw himself into the Middle East peace blender, his aides knew his neat and simple foreign-policy doctrine was going to be pureed. That meant B

2002年４月15日にアル・アクサ殉教者団の記章を保有するアラファト議長宛てにパレスチナ自治区本部に送られた財務報告書。本物の場合、そのロゴや記章は円の内側にトライアングルがデザインされたものになっている。

IPS INSTITUTE FOR PLANETARY SYNTHESIS
GENEVA

P.O. Box 128
CH-1211 GENEVA 20
Tel. : 022/ 45 72 49
Telex: 427993 TXC CH, attn. I.P.S.

ORDER FORM

Name :

（上右）ニューエイジ系列のオカルト団体である「Institute For Planetary Synthesis」（惑星統合研究所）はトリプルトライアングルをロゴとして採用している。彼らの教えの「注文フォーム」として採用している。
（左）裁判官のロジャー・シャーマンはアメリカ独立宣言文書に署名した人物。右手でトライアングルを表現している。（絵はＦ・タッパー・ソーシーの著書『The Miracle On Main Street（メインストリートで起こる奇跡）』より引用）

ベルサウス社CEOのデュアン・アッカーマンは手でフリーメーソンのトライアングルを表現している。(写真は2004年3月15日発売の「USA Today」の4ページより引用)

B2 Sunday, March 22, 1998 METRO &

Political Capital

# Foreign dignitaries lining up with Bush

You might have noticed the would-be president of Russia, Alexander Lebed, in a firm handshake last week with the would-be president of the United States, George W. Bush, at the Governor's Mansion after Alex stopped by for breakfast. You may recall that Bush met with José Angel Gurría Treviño, Mexico's foreign secretary and maybe someday president, on Gurría's September visit to Austin. Not to mention that Argentina's U.S. ambassador and its chief of cabinet ministers will be knocking on the mansion door March 30. If the governor announces for the millennium presidency, you could be watching his foreign policy being shaped here.

■

**A new strategy:** House members traditionally vote their districts on school finance bills, but advocates for school districts that want a bigger share have devised an effort to lobby senators. Their larger districts can contain dozens of school districts, so voting their districts is not so clear. Now the Equity

Ralph Barrera/AA-S

Gov. George W. Bush, left, and Russian presidential hopeful Alexander Lebed exchange an obviously cordial farewell handshake after breakfast at the Governor's Mansion on St. Patrick's Day.

campaign aides, has come over to Williamson's campaign. "There should be no doubt, Barry Williamson is the only conservative left in the race for

ting Children First. (The organization's leaders disowned an anti-Laney fund-raising letter, saying it was sent without authorization by a staff member.)

当時テキサス州知事だったジョージ・W・ブッシュと当時ロシア大統領候補だったアレクサンドル・レベジ。この2人はメーソン式の握手を交わしている。レベジは左手で2つのトライアングルを表現しているのが確認できる。この握手はダンカンモニターの書3版の120ページに解説されている3階級のマスターメーソンの握手そのものだ。レベジのロシア大統領になるという野望はけっして叶うことはなかった。彼はロシアで謎に満ちたヘリコプター墜落事故で命を落とした。レベジは暗殺されたのだ。(写真は1998年3月22日発売の「Austin American-Statesman」より引用)

1997年９月17日に発売された「ニューヨークタイムズ」の表紙を飾るのはアメリカ屈指の大富豪のハント兄弟。トライアングルを形成するように並んでいる。

コメディアンのボブ・ホープ。マルタ騎士団の団員であった彼はここで広場のサインを表現している。拳で逆さまＶの字はフリーメーソンのデルタのサインである。

ニューヨーク州知事のマリオ・クオーモは民主党所属だが、共和党所属のニューヨーク市長のルドルフ・ジュリアーニの承認を受けた。イルミナティの弟子の間には政党の壁は存在しない。ジュリアーニは同性愛者。「ニューヨークタイムズ」によると、同氏は“Rudia”という名前でナイトクラブで女装ダンサーをやっていた。またゲイの男性と数年にわたって同棲した事実があり、そして女装してゲイパレードに参加した事実も確認されている。W.R 社 CEO の大富豪のピーター・グレイスはクオーモを中傷する形で“Cuomo the Homo”「クオーモはホモ」と発言し、後に謝罪している。だが、“内側の人々”はこの中傷の発言が何を意味するか理解している。

「タイム」の表紙を飾っているスティーブン・スピルバーグ、デヴィッド・ゲフィン、ジェフリー・カッツェンバーグの3人はユダヤ人である。彼らの顔はトライアングルを形成する形で載っている。そして彼らはカバリズムをも行う人間に違いない。

# DOWN TO EARTH BUZZ ALDRIN

Aldrin inside *Apollo11* (top), and training in 1969(right).

After the nation's most famous astronaut, Buzz Aldrin, flew to the moon in 1969, he returned to Earth an American icon. But his training as a moonwalker hardly prepared him for fame. Scrutiny on a global scale led to depression, alcoholism and divorce. Over time, he summoned the courage to seek help and work through his difficulties.

Many factors led to his recovery, among them therapy, Alcoholics Anonymous and his marriage to Lois Driggs Cannon. Lois, his third wife, has helped him build a new

上は2001年5月6月号の「Psychology Today」誌が宇宙飛行士のバズ・オルドリンを取材した時の記事の写真。彼は宇宙飛行士ニール・アームストロングと共に1969年に月に着陸して歩いたことで知られている。アームストロングはメーソン会員で月でメーソン儀式を行ったとも発言している。実際に「Psychology Today」誌のこの記事を見ると、見出しを含む至る所にトライアングルが確認できる。オルドリンは左手の3つの指をポケットに入れているが、これによって腕でトライアングルが形成されている。D・C・イェルマークの著書『Axis of Death（死の枢軸）』によると、このポーズは薔薇十字団の秘密のサインである。神の支配から解放され、悪魔に服従する儀式で行われるという。オルドリンがメーソンであることは確認されているが、薔薇十字団との関連は未確認。

こちらの写真はオルドリンが1969年に月面を歩く時の様子だが、アポロ11号計画はヤラセで地球で撮影されたと信じる人が多い。この写真でも彼は左腕でトライアングルのポーズをしている。この計画にはアメリカ国民が納めた数十億ドルという膨大な税金が投入されたが、まさかオルドリンがイルミナティの儀式を演出するためにだけ使われたというのか？

An Ordo
Saturnus Ritual.
Drawing
done
by Fritz
Springmeier
based on a drawing
done by an
eyewitness.


この絵はフリッツ・スプリングマイヤーの著書『Bloodlines of the Illuminati（イルミナティの血統）』に掲載されているもの。これは悪魔崇拝の儀式の１つである。儀式の名はラテン語で「Ordo Saturnus」（土星の秩序）という。土星は太陽系で６番目の惑星で、古代ではサタン及びルシファーの象徴として崇拝の対象とされていた。円の中のトライアングル（現在アルコホーリクス・アノニマスのロゴとして有名）はサタンの象徴のＸをも表現している。（講壇中央）

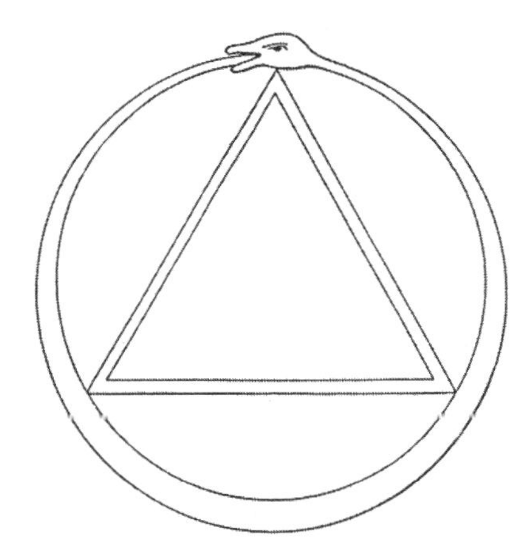

薔薇十字団はアルコホーリクス・アノニマスのロゴについて絶賛するコメントを出した。薔薇十字団のマニュアルによると、左の絵は創造のシンボルであると解説されている。ネフシュタンは自分の尻尾に噛み付く蛇として知られているウロボロスだ。これは永遠の動き（ヘーゲル弁証法）とオカルトの概念象徴であり、そしてディズニー映画の「ライオンキング」のスローガンの「生命のサークル」によって有名になった。内側のトライアングルは太陽の神の象徴の罪深い三位一体を意味する。オカルトでは精神要素であり、宇宙の材料であると考えられている。

BLACK MAGIC AND PACTS

*Symbols play a vital role in infernal conjuration.* LEFT: *the Goetic Circle of Pacts, drawn by Eliphas Levi in the nintheenth century, is supposed to be used when the sorcerer is to make a pact with the Descending Hierarchy. The three circles in the center are the standing positions of the sorcerer and his apprentices. The skull must be from a parricide, the horns from a goat, the bat must have been drowned in blood, and the black cat, whose head is placed opposite the skull, must have been fed on human flesh.* RIGHT: *The seal and characters of Lucifer, from the* Grimorium Verum, *sixtheenth-century book of demonic magic. The characters are supposed to be written on parchment with the blood of the sorcerer, and worn by him at all times during the conjuration.*

アーサー・ライオンズ著『Satan Wants You（サタンは君を欲しがっている）』より。

17世紀に描かれたこの絵には、王となった反キリストと罪深い三位一体（地球儀の3つの冠）、太陽の内側のトライアングルから放たれる炎を崇拝している。

# Meaning Behind Our Corporate Seal

**Howard M. Duff FAFA**

I was asked to design an official seal when we incorporated in 1938 as the American Federation of Astrologers. The four fixed signs were chosen to indicate stability and practicality. The words around the circle showed our purpose and ideals. The hand and torch backed by the star of truth indicated our purpose to lead in teaching true Astrology; the little dots, the starry firmament; the large ones, the seven planets with the Sun and the Moon dominant; these were significant of our "alphabet" for doing this on a national scale.

Howard M. Duff Sr
FAFA
4-6-73

born pretty
9-23-1887

*Excerpt from article of the same name in AFA* Bulletin *1973, Volume 35, Number 5 — 35th Anniversary edition.*

A2

American Federation of Astrologers（アメリカ占星術連盟）の文書のこのページには例のロゴとその説明が書かれている。その説明内容に具体性はなく、連盟の人間にしか理解できないように書かれており、真の秘密は一切明かされていない。陰謀通の人間であれば説明文を読むまでもなく、一目でその意味を理解できる。具体的に説明すると、円の内側にトライアングルがあり、五芒星（ペンタグラム）、トーチを持つ手、そして円と星の内側にポイントがデザインされている。

ハゼルデン社はアルコホーリクス・アノニマス関連商品を専門に販売する会社。キーホルダー、ペンタント、お札クリップといったアクセサリー等。カタログには“あなたにも神のペンタントをどうぞ”の書かれている。ハゼルデン社のカタログにはこんなことも書かれている「苦難や試練に遭った時、このペンタントの目の力は回復と精神的成長を促してくれる」。さらにこう書かれている。「このシンボルは5000年もの歴史があり、精神の癒しの象徴とされてきた」。

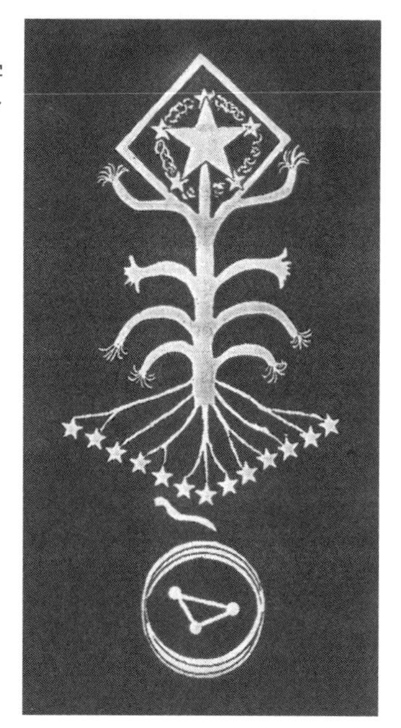

ニューエイジ系の百科事典では、薔薇十字団のこのシンボルのことを「永遠のマドンナ」と解説している。

筆者宛に知人が送ってきた写真。高校の展示会で撮った写真らしいが、ほぼオカルト関連の内容。円の内側にトライアングルが描かれており、その下には赤い床に男性が横たわっている。太陽に服従する奴隷の姿が描かれている。フリーメーソンでは「宇宙の偉大な建築家」として知られている。

ハワイのキリスト教雑誌で宣伝された「青年のためのクリスチャンメダリオン」。

Summer 1990 • Volume

1990年夏に発行されたロイヤルアーチの公式マガジンの表紙。記章には大評議会のロゴが使われており、円の内側にトライアングルがデザインされている。

The
Royal Arch Mason
Magazine

M.W. BRO. HARRY S. TRUMAN
Beloved By All Freemasons
(See Story On New Statuette, p. 99)

Vol. 18 • Winter 1994 • No. 4

このロイヤルアーチの公式マガジンの表紙にはハリー・トルーマン（フリーメーソン33階級に所属し、ロッジで他の会員にアメリカ大統領よりも魔法マスターになりたいと発言した人物）。左側にロイヤルアーチのロゴが確認できる。トリプルタウは円の内側のトライアングルのさらに内側にデザインされている。この複合記号はトリプルパワーを暗示するためであると書かれている。

第19章

# 天使と悪魔の両立

主の杯と悪霊どもの杯とを、同時に飲むことはできない。
主の食卓と悪霊どもの食卓とに、同時にあずかることはできない。

第1コリント10章21節

センターには常に、なめらかな髪と細い目を持つハンサムな男、リンドン・ジョンソンがいた……40代の時の細い体系は歴史で見るよりも細い。だが警告しなければならない。天才起業家と言われた彼だが、その素顔はオオカミそのものだ。

ランス・モロー「天使と悪魔の両立」(「ニューズウィーク」記事)

イルミナティのエリートは好感な印象を与えることがある。あなたが夕食や自宅のバーベキューに招くのにまったく抵抗のない人であったりする。しかし、それはあなたが彼らが持つ悪魔というもう1つの顔を知らなければの話だ。

ウィル・ロジャーズがその例。オクラホマ州出身の芸人で、この国で多くの人に尊敬されていた彼の裏の顔が、他のメーソン仲間と一緒に悪魔礼拝で頭蓋骨にワインを入れて飲んでいたなんて、誰が想像したのだろうか？ NASAの宇宙飛行士で有名なバズ・オルドリンが月に向かうスペースシャトルに双頭の鷲がデザインされているスコティッシュライトの旗を積んで行った事実をどのくらいの人が知っているのだろうか？ 〝Life of the Party〟（政党の生命）というバイオグラフィーで有名な政治活動家のパメラ・ハリマンだが、彼女の夫は秘密結社スカル&ボーンズの家長を務めた政治家のアヴェレル・ハリマンだった。だが、ミス・ハリマンの男遊びはこれに留まらない。彼女はロスチャイルド財閥の男性と愛人関係にあったし、そしてジョージタウン大学の学生に性接待していた。その学生の本名は「ウィリアム・ジェフェルソン・クリントン」。

〝天使と悪魔の両立〟の言い出しっぺのリンドン・ジョンソン大統領も間違いなくこの哲学に該当する1人だ。彼はテキサス州のロッジでフリーメーソン3階級に所属していたマスターメーソンだったのだ。黒人の公民権の適用を訴える活動を始めた人物。そんな彼のことを「狡猾」そして「狼」と呼ぶ人がいるのはなぜだろう？

1963年に副大統領を務めた彼が大統領を務めていたジョン・ケネディの暗殺で暗躍したと指摘する本は多数出版されたが、信じる人はわずかでリー・ハーヴェイ・オズワルドの単独犯という不合理な

この写真は衝撃的。ケネディ暗殺直後にエアフォースワンの機内で大統領就任を宣言するジョンソンの姿。この写真はさまざまな新聞、雑誌や書籍で取り上げられた。この写真に写る人々は浮かない表情をしているのが確認できる。この写真こそ、長い間封印されてきたのだ。

議会議員のアルバート・トーマスがエアフォースワンの機内でジョンソンに対して素早くウインクをして、「お前が次期大統領だ」と密かに伝えた。その隣で悲しみにくれているジャッキー・ケネディに対して、ジョンソンの妻、レディバード・ジョンソンは微笑んでいる。

説を信じる人が大多数。ところが、２００３年にテキサス州の弁護士のバー・マクレランはジョンソンの暗躍説を指摘する本を出版した。同じ年にジェフ・レンスは自身が運営するウェブサイトrense.comで2枚の写真を公開し、「20世紀史上の謎、ウィンクの秘密を解いた写真」と言われている。本章にはその写真を掲載している。

ジョンソンは本当に天使と悪魔を両立していたのだろうか？　筆者はそう思わない。

１００％どっちらか一方だった。その根拠を本章で解説していく。まず、この写真に写る人々は腕をトライアングルの形で体につけてイルミナティのサインを表現しているし、それらのポーズは明らかに偶然に撮られたものではない。フリーメーソンの公式書物には秘密のメッセージを伝えるこれらのポーズに類したものが載っており、意図的に行われたと証明する動かぬ証拠そのものだ。

...crets of this degree.

The candidate is then instructed in the signs, words and token in this degree, as follows:

Signs—Place the point of a poinard under your chin, and draw it downward to the waist, as if in the act of ripping open the body, speaking the word ZERBUL. The brother will answer by giving the Entered Apprentice's sign as on page 7, and saying ELIHAM. Another way is to clench the fingers of the right hand, extend the thumb, place it on the abdomen, and move it upwards to the chin, as if ripping open the body with a knife. The brother answers as before.

Words—The pass-words are Eliham and Zerbal. Sacred words, Zerbal, Beniah, Benhakar, Bendaka, &c.

Candidate is now clothed as a companion of this degree, and salutes the Senior Warden as a Master Elect of Fifteen.

If there is no other business before the Chapter, it is then closed in same manner as in the preceding degree, except that the Master and other officers rap three times five, and the companions clap three times five with their hands, &c.

curtains, and is lighted by twelve candles on four triangular branches.

The officers consist of Thrice Potent Master, representing King Solomon, sitting in the east: Grand Inspector in the west, and Master of Ceremonies.

The brethren wear white aprons, each with an inflamed heart embroidered or painted upon it, and lined and bordered with black. The ribbon, or Order, is similar to that in the preceding degree, except that in place of three heads, three hearts appear upon it. The jewel is the same.

In opening the Chapter, Thrice Potent Master raps ten, and Grand Inspector rises. Master makes the usual inquiries as to whether the Chapter is duly guarded, and the duties of the several officers, as in former degrees, which are answered by the Inspector.

Master raps eleven, and inquires of Grand Inspector—What is the hour?

Grand Inspector—It is twelve, Thrice Potent.

Master raps twelve, which is repeated by the officers, and the brethren clap twelve with their hands: Master says—If it is twelve it is time to labor by the greatest of lights. I pronounce this Grand Chapter open.

The brethren now give the signs of the different degrees, and then those of this degree, hereafter described.

If a candidate is to be admitted, he is prepared outside by the Master of Ceremonies, who brings him hoodwinked to the door, and gives twelve raps, which are answered by twelve by the Inspector, who demands, who comes there? &c.

Master of Ceremonies—A Master Elect of Fifteen desires to receive the degree of Sublime Knight.

Candidate gets admittance in the same manner as in the previous degree, and is led to the Grand Inspector in the west, who examines him in all former degrees.

グランドマスター階級で表現される処罰の印は、腹部に手を当てて素早く上に動かして“ナイフで腹部が切り裂かれるイメージをしながら”行われる。処罰の対象となるのは義務違反及び秘密を漏洩した会員だ。（リチャードソンモニターの書146ページ）

...obligation which, like you, we have received, forms a tie so strong that nothing can break it: woe to him who attempts to disunite us!

The obligation in the degree is then administered. It is similar to those of former degrees, the penalty being to have the hands nailed to the breast, &c.

The candidate is now instructed in the sign, token, and words, &c., viz.: Cross the arms on the stomach, the fingers clenched, and thumbs elevated, and raise the eyes upward. It alludes to the penalty of having the hands nailed, &c.

The token is exactly the same as that in Intimate Secretary. The pass-words are Stolkyn, Emerh, Emeth, and Amuriah. The sacred word is Adonia.

This ends the initiation.

The closing ceremonies are similar to those in previous degrees. Master raps ten and inquires about the duties of the officers: he then raps eleven and inquires of the Inspector—What is the hour?

Inspector—Low six.

Master raps twelve, and brethren rise, the signs are given, &c.

Master again raps twelve, the officers twelve, and the brethren all clap twelve with their hands, when the Master declares the Chapter to be duly closed.

the south.

The brethren, or companions, wear stone colored aprons and scarfs; the apron has a star upon it, and in some cases a square and rule: the jewel is a gold medal, with the five orders of architecture, a star, and a case of mathematical instruments delineated on each side.

In the opening, Most Potent Master raps one, and Grand Marshal rises, Master inquires if the Chapter is duly guarded, &c., the same as in the former degrees.

Master raps two, when the Grand Inspector rises.

Master—What is the hour?

Inspector—A star indicates the first instant, the first hour, and the first day in which the Grand Architect commenced the creation of the Universe.

Master raps one and two, when the companions all rise.

Master—Companions, it is the first instant, the first hour, the first day, the first year, when Solomon commenced the Temple; the first day, the first hour, the first instant for opening this Chapter. It is time to commence our labors.

Master raps one and two, the other officers do the same, and the companions clap one and two with their hands, when the Master declares the Chapter duly opened for the dispatch of business.

When a companion is to receive this degree he is prepared outside by the Master of Ceremonies, who conducts him to the door of the Chapter and raps one and two, which is answered by the same from within. He is admitted through the door by the same ceremonies as in the former degrees, and conducted to the east, where

グランドマスター階級の儀式の説明。右手を心臓の位置に当て、左腕でトライアングルの形を取るポーズをして行われる。

BOOKS

# Part Devil, Part Angel

## Robert Caro's massive and magisterial *Master of the Senate* charts Lyndon Johnson's cunning rise

**By LANCE MORROW**

WHEN I WAS A SENATE PAGE boy long ago in the 1950s, my boss was Lyndon Johnson's young pet lizard, Bobby Baker. Senator Johnson would snap his fingers softly, and I would hustle to the cooler in the Democratic cloakroom to bring him a glass of White Rock sparkling water or dash down the marble back stairs to the Senate restaurant to fetch a dish of vanilla ice cream, which he ate at his desk on the Senate floor as he played his mighty legislative Wurlitzer.

In those days, a distinctive cast of characters populated the Senate. The spectacle seemed like continuous American Shakespeare, with a more interesting regional variety than homogenized America offers today.

The Southerners, flamboyant or saturnine, came from another age. Hoey of North Carolina wore wing collars. Freshman John Kennedy of Massachusetts, thin and glamorous, the millionaire's dreamboat boy, hobbled at the rear of the chamber, on crutches from his back operation. Joe McCarthy of Wisconsin, remembered now as a dark cloud shadowing America, could show, in private, an unexpected sweetness and charm. Always, front and center (first desk, middle aisle, the Democratic leader's spot) stood Lyndon Johnson, almost handsome then, in his 40s, leaner than history remembers him, narrow-eyed, his hair sleek with Stacomb, alert in a vaguely dangerous way—an impresario, a genius of nuances, a wolf in his prime.

in four short years. Caro, whose great gifts are indefatigable legwork and a sense of historical drama and character, has a fine protagonist for his life's work. His Johnson, a man of Manichaean contraries, is now familiar—by turns Caligula and Lincoln, a narcissistic monster capable of immense personal cruelty and breathtaking political cynicism who now and then metamorphoses into an angel of compassion and statesmanship.

Part of the key, Caro writes, lay in Johnson's astonishing ability to talk himself into anything, including, sometimes, the right thing. (Bill Clinton also possessed the trait.) "[Johnson] had a remarkable capacity," Caro observes, "to convince himself that he held the principles he should hold at any given time, and there was someth...

PAUL SCHUTZER—TIMEPIX

**THE WOLF IN HIS PRIME: Johnson, the natty Senate majority leader and legislative magician, in 1959**

リンドン・ジョンソン大統領を「狡猾」として紹介する興味深い記事だ。見出しの下には“Lyndon Johnson's cunning rise.”（リンドン・ジョンソンの狡猾な上昇）と書かれており、ジョンソンの写真の下には“The Wolf In His Prime”（全盛期のウルフ）と“legislative magician”（立法的な魔術師）と称賛する内容が書かれている。特に注目すべき点はジョンソン大統領がイルミナティ式のポーズをしている点だ。トライアングルの形に腕を曲げ、そして拳を握る。これは社会主義の権力の象徴である。「ニューズウィーク」はこの記事の見出しをよく“Part Devil, Part Angel.”（天使と悪魔の両立）と書いてくれたもんだ。ちなみにワシントンD.C.のスコティッシュライトの司書によると、リンドン・ジョンソンはマスターメーソン（3階級）より上の階級に昇進していない。筆者が思うには、リンドン・ジョンソンはフリーメーソン関連の秘密結社に所属して、イルミナティのエージェントとして政治活動を行い、主に石油利権を支配するシオニスト達に服従したのだろう。

日米欧三極委員会を創設した大富豪、デイビッド・ロックフェラー。「Town and Country」誌に掲載されたこの写真は見出しも説明も一切書かれていない。腕をトライアングルのポーズにしているのが確認できる。不思議なことにデイビッドは中央ではなく、横に寄っているのがわかる。プロのカメラマンによって撮られた写真であるのは間違いないが、編集担当者が弄ってこんなふうになったのだろう。

立っているのはチェース・マンハッタン・バンク会長のウィンスロップ・オルドリッチで座っているのは社長。

無邪気なショット!?　けっしてそんなことはないから騙されないでほしい。上院議員のリチャード・ゲッパートだ。彼は“広場”にいて世界の４カ所のリーダーであることをアピールしている。両腕でトライアングルのポーズを取り、ネクタイの色は床と同様の白と黒である（フリーメーソンロッジの床と同様）。白と黒はフリーメーソンと哲学で光と闇が混同して善と悪のバランスを示している。フリーメーソン33階級会員が儀式で宇宙エネルギーによる錬金術として説明を受ける。ゲッパートの背後には３つのステップがある（フリーメーソンロッジの最初の３つの階級の暗示）。彼はドアの前に立っており、彼の背後の床の大理石はすべてお見通しの目の象徴。写真のどの部分を見てもイルミナティの象徴が確認できる。この写真で紹介されたゲッパートは政治の場で世界的なリーダー候補であると紹介された。この写真は1996年９月30日に発売された「タイム」に掲載されたが、１ページ丸々使った割には何の見出しも説明も書かれていない。

# 2003: Year of the woman among the 'Fortune' 500?

## Small number of CEOs deliver outsized results

By Del Jones
USA TODAY

The smart money was on the women in 2003.

Eight *Fortune* 500 companies have female CEOs, and as a group they outperformed the broader market by a substantial margin. An $8,000 investment Jan. 1 in the S&P 500 index would be worth $10,130 as of the close of stock trading Monday. The same $8,000 invested equally in the eight companies with women at the helm would be worth $12,130, including a loss in energy company Mirant, which has been under bankruptcy protection since July. That's a 52% gain for the women vs. a 27% gain for the index of all large companies.

**Cover story**

One explanation is that 2003 was a fluke. When the women's performance is examined for the entire tenure they've been CEOs — which ranges from six months to 40 years — results are more mixed.

Nevertheless, 7-for-8 in 2003 is impressive enough to give rise to a Darwinian theory: The glass ceiling has been so difficult to crack that women who reach the top are, on average,

By Todd Plitt, USA TODAY

**Turnaround artist:** Lucent Technologies CEO Patricia Russo led the company to its first profitable quarter since 2000.

chain of 143 supermarkets in the Northeast.

Another explanation proposed by Marion Sandler, co-CEO of Golden West Financial since 1963, is that many recently promoted women were at companies that were on life

2003年12月30日発売の「USA Today」の記事に載ったルーセント・テクノロジー社CEOのパトリシア・ルッソ。編集者は彼女の頭が蛇（ウロボロス）のような輪と重なるように弄っている。円光に見えるようにワザと弄っているのである。

写真は銀行家のエドワード・ヘンリー・ハリマン（中央）と息子のローランド（左）とアヴェレル（右）である（1907年に撮影）。若い頃のアヴェレルは左腕でメーソン式のポーズをしている。後に彼はニューニョーク州知事となり、独裁者スターリン政権下のロシアでアメリカ大使を務めた。秘密結社スカル＆ボーンズにも所属していた。

“Life of the Party”（政党の生命）という見出しの本に載るパメラ・ハリマンは体で例のポーズを示している。チャーチルの子孫だったパメラはロスチャイルド財閥の男性と愛人関係を持ち、スカル＆ボーンズに所属していたニューヨーク州知事を務めたアヴェレル・ハリマンと結婚した。そして当時はまだジョージタウン大学の学生だったビル・クリントンに性接待をしていた。彼女はなんと、老いた夫に紹介した上で性接待をしていたのだ！　そこからクリントンの政治家としての人生は飛躍していった。パメラの夫がこの世を去って数年後にはクリントンはホワイトハウスで仕事をしていたのだ。大統領に昇進したクリントンはパメラを在パリアメリカ大使館の大使に任命した。

月面着陸をして散歩をしたとされる宇宙飛行士のバズ・オルドリンはフリーメーソンに所属していた。事実、彼は月に双頭の鷲がデザインされているスコティッシュライトの旗を持っていたのである。NASA が公開したこの写真で彼の腕の位置に注目をしてほしい。

フリーメーソン33階級に所属していた宇宙飛行士のバズ・オルドリンが1969年にアポロ11号に持ち込んだ双頭の鷲の旗。

1646年にフリーメーソンに所属したイライアス・アッシュモール。この絵はイングランドに位置するアシュモレアン美術館で保存されている。彼の著書『The Order of the Garter（ガーター勲章)』の絵である。イングランドに実在した貴族を中心に構成された秘密結社「The Order of the Garter」（ガーター勲章）について記録をしたのだ。彫刻の下の隅に書かれたラテン語の単語は「貴族に区別を」を意味する。

南北戦争時代にアメリカ連合国軍の司令官を務めたロバート・エドワード・リー。

アメリカのコメディアンだったウィル・ロジャーズ。Knights Elected degree（11階級）のポーズを示している。

# 第20章 メロヴィング朝、シオン修道会、聖杯

シオン修道会（Prieure de Sion とも呼ばれる）は社会に存在する秘密結社をまとめた意味を持つ。

マイケル・ベイジェント、リチャード・リー、ヘンリー・リンカーンの共著である『The Holy Blood and the Holy Grail（レンヌ＝ル＝シャトーの謎―イエスの血脈と聖杯）』にはシオン修道会の友愛は数世紀にわたって受け継がれていると記されている。フランスにかつて実在したフランク王国のメロヴィング朝はその友愛の守護者だと自称し、イエス・キリストの子孫であるとも自称した。そしてイエス・キリストとマグダラのマリアが結婚して子供もできて、その血を引く者がいつの日か世界の支配者となるという驚くべき主張をしていたのだ。

## 聖杯

アンチ聖書のこの冒瀆的な主張は「聖杯とロンギヌスの槍の物語」でも使用された。イエス・キリス

トの血が十字架からこぼれていた時、聖杯という名のカップで受け取っていた人がいたと主張する人もいる。これによって魔法を用いて偉大な奇跡を起こす力を生み出すというのだ。

またこの説にはその聖杯がイエス・キリストが最後の晩餐会でワインを飲んだ時に使われた聖杯で、それは魔法のお守りになると主張する人もいる。

## ロンギヌスの槍

ロンギヌスの槍もシオン修道会に関連する伝説。これはロンギヌスという名のローマ軍のケントゥリオ（日本語では一般的に百人隊長と訳されている）が実際に十字架にかけられたイエス・キリストに槍を刺したと言われている。人によってはこのケントゥリオにかかったイエス・キリストの血潮が奇跡を起こしたと主張している。ここで「ロンギヌスの槍」が魔法のお守りであるというもう1つの伝説が誕生したのだ。

これによってナポレオンもヒットラーもこのロンギヌスの槍を探しだした。これを手にした者は世界を征服できると信じたからである。ウィルアム・クーパーは自著『Behold a Pale Horse（蒼ざめた馬を見よ）』と自身のラジオ番組で運命の槍の契約について暴露し、エリート達を怒らせた。

地元の食料品店での買い物を終えて帰宅途中の道で一時停止の標識で車を停止したところ、待ち伏せしていた現地のＦＢＩの人間によって組織ぐるみで暗殺されてしまった。自身の著書で「運命の槍」がイルミナティのエリートにとってどれほど重要なのか記している。

インテリジェンスコミュニティの人間によるとＮＷＯ（New World Order）が完成した時、遺物と運命の槍が一体化される。そして伝説によるとこれが世界支配者に絶対の権限を与えるのだという。読者が何を信じるかどうかは関係ない。彼ら（イルミナティのエリート）が真実なら我々一般市民はその影響を受ける結果となる。

## ペンタグラムの槍と光るボルト

槍は長い間古代の多くの謎の宗教でシンボルとして扱われてきた。エジプト神話で槍はホルス（太陽の神）の槍や、すべてお見通しの目を持っていると言われた息子のオシリスの槍とも呼ばれた。

アントン・ラヴェイは自著『Satan Speaks（サタンは言う）』で槍の印は逆さまのペンタグラム（五芒星）であると記している。ラヴェイによるとペンタグラムは「エクスカリバー」「運命の槍」「稲妻の生命を創造する光るボルト」「ウオータンの槍の突端」だという。

## 薔薇十字団と矢印のシンボル

どうやら薔薇十字団はシオン修道会とロンギヌスの槍という2つの伝説とつながっているようだ。
D・C・イエマークの著書『The Axis of Death（死の枢軸）』によると
「薔薇十字団員は右手の3つの指で秘密の印を暗示する。それは矢印のシンボルである」と説明している。

薔薇十字団員が暗示する印は悪魔的である。それらの印は神の恵みから引き離すために行われるものであり、悪魔との距離を縮めるために行われる矢印や槍のシンボルだからである（この場合は槍の突端が矢印となっている）。

フリーメーソンの印やシンボルを研究していたディーン・グレイスはシオン修道会と呼ばれいるこの国際ブラック組織のメンバー達が他の秘密結社とのつながりを槍の突端で暗示していると信じている。暗示される槍の突端の印は必ずしも原型のままに暗示されるわけではなく、変形して間接的に暗示される場合もある。時にはペンタグラムを逆さまにして暗示されるバフォメットの角の形で暗示されることもある。またグレイスによると、シオン修道会はテンプル騎士団といった秘密結社ともつながっているという。
「槍の突端の印は先端が4角形ので8つの突端で成り立つ。これはマルタ騎士団の十字架である」と述べている。

## 印の暗示の仕方

本章にはABC Newsのリポーターだったサム・ドナルドソンやアメリカ副大統領を務めたディック・チェイニーが手の指を使って槍の突端の印を暗示している写真が載っているが、個人的に意識しないでやっている可能性もある。どんなハンドサインを行う時も人間の個人の人格が影響をする可能性があるからだ。

また、女性の外陰部付近に男性陰部を配置すると、槍点が男根のシンボルになる。

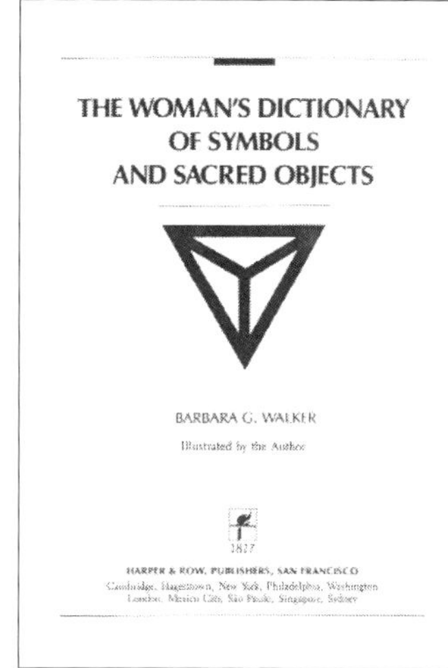
THE WOMAN'S DICTIONARY
OF SYMBOLS
AND SACRED OBJECTS

BARBARA G. WALKER

Illustrated by the Author

1817

HARPER & ROW, PUBLISHERS, SAN FRANCISCO

Cambridge, Hagerstown, New York, Philadelphia, Washington
London, Mexico City, São Paulo, Singapore, Sydney

このハンドサインは、Yの字の形をした槍でサタンが支配する地獄の方向(下)へ向けて行われるのである。左はバーバラ・ウオーカーの著書『The Woman's Dictionary of Symbols and Sacred Objects (女性のための神聖な印とオブジェクトの辞典)』の表紙の写真。バーバラはこの著書でこのシンボルを女神のためトリプルトライアングルの「竜の目」であると記している。そしてこの印は女神の霊に守ってもらうための魔術の書に載っているのも指摘している。言われてみれば槍の突端は竜の目の形に似てるから「竜の目」と呼ばれるのは不自然ではない。

右の写真はチャールズ・ウェストボークの著書『The Talisman of the United States: The Mysterious Street Lines of Washington, D.C. (アメリカのお守り。ワシントンD.C.の謎のストリートライン)』の裏表紙。この絵はメロヴィング朝の紋章であるフルール・ド・リスの形をしている。

英国博物館にある「三位一体の盾」。
これがシオン修道会の紋章となった。

このデザインは「シオンのためのロック」とシオン修道会の紋章として使用された。(著書『The Holy Blood and the Holy Grail (レンヌ=ル=シャトーの謎』より引用)

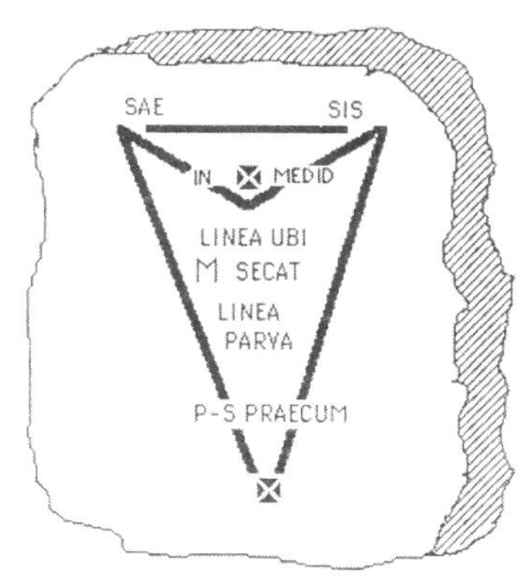

ファーストレディ時代のヒラリー・クリントン。毛沢東のような格好をしている。この写真は1999年３月１日に発売された「タイム」の表紙だが、明らかに両手でバフォメット及びシオン修道会の秘密のハンドサインを暗示している。2000年にニューヨーク州知事から連邦議員に出馬する準備をしていた。事実、ヒラリーは当選した。このハンドサインは彼女が今後政治家として成功することを予告していただろうか？

俳優のスコット・バクラ。（2001年11月25日発売の「Parade」より引用）

1998年８月に政治家人生で最も大事な国民演説を行う準備をするビル・クリントン。ホワイトハウスでのモニカ・ルインスキーとの「不適切な肉体的関係」の騒動について釈明する演説だ。
上の写真は演説生中継の数分前に撮られたもの。その表情は、プライドを傷つけられて怒りに満ちている。下の写真は演説前の最終段階の時で、バフォメット及びシオン修道会のハンドサインを暗示して地獄の支配者に助けを求める。(上の写真は1998年８月31日発売の「ニューズウィーク」の３ページより引用。下の写真は1998年８月発売の「The European」の３ページより引用)

TELEVISION

# Dan Rather chats with the chief

## CNN's Sadler snags Arkan for interview

Big day for war-related scoops Wednesday.

CBS' Dan Rather scored an exclusive with President Clinton for Wednesday's *60 Minutes II*.

Earlier in the day, CNN's Brent Sadler snagged a surprise interview in Belgrade with accused war criminal and Serb paramilitary leader Zeljko Raznatovic, also known as

**Inside TV**
**By Peter Johnson**

Arkan. In a live 25-minute interview, Arkan denied charges against him and accused CNN's Christiane Amanpour of inaccurate reporting, which CNN and Amanpour denied.

White House photo via AP

**Presidential, personal:** Rather interviewed Clinton Wednesday about 'personal things as well as war.'

Why did Clinton, who last gave a one-on-one television interview to PBS' Jim Lehrer on Jan. 21, 1998, agree to talk to Rather, who last interviewed Clinton after the 1996 Democratic National Convention?

"The war is on, and he's concerned about having the public understand very clearly why he's doing this, and what he hopes to accomplish," Rather said after spending just over an hour at the White House.

Rather said he had no concerns about being used by Clinton to push his agenda on Yugoslavia. "There are times when one has that thought, but when you're talking about war, you can never get too much information."

Clinton said the NATO campaign "will take some time." On other subjects, he said he "never" considered resigning, his family is doing "quite well, considering what we've been through" and "I'd be happy to

**War criminal?** Arkan (Zeljko Raznatovic), left, denied charges in talk with Brent Sadler and accused CNN of shoddy work.

slavia last week and allowed to return to Belgrade this week, got word that Arkan would talk Wednesday morning.

"Everyone said, 'Wow, let's start making arrangements,' and six hours later, courtesy of a satellite hook-up from Serb TV, the interview aired live," said CNN vice president Will King.

**MARIA'S MOMENT:** If it gets better than this, please alert NBC's Maria Shriver. First: In the span of a month, a book she never expected to be

NBC

**Maria Shriver:** Wins Peabody

has her filling in this week for vacationing Katie Couric. Which means, third, a spring break in New York while hubby Arnold Schwarzenegger tends to the kids in Los Angeles. Now, fourth: Wednesday, Shriver won a Peabody for her hour-long look at welfare on *Dateline*. "Twenty-two years of journalism and 43 years of life, and in one month it all comes together," Shriver said. Her *What's Heaven?* is a kids' book on how to talk about death.

Until Wednesday, after being stopped by countless numbers of people who said the book moved them, "it was the thing I

Winning that top broadcast-journalism prize is sweet, she said. "When you suggest an hour on welfare, it's not a subject that people jump up and down about."

Other winners of the Peabody, presented by the University of Georgia for achievement in broadcasting: CBS' Carol Marin and Don Mosely for a *Public Eye* piece on a burn victim; CNN's Christiane Amanpour for international reporting; and PBS' Bill Moyers for a *Frontline* piece on campaign fund raising. Producer David E. Kelley won for ABC's *The Practice* and Fox's *Ally McBeal*, while producer Steven Bochco won for an episode of ABC's *NYPD Blue* called "Raging Bulls," dealing with racial intolerance.

**BRIEFLY:** A good start Tuesday for Craig Kilborn on CBS' *Late Late Show* against NBC's Conan O'Brien in the late late night scene. Kilborn's debut was watched by 1.55 million viewers, compared with O'Brien's 1.95 million viewers.

Inside TV appears Monday

この写真でも、クリントンがカバラのハンドサイン（バフォメット及びシオン修道会のハンドサイン）を1999年にCBSイブニングニュースキャスターのダン・ラザーから取材を受ける時に暗示している。この記事を担当した「USA Today」の編集者はおそらくエリート達のリクエストに応えて目立つように編集をしたのだろう。取材内容はアメリカがユーゴスラビア（セルビア）に対して行った戦争だ。あれはNWOを樹立させる計画で行われた。この写真でもクリントンはアメリカ国民をちゃんと洗脳できるように地獄の支配者の助けを求めている。

**RIGHT PLACE, RIGHT TIME: Cheney in 1996, when the energy company he ran was on the way up**

, George W. Bush picked
lidate. Cheney, a longtime
n all of five years, promptly

bestos lawsuits, search
Dresser and its new ov
A Halliburton spoke

副大統領を務めたディック・チェイニー。奥さんのリン・チェイニーはレズビアン同士が性行為を行う小説の著者である。娘はレズビアンであることをカミングアウトをしているが、ディック自身はどうだろう？
それにしてもこの写真は多くを語る。

（右）ブッシュ政権でポストに就いたジョン・アシュクロフト。ブッシュと同じように敬虔なクリスチャンであると自称しているが、ハンドサインはイルミナティの人間であることを物語っている。
（左）執務室で宣誓を行う時は聖書ではなくよくわからない３冊の本に手を置いた。その３冊の本はいったいどんな内容が記されているのだろうか？

（左上）テレビプロデューサーのデイビッド・ジェストと歌手である妻のライザ・ミネリ。同性愛者のジェストとは現在別れており、この時は離婚調停中だった。
（右上）11代目アメリカ大統領を務めたジェームズ・ポーク。
（左下）錬金術のドラマ「オズの魔法使い」でTin Man（缶男）の役を任された俳優のジョン・ボルガー。この写真は自宅で妻と撮ったもの。
（右下）ハイアットホテルグループCEOのトム・プリツカー。（写真は2004年12月20日発売の「ビジネスウィーク」40ページより引用）

マルクス主義の政治運動を行うことで有名な俳優ダニー・グローヴァー。「AARP」誌でカバリズムのハンドサインを暗示している。カバリズムやユダヤアジェンダを持っていることでも知られている。彼はこの写真で目的達成のために悪霊と交信している。

長年 ABC News の顔だったキャスターのサム・ドナルドソン。「Smart Business」誌に載ったこの写真で彼の手が向く方向に注目してほしい。この写真には見出しも説明も一切ない。だが、写真を見るだけで彼が誰に服従する人間であるかは特定できる。

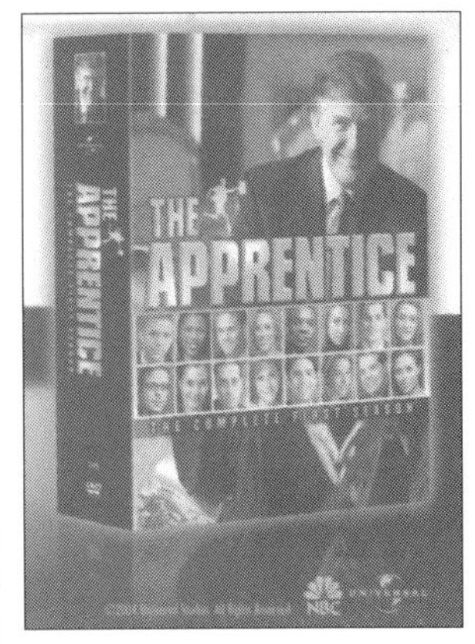

実業家のドナルド・トランプはカバリストであり、その知識をリアリティ番組「アプレンティス（見習い）」の広告で暗示している。バフォメット及びシオン修道会のハンドサインだ。アメリカの大富豪を読者に持つ雑誌「プライベートクラブズ」（2004年６月号）でトランプの写真は３枚載っており、１枚は表紙に載っている。どの写真でも彼はカバリストのハンドサインを暗示しているのだ。中央の写真ではネクタイと手の組み合わせで“連のダイアモンド”の形を形成している。３つのトライアングル（セックスをする時の位置）がその形だ。雑誌の表紙には鏡にも写るトランプがいる。１人は“イルミナティのメンバーとしてのトランプ”でもう１人は“一般に知られているトランプ”を意味している。右の写真には真剣な表情で座っているトランプの写真があり、指と両手でユダヤ系カバラのトライアングルを形成しているのがわかる。このハンドサインはイルミナティのエリートの間ではごく一般的である。

INTERVIEW

WHITFIELD DIFFIE

A (SEMI) PRIVATE CONVERSATION WITH
THE HEADMAN OF
THE CYPHERPUNK REVOLUTION

Depressed for weeks, worried his career was going nowhere, he mulled over a set of apparently unsolvable problems. Otherwise unemployed, Whitfield Diffie was a househusband about to cook dinner for his wife, when he sat down in the living room of their borrowed quarters to ponder once more the ideas that had

PHOTOGRAPHS BY CHRIST

暗号理論研究者のホイットフィールド・ディフィー。公開鍵暗号の設計者の1人。サン・マイクロシステムズ研究所の防衛部門で高い評価を受けた。彼の奥さんはエジプト学者である。陰謀作家デイビッド・マイヤーによるとこの写真は、シオン修道会やロンギヌスの槍というより、ヨガの一種であるタントラのポーズだという。

メキシコ出身の俳優ディエゴ・ルナ。2004年に発売された雑誌「Interview」で自身が両性愛者を演じたドラマ「Y tu Mama Tanbien（君の母さんも）」に関する取材を受けた。写真（中央）でルナは両手でカバリストが行うバフォメット及びシオン修道会のハンドサインを暗示している。両手を性器付近に置いて行っているのが印象的だ。そして両隣に美女が座っているにもかかわらず、彼女達に関心を示していない。それは、彼が同性愛者であることを暗示しているのだ。

# 第21章
# ユダヤ系カバラの印、ダビデの星、バビロンの魔術
# ――そして「となりのサインフェルド」によるハリウッドの仲間達の破滅

彼はまたわたしに言われた、「人の子よ、あなたは彼らのしていること、すなわちイスラエルの家がここでしている大いなる憎むべきことを見るか？ これはわたしを聖所から遠ざけるものである。しかしあなたは、さらに大いなる憎むべきことを見るだろう」

エゼキエル8章6節

カバリズムはユダヤ人の神秘的な制度であり、現代魔術には欠かせない。この世紀の偉大な魔術師は例外なくカバリストだった

ウィリアム・スノエベレン著
『The Dark Side of Freemasonry（フリーメーソンの裏側）』

80年代から90年代にかけて最も活発だったオカルト団体はニューエイジだった。だが21世紀になってから一番活発だったのがユダヤ系カバラである。カバラは新しい魔術ではなく、数世紀も前から存在していた。カバラは古代から伝わる魔術である。カバラは時にはニューエイジのようにエキゾチック、時には空想的、また悪魔崇拝の儀式が混同している。

正統派及びファリサイ派のユダヤ教ではカバラが満ちており、ユダヤ教のラビはユダヤ系カバラ最大のプロモーターと言っていい。

## セレブとカバラの関係

多くのセレブはカバラに興味を持っている。カバリズムは人間のすべての問題を解決してくれる奇跡を起こすと信仰されている。ＢＢＣのリポーターはロンドンでカバラの儀式に潜入して、マドンナやガイ・リッチーが呪文を歌っているのを目撃したという。呪文はチェルノブイリで起きた原発事故の被害を「除染」する内容だったのだという。

カバラにはこれだけのセレブが関わったとされている。

パリス・ヒルトン
ブリトニー・スピアーズ

ロザンヌ・バー
デミ・ムーア
シャーリー・マクレーン
アシュトン・カッチャー
サンドラ・ベルンハルト
バーブラ・ストライサンド
ダイアン・キートン
グウィネス・パルトロウ
ゴールディ・ホーン
エリザベス・テイラー
マイケル・ジャクソン
ミック・ジャガー
ユリ・ゲラー
ダイアン・ラッド
ローラ・ダーン

これらの人間をテレビや雑誌等に見る時に注目してほしい。赤いリストバンドをつけているはずだ。ビル・クリントンは例の赤いリストバンドをつけているのが目撃されているから、クリントンは間違いなくカバラを行う人間だ。2000年にフロリダ州知事の秘書キャサリン・ハリスもカバリストである。

共和党のスポークマンで下院議長を務めたニュート・ギングリッチはこの写真でユダヤ教の頭蓋骨のキャップをかぶっている。ニューエイジでのユダヤ教はカバラそのものだ。キングリッチはシオニストに雇われた人間である。

共和党の大物議員は皆カバラと関わって、そして下院議長を務めた経験のあるニュート・ギングリッチはカバラの提唱者であることが報告されている。またラッシュ・リンボーと彼のラビもカバラの儀式を行うとも報告されている。ラリー・デヴィッド脚本の「となりのサインフェルド」というアメリカのコメディドラマではカバラの儀式で使われる暗号や秘密の印が密かに多くのエピソードで使われた。デヴィッドと他のキャスト4人はカバラを行うユダヤ人である。

また俳優のジェイソン・アレクサンダーは雑誌の取材で撮られた写真で密かにカバラのポーズを披露しており、それと並行して右手で「エル・ディアボロ」の印を披露している。「となりのサインフェルド」でクレーマー役に抜擢された俳優のマイケル・リチャーズも手でカバラやフリーメーソンの儀式のハンドサインを暗示している。「スコティッシュライトジャーナル」の取材で表紙を飾り、メーソン会員であることにどれだけ満足しているか語っている。「スタートレック」シリーズに登場するキャラ「ミスター・スポック」役を務めた俳優のレナード・ニモイもカバラのポーズをしている場面が目撃されている。テレビで放送されたバルカンの手の記号だが、実はヘブライ語の「Shin」という字を意味しており、ユダヤ教でも重要な意味を持つ。ミスター・スポックがテレビで見せていたハンドサインがカバラの儀式で行われるものだと知る人は少ない。

## ソドム、エジプトそして21世紀のユダヤ教

筆者が今までで出したドキュメンタリービデオの中で一番重要なのは「Cauldron of Abaddon（アバドンの大釜）」で、エルサレム及びイスラエルからサタンの邪気が放出されて全世界を危険にさらすという内容だ。この内容はユダヤ人シオニストが怒るものだが、山ほどある事実に彼らは反論できるだけの証拠材料を持っていない。それにヨハネの黙示録11章8節にはキリストが再臨する時にこの地球上で最も残酷な場所になるのはエルサレム及びイスラエルと書かれている。ヨハネの黙示録では神はエルサレムのことを「ソドム」や「エジプト」と呼んでいる。

いったいなぜエルサレム及びイスラエルは霊的に「ソドム」や「エジプト」と呼ばれているのだろうか？　筆者は旧約聖書に登場するモーセ、ヤコブ、イサクやその他の予言者への信仰心を持つユダヤ教の存在が理由であると考えている。

監禁されていたバビロンの時代のユダヤ人は今日にかけて、その宗教は段々暗くなり、邪悪的に成長してきた。

「偽善な律法学者、パリサイ人たちよ。あなたがたは、わざわいである。あなたがたは、やもめたちの

家を食い倒し、見えのためにに長い祈をする。だから、もっときびしいさばきを受けるに違いない。偽善な律法学者、パリサイ人たちよ。あなたがたは、わざわいである。あなたがたはひとりの改宗者をつくるために、海と陸とを巡り歩く。そして、つくったなら、彼を自分より倍もひどい地獄の子にする」（マタイの福音書23章14〜15節）

地獄の子……これは2000年以上も前にイエス・キリストがユダヤ教の宗教家達を指して言った言葉だ。その宗教を改善するために2000年以上もの長い期間があったにもかかわらず、21世紀になった今日のユダヤ教はさらに邪悪に満ちている。タルムードを信じ、そしてカバラを行うユダヤ教のラビ達は「地獄の申し子」と呼ばれた古代のラビ達よりも数千倍も質が悪い。本書でユダヤ教に関して語りつくすことはできないけど、この宗教が人間の邪悪に満ちたとんでもないオカルト団体であることを断罪できるだけの根拠が記されている。その起源はもちろんサタンだ。特にタルムード。カバラという邪悪な魔術を行うユダヤ教のラビはこの書物に基づいてやっているのだ。

ラビ達が本当に旧約聖書に基づいて宗教活動をしているならユダヤ教はこんな邪悪に満ちた宗教にならないはずだ。もしユダヤ人達がきちっとモーセといった預言者達の残した言葉を信じていれば、イエス・キリストをメシアとして信じるはずだし、その信仰によって救われるはずだ。だがユダヤ教のラビ達はそうせずに逆に神の預言者達を次々と殺害した。そして人間の邪悪に満ちたタルムードという書物を元に活動している。タルムードの教えは明らかに旧約聖書に登場するモーセやその他の神の預言者の教えに反する。そしてここ1000年で登場した魔術、オカルト団体や邪悪に満ちた秘密結社はタルムードが起源になっている。カバラという魔術は古代の邪悪で満ちている。事実、聖書を見ると古代のユダヤ人は神殿に謎の教えを持ち込んで秘密の儀式を行ったと書かれている（エゼキエル8章）。
残念なことにそれらは21世紀で数千倍もの邪悪に満ちたカバラという魔術と化している。

## フリーメーソンロッジとカバラの関係

フリーメーソンの幹部達はカバラを高く評価しており、ロッジで行われる儀式はカバラに基づくと信じている。フリーメーソン33階級に所属したアルバート・パイクはカバラについてこんなことを記している。

〝カバラの神殿に足を踏み入れることができて光栄だ〟

フリーメーソンがどれだけユダヤ系カバラにお世話になったかは、カドッシュの階級（30階級）に所属したエド・デッカーの研究で明らかになっている。それらの資料によるとフリーメーソン30階級の儀式は罠的であり、そして高いレベルのカバラの儀式が行われるという。

まあ、黒いカーテンや頭蓋骨に囲まれ、そして棺の中にいる人間と会話するような儀式は宗教家じゃなくても神に服従しない儀式であることがわかるでしょう！

フリーメーソンの秘密を暴露する活動をするジェームズ・ホリーは自身の著書『The Southern Baptist Convention and Freemasonry（南部バプテスト連盟とフリーメーソン）』で30階級の会員は密かにサタンと直接交霊する儀式に連れて行かれることを暴露している。この儀式でサタンは「カバラの謎の魔術師」の姿で現れるという。30階級に関してリチャードソンモニターの書ではこんなことが記されている。

〝カドッシュの階級（30階級）に昇進した儀式を行うフリーメーソン会員は、その時点で古代のテンプル騎士団とつながりができる〟

テンプル騎士団の儀式では、両性具有の神バフォメットを崇拝の対象としていた。十字架に尿をかけたり、同性同士で性行為を行ったりして神を冒瀆する儀式を行っていたのだ。

## フリーメーソンの起源はユダヤ教

1855年にユダヤ教のラビだったアイザック・ワイスはフリーメーソンに関してこう記している。

〝フリーメーソンの起源はユダヤ教である。儀式、印やルールは1から10までユダヤ教に基づいている〟

64 RICHARDSON'S MONITOR OF FREE-MASONRY.

ROYAL ARCH DEGREE.

A society of Royal Arch Masons is called a Chapter, and not a Lodge, as in the previous degrees. The several degrees of Mark Master, Present or Past Master, and Most Excellent Master are given only under the sanction of the Royal Arch Chapter, and a Master Mason who applies for these degrees, usually enters the Chapter also, and sometimes ... at once. If he

The veils were parted in the centre, and guarded by four guards, with drawn swords.

At the east end of the Tabernacle, Haggai, Joshua, and Zerubbabel usually sat in grand council, to examine all who wished to be employed in the noble and glorious work of rebuilding the Temple. Since that time, every Chapter of Royal Arch Masons, if properly formed, is a correct representation of the Tabernacle, and our engraving shows the interior arrangement of a Chapter of the Royal Arch Degree.

These three Most Excellent Masters, on their arrival, were introduced to the Grand Council, (consisting of the High Priest, King and Scribe,) and employed, furnished with tools, and directed to commence their labors at the north-east corner of the ruins of the old Temple, and to clear away and remove the rubbish, in order to lay the foundation of the new. The Grand Council also gave them strict orders to preserve whatever should fall in their way, (such as specimens of ancient architecture, &c.) and bring it up for their inspection.

Among the discoveries made by the three Masters was a secret vault in which they found treasures of great benefit to the craft, &c. The ceremony of exalting companions to this degree is a recapitulation of the adventures of

リチャードソンモニターの書64ページのイラスト。この印はロイヤルアーチの階級の儀式の説明で見せられる。ダビデの星、ユダヤ系カバラの印やサインが確認できる。

120 MASTER MASON, OR THIRD DEGREE

tender branch thereof will not cease. But man dieth and wasteth away; yea, man giveth up the ghost, and where is he? As the waters fail from the sea, and the flood decayeth and drieth up, so man lieth down, and riseth not up till the heavens shall be no more. Yet, O Lord! have compassion on the children of thy creation, administer them comfort in time of trouble, and save them with an everlasting salvation. Amen.

Response—So mote it be.

All the brethren now rise to their feet.

K. S. (to the S. W.).—My worthy brother of Tyre, I shall endeavor (with your assistance) to raise the body by the strong grip, or lion's paw, of the tribe of Judah. (See Fig. 17.)

The Master steps to the feet of the candidate, bending over, takes him by the real grip of a Master Mason, places his right foot against the candidate's right foot, and his hand to his back, and, with the assistance of the brethren, raises him up perpendicularly in a standing position, and, when fairly on his feet, gives him the grand Masonic word on the five points of fellowship. (See Fig. 18.)

Fig. 17

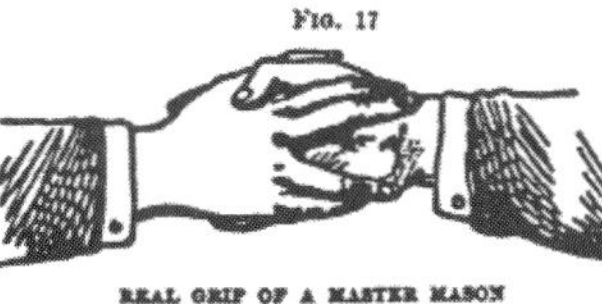

REAL GRIP OF A MASTER MASON

In the mean time, the canvas is slipped out of the Lodge, and as the Master commences to give or whisper the word in the candidate's ear, some one of the brethren slips off the hoodwink, and this is the first time he has seen light, probably, in an hour. The following is the representation of the Master giving candidate the grand Masonic word, or at least this is a substitute, for, according to Masonic tradition, the right one was lost at the death of Hiram Abiff.[1] This word cannot be given in any other way, and by Masons is considered a test of all book Masons.

The Master having given the word, which is MAH-HAH-BONE, in low breath, requests the candidate to repeat it with him, which is in this wise:

Master whispers in candidate's ear—Mah.

Candidate—Hah.

Master—Bone.

[1] Respecting the lost word and its substitute, some say that King Solomon advised the change, while others affirm that the three Fellow Crafts adopted the substituted word without consulting him. And Dalcho observes that the interpolated word "is not to be found in any language that ever was used. It is, in fact, not a word, but merely a jumble of letters, forming a sound without meaning."—*The Freemason's Treasury*, p. 301.

こちらはマスターメーソン（3階級）の握手の方法が載っている。この握手は古代ユダヤのカバラ及びヘブライ語22文字目にあたる“Shin”に基づいて作られたのだ。（ダンカンモニターの書120ページ）

1927年の「The Jewish Tribune」紙ではこんな記事が書かれている。

〝フリーメーソンはユダヤ教に基づいている。フリーメーソンからユダヤ教を取り上げたら、何が残るのというのか？〟

レイ・ノボセールはオーストラリアからこんな記事を書いている。

〝シオニストと呼ばれ、そして世界中で影響力がある立場のあるポストに就いているフリーメーソン会員達は「手をつないで」仕事している。それは世界統一の教会及び世界統一政府の完成を目指して活動をしているのだ。多くのフリーメーソンロッジはユダヤ人コミュニティのブナイ・ブリスや危険極まりない名誉毀損防止同盟（ADL）の支配下にある〟

## フリーメーソンに存在するユダヤ教の起源

フリーメーソンのあるサイトを見ると「ユダヤ教とフリーメーソン」のタイトルで始まる記事が載っている。その記事の内容がこれだ。

〝アメリカでフリーメーソンの起源を語る時はユダヤ人抜きには語れない。最初にできた13の州のうちに7の州に彼らは潜んでいた……ユダヤ系フリーメーソンだったモーセ・ヘイスはアメリカでスコティ

ヨハネ・パウロ２世はユダヤ系カバラと関係する人物だった。1984年３月22日にニューヨークのフリーメーソンロッジでブナイ・ブリスのメンバーを出迎えた。このロッジはヴァチカンで活動する絶大の権限を持つユダヤ人によって設立された。

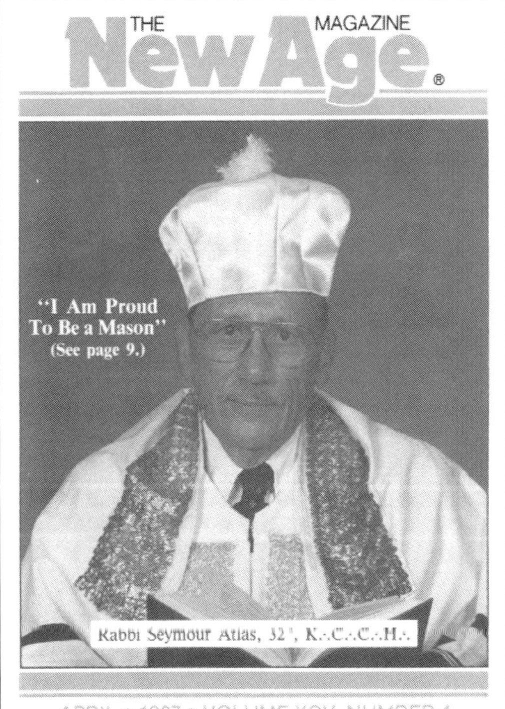


"フリーメーソン会員であることを誇りに思う"1987年発売の「The New Age Magazine」の取材でこう答えたのはユダヤ教のラビでフリーメーソン32階級に所属したシーモア・アトラス。この雑誌の名前はフリーメーソンとニューエイジのつながりを隠すために「The Scottish Rite Journal」に改名された。フリーメーソンはユダヤ人が支配する秘密結社。事実、アルバート・パイクはフリーメーソンの儀式がユダヤ系カバラの儀式に基づいていると認めている。

ッシュライトが定着するのを助けた人物……ユダヤ教のラビを含む多くのユダヤ人はアメリカのフリーメーソンの活動に関わっている。グランドマスターになったユダヤ人は51人も確認されている……〟

実際にフリーメーソンの儀式や印は、ユダヤ教のものと共通するものが多い。

フリーメーソンの歴史で最も尊敬され、そして最も影響力があったのはパイクだ。彼はこんな発言もしている。〝フリーメーソンロッジは宗教の神殿である。その教義は宗教に基づいている〟

フリーメーソンの印や儀式はユダヤ系カバラに基づいて作られたことはあのアルバート・パイクが認めている。フリーメーソンが封印する秘密の1つはユダヤ系カバラであり、フリーメーソン自体がカバラに基づいて作られた宗教であることが断言できる。

## カバラでの神秘主義、悪霊そして魔術

ここに記しているのは、ユダヤ系カバラに通じてる人々の見解だ。読者の目隠しを解くことができるでしょう。

〝カバラは悪魔の教えそのもの。その教えは世界を悪の方向へと導くだけの能力があり、数世紀にわたって多くの陰謀の力となった……フリーメーソンや関連の秘密結社の教えはカバラに基づいたものであ

る〟

「The Dove」誌の編集者ジョン・トレール

〝カバラは正統派ユダヤ教の黒魔術の書物であり、フリーメーソン、薔薇十字団、東方聖堂騎士団といった西洋の秘密結社の誕生に関わっている。カバラは古代バビロンや古代エジプトの魔術が起源である〟

『Blood on the Altar（祭壇上の血）』の著者クレイグ・ハイムビチュナー

〝カバラはユダヤ人の神秘主義と魔法のシステムそのものであり、現代魔術の基本要素となっている。今世紀で影響力のある魔術師は例外なくカバリストである〟

『The Dark Side of Freemasonry（フリーメーソンの裏側）』著者ウィリアム・スノエベーレン

〝ヘブライ語のカバラは、これまで魔術で発声したすべての悪魔的呪文が作られたオカルト著作のシリーズ。「カバラ」を辞書で調べると、「一部のユダヤ教のラビによって作られたオカルト宗教」と解説されている〟

『The Apocalypse Chronicles（黙示録クロニクル）』の著者ジェームズ・ロード

## 悪魔の儀式と偽り

ユダヤ教のラビとカバラの教義は占星術、数秘術、筆跡、カラー魔術、印、錬金術、異教の宗教、そ

ユダヤ系カバラで魔術が行われるのは一般的な話。この写真ではラビがユダヤ教の祭りであるヨム・キプルで行われるVoodoo（ヴードゥー）の儀式で生け贄として捧げる鶏を持っている。

してルシファー崇拝に基づいている。表現するために手や体のポーズによる印、宝石のお守り、秘密のコード等が存在する。結果として人間が神であるかのように誤解を生む（ユダヤ人が神でそれ以外の人間は下級という哲学）。その他合い言葉や魔術も使われる。生け贄になった鶏の血液が周りに塗られ、特殊な色をしたブレスレットが「魔法のブレスレット」として使われる。治療のために「魔法の水」が使われ、魔法の印が儀式の中で披露される。合い言葉は魔法を行うために何度も口に出される。ヘブライ語の22文字は魔術の印としての意味を持つ。文字の形にもあの世の霊を呼び出す力があるという。天使、グリモワール（魔書）、大天使、ディーヴァ等が崇拝の対象となり、恐れられる。神は複数登場するも、これらの神々の裏に潜む存在がいる。その存在はこの本で繰り返して記載したバフォメットの顔を持つ存在であり、上のものは下への哲学を重んじる存在だ。白は黒、善は悪という矛盾の哲学。またカバラの儀式ではセックスは欠かせないのもであり、カバラを行う者の間では当たり前のこと。マージー・マーティンの未発表の原稿である「The Molten Image（鋳像）」はおそらく今後書籍化されると推測しているし、この原稿で彼女はオカルトで使われるタロットカードの起源はユダヤ教であり、そしてヘブライ語の22文字に相当すると指摘している。

ここまで読むとイルミナティとカバラはつながっているのがわかる。上階級の教義の内容はこれだ……。

〝聖なる蛇は本物の神である。人が錬金術を通じて悪を行っても主なるルシファーによって魔法のように正義に変換される。サタンだけが本物で唯一の神。これがカバラの本質的な教義〟

## ダビデの星とユダヤ系ユートピア

六芒星はソロモンの指輪やダビデの星として知られているが、実はカバラの印の1つでもある。他にもトライアングル、ダイヤモンド、太陽、ペンタグラム、円、オベリスク、ヨニ等も含まれる。これらは聖書の文字の番号に隠されたコードとメッセージがあることをカバラを行うラビは信じており、またカバラの働きでいつかは世界に変革をもたらすことができるとも信じている。ラビによると、その変革はユダヤ王国及びユートピアの到来でその支配者はユダヤ人の中から現れるという。このユダヤ系ユートピア到来の信念はイルミナティの教義とかぶっている。レディ・クインブロースはユダヤ人バーナード・ラザールの言葉を引用して自身の著書『Occult Theocracy（オカルト神権政治）』でこんなことを記している。

〝イルミナティ創設者であるアダム・ヴァイスハウプトの裏にユダヤ人が潜んでいた……ダニエル・イッツィーグ、フリードランダー、セーフバー、ベンジャミン、アブラハム・ゴールドシュミット、モーセ・モカッター、モーセ・メンデルゾーン、ナフタリ・ウェセリー、モーセ・ヘシェイムといったユダヤ人銀行家だ。

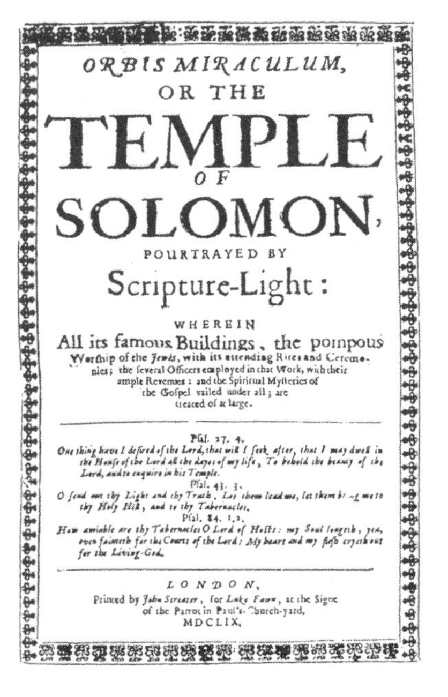

ORBIS MIRACULUM,
OR THE
TEMPLE
OF
SOLOMON,
POURTRAYED BY
Scripture-Light:

WHEREIN
All its famous Buildings, the pompous Worship of the Jews, with its attending Rites and Ceremonies; the several Officers employed in that Work, with their ample Revenues: and the Spiritual Mysteries of the Gospel vailed under all; are treated of at large.

Psal. 27. 4.
*One thing have I desired of the Lord, that will I seek after, that I may dwell in the House of the Lord all the dayes of my life, To behold the beauty of the Lord, and to enquire in his Temple.*
Psal. 43. 3.
*O send out thy Light and thy Truth, Let them lead me, let them bring me to thy Holy Hill, and to thy Tabernacles.*
Psal. 84. 1,2.
*How amiable are thy Tabernacles O Lord of Hosts: my Soul longeth, yea, even fainteth for the Courts of the Lord: My heart and my flesh cryeth out for the Living-God.*

LONDON,
Printed by John Streater, for Luke Fawn, at the Signe of the Parrot in Paul's-Church-yard,
MDCLIX.

(上) イスラエルが新たに国家として形成された時に初代首相を務めたダヴィド・ベン＝グリオンはマスターメーソン（3階級）の儀式を行った。彼はマルクス主義及びレーニンの働きに賛同し「私はボルシェヴィズムの賛成だ」と発言している。(写真は1998年1月発売の「American Spectator」より引用。イラストはリチャードソンモニターの書84ページより引用)
(左中) この図は『マッキーのフリーメーソン百科事典』に載っている。西暦37年にパレスチナでユダヤ人によって設立されたロッジが描かれている。
(左下) ユダヤ人が所する宝石会社が配布したものでフリーメーソンのエンブレムのチャートがデザインされている。
(右) 古代英語のマニュアル。「Orbis Miraculum」は「マジックミラー」を意味する。

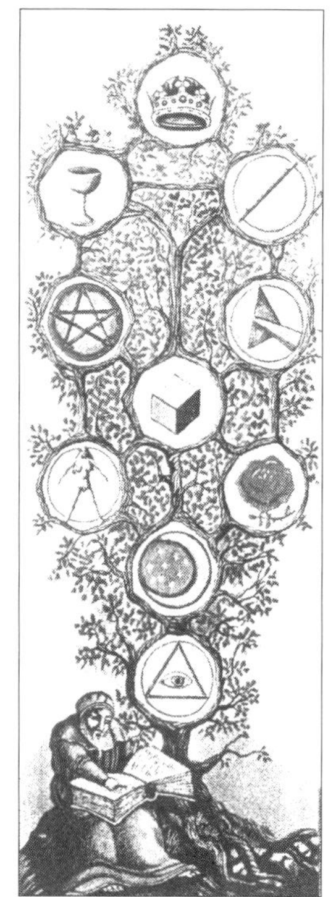

BLOOD
RITUAL
Phílíp de Víer

（上左）アラブとイスラム圏では、シオニズムは人種差別主義そのものでイスラエルによるシオニスト侵略がアメリカのサポートを受けていることに憤りを覚えている。過激派シオニストはフリーメーソン、タルムードやカバラの魔術に大きく関わっている（プラカードの翻訳は“アメリカは地獄に堕ちるがいい。シオニズムは人種差別主義そのもの”）。
（上中）世界ユダヤ人会議の責任者を務める大富豪のエドガー・ブロンフマン。1995年４月30日に行われた世界ユダヤ人会議の会食でビル・クリントンに“ナホム・ゴールドマン・メダル”を授与した。この団体のロゴは地球儀とダビデの星と呼ばれる六芒星を合体させたものを採用しており、その背景には闇に満ちた円が描かれている。
（上右）カバラの生命の木。
（下左）何年もの間、ヨーロッパやロシアで、若い異邦人の女の子と男の子がカバラの血の儀式で犠牲になるという話はあった。多くは誇大妄想と古い妻の物語に基づいていたが、この本の記載を見ると、いくつかの例は事実であることは明らかである。
（下右）フリーメーソンのシンボルである定規とコンパスにもダビデの星として知られている六芒星のデザインが潜んでいる。

（上）イスラエルの首相に立候補した時のアリエル・シャロンの選挙ポスターは「U.S News & World Report」（2003年２月10日発売号の17ページ）に取り上げられた。このねじれたポスターをよく見ると、シャロンに角が生えているように見えるではないか！　彼はかつて“レバノンの肉屋”と呼ばれ、イスラエル外務大臣時代に多くのレバノン市民の虐殺を命じたことで非難された。角が生えたようにねじれたこのポスターは米ソ首脳会議の公式ロゴを真似しているのだろう。フリーメーソンの儀式でも似たポーズがある。
（中左）Fox という単語にはカバラの暗号が隠されていると信じる人がいる。確かに英語のアルファベットでは「F」「O」「X」は数字の６に匹敵するため、666の暗号が成立する。キリストはかつてイスラエルの王を務め、魔術を受け入れ大量殺人を命じたヘロデを“That old fox”（古い狐）と呼んだ。Fox 社のオーナーはルパート・マードックという過激なシオニストである。
（下右）ユダヤ教のキャップには頭蓋骨がデザインされている（1996年１月発売の「Israel My Glory」誌より引用）

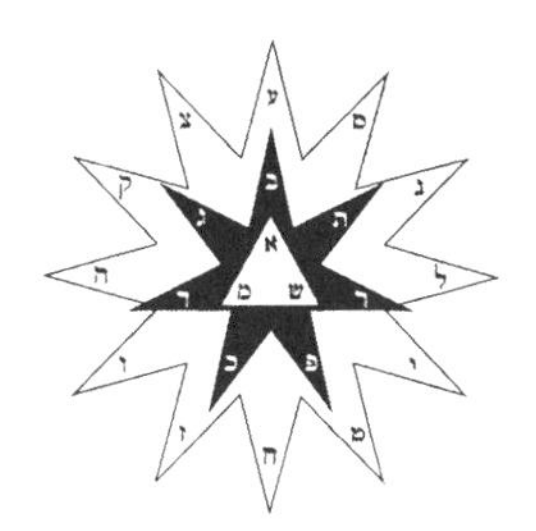

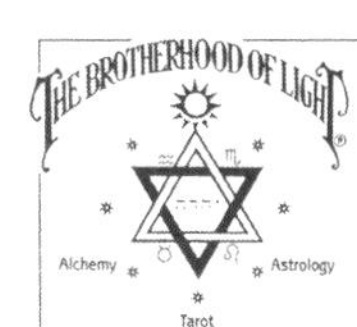


(上左)『Chaldean Magic（魔法のチャルドロン)』の表紙。五芒星の重要性を強調している。
(上右の上）カバラの紋章
(上右の下）イスラエルのスパイ機関である中央情報局モサドの公式ロゴ。モサドは殺人や資金不正流用等の多くの犯罪に関わっている。モサドの工作員はテロを起こしては「アラブのテロリスト」のせいにする。モサドとそのロゴのモットーは“捏造によって我々は戦争を起こす”である。
(下）六芒星は中世ヨーロッパでユダヤ人に魔法のシンボルとして採用され、後にイスラエルの国旗にも採用されることとなった。ダビデの星とも呼ばれる六芒星はこんなに数多く使われている。

このオカルト星はユダヤ系カバラの儀式を行うユダヤ人魔術師によって採用されている。五芒星も六芒星も。不朽のカバラの物語はゴーレムだ。中世では、粘土やほこりで作られた無生物の男が魔法の言葉をかけることによって生きるようになることができると教えられた。巨大で強力なモンスターまたは獣、ゴーレムはその後魔術師の命令に従う。1920年に公開された映画「Der Golem」は波紋を呼んだ。ポール・ウェゲナー監督は映画の中でモンスターが五芒星の1点が上向き（白魔術）そして2点（悪魔の角）を上向きにする状態のシーンを使った。そして六芒星はローと呼ばれるユダヤ教のラビが人工人間（おそらくネフィリム）に息をかけて命を宿らせる魔術を行うシーンも見られ、その時に「AemAct」という魔法の言葉を使用していた。

映画「Der Goldem」で五芒星と魔法の言葉を使って人工人間に命を宿らせるローと呼ばれるラビ。

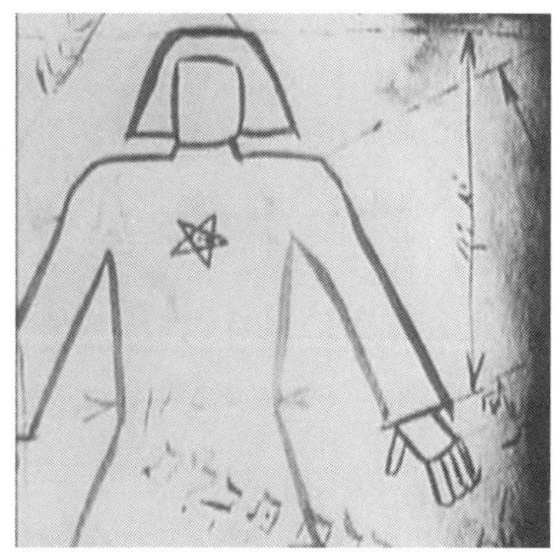

映画「Der Goldem」でモデルとしてこの図が使用された。

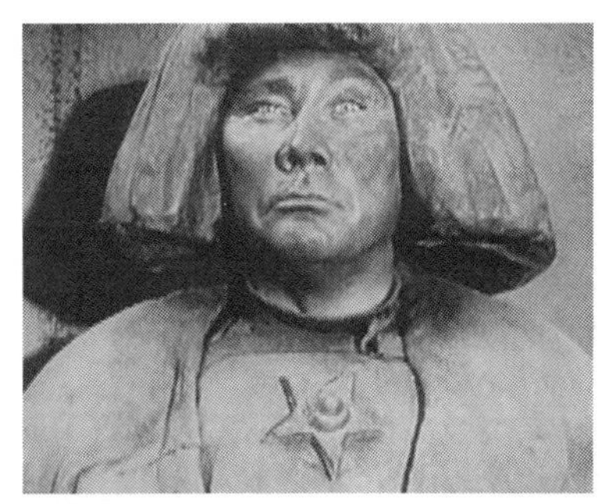

（左）映画「Der Golem」で五芒星の2点が上向きになっている。悪魔の角を暗示している。
（右）こちらは映画で確認された五芒星の1点が上向きになっている場面。良い魔法とされている白魔術を暗示している。
（下）映画「Der Golem」では五芒星が使われており、明らかにユダヤ教が絡んでいる。

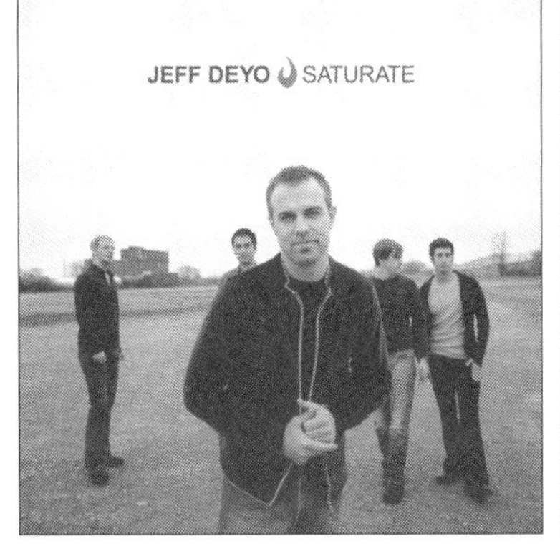

A2 Wednesday, November 3, 1999

THE WORLD

Lise Aaserud/Scanpix Pool

President Clinton with Israeli Prime Minister Ehud Barak, left, and PLO Chairman Yasser Arafat in Norway on Tuesday.

(上左) 2002年に発売された「Christian Retailing」誌の表紙の男性の手はカバラの魔術を暗示している。
(上右) ホラー小説家のスティーヴン・キングの手の組み方は連邦議員のチャールズ・シューマーと同じである。
(下左) 角に似たこの手の組み方は、自分が魂を売ったお方（サタン）に対する服従の証。それは、自分の力が抑制され、魂が悪魔にコントロールされていることを示している。連邦議員のチャールズ・シューマーはタルムードを信じるユダヤ人であり、ユダヤ系カバラを行う人間だ。1998年12月8日発売の「ニューズウィーク」で読者達にカバラの印で挨拶している。彼の目つきがその事実を語っているのではないだろうか？
(下右) イスラエル首相のエフード・バラク（左）とアメリカ大統領ビル・クリントン（中央）とパレスチナ自治区のアラファト議長が互いの手を見つめ合っている。それは、互いにフリーメーソン式に正しく握手ができたと確認しているのである。(写真と記事は1999年11月3日発売の「Austin American-Statesman」より引用)

（上左）ウオール街に本社を構えるニコラスファンド創業者のアルバート・ニコラス。（写真は1994年10月10日発売の「ニューズウィーク」の52ページより引用）
（上右）イスラエルのあらゆる聖地の責任者だったラビのイェフダ・ゲッツ。手の組み方はカバラの典型的なパターンである。彼は契約の箱がエルサレム神殿のどこに隠されているかわかると断言している。
（中左）イスラエルのネタニヤフ首相（右）とイスラエルの政治家のロニー・ミロ（左）。ミロの手に組み方に注目してほしい。（写真は1998年８月２日発売の「The Jerusalem Report」の15ページより引用）
（中右）富裕層向けに発売している「Private Clubs」誌（2004年５月／６月号）の表紙を飾るのはクマル・マラヴァリ。手の組み方はアメリカ連邦議員のチャールズ・シューマーと同じだ。インド出身のマラヴァリはシリコンバレーキャピタルクラブの会員であり、そして多くの企業の創業に関わっている。
（下左）イスラエルのシモン・ペレス平和センターで行われたノーベル賞の授賞式。政治家達はメーソン式に手をつなぎ合わせている。
（下右）印を暗示するフリーメーソンの役者達。お見事なシーンである。イスラエル首相イツハク・ラビン（左）、パレスチナ自治区アラファト議長（右）、アメリカ大統領ビル・クリントン（中央）。

（上左）指を頭に当てる行為は、次のレベルに昇進することを承認したという意味になる。（絵はフリーメーソンの古い記事より引用）
（上右）この雑誌の表紙を飾っているのはシオニスト達のお気に入りで、政治家を動かすベルノン・ジョーダンである。ビル・クリントンと性的スキャンダルを起こした若いユダヤ人女性のモニカ・ルインスキーをホワイトハウスで雇用したのがジョーダンである。
（下）イスラエルのシャロン首相のキャンペーンポスター。（写真は2001年２月９日発売の「International Jerusalem Post」より引用）

42 RICHARDSON'S MONITOR OF FREE-MASONRY.

...ior Warden in the west, to assist the Right Worshipful Master in opening and closing his Lodge, pay the crafts their wages, if any be due, and see that none go away dissatisfied; harmony being the strength and support of all institutions, but more especially of ours.

Master—The Right Worshipful Master's station in the Lodge?

Senior Warden—In the east, Right Worshipful.

Master—His duty there, Brother Senior?

Senior Warden—As the sun rises in the east, to open and adorn the day, so rises the Right Worshipful Master in the east, to open and adorn his Lodge, and set the craft to work with proper instructions for their labor.

Master (rising)—After that manner so do I. It is my will and pleasure that a Lodge of Mark Master Masons be opened in this place, for the dispatch of business. Brother Senior, you will please ...

...gree. You then drop your arms down, the last two fingers of the right hand clenched, the first two and thumb open, parallel with each other and about one inch apart.—It alludes to the manner the candidate is directed to carry the key-stone. You then raise the right hand to your right ear, still holding the thumb and the two first fingers open, and with a circular motion of the hand the fingers should be passed round the ear, as though you were combing back your ear-lock, the ear passing between the two fingers and thumb. The hand is then dropped partly down, the palm open and in a horizontal position, ...

Due-guard.

FIG. 20

SIGN OF A MARK MASTER

(上左) リチャードソンモニターの書の42ページにはフリーメーソン４階級の儀式のイラストが載っている。カバラでは同じポーズをする儀式があり、１つの指だけを頭に当てる場合とフリーメーソン４階級の儀式同様に２つの指を当てる場合がある。
(上右) ダンカンモニターの書154ページに載っているフリーメーソン４階級の儀式のイラスト。
(中左) ブラック・ムスリムズのリーダーを務めたマルコルムＸはフリーメーソンのリングを指にはめてフリーメーソンのサインを暗示している。マルコムル及び共にブラック・ムスリムズのリーダーを務めたルイス・ファラッカンは、黒人によって構成されたフリーメーソンプリンスホールで33階級に所属していた。
(中右) 2005年２月28日発売の「ビジネスウィーク」の表紙を飾るのは大手企業であるファイザー社 CEO のヘンリー・マッキンネル。
(下左) 2005年４月４日に発売された「タイム」の表紙を飾る俳優のレナード・ニモイを注意深く観察していただきたい。「スタートレック」で SF ファンをわくわくさせる彼は手で「Shin」の文字を表現してカバラの印を暗示している。このハンドサインはフリーメーソン４階級の儀式にも見受けられる。興味深いことに「タイム」のこの記事によると、ニモイはニューヨークのアートギャラリーで肥満女性の写真を展示していることを明らかにした。展示された肥満女性の写真はニモイの著書にも「Shekina」という名で登場している。これはヘブライ語で聖霊の女性名詞を意味している。
(下右) 米国大使のフランクリン・ウィリアムズは外交問題評議会（CFR）で1975年から1983年まで議長を務め、そして亡くなる1990年までメンバーだった。外交問題評議会は、毎年彼の名のインターシップを大学生に提供している。

WORLD REPORT

# Getting into the ring

Wealthy Americans and other foreigners played a quiet role in Israel's election

BY DAVID MAKOVSKY

JERUSALEM—In the United States, he is the Slim-Fast king. But in Israel, the affable Danny Abraham last week was playing kingmaker.

At a private dinner of Mediterranean mixed grill in the seaside town of Netanya, the wealthy American Jewish businessman tried to persuade Yitzhak ("Itzik") Abraham, who built a fortune on the Slim-Fast brand of diet supplements.

Israel's 1994 election law prohibits foreign contributions to candidates. And yet, the only thing unusual about Mordechai's campaign is its candor. Both of Israel's major parties, Labor and Likud, also are suspected of receiving indirect assistance from wealthy foreigners. Campaign insiders say that $4 million in foreign money flowed into the 1992 elections, and that the taps opened even wider in 1996 and this year.

**Atmospherics.** Rather than going directly into party coffers, the money pays for "atmospheric" advertising that does not promote a candidate by name, but pushes an agenda; for transportation of voters to the polls, including chartered planes that bring Israeli citizens home from abroad shortly before election day; and possibly for campaign advice, although this is disputed.

Both of the big Israeli parties have expensive American consultants. Arthur Finkelstein, the Republican strategist, advises Netanyahu. Finkelstein said in an interview that he is paid just $4,000 per month by Netanyahu's Likud Party—considerably

**Barak strikes a Sinatra-esque pose on the campaign trail.**

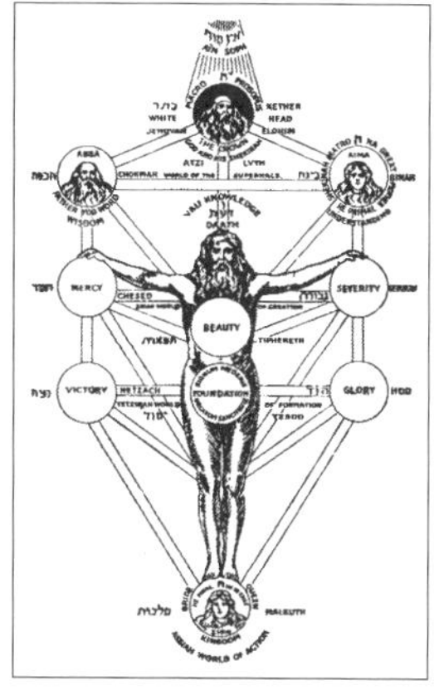


（上左）イスラエル首相はシナトラのポーズを正確に表現していない。カバラの魔法ではよくあることで、ここには秘密のメッセージが暗示されている。1999年5月24日発売の「U.S. News & World Report」の43ページに載ったこの記事は“Getting into the ring”（リングに上がる）との見出しがつけられ、ジェームス・カービルとアーサー・フィンケルシュタインのようなアメリカの大物政治家やコンサルタントがイスラエルに渡り、そしてイルミナティのお気に入りであるバラクのために活動したという事実について議論をした。言うまでもなく、エフード・バラクは選挙で圧勝した！

（上右）アンドロギュノスは両性具有であり、双頭の鷲の由来でもある。ユダヤ系カバラでは、男女が合体するこの不思議な生き物は「Adam Kadmon」と呼ばれており、アダムとエヴァを合体させたゴーレムであるとしている。この正反対の生き物の合体は科学の錬金術の一部であり、オカルトの魔術師の間では人気がある。魔法は太陽と月の接合として“神聖な性行為”の儀式が一般的だ。

（下左）シーグラム社CEOと世界ユダヤ人会議会長を務めた大富豪エドガー・ブロンフマン・シニアの息子、エドガー・ブロンフマン・ジュニア。壁に描かれたシーグラム社のロゴには白馬（ヨハネの黙示録に登場する白馬⁉）と興味深い絵が描かれている。（写真は1998年12月14日に発売された「USA Today」より引用）

（下右）カバラの生命の木はセフィロスの神（雄）と女神シェキナ及びアイマ（メス）とシオン王国の象徴である。この絵ではすべては男性器及び女性器から誕生している。（写真は1984年に出版されたゾラー著『Zolar's Encyclopedia of Ancient and Forbidden Knowledge（ゾラの禁断の古代知恵の百科事典）』より引用）

# Worldly fortunes

What is the value of a sensitive, boyish face, a wry and irreverent sense of humor or a knack for a clever phrase accompanied by a hypnotic rhythm? Pretty darn high, according to Forbes' list of the 40 highest-paid entertainers. Heartthrob Leonardo DiCaprio, comedian Jerry Seinfeld and rapper Master P, all of whom are on the list, would concur.

The 1998 estimated incomes of many of the super-rich entertainers cited by the business magazine come close to the most recently reported gross national products of several developing nations. That should raise a few eyebrows at the World Bank, which monitors international financial policy. The gross national product (GNP) is a nation's total goods and services valued at market prices.

DiCaprio's $37 million is chump change compared to Seinfeld's $225 million, which makes him No. 1 on the Forbes list. (DiCaprio is 34th.) But $37 million is big bucks in Africa's Tanzania, whose 1994 GNP was only $2 billion. Seinfeld's projected income could boost the economy of Kenya, which had a 1994 GNP of $7 billion.

Master P, who taught MTV viewers the meaning of "UH! Na Na Na NAH," is expected to earn $56.5 million this year. Closely following the rapper on the Forbes' list is Austin's own Mike Judge, co-creator of Fox TV's "King of the Hill." Judge is expected to earn $53 million this year. The men's combined incomes would be one-sixth of the gross national product of the central African nation of Zaire, which was $6 billion in 1994.

Others on Forbes' list include the Rolling Stones ($57 million) and the Spice Girls ($49 million) and television talk show queen Oprah Winfrey ($125 million), who has appeared on the list several years in a row.

Any of the entertainers on the Forbes' list could influence the economies of several of the world's nations. "Not that there's anything wrong with that," as Seinfeld and crew would say defensively. But the list sure does put the world's financial troubles in context.

NBC

Jerry Seinfeld was 1998's highest-paid entertainer.

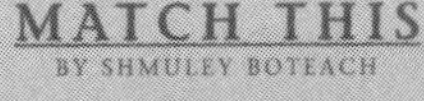

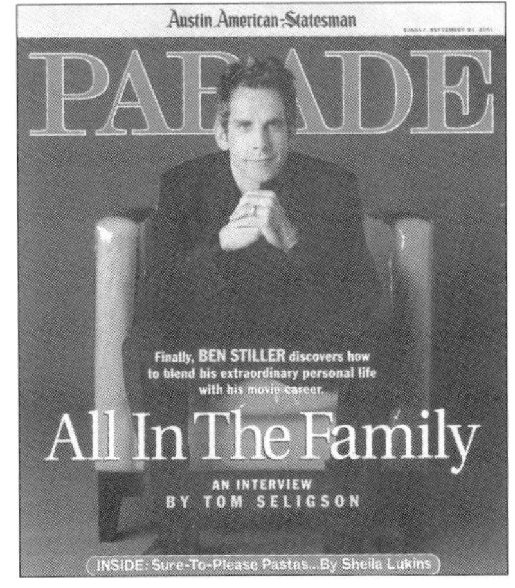

（上左）この記事でコメディアンのジェリー・サインフェルドはユダヤ系カバラのハンドサインをしている。彼はよくこのポーズをする。サインフェルドは出演したテレビ番組で度々カバラの儀式で行われる印を暗示している。この記事によると、彼のコメディシリーズで２億２千200万ドルを稼ぎ出したという！（記事は1998年９月９日発売の「Austin American-Statesman」の14ページより引用）

（上右）ユダヤ教ラビのシュミュリー・ボチーチは著書『Kosher Sex』やマイケル・ジャクソンの霊的カウンセラーを務めたことで全米で一躍有名になった。ボチーチの手の組み方はユダヤ系カバラのハンドサインそのもの。（記事は2001年12月28日発売の「The International Jerusalem Post」より引用）

（下左）ユダヤ人コメディアンのベン・スティラーはこの記事でカバラ式に手を組んでいる。右手の上に左手を被せているということは、悪意のある黒魔術を行うことを意味する。デイビッド・ロックフェラーは逆の右手を左手に被せている（本章に記載）。

（下右）この写真でサンフランシスコ市長を務めたギャビン・ニューサムは手の組み方によって他の仲間に自分も同類であることを暗示した。2003年にゲイの結婚を認めたことでゲイコミュニティーから高い人気を誇る。「タイム」の編集者は市長が“崇拝されている”と言わんばかりにかなり絶賛している。出版社にこの“太った猫”の本を出版するように売り込んだのだった。（写真は2005年４月25日発売の「タイム」より引用）

マンハッタンバンクや日米欧三極委員会を創設した大富豪のデイビッド・ロックフェラーを"1995年で我らが誇るアメリカ人"として「Town & Country」誌は絶賛している。この写真には見出しも説明も一切書かれていない。だが、オカルト通の人間なら彼がカバラのポーズを取っていること、ネクタイのデザインがダイアモンド型であること、そして彼のシャツのボタンがXの字に作られていることの意味を理解できる。この写真はオカルトに通じている人間へのメッセージを送るために記載された。

ジョージ・W・ブッシュとアラファト議長は写真にカバラのポーズを取っている。これは、他の仲間とコミュニケーションを図る手段の1つとして使われる。(ブッシュの写真は2003年7月に発売された「Texas Monthly」の97ページより引用)

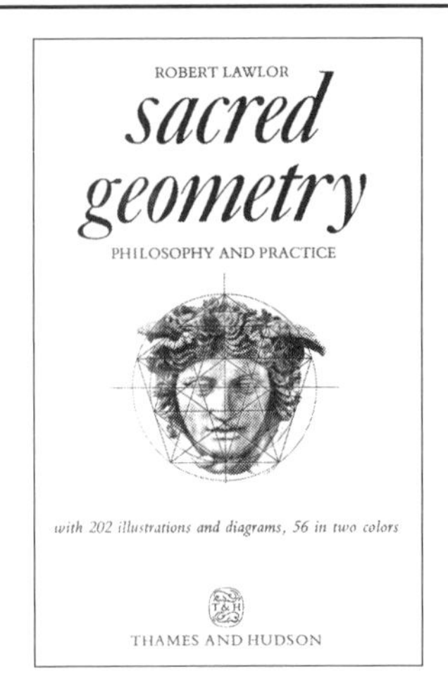


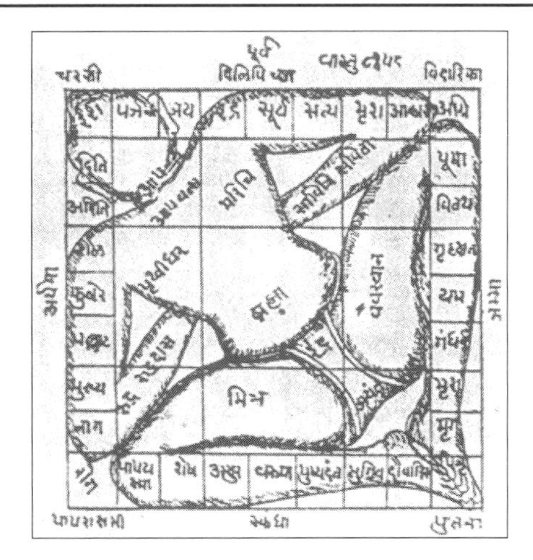

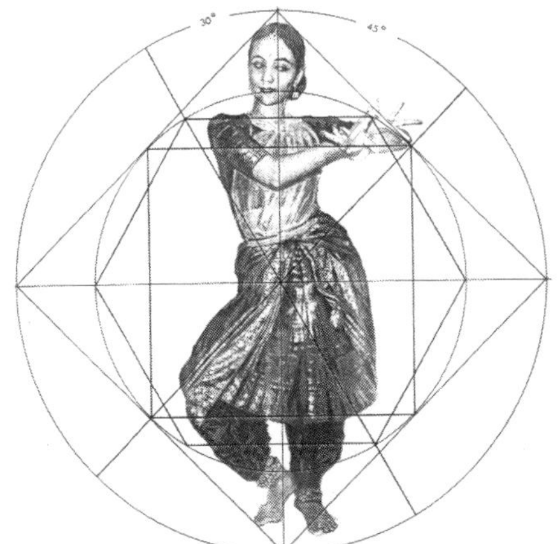

（上左）カバラやその他の秘密結社に所属するエリート達は新たな魔術等で使う印やデザインを作成する時、「sacred geometry」（神聖な幾何学）を基準にしている。ピタゴラスの時代から現代に至るまで、神聖な幾何学に関する書籍は数百冊も出版された。イルミナティのエリートにとっては、トライアングルといった印は単なるお守りではなく、求めれば現実に変化をもたらすほど能力を有する魔法の証である。
（上右）ヒンドゥー教の図は神聖な幾何学とカバラに深く関係している。これはペルシャ由来のヒンドゥー教の寺院の計画及び「Cosmic Man」の図である。古代ヒンドゥー教の建築（ルール）では“全宇宙は寺院に神聖な幾何学の形で存在している”としている。実際にヒンドゥー教のヨガを行う時、参加者は宇宙エネルギーを誘う形でポーズを取る（写真は1989年に出版されたロバート・ロウラーの著書『Sacred Geometry（神聖な幾何学）』の92ページより引用）
（下左）ヒンドゥー教の神が踊るヒンドゥー教のダンス（Bharat Natyatn）。へそあたりにかかる体の重心は幾何学（Geometric）と関連している。これらの角度は神々から力を伝授してもらうためにしばしば用いられる。（写真は『Sacred Geometry（神聖な幾何学）』95ページより引用）
（下右）「スタートレック」で「ミスター・スポック役」を務めた俳優のレナード・ニモイは右手でヴァルカン式挨拶をしたことで一躍有名になった。ニモイもユダヤ人で、このハンドサインはユダヤ教のラビが“聖なる者の聖なる者”の儀式でも表現されると証言している。彼がTVシリーズで数多く表現したこのハンドサインはユダヤ系カバラの魔術の印である。

# 'Seinfeld' in a parallel universe

A Kramer who knocks before entering the room?

A George who's generous, honest and soft-spoken?

A Jerry who cares for others and accentuates the positive?

Be careful what you ask for. You just might see it.

As if to answer the critics

**Television**
**News & Views**
**By Matt Roush**

(including this one) who found it hard to forgive that sour bunch of *Seinfeld* misanthropes after last season's bad-taste finale, in which the death of George's fiancée, Susan, was callously shrugged off by all, tonight's brilliant episode offers a glimpse at what life might be like if these creeps were actually nice guys.

You don't want to go there.

It starts when Elaine breaks up with Kevin (Tim DeKay), her nice-guy boyfriend of last week, and suggests they just be friends. Kevin likes the idea. Kevin, you see, likes friends.

Whereas Jerry, when he hears about this, sneers, "Why would anybody want a *friend*?" (Take that, *Friends* clones.)

When Elaine meets Kevin's other buddies, they turn out to be funhouse-mirror inverses of that gang of hers: a bald schmo named Gene (Kyle T. Hefner) and a gangly guy named Feldman (Pat Kilbane). They're normal. They sit around and read. Kooky they're not.

By George Lange, NBC

**Bizarro time:** After meeting the alter egos of her pals Michael Richards, left, Jason Alexander and Jerry Seinfeld, Julia Louis-Dreyfus ponders what life would be like among the normal on 'Seinfeld.'

hero's exact opposite.

In a memorable street scene, Elaine finds herself torn between the two groups: one gonzo and self-absorbed, the "bizarro bunch" anything but. She articulates her crisis of comradeship to Jerry: "I can't spend the rest of my life coming into this stinking

system is breaking down!"

Why not, indeed.

In the season opener, Jerry seemed downright cruel as he continually belittled Elaine upon her ill-fated promotion at work. George's unending trashing of Susan's memory is also unnervingly mean-spirited — tonight, he

Tonight's surreal subplots confirm that this world is like no other on TV, and welcome to it. Jerry dates a beautiful woman with one hard-to-get-past physical flaw. (Watch her manhandle a lobster.) Kramer goes through a life's supply job stress without even (He and

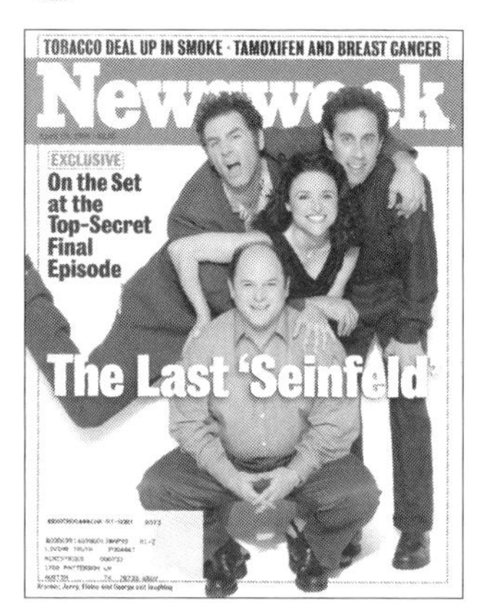


（上）この記事を担当した編集者はイルミナティに通じてるはずだ。タイトルが“Seinfeld in a parallel universe”（パラレルワールドにいるとなりのサインフェルド）だ。この記事に載っている４人はテレビでよく見るエンターテイナーだ。４人ともユダヤ人でカバラのポーズを取っているのだ。

（下左）TVシリーズ「となりのサインフェルド」で「ジョージ役」を務めた俳優のジェイソン・アレクサンダー。大勢の観客がいる前で堂々とカバラの儀式で見られるポーズを取った。だが、残念ながら数百万人もいるであろう「TV Guide」の表紙を見た無知な人々はアレクサンダーが単にジャンプしているようにしか考えない。オカルト的なポーズである事実を知る人は少ない。まず、アレクサンダーの左手を見ると“エル・ディアボロ”のハンドサインをしているのが確認できる。そして片腕を上に、片腕を下に向いている。これは本書で紹介したカバラの矛盾の哲学である“上のものは下へ”を暗示している（バフォメットに似たポーズ）。そして彼の腕と足は３つのトライアングルを形成している。

（下右）ここで再び「となりのサインフェルド」の出演者達がカバラのポーズをしている写真の登場。マイケル・リチャーズ（クレイマー役）は足でVの字を表現しいる。ジュリア・ルイス＝ドレイファス（エレイン役）の腕とリチャーズが左手の指で行うポーズ、そして２人の手首が重なり合ってXの字を表現している。ジェイソン・アレクサンダー（ジョージ役）は両手でトライアングルを形成している。こんなに多くの秘密の印が確認できる。

2004年に副大統領候補に出馬した上院議員のジョー・リーバーマンは山羊の印を表現している。彼もユダヤ人だ。山羊の２つの角を表現するために両手を下に向けたポーズをしている。これはイスラエルのフリーメーソンロッジに所属するエリートがよく表現するカバラの印の１つである。これは成功を呼ぶ込むための印とされており、何か大きなイベントを始める時に行われることが多い。

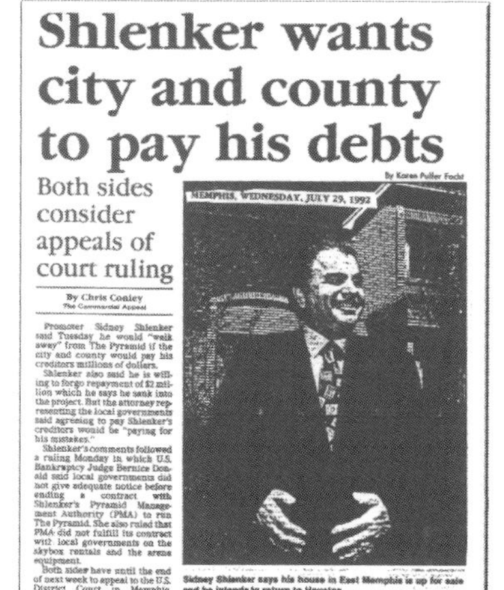

# Shlenker wants city and county to pay his debts

## Both sides consider appeals of court ruling

By Chris Conley
The Commercial Appeal

Promoter Sidney Shlenker said Tuesday he would "walk away" from The Pyramid if the city and county would pay his creditors millions of dollars.

Shlenker also said he is willing to forgo repayment of $2 million which he says he sank into the project. But the attorney representing the local governments said agreeing to pay Shlenker's creditors would be "paying for his mistakes."

Shlenker's comments followed a ruling Monday in which U.S. Bankruptcy Judge Bernice Donald said local governments did not give adequate notice before ending a contract with Shlenker's Pyramid Management Authority (PMA) to run The Pyramid. She also ruled that PMA did not fulfill its contract with local governments on the skybox rentals and the arena equipment.

Both sides have until the end of next week to appeal to the U.S. District Court in Memphis. Neither side has decided whether to appeal.

MEMPHIS, WEDNESDAY, JULY 29, 1992

By Karen Pulfer Focht

Sidney Shlenker says his house in East Memphis is up for sale and he intends to return to Houston.

シドニー・シュレンカー検事が1992年のこの記事で見せているのは山羊の印だ。プロバスケットボールチームのオーナーであり、メンフィス（テネシー州）にある全米屈指のピラミッドの建設に貢献したユダヤ人である。

アラファトが亡くなった後にパレスチナ解放機構（略称：PLO）の新議長に選任されたマフムード・アッバースの直後の写真。彼は幸運を呼び込むために両手でカバラの印である山羊の印をしているのが確認できる。アッバースは表向きはパレスチナ人の味方だが、本当はイルミナティのエリートに服従するユダヤ人である。（写真は2005年１月10日に発売された「U.S. News & World Report」より引用）

1997年に平和会議という名の会談を行った中東の４人の政治リーダー。彼はフリーメーソンでは兄弟だ。（左から）イスラエル首相のイツハク・ラビン、ヨルダンのフセイン国王、エジプト大統領のホスニー・ムバラクそしてパレスチナ自治区のアラファト議長。ムバラク大統領（右から２番目）は両手でカバラの印である山羊の印を表現しているのがわかる。（写真は1997年10月発売の「News From Israel」より引用）

イスラエルのユダヤ人ラビであるイスラエル・メイア・ラウは手でエジプト大統領のホスニー・ムバーラクに対してカバラの秘密のメッセージを送っている。それに対してムバーラクは顎に指を当ててフリーメーソンのメッセージを送っている。（写真は1997年１月発売のニュージーランドの雑誌「The Omega Times」の７ページより引用）

コメディアンのミルトン・バールはユダヤ人でその功績は高く評価された。彼が見せた数々のコメディは確かに印象的だ。この写真はフリーメーソンで知られているカバラのポーズである。

舞踏家のアーサー・マレーは“America's Dancing Master”（アメリカのダンスマスター）と呼ばれた。天才舞踏家の本名はアーサー・タイクマン。言うまでもなく、ユダヤ人。1920年代から彼が魅せた数々の舞踏のほとんどがフリーメーソンやユダヤ系カバラの儀式から引用したものだ。

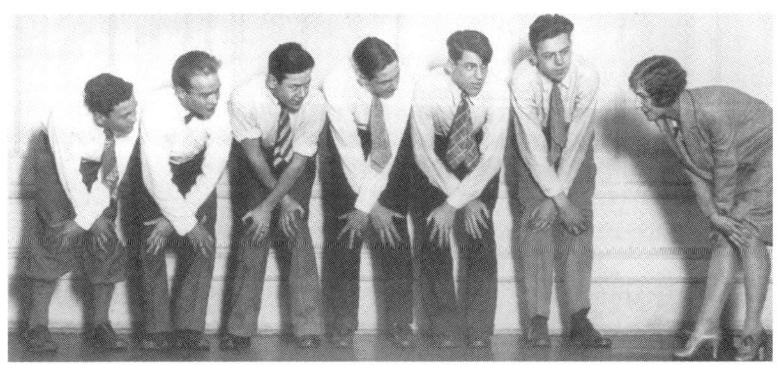

吸血鬼（ヴァンパイア）で有名な小説家アン・ライスはこのポーズの中で左手の指でカバラの印の１つであるＶの字を表現している。そして彼女の着る衣服にもオカルトのデザインが潜んでいる。背後にマリアの像があるが、それは異教の女神を意味しているのである。（写真はAP通信、2004年１月31日発売の「Austin American-Statesman」の２ページより引用）

ユダヤ人作家のハイム・ポトクはカバラの魔術の印をこの写真で表現している。また、この印はフリーメーソン４階級の儀式でも行われる（リチャードソンモニターの書85ページで確認するといい）。（写真は2002年８月５日発売の「ニューズウィーク」より引用）

2004年に発売された「Modern Maturity」に載った南アフリカ政治リーダーのネルソン・マンデラ。この雑誌を運営しているのはシオニスト達が支配するAARP（全米退職者協会）であると信じる人がいる。この写真でマンデラはカバラの印であるダブルＶを両手で表現している。マンデラは1994年にフリーメーソンに入会し、オッペンハイマーやロスチャイルドの道具となった。

第22章

# 太陽によって焼かれる、太陽の印、サークル、蛇――

主は地球のはるか上に座して、
地に住む者をいなごのように見られる。
主は天を幕のようにひろげ、
これを住むべき天幕のように張り……

イザヤ書40章22節

（コロンブスが地球が丸い事実を突き止める1000年も前に書かれた）

正方形を見れば、人々が普段通る広場が丸いことを証明することは不可能ではない。

ナチスドイツ国民啓蒙・宣伝大臣ヨーゼフ・ゲッベルス

原始世界の神話では、蛇は太陽の象徴であった
蛇は太陽及び丸い形をする円の象徴である。

## アレクサンダー・ヒスロップ著『The Two Babylons（2つのバビロン）』

古代の偽宗教では、太陽が中心となっていた。古代の偽宗教は太陽を神の象徴とし、崇拝の対象にした。古代ギリシャ人はアポロを太陽の息子として崇拝の対象とし、古代ローマ人はミスラを太陽の神として崇拝の対象としていた。古代のこれらの偽宗教に基づいて、イルミナティは悪魔の象徴として太陽を崇拝の対象とした。19世紀でフリーメーソンの魔術師だったイギリス出身のジョン・ヤーカーは古代人が太陽を崇拝していた事実を指摘し、そして古代ユダヤ人が太陽を崇拝の対象としていたことを記している。

「我々が知る謎は、ソロモンの神殿の地下室で24人の長老が自分の顔を東に向けて太陽を密かに崇拝していたということだ」

ヤーカーが記した内容は、ユダヤ人長老が密かに偶像礼拝をしていたことを指摘しており、神にとっては喜ばしいことではない。旧約聖書エゼキエル8章でその事実が記されている。古代で太陽を偶像礼拝していた人々は、密かにサタンを崇拝していた。現代でもフリーメーソンのエリートはエゼキエルの時代の長老のように太陽を崇拝の対象としており、その太陽の裏に潜んでいたのはバールという名前に化けたサタンだった。フリーメーソンの上階級に昇進した会員は太陽の裏に潜むその神の名はヤブロン(Jahbuhlun)であることを教わる。「Buh」と「Lun」の2文字は「Baal」「On」炎の神である太陽を意味している。レジナルド・ハウプトは自身の著書『God of the Lodge（フリーメーソンロッジの神）』

ペルーで崇拝される太陽。全世界でこんな形で崇拝の対象となっている。

「タイム」に載った連邦議員のトム・ディレイの写真。政治家の写真は時々「ハロス」または「ニンブス」と呼ばれる太陽の形をした円が頭上に写ることがある。これは、神または聖人であるかのように見せるために意図的に編集されている。

ニンブスという名でも知られているハロス。聖人である印である。（絵はヘルダーの著書『Herder Dictionary Symbols（ヘルダーの印の百科事典）』より引用）

でこう記している。
「フリーメーソンのリーダークラスのエリートが儀式で見せる動きはすべて太陽の動きに基づいている。椅子から立ち上がって、また椅子に再び座る動きは、日の出で現れ、そして夕方に沈んでいく太陽の動きに基づいているのである」
「この動きは“circumambulation”（巡行）として知られている。この発想は古代エジプトで太陽を神として崇拝していた人々から生まれている」

フリーメーソンやイルミナティのエリートは太陽を神として崇拝する儀式で神を冒瀆することに挑戦する。旧約聖書ヨブ記の主人公であるヨブは太陽の神や天国に関する知恵を記している。
「あるいは、輝く日の光を見、照りながら動く月を見て、私の心がひそかに惑わされ、手をもって口づけを投げかけたことがあるなら、これもまた裁判にかけて罰せられる罪だ。私が上なる神を否んだためだ」（ヨブ記31章26節～28節）

## 卍（まんじ）は太陽の印

ナチスドイツの記章である卍（まんじ）は太陽の印である。だが、ナチス

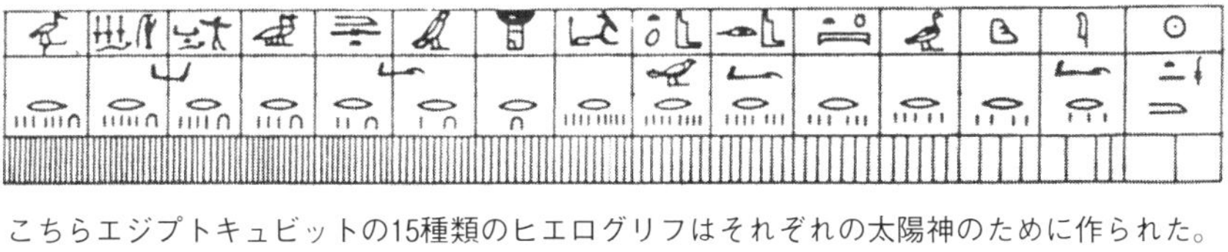

こちらエジプトキュビットの15種類のヒエログリフはそれぞれの太陽神のために作られた。一番右側のものは、エジプト神話に登場する太陽神のラーのヒエログリフ。（絵はデイビッド・フィデラーの著書『Jesus Christ, Sun of God: Ancient Cosmology and Early Christian Symbolism（イエス・キリスト。古代宇宙論と初期キリスト教の象徴）』より引用）

ドイツはアメリカの先住民、日本の神鏡やインドのヒンドゥー教といった古代の宗教からパクったのだ。事実、アジア諸国へ行けば寺の講壇、壁や入り口等でまんじを目にすることができる。ヒットラーがこの記号を悪用して悪いイメージを作るまでは、フリーメーソンでは太陽の印として崇拝される対象になっていた。今日、太陽の印として使われているのは、中心に点が描かれている円である。

## 円の内側に点

マッキーの著書『Masonic Encyclopedia（フリーメーソン百科事典）』によると、円の内側に点の印はフリーメーソン会員が主張する意味とはまったく違うらしい。実際にこの印は、フリーメーソンがセックスを中心とするとんでもないオカルト集団であることの証拠なのだ。マッキーによると、内側の点は男性器で外側の円は女性の膣の印らしい。マッキーは自身の著書でこの印について「繁殖力の象徴及び男性の生殖の原則の表現」と記している。

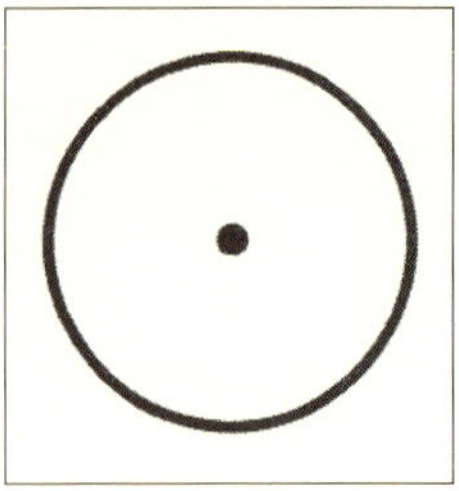

だがマッキーによると、フリーメーソンでは太陽は置き去りにされたわけではないため、この印は男性器（ペニス）と女性器（膣）の他に太陽の象徴としても使われているという。「時には、この印はアナンタ（永遠の聖人）、自分の尻尾に噛み付く蛇として表現されることもある」とマッキーは記している。フリーメーソンやイルミナティで重要視されている印はまだ一般市民の間ではそれほど知られていない。そのため、一般市民を見下す行為として秘密結社のエリートはこの印を使って楽しんでいる。大手百貨店のターゲット社の赤いロゴがその証拠であると信じる

人もいる。

## パット・ロバートソン牧師の秘密のメッセージ

テレビにもよく出演していたパット・ロバートソン牧師は秘密結社「700クラブ」の創設者でクリスチャン団体のCCA（Christian Coalition of America）の責任者を務めた。彼はヒントをくれた。何年か前に2冊の本を出版している。1冊は『The New Word Order（新世界秩序）』でもう1冊は『The New Millenium（新世紀）』。ロバートソン牧師が出版したこれらの本には陰謀を記す内容もあり、一見してイルミナティのエリートにとっては不都合な内容に見える。しかし、これらの本は彼の無知な人々を騙すために著されているのだ。実際に『The New Millenium（新世紀）』を読んだ大半の読者はすべてのページにデザインされた円の内側に点の意味を理解していないのである。これこそ、ロバートソン牧師がまだ自分の味方でいてくれたエリート宛に送った秘密のメッセージだったのだ。

## マフィアの印とイルミナティとドルイドの関係

キャシー・バーンズは自身の著書の『Hidden Secrets of the Eastern Star（東星に潜む秘密）』で円の内側に点の印は多くの人が信じているブラックハンドの印ではなく、有名マフィアのコーサ・ノストラの印であると記している。だが、問題はイルミナティ創設者のアダム・ヴァイスハウプトがこの印を重んじていた事実である。

イギリスの異教の儀式の様子が描かれたドルイドの絵（絵は著書『Wellcome's Ancient Cymric Medicine（キムリック人の古代医学へようこそ）』より引用）

アダムは自身が創設した秘密結社の郵便物には“Illuminati”または“Illuminism”という名を絶対使わないように命じた。代わりに占星術の印である太陽の印、円の内側に点がある印を使うように命じたのだ。また、バーンズはドルイドがこの印を利用していた事実についても記している。寺院が石で円の形に建設され、そして中心地に1つの石だけが置かれたのだという。当時の人々はこの作りで魔術の力を呼び込むことができると信じていたらしい。

## 円の魔術と花の力

マリーゴールドやデイジーの花も太陽の象徴として崇拝の対象とされている。事実、ヒンドゥー教やゾロアスター教等、古代の宗教がそのようにこの印を扱っている。アダム・ヴァイスハウプトは1776年にイルミナティを創設した時、〝花の力〟を印として採用することにこだわり、それは60年代のニューエイジムーブメントでも採用されている。円はイルミナティのエリートにとっては太陽の象徴となっている。そのため、イルミナティや関連の秘密結社では一般的に利用されているのである。また、この印は魔術や悪魔崇拝の象徴でもある。フリーメーソンを脱退し、後にフリーメーソンの秘密を暴露する書籍を多数出版したビル・シュヌーベレンは魔術師の〝神殿〟についてこう記している

「魔術では「神殿」はただの建物ではなく、その要諦は室内の床に描かれた聖なる円の儀式にある。これはウィッカ（古い多神教）の聖なる神殿であり、フリーメーソンの儀式でも行われるのである」

人間なのか神なのか？　我々一般市民を洗脳する一環として、世界の政治リーダー達を地球上の神にいるかのように、見せかける陰謀が存在するのだろかか？　www.freepressinternational.com や www.rense.com といったサイトはこれらの写真を記載している。その陰謀が存在すると見せつけるかのように……。Free Press International はこんな記事を書いている。“メディアは、頭にハロスが写っている政治リーダーの写真の極一部しか報道していない。この世界情勢を見ると本来であれば、この男達の頭にはハロスではなく、角を付けるべきである。これらの写真の大半は、AP 通信とロイター通信が報道している”。悪魔が天使に化けることを裏付けるかのようにハロスの光は強く写っている（筆者は「タイム」や「ニューズウィーク」といった雑誌でもこれらの写真を多数発見している）。

LORD

（左）2001年12月10日に発売された「タイム」は亡くなった直後の元ビートルズのジョージ・ハリスン（1943年～2001年）のこのオカルト的な写真を表紙に掲載した。白黒の表紙に写るハリスンの洋服は真っ黒で手に太陽神の印であるヒマワリを持っている。太陽神はインドのヒンドゥー教でも崇拝の対象とされており、マハリシ・マヘーシュ・ヨーギーやその他有名なヒンドゥー教のリーダーに服従していた。「タイム」のこの記事には、ジョージが息を引き取る最期の瞬間まで太陽に服従していた事実を記しているのだ。ビートルズの４人のメンバーは全員ヘロイン、コカインや大麻といった麻薬を服用し、アルバム「サージェント・ペパーズ・ロンリー・ハーツ・クラブ・バンド」のカバーにはイギリス屈指の悪魔崇拝者のアレイスター・クロウリーと悪魔の数字である666が載っている。信頼できる情報通によると、ビートルズは英米の諜報機関がスポンサーとなって、アンチキリストのメッセージを曲にして人々を混乱するために結成されたという。アルバム「マジカル・ミステリー・ツアー」が印象的だ。ジョン・レノンを殺害したのはCIA に訓練された“影なき狙撃者”だと信じる人が多い。ジョージ・ハリソンも過去に強盗に遭い、それらしき人物に刺される経験をしている。
（右）ビートルズのメンバーと一緒に写っているのはヒンドゥー教のマハリシ・マヘーシュ・ヨーギーである。ヒンドゥー教がイルミナティとつながっているのは言うまでもない。

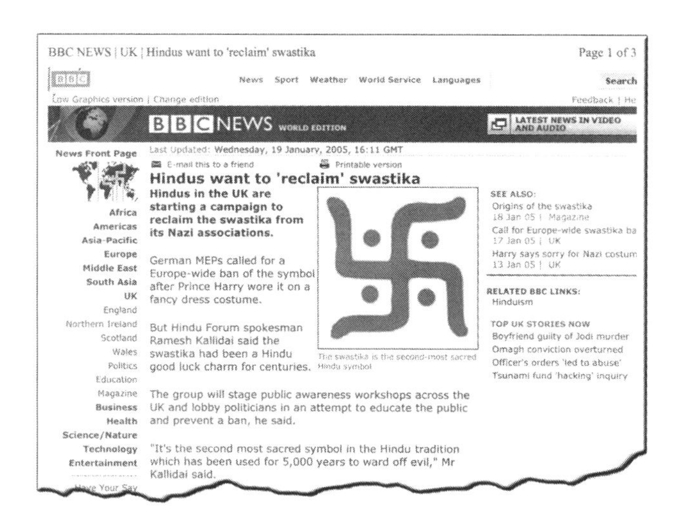
BBC NEWS | UK | Hindus want to 'reclaim' swastika　　Page 1 of 3

News　Sport　Weather　World Service　Languages　Search

Low Graphics version | Change edition　Feedback | He

BBC NEWS WORLD EDITION　LATEST NEWS IN VIDEO AND AUDIO

News Front Page
Africa
Americas
Asia-Pacific
Europe
Middle East
South Asia
UK
England
Northern Ireland
Scotland
Wales
Politics
Education
Magazine
Business
Health
Science/Nature
Technology
Entertainment
Have Your Say

Last Updated: Wednesday, 19 January, 2005, 16:11 GMT

E-mail this to a friend　Printable version

**Hindus want to 'reclaim' swastika**

**Hindus in the UK are starting a campaign to reclaim the swastika from its Nazi associations.**

German MEPs called for a Europe-wide ban of the symbol after Prince Harry wore it on a fancy dress costume.

But Hindu Forum spokesman Ramesh Kallidai said the swastika had been a Hindu good luck charm for centuries.

The swastika is the second-most sacred Hindu symbol

The group will stage public awareness workshops across the UK and lobby politicians in an attempt to educate the public and prevent a ban, he said.

"It's the second most sacred symbol in the Hindu tradition which has been used for 5,000 years to ward off evil," Mr Kallidai said.

SEE ALSO:
Origins of the swastika
18 Jan 05 | Magazine
Call for Europe-wide swastika ba
17 Jan 05 | UK
Harry says sorry for Nazi costum
13 Jan 05 | UK

RELATED BBC LINKS:
Hinduism

TOP UK STORIES NOW
Boyfriend guilty of Jodi murder
Omagh conviction overturned
Officer's orders 'led to abuse'
Tsunami fund 'hacking' inquiry

ANANOVA

Home　News　Entertainment　Sport　Business　Video Reports　Weather

News
Quirkies
Top headlines
Celebrities
Technology
Corrections

Ananova:

**Coca-Cola promotes drink with 'swastika' robots**

A Coca-Cola promotion in Hong Kong featuring a robot adorned with 'swastikas' has been condemned.

Rabbi Yakkov Kermaier, of Ohel Leah Synagogue, says it is probably an honest mistake, but he's called toy sets featuring the "Robocon" characters unacceptable.

One character, the robot-like "Robowaru," has two swastikas on its chest and can be bought in the UK for around £2.60 with any purchase of six bottles of Coke.

（上）まんじはけっしてナチスドイツの党員やヒットラーが作った印ではない。長い間、フリーメーソンの印の１つとなっている。日本やインドのお寺の壁と入り口やアメリカ先住民の祭りで見ることができる。この印は現代でも一般市民を欺くために使われているようだ。BBC News によると、ヒンドゥー教の信者達はまんじの印を取り戻そうとしている。数世紀もの間、運を呼び込む力があるのが取り戻したい理由らしい。ヒンドゥー教イギリス支部の幹部を務めるラメッシュ・カリダイは BBC News の取材に応じた時“ヒンドゥー教で２番目に聖なる印”と答えている。（写真は2005年１月19日の BBC News のサイトより引用）

（下左）2003年にコカ・コーラは香港で広告を出した時にまんじのデザインが付いているロボットを利用し、ユダヤ人団体から批判を受けた。１人のユダヤ人のラビはこう発言している。“ナチスドイツのまんじはアジアで見かけるの仏教の印であるまんじと混同されやすい”（写真は2003年５月１日に発表された ananova.com の記事より引用）

（下右）中国の気功「法輪功」の記章。全世界で１億人以上の信者を持つ。記章は陰陽とまんじ（目立たないが）の混同でできている。

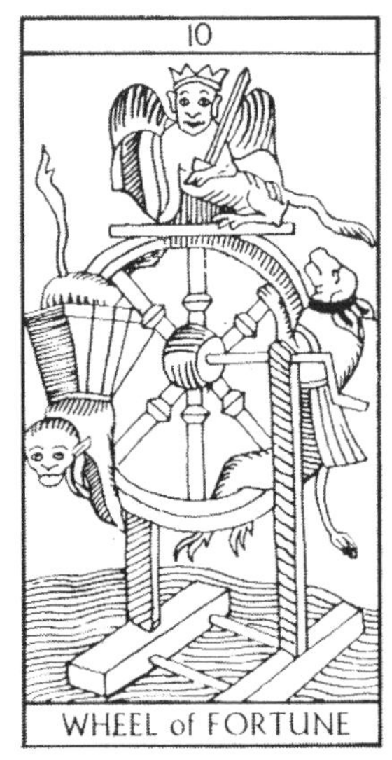

（上左）魔女は女神を蘇らせる役割を持っているという。写真はある新聞が出した広告である。（詳細不明）

（上右）贅沢をする魔女のこの絵は興味深い。椅子にはペンタグラムがあり、窓には月が見え、そして左手の上に裸の女神が左手で太陽を持っている。（絵は1993年に出版された本『To Ride a Silver Broomstick: New Generation Witchcraft（新世代魔術：銀の箒に乗ること）』より引用）

（下左）太陽の女神を崇拝の対象としているニューエイジや多数のオカルト団体で目にすることがある。

（下中）「Wheel of Fortune」（お宝の車輪）と書かれたタロットカード。未来を予言する魔女によく使われるカードである。イルミナティのインナーサークルはこの車輪にたとえられることがある。

（下右）太陽神のシンボルはフリーメーソンや薔薇十字団といった秘密結社の出版物に載ることは一般的である。中心に点が描かれいてる円は特に重要視されている。

陰陽の印は武道場等で見かけることが多い。この印の意味は正反対の男と女、光と闇、神と悪魔の混同という受け入れられない主張である。

自分の尻尾に噛み付くことによって円を体で形成するウロボロスの蛇。中心地の点はサタンを暗示している。

モーリス・ニコル著書『The Mark（印）』の表紙に使われたシンボル。この本は難しい神秘的な内容になっているが、注意深く読んでいくとニコルはニューエイジの信者に印の重要性を伝えたいことがわかる。ニコルは分析心理学者でオカルトと関わっていたカール・ユングの研究をしていた。

DESTINY BOOKS
ROCHESTER, VERMONT

オカルト系の多数の出版物で利用されるロゴ。

『To Ride a Silver Broomstick: New Generation Witchcraft（新世代魔術：銀の箒に乗ること）』より引用した絵。

NICHOLAS ROERICH MUSEUM
319 West 107th Street, New York, N. Y. 10025

PAX CULTURA

ニューヨークに位置するニコライ・リョーリフ博物館のロゴ。ロシア出身のニコライ・リョーリフはフリーメーソン会員でアメリカ大統領を務めたルーズベルトと同政権で農務長官を務めたヘンリー・ウォレスに対して影響があった人物だ。ルーズベルトはウォレスの命令で１ドル札にすべてお見通しの目のデザインを入れた。

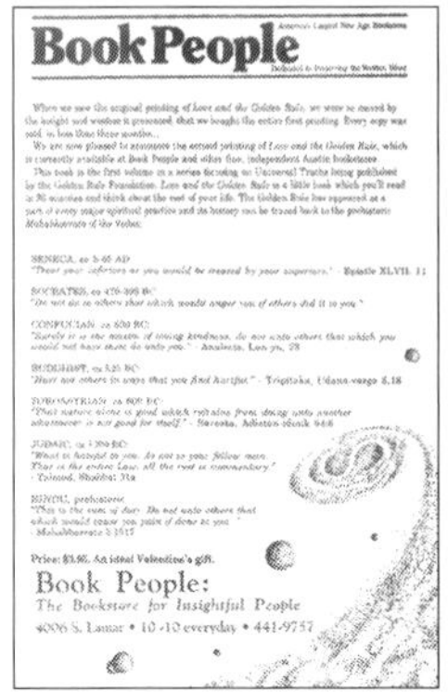

14 LIFESTYLE

The Korea Times

St. Patrick's Day Celebrated in Dublin

DUBLIN, Ireland (AP) — Hundreds of thousands of people braved a wet late-winter day Sunday to watch Dublin's annual St. Patrick's Day parade, the climax of a three-day festival in honor of Ireland's patron saint.

Organizers estimated that 500,000 people lined the parade route from St. Patrick's Cathedral on the city's south side to Parnell Square in the north.

Thousands more participated in the parade, including 19 marching bands from Britain, the United States, Norway and Germany.

On Saturday, up to 1 million people thronged the city's streets and squares for free music, comedians and special entertainment geared to children. Thousands lined the banks of the River Liffey for a 3,000-ton fireworks display Saturday night.

A 19-year-old man drowned while trying to swim across the river Saturday night. His body was recovered several hours later.

Backers of the festival hope it will ensure that Ireland's normally thriving tourism industry gets off to a good start this year.

Last year's festival had to be postponed for two months because of fears that foot-and-mouth disease, then rampant in British cattle and sheep, would spread to Ireland. The island ultimately suffered only a handful of confirmed

A float passes Christ church in the St. Patrick's Day Festival parade in Dublin Sunday. AP-Yonhap

2000.

In London, thousands of people sported sprigs of shamrock and took to the streets for the British capital's first official St. Patrick's Day festival.

Police estimated that 5,000 people marched in a parade from the city's Ro-

tion Irish people had made to the city.

The Irish, he said, "have helped to build it, to nurse the sick in it, to educate the children in it."

London is home to some 400,000 Irish people.

Irish Prime Minister Bertie Ahern said

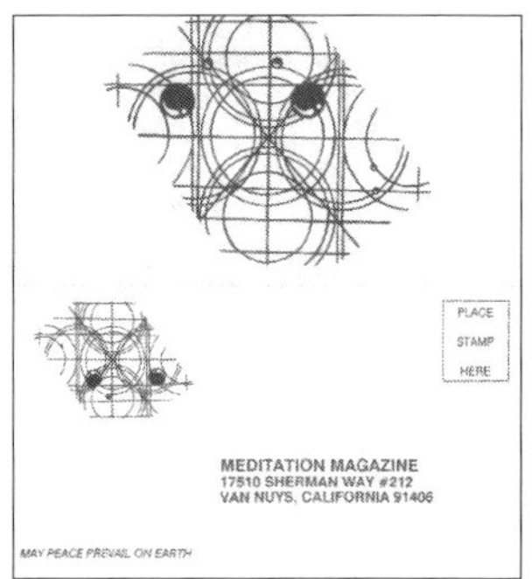


（上）魔術の儀式で利用される２つの円。左の円の内側には六芒星とオカルト十字架があり、右の円はイギリスのオカルト指導者だったフランシス・バレットが利用した印。（絵はヘルダーの著書『Herder Dictionary of Symbols（ヘルダーの印の百科事典）』より引用）

（中左）テキサス州のオースティンに位置する「Book People」というオカルト系の本屋はニューエイジやその他のオカルト団体のように活動している。この記事には宇宙の果てにＳの字（Satan のＳ）が描かれているのがわかる。ここまで説明すれば、読者は何が言いたいか理解できるでしょう。

（中右）フルオキセチン（うつ病薬）は助けてくれる？　本当に？　いったいなぜ太陽の円はウロボロスの蛇のようにデザインされているんだい？　そして太陽の円の周りにある太陽の光が６の形にデザインされたのは偶然だというのか。

（下左）アイルランド首都のダブリンで行われた聖パトリックの祝日の祭りの記事には５つの角の生えた太陽がパレードで使われている。（記事は2002年３月19日発売の「Korea Times」の14ページより引用）

（下右）ニューエイジ系雑誌「Meditation」の申込用封筒に使われているデザイン。

THE DAWN HORSE is a publication of the Laughing Man Institute of Austin. Feb./March 1987 Edition

FREE

THE DAWN HORSE

Inside:

Interview with Irena Tweedie
page 4

Ken Wilber On Heros and Cults
page 3

Special Events:

Crazy Da Must Sing

This seminar will explore the way in which Spiritual Adepts have engaged their devotees in the most fierce and passionate struggle in order to awaken them beyond their egoic limitations on life and love. The day will include many personal stories about the extraordinary way in which Heart Master Da has worked with devotees and also

(上左) 2004年に公開された映画「アレクサンダー」の広告。アレクサンダーは古代ギリシャを征服した人物とされている。映画ではさまざまな古代の名前を呼んで太陽神が崇拝される場面が多々ある。
(上右) ヒンドゥー教幹部のダ・フリージョンが運営する「The Dawn Horse」のロゴに注目してほしい(左上)。円の内側には白馬と炎があり、外側にはオカルトの代名詞の星と2足(2人の跪いた弟子の暗示)がデザインされている。
(下左)「Circle Network News」という知られた魔術雑誌の中心には太陽が顔としてデザインされている。この雑誌によると「太陽の父」を崇拝する人々が大事にするロゴらしい。
(下右) 大手チェーン店のハードロックカフェが販売したシャツには太陽がデザインされている。ハードロックカフェの創業者はオカルトと深く関わっていた大富豪、アイザック・ティグレットである。また、テネシー州メンフィス市のグレートアメリカンピラミッドの建設にも関わっている。

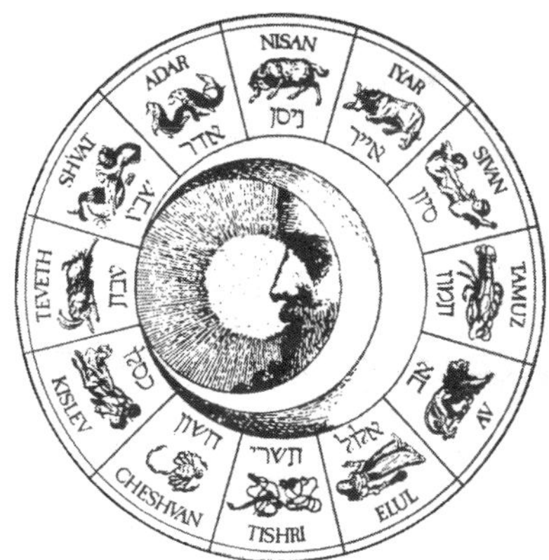

**The Celtic Cross (or Sunwheel) - the most ancient symbol of the White European people. That is why it was adopted as the emblem of the America First Party.**

**America First Party**
**3209 South Cobb Dr.**
**Suite # F2-204**
**Smyrna, GA 30080**

Write for a free platform and membership application.

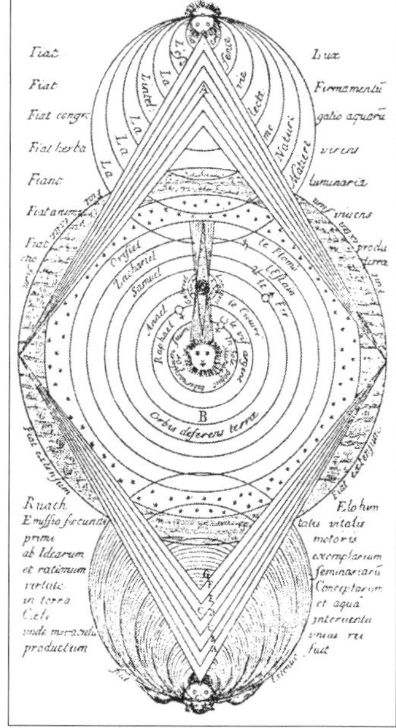


（上左）おそらくヘルメスに関係する古代の象形文字。
（上右）ユダヤ占星術のホロスコープ。太陽神は円の内側に描かれている。
（中上）ピースサインのおとぎ話の伝説の始まりはベトナム戦争のデモ参加者による使用である。だが、実際には長い間キリストの憎悪の印として使用されており、「ネロの十字架」と呼ばれている。
（中下）1993年８月にシカゴで行われた世界宗教会議（Parliament of theWorld's Religions）で世界中の宗教家が集まった。後に世界宗教会議となったこのロゴを作ったのは、イルミナティ支配下のロックフェラー財団である。
（下左）ケルト十字と聖火の印はジョージア州を拠点に白人主義を訴えたアメリカ第一党（America First Party）に採用された。
（下右）ユダヤ系カバラの魔術は多くのダイヤモンドと円を利用する。（絵は『Encyclopedia of the Occult（オカルトの百科事典）』より引用）

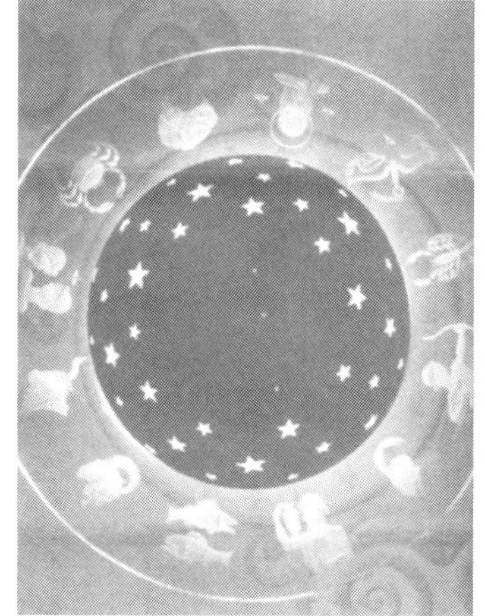

（上左）太陽神メソポタミアの崇拝の彫刻。（ロンドンに位置するブリティッシュ博物館）
（上右）紀元前300年頃に建設されたエピダウロス劇場の中止にはポイントが内側に入っている円がある。（写真はジェームズ・ハリソン著『The Pattern and the Prophecy（パターンと予言）』より引用）
（中左）フリーメーソンのゾディアックの飾りはワシントンD.C.で連邦準備制度理事会の建物内部を飾る。もし、アメリカ国民がジョン・Q・アダムズ大統領のアドバイスに耳を傾けていれば、フリーメーソンが今日持っているアメリカ連邦政府に対する影響力はなかったのだろう。
（中右）アメリカ先住民で太陽神を崇拝の対象としていたトーテム。
（下）陰陽の数種類。

第23章

# 燃え盛るサークルにいるかのよう！ シュワルツェネッガーのメーソンリング、ニュート・キングリッチのティラノサウルスとその他エリート達にまつわるサークルの謎

すべてを支配するためのリング……
彼らを見つけるためのリング……
彼らを闇に投獄するためのリング……

J・R・R・トールキン著『指輪物語』

燃え盛るサークルにいるかのよう！ どんどん下へ
堕ちるにつれて、炎が大きくなっていった。

ジョニー・キャッシュ作詞「リング・オブ・ファイア」

イルミナティのエリートは過剰なほど宝石、指輪、ネクタイや衣服のアイテムのにこだわりを持つ。

実際にフリーメーソンのエリートは帽子、エプロン、黒い服を着たり、または印がデザインされている指輪等をはめたりしている。階級を昇進していくフリーメーソンのエリートは33階級に昇進した時、その証として宝石が贈呈される。これを偶像礼拝と呼ぶ人もいる。印がついている指輪に関しては、フリーメーソン会員のデビッド・ローチが著書『The Louisiana Freemason』の中の「If You Only Knew What This Ring Means to Me（リングが僕に取ってどんな意味を持つか知っていれば）」というタイトルの記事で、聖なるものと比較しながら印のことを「precious（貴重）」と記し、メーソンリングは「純正のクラウン」と言っている。彼が身につけていたリングはコンパスと定規の間にGの字がデザインされているシンプルなものだった。

## セックスアイドル

元フリーメーソン会員のビル・シュヌーベレンはメーソンリングやネクタイや宝石の本当の意味を暴露してこう記している。

「フリーメーソンのエリートが日曜教会で誇らしく身につけるリング等の本当の意味を教えよう。本当の意味はセックスアイドルだ……バールという古代イスラエルに関連する偶像の神は皆セックスアイドルだった。全能の神は自分の教会にこんなのものを持ち込まれることを嫌うが、フリーメーソンのエリートはあえてイルミナティの身分証明書の一種として神の家と呼ばれる教会に持ち込んでいる」

また、シュヌーベレンはフリーメーソンのエリートが着るジャケットやコートの襟に付いているホッケー用のスティックと2つのボールが付いてできているピンについても言及している。「Tubal Cain」

と呼ばれ、フリーメーソンのエリートが誇らしく身につけているこのピンの意味は男のペニスと睾丸である。

## チーフボーンズと戦士の絆

『The Woman's Dictionary of Symbols（女性のための印の辞典）』や『Sacred Objects（神聖な物）』を出版したバーバラ・ウオーカーは自身の著書でリングについてこう記している。

「リングの本当の意味はアングロサクソン時代のイングランドのチーフボーンズと戦士の絆の印であった。そして……」

ケルト人文化では女性が男性にリングを贈呈するのは、その女性が性行為を行ってもよいという秘密のメッセージ。男性の指にはめて、自分の膣を男性器にはめるイメージなのである。

またリングは権力と団結の意味でもある。イルミナティメンバーの上級と下級メンバーの絆の証なのだ。またリングは古代で自然界の魔術師の証でもあった。ユダヤ教のラビによると、ソロモンは悪霊を支配するためと神殿を建てるために六芒星がデザインされたリングをはめていたという。1870年頃、フランスで一部のイルミナティメンバーは光るリングのマスターが集まる秘密結社を創設し、その教義はピタゴラスの哲学で幾何学と科学の分野が強調された。

今日のイルミナティのエリートがリングやネクタイ等を身につけることにこだわるのは、これらの古

フリーメーソンのエリートが身につけるTubal Cainと呼ばれるピン。マスターメーソン（3階級）まで昇進すると贈呈される。（イラストはキャシー・バーンズ『Masonic and Occult Symbols Illustrated（フリーメーソンとオカルトシンボル）』233ページより引用）

代の文化が由来となっている。円の形をするリングは、彼らの神であるルシファーとの絆の証を意味する。そのように宣言する彼らは金の冠を冠らなければならず、金の材料を好むのはそのためだ。

## フリーメーソンの神秘的ネクタイ

フリーメーソンのエリートは神秘的なつながりにこだわりを持ち、その証の1つが神秘的ネクタイである。フリーメーソンの印やシンボルの中でもエリートが身につけるネクタイには特別な意味が込められている。伝統的なネクタイと現代で多くの男性が身につけるネクタイの両方がフリーメーソンの儀式で生まれたものと信じる人は少なくない。ネクタイの結びには2つのトライアングルが形成されており、それが1つの首につけられると絆の証になるという。人間の首は犠牲の証でもあるため、イルミナティといった秘密結社のために自分を犠牲にするという意味も含まれている。ネクタイをつける時のシャツにも下向きのトライアングルがあるため、ネクタイとシャツのセットのすべてにトライアングルが付けられている。下を向いているということは、悪魔の方向（地獄）に向いているということだ。

these, The Nature Conservancy is active in 13. Notes Andreas Lehnhoff, the Conservancy's Guatemala program director, "We are already more deeply involved than we thought. And it's a good opportunity for us to establish new partnerships in the region." Research conducted by the Conservancy and other conservation groups has contributed to the plans for the Central American greenway.

*—John A. Kinch*

**TYING THE KNOT**

**Conservancy Tie More Than a Fashion Statement**

Some schools of thought hold that red is the color of the ultimate power tie—that slip-knot of silky fabric that greets you with its bold pronouncement, "I mean business."

But this is the '90s, and the power tie appears to have transformed to one navy blue flecked with green oak

...development.

In the past few years, Presidents Bush and Clinton and Vice President Gore also have been spotted—even

once during a presidential debate—brandishing oak-leaf ties, a low-key expression of conservation support, as well as good taste. "For us, it's been the power tie for years," says Mike Coda, vice president and director of marketing for the Conservancy.

*—Martha Hodgkins Green*

（上左）クリントンはユダヤ系カバラの印がデザインされているネクタイを身につけることが多い。この写真では多数のトライアングルが確認できる。（写真は1996年１月29日発売の「U.S. News & World Report」の32ページより引用）
（上右）ある記事によると、ホワイトハウス内でクリントンの愛人だったモニカ・ルインスキーはネクタイをプレゼントしている。これは２人の秘密のコードでもある。モニカがクリントンがテレビでこのネクタイを身につけている場面を見れば、モニカのことを考えているとわかった。
（左下）過激な活動をする自然保護団体 The Nature Conservancy は CNN の創設者テッド・ターナー、ブッシュ大統領、クリントン、そしてゴア副大統領が自らの活動への支持を示すためにオークの葉のネクタイを身につけていたことを1998年４月発売の雑誌で自慢した。樫の木とその葉はドルイドの魔術師の主食で森林の自然の神とされるパンの信者の間でシンボルとして人気がある。
（右中）クリントンのネクタイには無数のトライアングルがデザインされている。
（右下）クリントンが生まれる前に父と一緒に写真に写るクリントンの母親のバージニア。彼女はユダヤ系カバラと深く関わっていた。クリントンの父親はユダヤ人の同性愛者のジャック・ルビーと親交があった。言うまでもなくリー・ハーヴェイ・オズワルドを暗殺した人物だ。

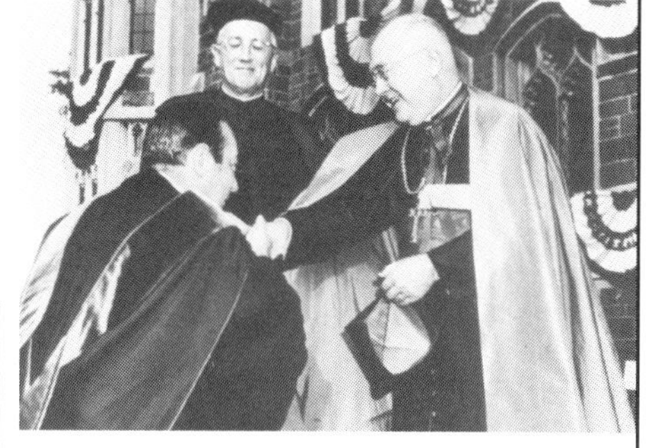

## The Superstitious Necktie

When they visited Paris in 1636, a regiment of superstitious Croats from what is today Yugoslavia wore silk kerchiefs as talismans to ward off blows to the throat.

King Louis XIV admired the adornment and produced a necktie of his own, embroidered and tied with a simple knot. This new style was deemed the "cravat," the French word for Croat. The nobility of neckwear quickly caught on, and the tying of the tie became an entire regimen in itself.

evolved into the slender rectangle with a diamond-shaped tip we associate with modern neckwear. The ready-made tie began competing with the handmade cravat and eventually took over the neckwear market.

—*Idea submitted by John L. Shaw*

(上左) テキサス出身の下院議員ロイド・ドゲット（中央）は、オースティンでテキサス州の民主党代表に就任した。テキサス州支部の民主党はフリーメーソンのものだ。彼のネクタイを見ると、Xの字がデザインされているのがわかる。これはエジプト神話に登場する太陽神のオシリスとのつながりを表現する印だ。左にいるのは通貨下院委員会の委員長を務めた経歴を持つ下院議員のジェイク・ピクルス。ピルクスは１ドル札からすべてを見通す目のデザインを外すことを許可しなかった。

(上右) ハリー・トルーマン大統領と同氏の政権で国務長官を務めたディーン・アチソン。２人共イルミナティのエリートで太陽神を彷彿させるデザインのネクタイを身につけている。

(下左) フリーメーソン33階級に所属したジェラルド・フォード大統領は“バフォメットの十字架”がデザインされたネクタイを身につけている。これは秘密結社東方聖堂騎士団やイギリスの悪魔崇拝者のアレイスター・クロウリーがロゴとして使っていたもの。この印はフリーメーソンのスコティッシュライトでも重要視されている。フォードはケネディ暗殺のリー・ハーヴェイ・オズワルドのあり得ない単独犯説が浮上した後に形成されたウォーレン委員会のメンバーだった。フォードをはじめとしたウォーレン委員会のメンバーは全員フリーメーソン33階級に所属していた。

(下右) ニューヨークカトリック教会大祭司フランシス・スペルマンのリングにキスをしているのはニューヨーク市長ワグナーである。それに対して、満足そうな顔で微笑むのはイエスズ会系列のフォーダム大学の学長を務めるマクギンリー（中央）である。

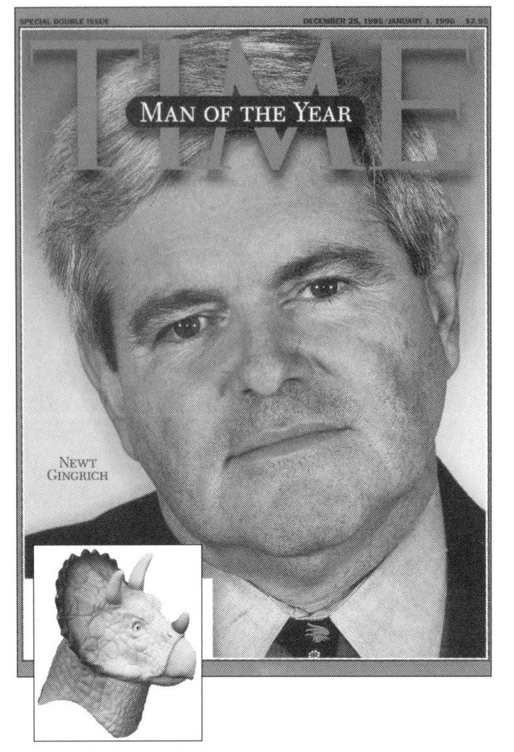


「タイム」の表紙を飾るニュート・ギングリッチのネクタイには恐竜と花がデザインされている。この記事は1995年にキングリッチを“Man of the year”として紹介しながら密かに謎を暴露している。１つはこの記事の発売日が1995年12月25日。これはイエス・キリストが誕生した日で古代ギリシャ人とローマ人が太陽神を崇拝する日でもある。この写真に写るキングリッチは汗をかき、髭が濃い。そして明らかに不機嫌だ。それに顔が赤く写っている。彼の顔は TIME の文字の背後に位置づけられており、それは彼の政治家としての力はもう過去の人であることを意味している。実際にこの記事が発売されてからキングリッチは役職を辞職している。原因は若い女性職員との不倫であると信じる人も多く、それが原因で奥さんと離婚している。この写真に写るオカルト的なメッセージは彼のネクタイにデザインされている。ネクタイにデザインされた恐竜の頭はその下にデザインされた花の方向へ向いている。1776年に秘密結社イルミナティを創設したアダム・ヴァイスハオプトが“花の力”にこだわった話は前章で記した。これがデザインされた花に潜む秘密だ。アカハライモリという爬虫類に似たこの恐竜はいったいどんな意味があるのだろうか？　本人いわく、恐竜ファンだという。以前ワシントン D.C. に位置するスミソニアン博物館に自身が保有するティラノサウルスの模型を貸し出している。報道によるとキングリッチは大の恐竜好きで恐竜好き仲間もいるという。その仲間達に誇らしげに“オレのティラノサウルスの模型欲しいかい？”と聞いていたらしい。辞書でティラノサウルスの単語の由来を調べてみると、「tyrant」という単語が出ていて、その意味を調べていくと「すべてを支配する政府の唯一無二の絶対的権力者」が出ていたではないか！　そしてティラノサウルスを省略する単語「T-REX」の T は「Tamuz」の意味が潜んでいる。「Tamuz」はキリストの暗号でその由来は「TAU」（十字架）である。イルミナティが創設された頃の最上級の階級は「REX 階級」と呼ばれ、アダムはここに所属した。キングリッチは自分のネクタイでこれらの秘密を一気にデザインしたが、その意味を理解できたのは一部のユダヤ系カバラを行うイルミナティのエリートだけ。簡単にまとめると“我々の最終目標は、唯一無二の反キリストが絶対的支配者、すなわち獣（サタン）が支配する体制を樹立することだ”。

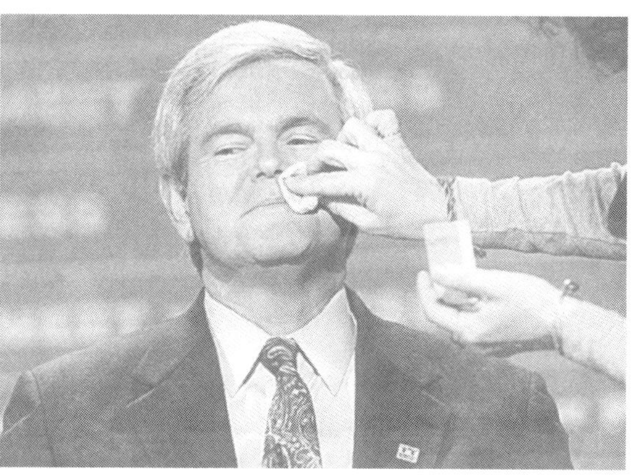

The Church of Satan
by
Michael A. Aquino

Founded in San Francisco by Anton Szandor LaVey in 1966 CE (I ÆS), the Church of Satan went on to become the preeminent institution of Satanism in contemporary society. For nine years, until the next Working Year of 1975 CE (X ÆS), it openly acknowledged and pridefully exercised the Mandate of the Prince of Darkness on Earth. This book tells the story of those nine great years in 34 chapters, 143 appendices, 10 pages of plates, extensive annotation & indexing, for a total of over 900 8-1/2x11" pages, one million words in length and six pounds in weight.

Unlike popular, commercial treatments, *The Church of Satan* is designed neither to sell, excuse, criticize, sensationalize, nor otherwise distort the institution and the individuals whose history it documents. It does not simplify concepts, censor ritual texts, nor in any way doctor the truth. It is the author's conviction that the legacy of the Church of Satan, and of the many worthy Satanists who built and sustained it, stands quite adequately on its own. The book names names and describes events simply as they took place, and includes an abundance of letters, papers, and ceremonial texts which are now available nowhere else - to include analyses of the *Satanic Bible*, *Satanic Rituals*, and *Compleat Witch* and various original texts from which they were assembled and abridged.

（上左）下院議長を務めたニュート・ギングリッチが身につけるネクタイは悪魔を崇拝するロックスターのジェームズ・モリソンがデザインしたもの。
（上右）「Insiders」誌の記事によると、ニュート・ギングリッチはメイク抜きでテレビに出演することは好まないらしい。この写真は1994年12月５日発売の「USA Today」の５ページに掲載されたもので「Meet me Press」というNBCの番組に出演する前のメイキング。右ページの写真は「タイム」の表紙に大きく写るキングリッチだが、髭が濃く、明らかに不機嫌な顔をしている。
（下左）スミソニアン博物館に自身が保有するティラノサウルスの模型を貸し出した時の写真。キングリッチは手でユダヤ系カバラの印及びマスターメーソン（３階級）のシンボルを表現している。（写真は1995年５月22日発売の「Roll Call」誌の14ページより引用）
（下右）フリーメーソンのシンボルの秘密を暴露する本を出版したキャシー・バーンズはキングリッチのネクタイにデザインされた恐竜が写る「タイム」の記事について指摘した。悪魔崇拝者のマイケル・アキーノが書いたこの記事を見ると両サイドにペンタグラムに乗った竜蛇がデザインされている。（イルミナティの哲学である「上のものは下へ」の意味）だが、よく見るとこの２匹の竜蛇は恐竜ティラノサウルスの形に似ている。

# enegger off to 'good start,' till faces his toughest test

By Robyn Beck, AFP/Getty Images

**Learning to improvise:** After just five weeks in office, California Gov. Arnold Schwarzenegger, a Republican, has already learned how to cut budget deals with Democratic legislators he once called "addicts to spending."

rly, who retired in 1996 lican leader in the state rprised."

ture's Democratic majority earlier this month that ended a deadlock and could provide at least a short-term solution for the state's budget crisis.

（上左）19世紀にヘレナ・ブラヴァツキーの神智学を信じたチャールズ・リードビーターはオカルト団体のリーダーで同性愛者だった。彼もシュワルツェネッガーと似たリングを指にはめていた。（写真は2004年１月12日発売の「U.S. News & World Report」の27ページより引用）
（上右）この写真はシュワルツェネッガー（中央）と投資家のウォーレン・バフェット（左）がイングランドにあるロスチャイルド財閥の豪邸でジェイコブ・ロスチャイルド（右）に招かれた様子。「フォーブス」誌の記事よると、投資家のウォーレン・バフェットは全米２位の資産家。シュワルツェネッガーはロスチャイルド財閥を中心としたユダヤ人銀行家達に気に入られ、莫大な金銭援助を受けた。
（下左）2003年12月22日発売「USA Today」の記事に載ったシュワルツェネッガーの写真には例のリングが目立つように写っている。この記事を担当した編集者がそのように弄(もてあそ)んだのだ。
（下右）カリフォルニア州元知事のシュワルツェネッガー（ザ・ターミネーター）はアメリカ国旗を付けたり、カリフォルニア州の紋章を箒に付けたりしてアピールしている。だが、注目すべき点は彼が指にはめている青いメーソンリングだ。カメラマンはリングを意識してこの写真を撮っているのがわかる。ああ、箒だが、ケネディ財閥出身で彼の妻のマリア・シュライバーが魔女となって空を飛ぶにように使うんじゃない？（笑）

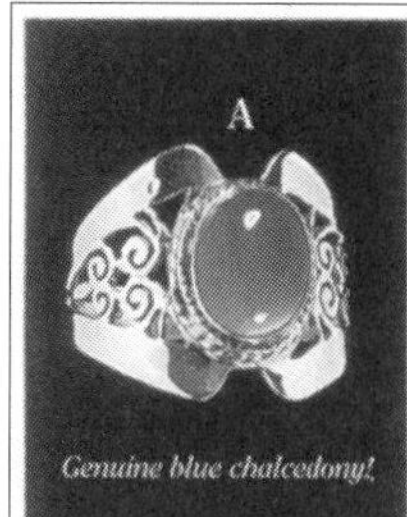


A. *Good for What Ails You*

In the 13th century, Albertus Magnus said it cured depression. In the 14th, Konrad von Megenberg conferred on it the powers of fertility and beauty. Gonelli wrote in 1702 that it drove away night-mares—and a certain Adamus Lonicerus said it even cured *snakebite*. Whatever its properties, this cabochon of genuine blue chalcedony surely lifts the spirits in its fanciful setting of stencil-cut sterling silver. Whole sizes 6–9.

**P11-617** Blue Chalcedony Ring **$29.95**

B
B. Midnight
A formal cape fit for a Count—or Countess! Created with an accent on the sumptuous, our deluxe, fully hooded, reversible evening cape falls in a lush, double-thick cascade of plush velvet, fitted with slit arm openings and a reversible black/red-velvet-covered button at the neck. Generously cut for graceful drape. It makes a fiery statement worn red side out. 100% polyester velvet. Hand washable. Imported. Color: Black/Red. One size fits most adults, 55" long.
P9-552 Black & Red Reversible Cape $120

（上左／下右）ミスターユニバースでヒットラー式に挨拶をするシュワルツェネッガー。「僕はヒットラーを尊敬している。だって、彼はまともに学校を出てないのに絶対の権力を手に入れた」と発言をしたことがある。
（上右）シュワルツェネッガーが愛用している女性用のリング。2004年のThe Pyramid Collectionのカタログに載っていた。
（下左）こちらもThe Pyramid Collectionのカタログに載っていた“Midnight”という名のマント。黒と赤でできたこのマントは“伯及び伯爵にお似合い”や“燃え上がるようなステータスを味わえる”と書かれている。

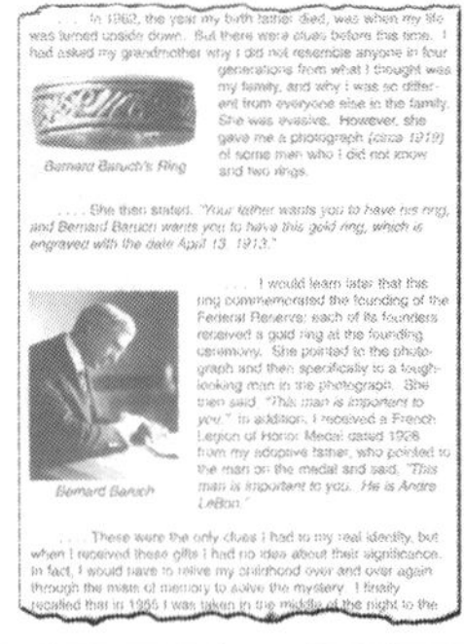

. . . In 1962, the year my birth father died, was when my life was turned upside down. But there were clues before this time. I had asked my grandmother why I did not resemble anyone in four generations from what I thought was my family, and why I was so different from everyone else in the family. She was evasive. However, she gave me a photograph *(circa 1919)* of some men who I did not know and two rings.

*Bernard Baruch's Ring*

. . . . She then stated, *"Your father wants you to have his ring, and Bernard Baruch wants you to have this gold ring, which is engraved with the date April 13, 1913."*

. . . I would learn later that this ring commemorated the founding of the Federal Reserve; each of its founders received a gold ring at the founding ceremony. She pointed to the photograph and then specifically to a tough-looking man in the photograph. She then said, *"This man is important to you."* In addition, I received a French Legion of Honor Medal dated 1928 from my adoptive father, who pointed to the man on the medal and said, *"This man is important to you. He is Andre LeBon."*

*Bernard Baruch*

. . . . These were the only clues I had to my real identity, but when I received these gifts I had no idea about their significance. In fact, I would have to relive my childhood over and over again through the mists of memory to solve the mystery. I finally recalled that in 1955 I was taken in the middle of the night to the

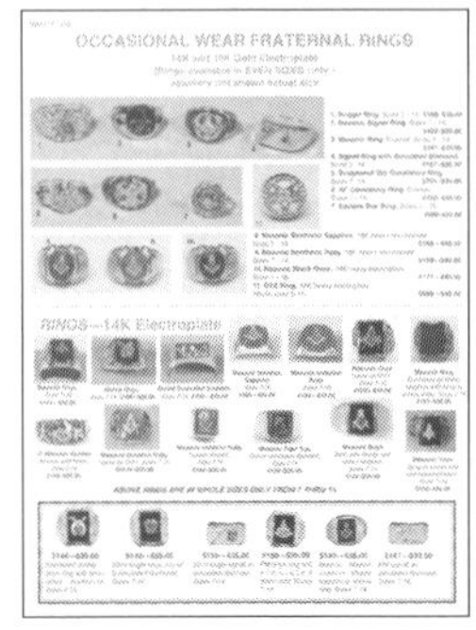

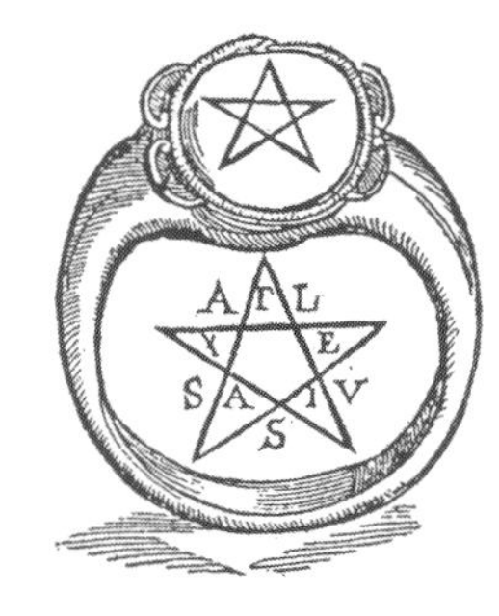

(上左) 筆者の知人であるローレンス・パターソンは「Criminal Politics」誌でこのリングについて興味深い記事を記した。この“13番目のリング”の持ち主は連邦準備制度理事会の創設者でイルミナティに所属していた大富豪バーナード・バルーク。彼は裏でルーズベルト大統領を操っていた人物だ。バルークは莫大な金融資産の相続人の地位を争っていたナンシー・L・ニコルソン博士にこのリングを贈呈している。ニコルソン博士は確かにロスチャイルド財閥をはじめとするイルミナティと一緒に育ったが、彼らの共謀者ではなかった。彼女いわく、父親はラッキー・ルチアーノというマフィアの有名なボスだった。このリングを至近距離で見ると、6の数字で円のコンビネーションの彫刻が確認できる。(記事は2003年4月30日発売の「Criminal Politics」の11ページより引用)

(上右) 1996年9月号の「Media Bypass」の表紙を飾ったのは、元CIAの工作員と自称するチャールズ・ヘイズという男。この記事によると、アメリカや世界の大物政治家の監視役を務め、その中で発覚した大物政治家の不正な資金流用を指摘したことで解雇された。ヘイズのこの写真は図書館で撮られたもので右上にアメリカ国章にデザインされている双頭の鷲が写っている。だが、この写真で注目すべき点は、彼の右手の指にはめられたリングだ。至近距離で見ると、暗闇にいる悪魔の顔が円の内側にデザインされているのが確認できる。この記事が発売された後、ヘイズは殺人容疑で連邦警察に逮捕されている。記事でエリートの不正を暴露した報復で逮捕されたのだろうか？　それとも、エリートが愛用するリングを利用したからなのだろうか？

(下左) フリーメーソン関連のアクセサリーを販売する2003年と2004年のMacoy社のカタログ。リングや宝石等が載っている。

(下中)「スコティッシュライトジャーナル」裏表紙の広告。

(下右) マンリー・P・ホールは自身の著書『The Secret Teachings of All Ages』でピタゴラスのリングの秘密について記している。フリーメーソンで最も絶賛された会員(33階級)の1人であるアルバート・パイクは自身の著書『Morals and Dogma(道徳と教義)』でリングにデザインされたペンタグラム(ユダヤ系カバラの印の1つ)は悪霊を支配する力があるとし、“空の悪魔、炎の精霊、水の幽霊、そして地球の幽霊を支配することができる”と記している。リングの上のペンタグラムはウロボロスの蛇の体が形成する円に囲まれている。

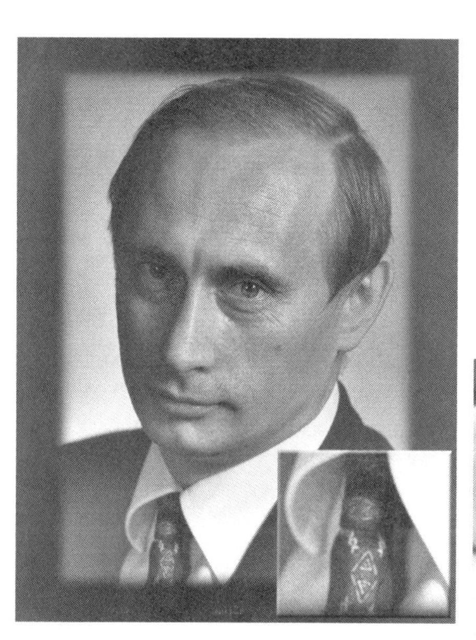

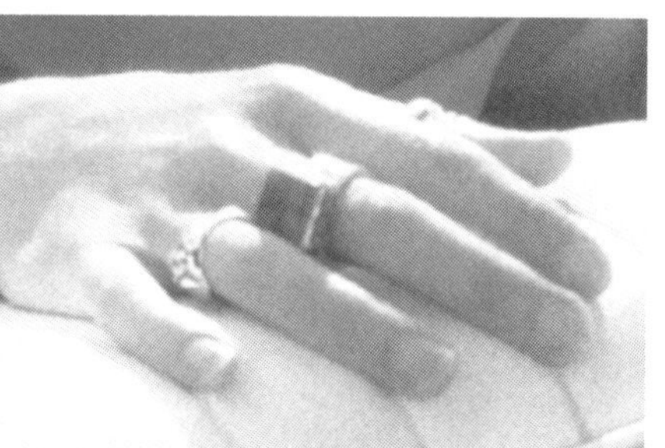

（上／下右）オスカーを受賞した女優ジュリア・ロバーツの写真。「タイム」の記事に載ったロバーツの写真には、２つのリングがはめられているのが確認できる。右手の指には青色のリングがあり、左手の指には謎の形が彫刻されている。記事を担当した編集者はロバーツのことを“ハリウッドの女王”と記している。
（下左）「Brill's Content」に載ったロシア大統領のプーチンのこの写真には見出しも説明もない。黒い線はプーチンの闇を暗示している。またプーチンのネクタイにはイルミナティで重要視されている太陽神オシリスの印であるＸの字とダイヤモンドがデザインされている。ダイヤモンドの形は、上向きと下向きの２つのトライアングルが自然と写る。

# 第24章 聖なる王のOKサインの秘密

## “Annuit Coeptus”（彼は我々の結束を承認する）

### アメリカ1ドル札にラテン語で書かれた言葉

親指と人差し指で円の形をして、残りの指を立てるジェスチャーは（右手で行われることが多い）、西洋文化ではOkay（OK）サインとして認識されている。世界的に見ても、このジェスチャーは英語の「Good」や「了解」といった意味で解釈されている。一般市民の解釈ではそうだ……。

だが、オカルトに通じている秘密結社のエリートの解釈は違うようだ。2つの指で表現される円はフリーメーソンが崇拝の対象としている終わりの内光を放つ太陽神を意味している。

またフリーメーソンのエリートにとって、円は女性器またはヒンドゥー教のヨニを意味する。ヒンドゥー教にとって円は永遠の美を意味する「Mudra（聖なる印）」の意味を持つ。これは、円（女性器の意味）を形成する親指と人差し指と関連している。

タントラの儀式（性行為が行われる）で、このＯＫサインは、肉体的かつ精神的にエクスタシーの証である。

古代シュメールと古代ペルシアでは、ＯＫサインをしている手から生殖力の証の角と一緒にお守りが発見されている。このサインで立つ３つの指は、罪深い三位一体の女神とのつながりを意味しているのだ。

実際に悪魔崇拝者が人差し指と親指で円を形成しないで他の指だけを立てる時は、角の生えた神、女神とその息子が形成する罪深い三位一体（反キリスト）を表現しているのである。

また３つの指と円は太陽神の裏に潜むルシファー、女神（古代バビロンでは娼婦の女神であり崇拝されていた）と反キリストの数字、６６６だと主張する人もいる。すべては１つの手で行われるジェスチャーにそれらの意味が含まれている。

イルミナティの哲学では、このＯＫサインは彼らの結束を承認した光の神のお印の意味を持つ。

筆者のようなクリスチャンの間でその聖なる王は「反キリスト」として知られている。彼らにとっては「我々の結束を承認する聖なる王」である。これは１ドル札すべてに刻印されたお見通しの目の上にラテン語で書かれた謎の記し「Annuit Coeptus」の訳文である。太陽神オシリス及びその息子のホルスのことを暗示しているのだ。

## 避けるべきジェスチャー？

本章で説明した親指と人差し指で円を形成し、そして残りの指を立てるジェスチャーはアメリカをはじめとする多くの国ではＯＫサインとして認識されている。
だが、ブラジル、ロシア、ドイツでこのジェスチャーは下品かつ侮辱的な意味として認識されている。体の大事な部分を意味するからである。フランスでは、価値のない人間（価値０）という意味を持ち、そのサインが鼻の近くで表現された時、酔っぱらった人を意味する。
スペインをはじめとした西ヨーロッパとラテンアメリカの多くの国では、無礼な意味を持つ。50年代に当時アメリカ副大統領だったニクソンがブラジルを訪問し、ＯＫのつもりでこのジェスチャーを群衆に対して行った。だがブラジル国民はこのジェスチャーを違う悪い意味で解釈したのだ。嫌な旅になったことは言うまでもない。
ＯＫサインにまつわるトラブルは他にもある。例えば、サウジアラビアでは手をシェイクしている時にこのジェスチャーをすると「悪魔の目」の意味を持ち、呪いをかけているというふうに解釈されてしまう。イルミナティの哲学では、もしかしてサウジアラビアの解釈と同じ意味を持つのだろうか？

（上左）OK サインを見せる美人女優のブリタニー・マーフィー。「People」のこの記事はマーフィーのことを“Midnight Rambler”と記し、詩を書くために深夜に逃げ出すと書かれている。
（上右）クリントン政権で財務長官を務めたロバート・ルービン。（写真は1999年 5 月16日発売の「Austin American-Statesman」より引用）
（下左）ブッシュ政権で国務長官を勤めたドナルド・ラムズフェルドが顔の近くで表現する OK サイン。
（下右）イスラエル首相のベンヤミン・ネタニヤフ。（写真は AP 通信、1998年10月26日発売の「Lewiston Morning Tribune」の 7 ページより引用。）

RODDY DOYLE: *The more popular this widely read novelist grows, the darker and better his books become*

# Lotz shares famo

L. MUELLER/Sta

**Anne Graham Lotz, Billy Graham's daughter, speaks to a crowd of 1,900 during the YMCA's annual community prayer breakfast at the Charlotte Convention Center on**

EZIO PETERSEN/UPI

**Playing politics:** *De Villepin is said to adore Machiavelli, known in part for perfecting the art of the diplomatic lie.*

（上左）アイルランド出身の劇作家、ロディ・ドイル。（写真は1996年７月１日が発売の「ニューズウィーク」の64ページより引用）

（上右）ビリー・グラハム牧師の娘、アン・グラハム。（写真は1999年４月２日のノースカロライナ州の新聞より引用）

（下左）フリーメーソン、イルミナティ、マルタ騎士団といった秘密結社とつながっていたパット・ロバートソンの表の顔は宗教家。

（下右）ニューヨークの国連本部にいるフランスの外交官ドミニク・ド・ビルパン。（写真は2004年４月13日～26日に発売された「Insight」の39ページより引用）

（上左）ベイビーブッシュ（写真は2003年３月３日発売の「タイム」の５ページより引用）
（上右）パパブッシュもOKサインとして知られるイルミナティの秘密の印を表現してる場面は度々目撃されている。
（下左）ブッシュ政権でアメリカ食品医薬品局局長を務めたデイビッド・グラハム。（写真はAP通信、2004年12月５日発売の「Austin American-Statesman」の18ページより引用）
（下右）ドワイト・D・アイゼンハワー政権で国務長官を務めた、ジョン・ダレス（右）。左にはイルミナティに所属するビリー・グラハム牧師。（写真は著書『Thy Will Be Done: The Conquest of the Amazon: Nelson Rockefeller and Evangelism in the Age of Oil（汝は行われる。アマゾンの征服そして石油時代のネルソン・ロックフェラーと伝道）』より引用）

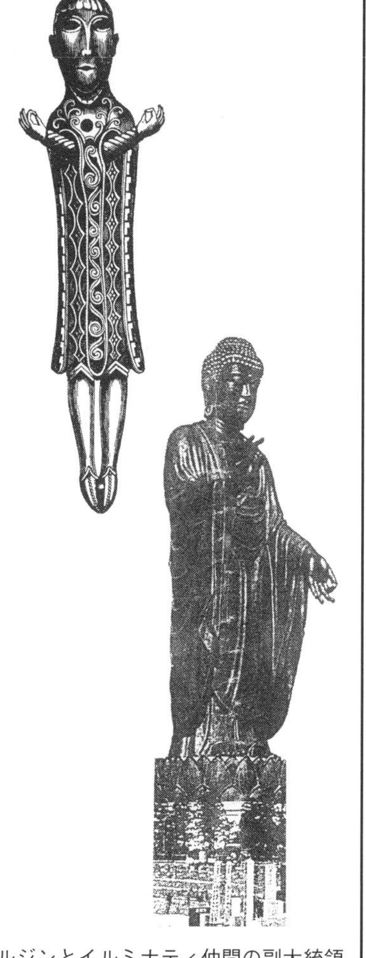

（上左）ロシアの大物政治家のヴィクトル・チェルノムイルジンとイルミナティ仲間の副大統領時代のアル・ゴア（右）との会談の様子。隠れユダヤ人、そしてフリーメーソンに所属していたチェルノムイルジンは旧ソ連が崩壊した際にユダヤ人に対しての遺産の分配を監督した人物。イルミナティのこの大事なイベントは80年代から90年代にかけて行われた。この記事を見たキャシー・バーンズはこうコメントしている。"オカルトの世界で表現される印は手によるものは限らない。他の方法でイルミナティのエリート同士は秘密のメッセージを送り合う"。手前に鷲が載っている本が写っている。アメリカに対してのメッセージだろうか？　本の下の見出しには"Getting Russia on board"（ロシアをゲットしながら）と書かれており、本の見出しには"The Company We Keep"（我々が保有する会社）と書かれいる。つまり、アメリカによるロシア乗っ取り作戦の暗号だ。（写真は1999年5月17日発売の「ニューズウィーク」の38ページより引用）
（上右）アイルランドにあるペイガニズムの像。
（下左）描き主不明のこの絵には、イルミナティが重要視するOKサインのジェスチャーをする手が3つも描かれている。そして卵の形をした円の内側には、闇の鳥及び角の生えた神の絵が描かれている。
（下右）日本にある総高120メートルの仏像。

（上左）両手でイルミナティのハンドサインをするクリントン大統領の写真が載った記事には“簡単には辞任しない。ケネス・スターとの戦いは続く……”と書かれている。このハンドサインはクリントンのイルミナティの上司達がモニカ・ルインスキーとの不倫スキャンダルで辞任せずに任期を全うすることを決めた暗号を意味している。ケネス・スターはこの事件を担当した検事の名前。（写真は1998年２月７日に発売された「Austin American-Statesman」の１ページより引用）
（上右）フランスのシラク大統領の左手を摑むブッシュ大統領。シラク大統領は右手でイルミナティのハンドサインを表現する。（写真は2004年４月13日〜26日に発売された「Insight」の41ページより引用）
（下左）筆者のベストセラークラスの著書のカバーに載せたヒラリー・クリントン。彼女が身につける“angel pin”（天使のピアス）には太陽神オシリスの印であるＸがデザインされている。そして彼女の手は円を形成している。
（下右）パレスチナ解放機構（PLO）のアラファト議長と後継者となったマフムード・アッバース。２人共フリーメーソンに所属し、そしてCIAとモサドの道具であった。

8 THE JERUSALEM POST NEWS FEATURE MAY 28, 1999

# Those unsinkable Shasniks

Aryeh Deri called the elections a referendum on his trial – and in this referendum he did supremely well, but not well enough to save him politically. Herb Keinon reports

'He is innocent," Beney Elbaz sang in one of the more memorable Shas television campaign ads.

"He is innocent," a crowd of thousands thundered back, with tears dripping down their cheeks, overturning – at least in their

10 seats were worth to Netanyahu.

"Even if they join a coalition, it will not be with the same bargaining strength they enjoyed before."

Prime Minister-elect Barak, said Cohen, has a wide range of coalition options, so the power of any one party – even a party with 17

# Mainstream meditation

America's outlook changing

By HOLLY SELBY
Baltimore Sun

BALTIMORE — Remember when meditation was something only hippies did? Remember when it was something only New Age crystal-carriers did?

No more.

East increasingly meets mainstream West these days as meditation and other relaxation techniques — often with roots deep in Eastern philosophies — gain acceptance and credence among Americans ranging from true spiritual seekers to Yuppie Type A's just trying to relax.

Consider: On Thursday evenings at the Golden Temple, a woman in a white turban, pants and T-shirt begins a yoga class with a deep-breathing exercise. The class ends with her students — retirees, social workers, students — meditating together.

In Washington, D.C., on Fridays, the Pentagon Meditation Club meets in the Pentagon chapel to meditate for peace. Members of the group call it SDI — the

(上) 元ビートルズのポール・マッカートニーは聖なる王のハンドサインを示し、そしてジョン・レノンは悪魔の角のハンドサインをしている。
(中) 喜びを爆発させているのは、イスラエル議会で多くの議席を獲得したシャス党の支持者達。(写真は1999年５月28日発売の「The Jerusalem Post」の８ページより引用)
(下左) 写真の下には“Kay Wescott, a lawyer and CPA who works for the Justice Department, attends meditation classes at the Yoga Institute and Bookshop.”(ケイウェスコットのように司法省のために働く弁護士や公認会計士はヨガ研究所書店での瞑想のクラスに参加している) と書かれている。アメリカでは、ヨガは一般的に行われるが、手や体で表現される印の意味を知る人はわずか。この写真ではケイ・ウェスコットは手でOKサインとして知られる「Mudra」(聖なる印) を見事に表現している。
(下右) 旧ロシア女帝と親交があった“狂った僧”のラスプーチン。性的乱交を行いそして麻薬等が利用されるオカルト団体に所属し、これらの行為のことを「聖なるもの」と主張していた。そして生まれた子供達も聖霊から生まれたと主張していた。

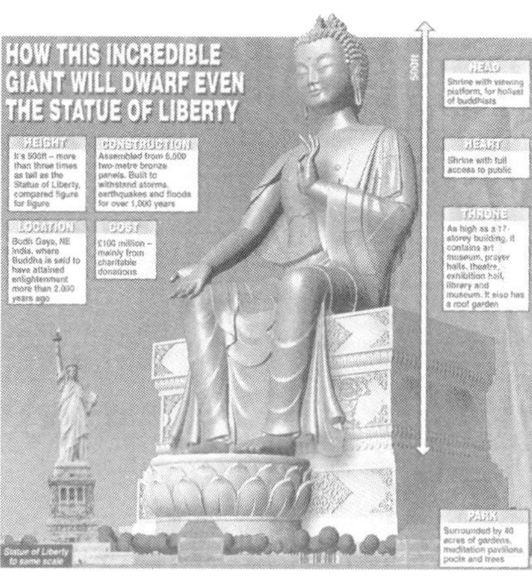


（右上）ハワイのヒンドゥー教の神殿で儀式を行うシヴァー崇拝者。このヒンドゥー教のスワミの周りに謎の神と謎のコブラアイドルが確認できる。
（右中）左手でOKサイン「Mudra」（聖なる印）を表現するブッダの絵はヘルダーの著書『The Herder Dictionary of Symbols（ヘルダーの印の百科事典）』に記載されている。その説明には“神の手にある目は、神の知恵の証である”と記されているが、もちろん、聖書の全能の神のことではない。ユダヤ系カバラの儀式等に登場する悪魔、別名サタンのことに他ならない。旧約聖書ダニエル書には“力の神”と表現されている。
（右下）ヘルダーの著書『The Herder Dictionary of Symbols（ヘルダーの印の百科事典）』に記載された絵。
（上左）ブッダの銅像（写真は1988年春に発売された「The Clarion Call」より引用）
（下左）2000年7月6日に発売されたロンドンの「Daily Mail」の9ページにはインドのブッダガヤで建てられたの約150メートルもの巨大な銅仏像（弥勒菩薩）について記事を書いた。150メ--トルというと、ニューヨークの自由の女神の3倍の高さに匹敵する。イギリス人エンジニアによって建てられたこの巨大銅仏像の左手で「Mudra」（聖なる印）をしており、そして頭には角が確認できる。

第25章

## 悪魔のVictory（勝利）、ウィンストン・チャーチルの功績、ドルイドの司祭とその他イルミナティの家来

注目すべき点は、手を上げた時にバフォメットの角に似た影が見えた……それは紛れもなく、黒魔術の印である。

『The Complete Book of Witchcraft（完成された魔術の書）』

第二次世界大戦中にイギリス首相を務めたウィンストン・チャーチルが有名なVサインをしている写真が多数撮られている。お腹が出て葉巻タバコを吸う有名政治家のスタンダードになったほどだ。写真を撮られる機会がある度にそのサインをしていたから、写真の数は数百枚にも上る。それは、ナチスドイツに勝利する自信の表れであり、人差し指と中指を立ててVの字を表現するハンドサインは現在に至るまで全世界共通でVictory（勝利）の印となった。

## 角の生えた神、パンの印

だが、大多数の人間が信じているVサインの意味だが、実は間違っている。そのサインの起源は古代にある。この印の本当の意味は、呪い、サタンや角の生えた神であるパンなのだ。興味深いことに「Paranoia」誌は以前「The Conspiracy Reader（陰謀読者）」というタイトルの記事を出し、Vの字を手で表現するチャーチルの写真を多数掲載している。その記事を読んだ1人の読者は編集者宛にVサインをするチャーチルについて記す手紙を送った。英国出身の読者、ナイジェル・A・コーンウォールはその手紙にこう記している。

「僕が知る限り、チャーチルが見せるVサインは角の生えた神、パンの印である」と。「それに手の平を内側にして行う時、それは女性器（膣）に男性器を挿入する行為（セックス）で、具体的にはパンが無理矢理自分のペニスを女性器に挿入する恐ろしい意味を持つ」とも記している。

つまり、Vサインは角の生えた神による強姦の姿を意味しているということになる。人差し指と中指で形成されるVの字はパンの角で、他の指で形成される円は女性器（膣）を意味するのだ。

## 法の対義語

キャシー・バーンズ著『Masonic and Occult Symbols Illustrated（フリーメーソンとオカルトシンボ

ルのイラスト）』にはVサインについても記されている。
彼女は、Vサインはテーゼとアンチテーゼの弁証法、つまり反対勢力の争いの意味を持つと解説している。フリーメーソンロッジデザインされた白と黒の床と同じである。これはフリーメーソンの哲学であるカオス（Chaos）の秩序から生まれている。サタンは正反対の善と悪、天国と地獄にいるという意味で2つの指で暗示される。またVサインは両性具有の神アンドロギュヌス、パンの神または山羊の顔を持つバフォメットと呼ばれる悪魔の角の印でもある(正反対の勢力の争いがここでも暗示されている)。

## 陰に潜む邪悪な顔

『The Complete Book of Witchcraft（完成された魔術の書）』にはオカルトの印について記されている。印を表現する時にできる影には、悪魔の邪悪な顔の形が浮かび上がると、恐ろしいことが記されている。魔女、魔術師や一部のカトリック教皇は影の印についてこんなことを指摘している。
「影には魅力的な何かが取り付いているという教えがあった。魔女や魔術師は病や死、または反対の愛を起こすために用いた……祝福をするはずの祭司の指の影は、まったく反対の意味を持つこととなった……」
「一番印象的なのは、上げられた手の指でできた影は、バフォメットの頭に生えた角に似ていることである。バフォメットは白魔術及び黒魔術の神だ……」
「『祝福の影』の使用は教皇の正当な特権とされていて、暗黒時代のおよび異端審問の時代で頻繁に行使されていた」

面白いことに書籍によってはVサイン（山羊の顔をした悪魔の角の意味を持つ場合）は現在も「悪魔の祝福」をかけるために用いられると記されている。古代では悪の意味として使用されていたが、現在の悪魔崇拝者はその「悪魔のの祝福」を善の意味として解釈している。聖人にとって「呪い」の意味を持つことは悪魔崇拝者にとっては「祝福」という反対の意味を持っているではないか！

## 激怒と破壊の印

イルミナティのエリートが手で見せるVサインは、下に向く角度の2つの直線と一緒に表現されることがある。この組み合わせはいくつかの国の軍服にデザインされている。下向きのトライアングルに見えるVの字と上に線がデザインされている場合、それは破滅の印の意味としてデザインされている。

12年前、何人かの悪魔崇拝者が暗闇に紛れ込んで、筆者の教会があるビルに忍び込み、悪魔崇拝の儀式を行った。それまでに脅迫電話が度々あったので、発覚した時にも驚きはなかった。だが、ベランダの入り口に向いたVの字の落書きがあり、そして周辺に蠟燭（ろうそく）が使われた跡と何かが燃やされた跡を発見した時はさすがに驚いた。この事件でオカルトの人間の信条を痛感させられることとなった。

## トリプル6または666

22章で記したように、ユダヤ系カバラは多くの魔術と関連しており、そしてフリーメーソンや関連の秘密結社では、カバラは教義の泉とされている。カバラの儀式を行うユダヤ教のラビがVサインを表現している姿を目にすることができる。彼らはヘブライ語のV（Vau）の意味を共有している。その意味は「釘」であり、釘は悪魔の印の1つとなっている（十字架にかけられたイエス・キリストの手に打たれた釘が由来になっている）。

V（Vau）はヘブライ文字の6番目の字であり、そしてヨハネの黙示録には獣及び反キリストの数字が記されており、それはトリプル6、または666である。

## ドルイドの魔術師としてのチャーチル

チャーチルはいったい、どこで悪魔の印の1つであるVサインの伝授を受けたのだろうか？　チャーチルがフリーメーソンに所属していた事実を知る者は多くない。ステファン・ナイトが15年前に『The Brotherhood（友愛）』という暴露本を出版した時、全英が震撼した。それも無理はない。チャーチルをはじめとするイギリスの大物政治家、判事やその他国家権力に関わる仕事をするイギリス人がフリーメーソンに所属していることを明らかにしたからだ。チャーチル元首相に関しては、1903年にイギリスの「ロッジ3000」でフリーメーソンに入会したことを暴露している。だが、チャーチルがフリーメーソン会員の他にドルイドの魔術師だった事実を知る者も多くはない。陰謀を密かに研究していたカリフォルニア州のラジオタレントのスタンリー・モンティスはチャーチルについてこう述べている。

「チャーチルは1908年にドルイド魔術師に就任し、そしてフリーメーソンの世界に入った人たちにとって必要なオカルト誓いを約束させられた。彼はオカルトを熟練していたのだ」

モンティスの勇気ある暴露は『The World of the Druids（ドルイドの世界）』を出版したミランダ・J・グリーンと『Scarlet and the Beast（スカーレットと獣）』を出版したジョン・ダニエルの2人に絶賛された。2冊とも素晴らしい書籍である。

## 魔術の儀式を行うドルイドの宗派

アメリカとイギリスで魔術を行うドルイドの宗派の儀式は、フリーメーソンの儀式によく似ている。古代に実在した謎の宗教に基づいているのである。

## ウィッカーケージの中で燃える男

ドルイド教の儀式で人間を生け贄にしていたと確信している研究家は多い。ローマ帝国のためにグレートブリテン島を征服したガイウス・カエサルはドルイド祭司の支配下にいた人々が受けた残忍な扱いについて、また儀式でウィッカーケージの中で残忍な方法で生け贄にされた人々について記している。それは、ケージの中に閉じ込められた人間が燃え上がる中、人々が蠟燭を持ちながらケージの周りで円を作るように踊るという残酷極まりない儀式だった。現在でも、イングランドのストーンヘンジの遺跡で白い服装を身につけて、古代の神々への儀式や礼拝をするドルイド教のお祭りが行われている。一方ネバダ州では毎年、復活したウィッカーマンの犠牲の儀式の祭りがあり、信じられないことにその「バーニングマン」フェスティバルになんと数十万人もの人が参加している。

## イングランドの大祭司もドルイド教に関連している

珍しいことに以前英国の新聞がドルイド教の祭りに関する記事を出し、そこにはイングランドのカンタベリーの教会で最高責任者を務める大祭司のローワン・ウィリアムズの写真が多数掲載されている。この件についてウィリアムズは、記者団の取材に対して教会の祭司の職務と異教のドルイド司祭としての職務には非互換性は見出せないと答えている。今日のキリスト教社会の腐敗化が進んでいる証拠だ。本物のクリスチャンと教会（残念ながら少数ではあるが）もちゃんと存在している。牧師といった教会のリーダー達の大半は、その歩みを信仰から始めており、けっしてキリスト教の教義からではない。クリスチャンと自称するこの記事の主役であるローワン・ウィリアムズはドルイド教とのつながりを全英に対して堂々と認めた。それは、彼がクリスチャンのイメージの裏では「マスター」と呼ばれるイルミナティまた悪魔に服従する動かぬ証拠である。その他多くの教会の牧師の裏の顔はローワン・ウィリアムズと同じでイルミナティに服従する偽善者である。

vulcanism ● wadmol

**vul·ca·nism** \ˈvəl-kə-ˌniz-əm\ *n* : VOLCANISM
**vul·ca·ni·zate** \ˈvəl-kə-nə-ˌzāt, ˌvəl-kə-ˈnī-\ *n* [back-formation fr. *vulcanization*] : a vulcanized product
**vul·ca·ni·za·tion** \ˌvəl-kə-nə-ˈzā-shən\ *n* : the process of treating crude or synthetic rubber or similar plastic material chemically to give it useful properties (as elasticity, strength, and stability)
**vul·ca·nize** \ˈvəl-kə-ˌnīz\ *vb* **nized; -niz·ing** [ISV, fr. L *Vulcanus* Vulcan, fire] *vt* : to subject to vulcanization ~ *vi* : to undergo vulcanization — **vul·ca·niz·er** *n*
**vulcanized fiber** *n* [fr. *Vulcanized Fibre*, a trademark] : a tough substance made by treatment of cellulose (as paper from rags) and used for luggage and for electrical insulation
**vul·ca·nol·o·gist** \ˌvəl-kə-ˈnäl-ə-jəst\ *n* : VOLCANOLOGIST
**vul·ca·nol·o·gy** \-jē\ *n* [ISV] : VOLCANOLOGY
**Vulg** *abbr* Vulgate
**vul·gar** \ˈvəl-gər\ *adj* [ME, fr. L *vulgaris* of the mob, vulgar, fr. *volgus*, *vulgus* mob, common people; akin to Skt *varga* group] **1 a** : generally used, applied, or accepted **b** : understood in or having the ordinary sense <they reject the ~ conception of miracle —W. R. Inge> **2** : VERNACULAR <the ~ name of a plant> **3 a** : of or relating to the common people : PLEBEIAN **b** : generally current : PUBLIC <the ~ opinion of that time> **c** : of the usual, typical, or ordinary kind **4 a** : lacking in cultivation, perception, or taste : COARSE **b** : morally crude, undeveloped, or unregenerate : GROSS **c** : ostentatious or excessive in expenditure or display : PRETENTIOUS **5 a** : offensive in language : EARTHY **b** : lewdly or profanely indecent : OBSCENE *syn* see COMMON, COARSE — **vul·gar·ly** *adv*
**vulgar era** *n* : CHRISTIAN ERA



**vul·gate** \ˈvəl-ˌgāt, -gət\ *n*
edition in general circulation
authorized and used by th
commonly accepted text or
**vul·gus** \ˈvəl-gəs\ *n* [prob. alt
to be translated into Latin)]
formerly common as an exerc
**vul·ner·a·ble** \ˈvəln-(ə-)rə-bəl,
L *vulnerare* to wound, fr
*wilwan* to rob, L *vellere* to
being physically wounded 2
SAILABLE **3** : liable to incr
creased bonuses after winn
**ner·a·bil·i·ty**
**vul·ner·ary**
: used for or useful in h
**²vulnerary** *n, pl* **-ar·ies**
**vul·pine** \ˈvəl-ˌpīn\ *adj*
fox] **1** : of, relating
**vul·ture** \ˈvəl-chər\ *n*
: any of various larg
lies Aegypiidae an
related to the haw
have weaker cla
and that subsis
**2** : a rapaciou
**vul·tur·ine**
ing to th
vulture
legisl

The Hebrew language has no actual numbers. Numbers are represented by letters. The Hebrew "V" or "VAU" represents the number 6. The number 6 represents unrest or evil. Multiplied as in 666 symbolises multiplied evil. Winston Churchill, devoted to the Cabbalists (Jewish occult teaching) introduced the Cabbalist 6 to the Goyim world as the "V" for "Victory" sign. The naive Goyim, have taken over this evil symbol, not realising that by showing it, they are promoting the Cabbalistic aim to subjugate the world. Churchill's sign meant, not only that he was under secret Jewish occult control, but that he was furthering their goal to take over the world.

（上左）第二次世界大戦中に英国首相を務めたウィンストン・チャーチル。隠れユダヤ人、隠れドルイド魔術師、そして隠れメーソン会員だったチャーチルはVサインの印象が強い。オカルトの印として彼はこの印を表現したが、多くの人はこの印をVictoryのVとして認識している。
（上右）Websterの辞書でVサインがデザインされたページ。だがVサインに関しての解説は一切記されていない。“vulcanism”“vulcanize”そして“vulgar”の説明が記載されている。これは、古代の宗教が炎の神及び破滅の印として利用していたものである。
（下左）ドルイドの儀式に到着する若き日のチャーチル。Vサインが世界的に認識されるようになったのは、チャーチルがオカルトの儀式で本当の意味を伝授したからなのだろうか？（写真はピーター・エーリスの著書『The Druids（ドルドイドの人々）』より引用）
（下右）Vサインの邪悪の意味が議論の対象になることは滅多にない。ヌード雑誌の「Playboy」の横にVサインをしながら大きく写るチャーチルのこの写真は、あるクリスチャン男性のニュースレターに取り上げられた。

Now Archbishop is
a senior druid, too

（上左）イングランドのカトリック教会の大祭司とドルイド教の大祭司を兼任するのはローワン・ウィリアムズである。この写真では、西ウェールズの野外で行われた謎の賞の授賞式。報道によると、ドルイド教の彼の上司が行う前に、ドルイドアーチの前でうなだれ、その地を後にした。写真に写るウィリアムズは真っ白な衣服を身にまとい、ドルイド式に手を組んでいる。儀式中に銀製の剣が使われたが、その長さは6フィートと6インチでしまう金属箱にぴったりはまる。666がここでも表現されたのだった。
（上右）イングランドのカトリック教会の大祭司とドルイド教の大祭司を兼任するのはローワン・ウィリアムズは儀式でメーソン式の握手を他の大祭司と交わしている。
（下左）この真鍮板は内側の円と定規とコンパスがフリーメーソンの全世界共通のロゴとなっている。中央に位置するGはGodの意味をしているが、フリーメーソン会員にとっては「Generative Process（生成的なプロセス、つまり性行為）」のGでもある。またフリーメーソンのエリートの目には、女性の上に乗った男性、つまり、性行為をする男女の意味でもある。そして重なり合う定規とコンパスはどっちもVの字に見える。（上向きと下向き）ここでもVサインのシンボルが表現されている。
（下右）ドルイド教の符号とされるこのグリーンマンは、イギリス諸島全体で建物、祭壇、および構造のアーキテクチャの詳細に木材に刻まれたコンクリートで発見されている。ピーター・フィンチ主演の映画、「グリーンマン」では、グリーンマンの曲がった性癖や悪魔と力のつながりについて触れている。

（上左）この古代の黒と白の絵には昇進するために秘密結社のテストを始める様子が描写されている。床に倒れている男性の頭の上には90度のＶの字が確認できる。
（上右）この古代の彫刻には、キリスト教に改宗したはずのアレオパゴスのディオニシオがＶサインを表現している。右手で上向き（天国）そして左手では下向き（地獄）で表現している。“上のものは下へ”の哲学だ。ディオニュシオスは神秘的なキリスト教のオカルト論文の執筆者であったと考えられていて、そしてグノーシス主義の異端を唱える論文『The Mystical Divinity（神秘的な神学）』の執筆者である。（写真は『Mystics and Mysteries of Alexandria（神秘とアレクサンドリアの謎）』より引用）
（下左）ウィーンのフリーメーソンロッジの会合に置かれた有名なウィーンの作曲家であるモーツァルト（右）を描いた匿名の油絵。２人の首にぶら下がるのは、Ｖの字型にデザインされたフリーメーソンの定規が確認できる。
（下右）南北戦争で南部連合の将軍を務めたアルバート・パイクは同性愛者でフリーメーソンの歴史で最も尊敬された会員だ。パイクはフリーメーソンスコティッシュライトの33階級の儀式を改定した人物。この絵では、パイクはソブリングランド司令官のＶ字型サッシを身につけており、首には双頭の鷲の宝石を身にまとっている。

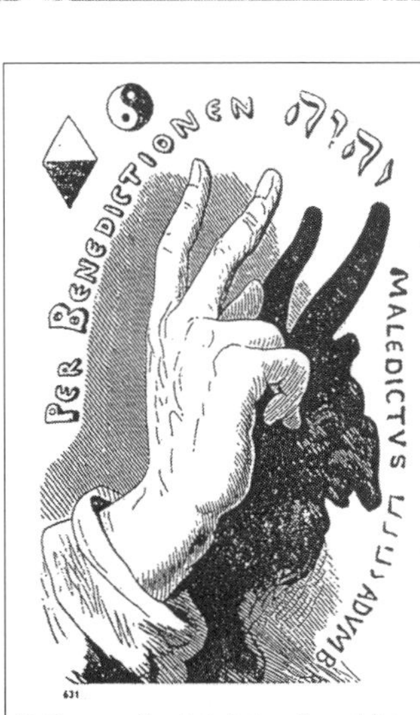

PER BENEDICTIONEN
MALEDICTVS
631
631. The gesture of benediction is changed into malediction when one looks at the 'double' or shadow. This is the unsophisticated opposition of black and white which is here demonstrated more or less like a caricature. The artist responsible for this drawing (who has taken the trouble to add the Chinese circle of opposites) has obviously understood nothing of the symbolism of the 'yin' and the 'yang'.

（上左）ナチスドイツのハインリヒ・ヒムラー。その隣にいるのはヒットラー。ヒムラーのジャケットの袖にはＶの字がデザインされている。
（上右）ニュルンベルクでのコングレスホールで立つ２人のナチス兵士。コートの袖にＶがあり、そして彼らのヘルメットや襟にはSSのルーン文字が見受けられる。（写真は2002年６月５日発売の「New Zealand Herald」より引用）
（左下）ジョージ・ワシントンが1789年にボストンを訪れた時に、彼の訪問を記念してこのバナーが行進中に公開された。Ｖの字がこの章の注目点だが、卵の形をした３頭の山羊もオカルト的な意味を持つ。
（右下）この絵を描いたオカルト通の人間は間違いなくＶサインの邪悪な意味を理解している。Ｖサインをする手には影が写り、その影は見事に闇にいるサタンを映し出している。最初は祝福のように見えるものは、実はオカルト的には呪いの意味を持つ。左上にデザインされたダイヤモンドと円も同じ意味を持つ。それは白と黒、善と悪、闇と光の混同という受け入れられない主張だ。これがヘーゲルの哲学でできた最初の「反対勢力の統合」の印である。

(上右) 幼児に対する性的暴行の容疑で起訴されたマイケル・ジャクソン。裁判所を出る時にVサインを見せた。(写真は2005年４月30日発売の「USA Today」の３ページより引用)
(上左) キューバ首都のバハマの壁に書かれた「Vida con Fidel」(フィデルと共に生きる) のVは手としてデザインされている。(写真は1997年１月号の「The Catholic World Report」の24ページより引用)
(下左) 農民の革命家の格好をしている子供たちは、メキシコ革命を記念してメキシコのフォックス大統領を迎える。(写真は AP 通信、2004年11月21日発売の「Austin American- Statesman」より引用)

NEWS

15¢

'Hippie Guru' Held In Trunk Slaying

Nuclear Accident: Radiation Spreads

Pentagon Marks Ft. Dix for Doom

（上左）パレスチナ解放機構（PLO）のアラファト議長は、アラブ圏の国々の切手にデザインされたゲリラ兵と同じVサインをしている。右の写真はパレスチナの一部の戦闘員が身につけていたバンドのデザインである。
（上右）New Mobilization Committee（新動員委員会）と呼ばれた共産主義団体のリーダーを務めたスチュワート・ミーチャムのポスター。彼の背後には大きなVサインをする手が写っている。
（中左／中右）まともに学校へ行っていないニューエイジの第一人者のアイラ・アインホーンは、70年代でニューエイジのエリートの間でヒーローとなった。アイラ・アインホーンは当時アメリカに変革をもたらすと訴えていた"Age of Aquarius"（水瓶座の時代）という団体がスポンサーになっていた。70年代のこの写真には、アースデイのイベントで司会者を務めた彼がVサインをしているのがわかる。そして右の写真は「Philadelphia Daily News」の記事に載った彼の逮捕された姿。恋人を絞殺し、そしてその遺体をトランクに結びつけた罪で有罪判決を受けた。司法の裁きから逃れるため、アイラ・アインホーンはロスチャイルド財閥の援助を受けてヨーロッパに逃亡していた。だが、現在は刑務所で服役をしている。（写真はスティーブン・レビーとプレンティス・ホールプレスの共著『The Unicorn's Secret（ユニコーンの秘密）』より引用）
（下）1980年代後半に起きたパレスチナのインティファーダを支持したアラブ圏の国々の切手。多くのゲリラ兵がVサインをしている姿でデザインされている。（写真は1993年10月号の News From Israel の11ページより引用）

（上）ヴァギナ・モノローグスの舞台は高い人気を誇る。この女性グループは HBO-TV で下品な番組で取り上げられ、その企みは、プロデューサーが指示したＶ（Vagina）で始まる大事な部分の話題を中心に愚痴を言うことであった。左上の２人の女性がＶサインをしているのがわかる。この写真に写る女性達はヴァギナ・モノローグスの舞台に出演した経験のある女性ばかり。Ｖサインをしている２人の女性の１人は、ニューヨーク市長を務めたルドルフ・ジュリアーニ３世の妻が出演した有名なテレビシリーズの「Sex And The City」に出演している。
（下左）ジョージ・W・ブッシュ（パパブッシュ）はイルミナティの仲間達に向けてユダヤ系カバラの印であるＶサインを送った。左腕の位置もユダヤ系カバラの自然なポーズである。ブッシュの写真が表紙となったこの記事のどのページにも写真に関する説明は一切書かれていない。この時は選挙年でもなかった。元大統領がここで送っている秘密のメッセージは“一度イルミナティの弟子になれば、死ぬまでイルミナティの弟子だ！”である。
（下右）“Christian Coalition”（クリスチャン連合）というマルタ騎士団及びイルミナティが設立した団体のリーダーとなったのはラルフ・リードという若者。現在ラルフはもうクリスチャン連合とは何の関係もなく、ワシントン D.C. で共和党の連邦議員を務めており、そしてビルダバーグ会議のメンバーでもある。

(上左) ルーズベルト大統領がフリーメーソン32階級に所属していたのは一般にも知られている。彼はカバラの魔術を行う隠れユダヤ人でもあった。ルーズベルトの助手を務めた人物はオランダ出身のユダヤ人であった。この写真は1937年にメキシコ湾テキサス海岸で釣りを楽しむ時の様子だが、左手でカバラの印を表現している。

(上中)「GIs and Vets For Peace」という名の団体が採用したロゴの中央には、Vサインをする手とその影がデザインされている。(絵は1969年10月18日に発売された「The Daily World」より引用)

(上右) クリントン政権で政治アドバイザーを務めたシドニー・ブルーメンソールは裁判所に召喚されて、裁判所を出る時にVサインを見せた。

(下左) ニューヨーク出身の女優ジェーン・フォンダとインド出身の女優イブ・エンスラーと「Sex And The City」のプロデューサー。

(下右) 1993年1月にドイツで行われた反ネオナチの抗議集会。この抗議集会の参加者の大半はイルミナティ、政府機関や諜報機関に雇われ、訓練を受けた人間だ。「公共の安全」を保障するはずの政府機関は裏で市民の自由と権利を制限している。

（上左）当時カリフォルニア州知事を務めていたジェリー・ブラウンに対して不自然なＶサインをするクリントン。２人共イエスズ会によって訓練されている。
（上右）大統領候補時代のニクソンが見せたダブルＶサイン。
（下左）Ｖサインを目立つように見せる全米で有名ミュージシャンのジョーイ・ファトーン。
（下右）2001年イタリアのジェノアで経済団体が抗議集会を行った時の様子。Ｖサインを見せる人の影が写るこの写真は2001年７月22日発売の「Austin American-Statesman」の14ページに載っていた。

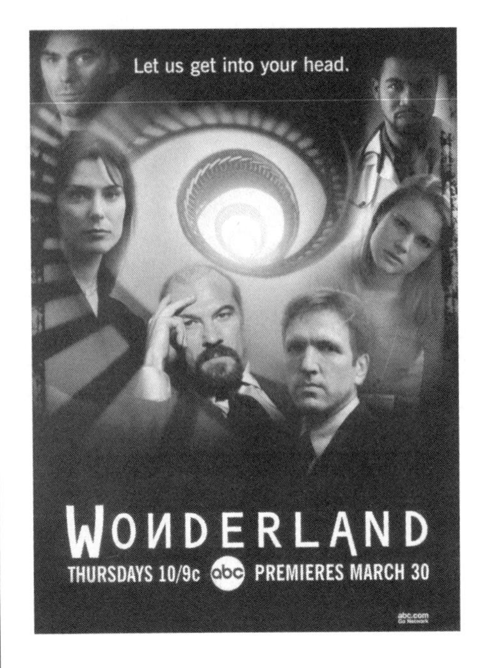

(上左) このチラシは ABC で放送されたシリーズ番組「Wonderland」のもの。チラシの上には "Let us get into your head" (君たちの頭に潜入しよう) と書かれている。面白いことにプロデューサーはその印としてVサインを選択している。Vサインを表現している男性のポーズはヨークライト4階級 (著名な親方) で伝授される秘密漏洩をした場合に処罰の対象となる印のポーズである。
(上右) 魔術を行うこの女神の頭には角があり、そして胸には五芒星がデザインされている。そして右手で下を向いたVサインをしている。
(下) バーバラ・ウオーカーが1983年に出版した『The Woman's Encyclopedia of Myths and Secrets (女性のための神話と秘密の百科事典)』に掲載されていた占星術の印。太陽の印である円の上にVの字がデザインされている。この印は、神と女神が合体して陰陽のように一体となった意味を表している。古代では太陽の女神は全世界共通で崇拝の対象とされていた。ヒンドゥー教では偉大な母とされるアディティ、密教はマリとして崇拝され、そして日本人では天照という名で現代でも崇拝の対象となっている。

# 第26章

# すべての男女がスター

かえってあなたがたの王シクテをにない
あなたがたが自分で作ったあなたがたの
偶像、星の神、キウンをになった。

アモス5章26節

すべての男女がスター

アレイスター・クロウリー著『法の書』

陰謀論に通じてる人間であってもオカルトやイルミナティにとって、星がどれほど重要なのか議論する者は少ない。代表的な五芒星や六芒星であっても、またはその他の形をした星であっても、その意味は悪魔のプレミアムの印であることに変わりはない。魔術師が言うには、1つの点が上を向いた状態の五芒星は白魔術の証。事実、逆さまの五芒星は悪魔崇拝者から崇拝される対象となっている。五芒星の2点が上向きになった時は悪魔の角及び悪意を持つ黒魔術の証となる。「英国の666の獣」と自称したアレイスター・クロウリーは著書で〝すべての男女がスター〟と記している。その潜んだ意味は〝すべての男女が神〟である。

## 始まりの星

ヒンドゥー教でペンタグラム（五芒星）は〝始まりの星〟という意味を持つ。またシヴァーに尽くす祭司の勲章の内側にデザインされた黒点の印でもある。

## The Blazing Star（燃え盛る星）

フリーメーソンは太陽神とその光線を崇拝の対象としているため、The Blazing Star（燃え盛る星）をも崇拝の対象としている。元フリーメーソン会員のスティーブ・ウォラル＝クレアは自信の著書『Freemasonry: The Secret Language（フリーメーソンの秘密の言語）』でこんなことを記している。

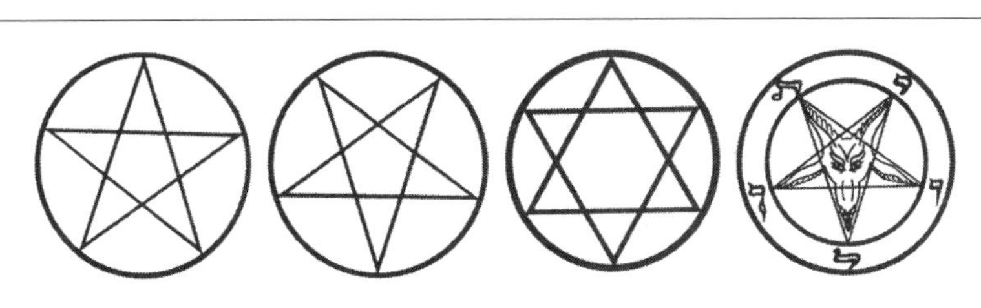

左からペンタグラム（五芒星）、逆さまのペンタグラム、六芒星（ダビデの星）そしてバフォメット（安息日の山羊）の星。

「The Blazing Star（燃え盛る星）は太陽神の栄光を指す。すべてのフリーメーソン会員の中心的な役割を果たし、地球と人間を栄光で照らす……光るの印として4階級と28階級の儀式で登場する。そして9階級の儀式では神の摂理として登場する。その印はGの字として暗示されることがある。それは、知恵の世界の扉を意味する」

## サタン、安息日の山羊

聞こえはいいが、かなり欺瞞的。19世紀にフランスで活動した悪魔崇拝者のエリファス・レヴィの詩に、あのアルバート・パイクは影響を受けている。レヴィは自分の詩に山羊についてこんなことを記している。

「2つのポイントが上向き（角の形）になったペンタグラムはサタン及び安息日の山羊の印である。下向きの場合は愚かさ、絶望と言った悪魔的な意味を持つ」

キャシー・バーンズは自身の著書『Hidden Secrets of the Eastern Star（東星に潜む秘密）』でThe Blazing Star（燃え盛る星）とペンタグラムはイルミナティや悪魔崇拝者にとっては重要な印であることを記している。悪魔の印について出版された本の中でもトップクラスの内容だ。星は全宇宙で神となった男の象徴であり、サタンが宿るとされる惑星のシリウスで“Dog Star”と略されている。それは〝トール〟という古代の北欧の神の略で旧約聖書ではバール、またはベルという名で度々登場している。

同じ星は古代エジプトでも崇拝の対象とされ、砂漠で彷徨（さすら）う古代ユダヤ人にもモレク、キウン、レムファンという名の神で崇拝の対象とされていた。これに激怒した預言者アモスは偶像礼拝をするユダヤ人に対してこう言った。

「かえってあなたがたの王シクテをにない、あなたがたが自分で作ったあなたがたの偶像、星の神、キウンをになった」（アモス5章26節）

## 魔法の魅力とタリスマン（お守り）

イルミナティのエリートにとってはどんな場所であってもペンタグラムの魔法はタリズマンのように味方になってくれる魅力のある存在である。事実、共産主義の仕組みを作り上げた悪魔崇拝者のカール・マルクスはその象徴として赤い星を採用しているのだ！

フリーメーソンの儀式でも階級に適した〝宝石〟が贈呈され、その宝石には魔法を行う力があり、あの世から悪霊を呼び出す能力があると信じられている。この宝石に関して、アルバート・パイクはこのように記している。

「新しい宝石は必要になってくる。宝石はけっして無視できるような存在ではない。それは〝カバラのペンタクル〟（ペンタグラム）と呼ばれ、悪霊を操るパワーを有するため、使いこなすことは必須である」

明らかに悪霊を呼び出して魔法を行う際に星の存在は無視できないことをパイクは述べている。彼を否定する前にこれだけは知ってほしい。アルバート・パイクという男は今日でもイルミナティのエリートに尊敬される対象とされており、その証として彼の彫像はワシントンD.C.に位置するアメリカ合衆国司法省のビルの敷地に立てられており、国立公園と同じようにキレイに手入れされている。そして1891年に亡くなった偉大なるパイクの遺体は、ホワイトハウスからたった13ブロックに位置するスコティッシュライトのロッジに埋葬されている。

オカルト的な星にはいくつか種類があり、それぞれの星は独自の意味を持つ。例えばエニアグラム（九芒星）は、バハーイー教の象徴でニューエイジ系列のオカルト団体にとっては信仰のお守りとしての意味を持っている。Pentagram（五芒星）の「Pente」はギリシャ語の5の数字を意味し、「Gramma」は手紙を意味し、合体すると「5枚の手紙」になる。Pentalpha（ペンタルファ）はトリプルトライアングルのような形でかなり悪魔的。ペンタグラムはペンタルファとも呼ばれ、太陽神のイシリスや金星の星の印としても知られ、そしてオカルトの儀式等使用される歴史は古代バビロンにまで遡る。

2つもポイントが下向きになる逆さまのペンタグラムは善の印で悪を追い払うことができると信じる人もいるが、大きな誤解に過ぎない。どんな角度のペンタグラムも悪の証だ。

## イスラエルのエクサグラム（六芒星）

ユダヤ人にとってソロモンのリング及びダビデの星として認識されているエクサグラム（六芒星）は、多くの魔術師に魔法を行う際の強力な道具として認識されている。中世の時代でエクサグラムはユダヤ教のラビに重要視されていた。その理由は、エクサグラムの力で呪術の被害者を出したり、また何かを破壊する能力があるからである。ロスチャイルド王朝は魔法の印として後にエクサグラムを採用（カネにものを言わせて）し、結果としてシオニストの象徴ともなった。エクサグラムはイスラエルの国旗にデザインされており、ユダヤ教のトーラーやメノーラーのように、宗教の歴史的な象徴となっている。

幾何学的に、そして数値的にエクサグラムは６６６（６つの点、６つのライン、６つのトライアングル）を暗示している。だからヨハネの黙示録13章に記されている反キリスト及び獣の印として採用される可能性は十分ある。カバラを行うフリーメーソンやイルミナティのエリートがエクサグラムを印として採用したのは、密かに性的な意味も含まれているからである。エクサグラムは重なり合う２つのトライアングルから成り立つ。下向きのトライアングルは女性器（デルタ）を意味し、そして上向きのトライアングルは男性器を意味するため、重なり合えば自然と性行為の意味となる。

## 世界中で見かけるイルミナティの星

イルミナティのエリートは彼らのタリスマンである星を世界各地の文化に同化させた。例えば、筆者が住むテキサス州の愛称は“Lone Star Stage”（孤独な星の州）である。この愛称はフリーメーソンに所属していたサム・ヒューストン、ジェームズ・ボウイ、デビッド・クロケット、スティーブン・F・オースティンやフリーメーソンに所属していたメキシコ人政治家が決めたもの（当時のメキシコ大統領のアントニオ・サンタ・アナもフリーメーソン会員だった）。イルミナティのエリートのタリスマンであるペンタグラムは、今日どこへ行っても目にすることができるほど、テキサス州に定着している。

アメリカ国旗にデザインされた星ももちろん、フリーメーソンのエリートの影響である。またアメリカの国歌である"The Star-Spangled Banner"(星条旗)はフリーメーソンロンドン支部のロッジNO4に所属していた弁護士フランシス・スコット・キーによって作詞されている。作曲を手がけたのは、作曲家のジョン・スタフォード・スミスである。もちろん、フリーメーソン会員。第二次世界大戦あたりから米軍の軍服、戦闘車、戦闘機等といったあらゆる戦利品に星がデザインされるようになった。中国や旧ソ連をはじめとした共産主義国家は共産主義の象徴として赤い星を採用し、軍服、国旗、建物等、あらゆるところにデザインした。

ここまで星のデザインが採用されるのはけっして偶然ではない。この地球全体がフリーメーソンに所属する狂った男達の演技や儀式が繰り広げられる劇場なのだ。新約聖書を見ると、パウロとヨハネはイエス・キリストが悪魔の暴走を止めると記した(第2コリント4章4節)。この世界の神はサタンだが、クリスチャンはその神に従うことはない。また、クリスチャンは悪魔を崇拝する人間の魔術や呪いにかけられることもない。聖書を信じる本物のクリスチャンだけが、悪魔に対抗することができる。星は対抗する対処の1つと言える。サタンを中心に作られたものは星が絡んでいる。

「なぜなら、すべて神から生れた者は、世に勝つからである。そして、わたしたちの信仰こそ、世に勝たしめた勝利の力である。世に勝つ者はだれか。イエスを神の子と信じる者ではないか」

(新約聖書ヨハネ第一の手紙5章4節〜5節)

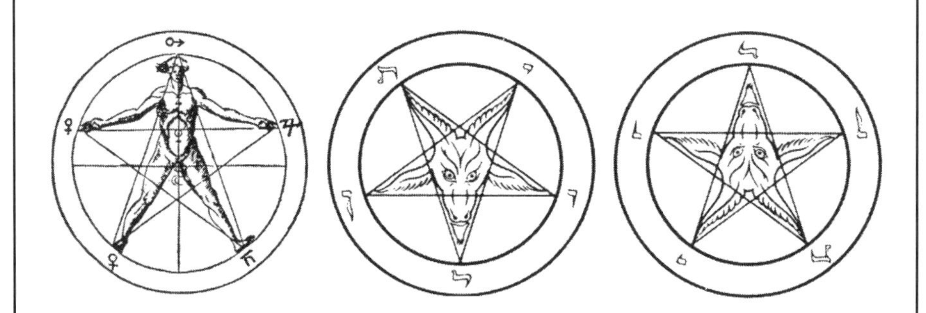

（上左）エジプトの女神の頭には逆さまのペンタグラムがデザインされており、そして25章で解説したVサインの形の角の形をした光線が放たれているのがわかる。（絵はイシスの歴史が書かれた書籍『Histoire de la Magie（魔法の歴史）』より引用）
（上右）「Temple of Set」というオカルト団体を創設したマイケル・アッキーノと祭司を務める彼の妻のリリス・シンクレア。オカルトの星は目立つところに設置されている。
（下）悪魔崇拝者やイルミナティのエリートやその他のオカルト団体や秘密結社がお守りとして大事にするペンタグラムはもともと古代の魔術だった。左は上向きのペンタグラムので悪意のない白魔術の印で中央の逆さまのペンタグラムは悪意のある黒魔術の印。一番右のペンタグラムは中央のペンタグラムが逆さまになっている。両方には星の内側に悪魔の顔、バフォメットがデザインされている。中央のバフォメットの髭は下向きになっているのに対して、右のバフォメットは逆さまになっており、上向きになった髭は悪魔の頭にある炎の印となっている。

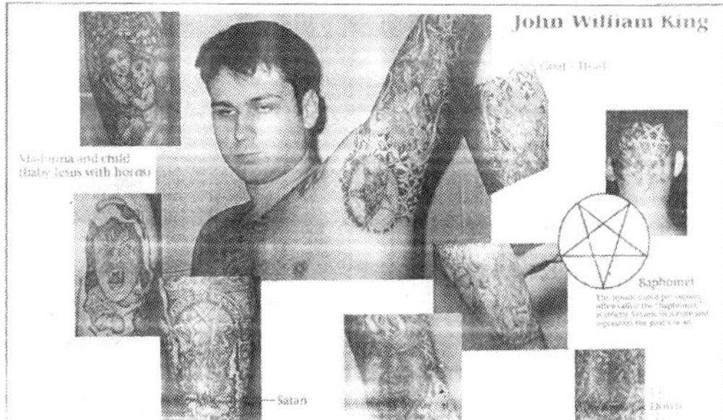

A12 Thursday, February 18, 1999 — FROM PAGE ONE — Austin American-Statesman

# Jasper proceedings focus on suspect's tattoos, activities

Continued from A1

to "look that no-good devil who lynched our brother in his cold eyes and let him know that never again will you lynch our people and get away with it."

Clusters of law enforcement officers patrolled the courthouse square in anticipation of the black activists' appearance. Last summer, Quanell X and his followers tried to shout out and clash with Ku Klux Klan members demonstrating at the Jasper County courthouse a few weeks after Byrd's slaying.

When Quanell X left the courthouse on Wednesday, he said the three men accused of killing Byrd should be given the death penalty.

"I pray by God's grace and permission that, if they're found not guilty by some delusionary jury, I pray that we give them hell from the womb to the tomb, from the cradle to the damn grave," he said.

King, who contends he was at home when Byrd was dragged to death on a rural road outside Jasper in the early-morning hours of June 7, could receive the death penalty or a life sentence if convicted.

Also accused of fatally pulling Byrd behind a pickup for nearly three miles are King's friends and Jasper roommates Shawn Allen Berry, 24, and Lawrence Russell Brewer, 31. Their trials have not been scheduled.

Jasper County District Attorney Guy James Gray on Wednesday also showed the jury photos of the tattoos on Berry and Brewer.

Berry, who owned the pickup that allegedly dragged Byrd, has a tattoo of a skull with devil horns and the word "Brotherhood" in-...



This display of John William 'Bill' King's tattoos was admitted into evidence in Jasper on Wednesday. Included: an upside-down pentagram on his underarm and head, and a picture of the baby Jesus with horns. King's attorney said the tattoos prove nothing.

Confederate Knights of America logo.

Gray argues that King was a racist who orchestrated Byrd's murder to gain recognition for a new hate group he was forming in Jasper. King's tattoos are proof of his hatred toward blacks, Gray ...

... ended Wednesday. "It's proof ... state of mind, hate, anger ... the kind of thing in somebody's mind it takes to commit this kind of act."

King's attorneys say the young man's tattoos prove nothing. "I don't think just the tattoos themselves make him ...," said court-appoi...

... in state prison on a burglary charge.

Testimony early in the day linked all three men to the pickup on the night of Byrd's death and revealed that King may have occupied himself that evening with romance and betrayal. He twice ... his pregnant girlfriend to ...

... her common-law husband, according to testimony.

The former lover, Keisha Adkins, told a jury she spent about three hours with King in his apartment while Brewer turned away King's girlfriend, who had come to the apartment twice to look for him.

Adki...

... on June 7, she saw King, Brewer and Berry drive away in Berry's pickup.

Adkins, her voice often wavering, also said she saw King's cigarette lighter at his apartment the night of the dragging death. The lighter is inscribed with his nickname, "Possum."

Law officers told the jury ... lighter with the word "Possum" on it was found at the remote location where Byrd was allegedly beaten before being chained to a pickup and dragged until he was beheaded.

Offering a hint of their strategy, King's defense lawyers challenged the manner in which detectives gathered evidence from the dragging-death site and King's apartment. Under questioning, detectives acknowledge they did not change gloves each time they collected a new piece of evidence.

Prosecutors say they have collected cigarette butts, beer bottles, watches, the "Possum" lighter, shoes and other items belonging to the three white men that link them to the bloody road where Byrd was dragged.

Gray, the prosecutor, said the defense was trying to raise "an O.J. theory" that evidence had been contaminated, in reference to the defense strategy in O.J. Simpson's murder trial.

"I'm satisfied there has not been any contamination," Gray said.

Missing from court on Wednesday was King's father, who could be heard moaning during some of the testimony on Tuesday. But more than a dozen members of Byrd's family again occupied the front ...

Charles Schrader, a practicing Wiccan, tears a Holy Bible in half during the Marion County Commission meeting Tuesday morning. Schrader asked for the removal of the Bible from the shelves of the Marion County Public Library because of its pornographic and crude verses.

# Making a point

*Man protests Bible to discourage censorship by county*

BY CHRISTOPHER LLOYD

OCALA — An outspoken Wiccan and community activist held up a Bible, called it pornographic and tore it in two during an address ... Marion County ... Bible removed from the Marion County Public Library. His move came in response to a recent effort by commissioners to restrict access to "It's Perfectly Normal," a sex-education book by Robie Harris that some have dubbed obscene.

Schrader ... about ... rape, and called it "a regimen of hate disguised as family values."

"If the home-schoolers really got into this book and started reading this and found what was between these holy pages, their ... would do the ...

（上）テキサス州の３人の白人男性がジャスパーという黒人男性を殺害した事件を大々的に報道した。３人は被害者男性を車に縛り付け、そして死ぬまで薬物を投与し続けた。メディアはこの事件を人種差別を焦点にして報道した。だが、殺害動機は悪魔崇拝でけっして人種差別ではない。加害者の白人男性の１人のジョン・ウィリアム・キングの腕には角の生えた赤ちゃんのイエス・キリスト、山羊、ペンタグラム等のタトゥーが腕にデザインされている。そして彼の髪型は悪魔の印のようにカットされている。（写真は1999年２月18日発売の「Austin American-Statesman」の12ページより引用）

（下）ウィッカ魔術を行う人（魔女支持者）がフロリダ州の郡委員の会議で聖書を破る事件が起きた。この男性は図書館から持ち出していた。上の写真を見ると、この男性のネクタイには太陽神の印であるペンタグラムがデザインされているのがわかる。左の写真は、事件を起こした男性が傍聴席から両手で誰を崇拝するか示し、祈りを捧げた。だか、彼は悪魔崇拝者や黒魔術を行う人間ではいないと強調した。

Baphomet Goat Head
Wall plaque made of ceramic, painted light steel gray with distressed finish, & attached wall hanger. Baphomet goat head, inverted pentacle & symbols are in 3-D relief. *Approx. 10" diam.*
4 *#SBGO* $34.95


**Seal of Babalon & the Brotherhood A∴ A∴ Wall Plaque**

Made of ceramic with attached wall hanger. Black painted background with characters in slight relief, painted red. *Approx. 10" - 11" diam.*

4 *#SBAB*

**$25.95**

（上左）ペンタグラムはアメリカの「Fraternal Order of The Police」（警察友愛会）という団体のロゴとして採用されている。この団体は警察や法執行機関等の職員が形成する労働組合。この団体の由来はロゴが物語っている。アメリカには他にも警察関係者を中心に形成された団体があるが、皆似たようなロゴを採用している。警察と言えば、全世界共通の法の証。警察系列の団体がこのロゴを採用しているのは、エリート達が「俺たちがルールだ」と密かに表現しているのだろうか？
（上右）テキサス州ペアランド市で警察官がバフォメットとペンタグラムがデザインされたカレンダーを学生達に配っていたら、保護者から苦情が相次いだ。それも無理はない。このカレンダーには悪魔崇拝者の性的儀式のスケジュールが書かれていたのだ！　配っている時は、警察関係者が10代のギャングについて講演をしていた。（絵は2004年12月13日に worldnetdaily.com というサイトに記載されていた）
（下）カタログでセールとして販売されていた２つのお守り。

Maggio undici MCMXCIIX

United Fascist Union
P.O.B. 26020
WILMINGTON, DE 19899-6020
(302) 764-5099

Ms. Wanda Marrs
c/o Living Truth Ministries
1708 Patterson Rd.
Austin, Texas. 78733-6507

Dear Ms. Marrs:

Thank you for your letter of Marzo venticinque MCMXCIIX, I'm sorry for the tardy reply but, I had to do two radio shows between then and now. I also had to get the United Fascist Union listed in two more directories of political associations & send out the usual batch of mailers to various radio & T.V. shows U.F.U. agents have been on in the past. We try as best we can to keep up with mail, it's not always easy but, being that we're trying to revive Pagan Rome we've become quite good at record keeping, so you will always get some sort of a reply even if it's only a standard form letter.

I have no desire to waste your time with idle chit-chat so I'll get straight to the point. We're asking the various talk shows, magazines & broadcast companies we sent courtesy copies of our propaganda short "THE DAWN OF THE NEW MILLENNIUM"to, to let us know what they think of the moving picture. Please, tell us what you like or didn't like about the film so we can improve it the next time we make a movie.

I am also enclosing an outline of the book "A New World Order for the New Millennium" that I co-authored with Sally Parker, because I read in one of your newsletters that you publish books for authors at times. I don't think you would agree with the fascist's about reviving Pagan Rome being that your Christians but, I do think you'd atleast agree with part of the United Fascist Union's doctrines concerning the present government. At what points Ms. Parker & I saw fit to quote Rev. Marrs in the text, we quoted him verbatim from the text of "Project L.U.C.I.D." without any embellishment of any sort.

Viva Nova Roma
HOLY IS BABYLON!!!

http://www.geocities.com/area51/chamber/7344

Mr. J. Grimes
Director & C.E.O.
of the UNITED FASCIST UNION

De
LAPIDE PHILOSOPHICO
PERBREVE OPUSCULUM,
QUOD AB IGNOTO ALIQUO GERmanico Philosopho, pene ante ducentos annos, conscripum & LIBER ALZE nuncupatum fuit, nunc vero in lucem editum.

FRANCOFURTI
Apud HERMANNUM a SANDE.
Anno M DC LXXVII.

From *Musæum Hermeticum Reformatum et Amplificatum.*

THE TITLE PAGE OF THE BOOK OF ALZE.

*This title page is a further example of Hermetic and alchemical symbolism. The seven-pointed star of the sacred metals is so arranged that one black point is downward, thus symbolizing Saturn, the Destroyer. Beginning in the space immediately to the left of the black point, a reading clockwise discloses the cryptic word VITRIOL formed by the capital letters of the seven Latin words in the outer circle.*

（左）錬金術と神秘学の謎の教えが書かれた書物。中央には七芒星がデザインされており、下を向いた黒く塗られた点がデザインされている。それは太陽系の６番目の惑星である土星を支配するサタンへの服従を意味している。（マンリー・ホール著『Secret Teachings of All Ages』より引用）

（右）筆者の妻が調査で必要な情報を得ようと「United Fascist Union」（ファシスト連合）に手紙を出した時、返事にこの手紙が帰ってきた。手紙の上に「United Fascist Union」という文字が書かれている両サイドに２つのペンタグラムが確認できる。この団体はデラウェア州ウィルミントンに本部を置き、そこをベースに活動している。またDirector and CEOと書かれた下の部分の両サイドにはXの字がデザインされた絵が描かれている。さらに“Viva Nova Roma”（新ローマ万歳）と“Holy is Babylon”（聖なるバビロン）と書かれている！

（左）オカルトに通じていた水晶球透視者のエドワード・ケリーが作ったワックスのタリスマン。彼が天使の言語と呼んだ「エノク語」で方向が記されている。（写真は「Enigma」誌より引用）
（右）ニューエイジ系雑誌「Magical Blend」のこの広告にはペンタグラム（女神の頭上）をはじめとしてオカルトの印が多数確認できる。女神はヨハネの黙示録13章１節に書かれている海から現れる獣のアフロディーテーである。この広告で女神の姿は、彼女の陰部に炎が通るように蓮華座に座って、両腕で何かの印を表現している。

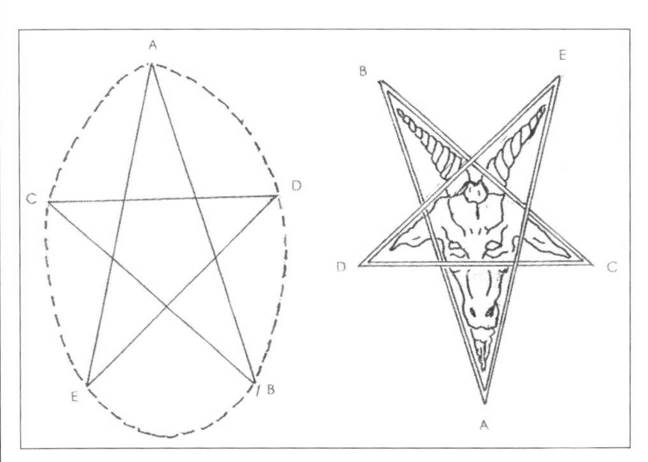

（左）卵の円に収まるペンタグラムの写真を筆者の知人が送ってきた。彼は、その配置は楕円軌道で太陽の周りを回る金星（女神、または女性原理）の回転を示していると指摘した。逆さまになって、そして山羊の頭の角が上向きになった時のペンタグラムは黒魔術の印である。
（右）「Magical Blend」誌のこの広告には、ペンタグラム型の剣を儀式のためにたった1400ドルで販売していると宣伝している。さらに広告には“バーモント州の愛を込めた手作り”とも書かれている。

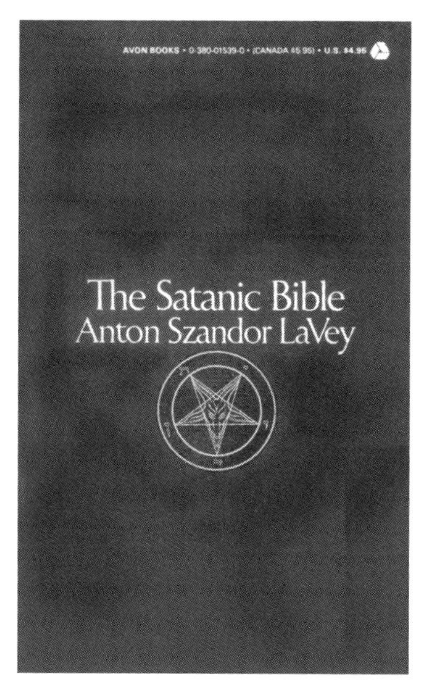


THE
NINE
SATANIC
STATEMENTS

1 Satan represents indulgence, instead of abstinence!

2 Satan represents vital existence, instead of spiritual pipe dreams!

3 Satan represents undefiled wisdom, instead of hypocritical self-deceit!

4 Satan represents kindness to those who deserve it, instead of love wasted on ingrates!

5 Satan represents vengeance, instead of turning the other cheek!

6 Satan represents responsibility to the responsible, instead of concern for psychic vampires!

7 Satan represents man as just another animal, sometimes better, more often worse than those that walk on all-fours, who, because of his "divine spiritual and intellectual development," has become the most vicious animal of all!

8 Satan represents all of the so-called sins, as they all lead to physical, mental, or emotional gratification!

9 Satan has been the best friend the church has ever had, as he has kept it in business all these years!

25

上は悪魔教会創設者のアントン・ラヴェイが出版した『The Satanic Bible（悪魔の聖書）』のカバー。この書籍は全米の多くの書店で枠が設けられている「Avon Books」という大手出版社から出版されてベストセラーとなった。25ページ（右の写真）には、ラヴェイが定めた悪魔教会のための“九戒”が記されている。

Scroll of Set

Elephant Feathers
by Ron Barrett III°

While attending the Set X Conclave in New Orleans last summer, an initiate posed a question to me which went something like this: "If we, as Black Magicians, are consciously existing outside of the natural order, and affect magical change soley by the Will within ourselves, why, then, do we go through all the trouble of employing all these rituals and symbols in our magical Work?"

Arrgh.

Just kidding. My answer at the time was that he was correct in theory, but that at the

provides a good azimuth into the issue of the role of symbol and ritual in initiation. I will therefore give the elephant a run for his money.

Picture, if you will, the Constellation of the Thigh scintillating brightly on a clear and windy summer night. Somewhere on the side of a mountain, underneath a pile of rocks, is a strange creature wearing a black camel-hair robe, fumbling with a pack of matches. That creature is an initiate who recently joined the Temple of Set and is now attempting to execute a Working with

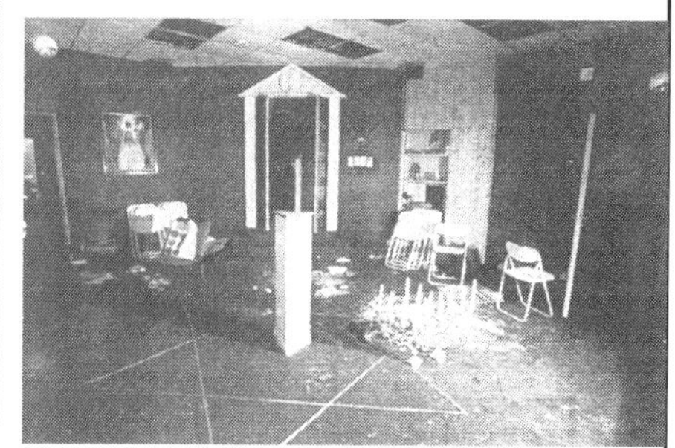

（左）「Temple of Set」の創設者で祭司を務めるマイケル・アッキーノが定期的に発行する「Scroll of Set」というニュースレター。ここには“左利きのパス”と書かれているが、これは悪魔崇拝の暗号である。

（右）無人の太陽寺院の床にはエクサグラムがデザインされ、そして悪魔崇拝の儀式で使われた後の蝋燭も床で確認できる。1994年にスイスとカナダで大人と未成年を含む53人が遺体で発見され、死因は集団自殺であったことが判明している。太陽寺院のロゴ（この写真にはないが）は4点のトライアングルとマルタ十字で形成されている。

（左）1966年にアントン・ラヴェイとその信者達が行った悪魔崇拝の儀式の様子。ペンタグラムがはっきりと確認できる。
（右）90年代にブッシュ大統領はNEA（全米芸術基金）を通じて写真家のロバート・メイプルソープに活動資金として1万5000ドルを寄付している（筆者のような米国民が納税したお金！）。“Art”と呼ばれたが、ロバートが展示した写真は下品なものばかり。同性愛者の性行為や、自分の性器を披露する未成年の男女の写真ばかりだったのだ。そらに、ロバートの作品に満足したというNEA（全米芸術基金）関係者は、ロバートの下品な写真を全米の有名な博物館に展示するように提案したのだ。この下品な活動の資金源となったのは、筆者のような米国民が納税した税金（NEAを通して）だ。
同性愛者だったロバート・メイプルソープはエイズに感染し、それが原因ですでこの世を去っている。だが、自分が誰を崇拝の対象としていたのか、その証を自分が写る写真に残している。この写真はテロリストのようにマシンガンを抱えており、そして背後にはオカルトの代名詞とも言えるペンタグラムがデザインされている。筆者は都合良く利用され、そして病に感染したロバート・メイプルソープをかわいそうに思う。だが、NEA（全米芸術基金）の背後に潜んでそして同性愛のライフスタイルを喜ぶ政治家達をかわいそうだとは思わない。もちろん、ロバートの自分のしたことに対しての個人的な責任は否定しないが、彼には多くの共犯者がいる。彼は今あの世で永遠の苦しみの真っ只中にいる。いまだに多くの若者がロバートの下品な作品に惑わされている……。

（上左）筆者の知人であるジャック・ロッパーは法執行コンサルタントと悪魔崇拝の儀式に関連した犯罪を捜査する専門家で、筆者宛に悪魔の祭壇や礼拝者のこの写真を送ってきた。
（上右）シンプリー・レッドというイギリスのバンドのリーダーを務めたボーカル担当のミック・ハックネル。ファンからは“Stage-Strutting Sex God”（ステージ上のセックスの神）と呼ばれ、そして赤いジャケットを着る彼の首からぶら下がるのは銀のエクサグラムのお守りだ。このバンドのアルバムは累計2000万枚以上売れた。（写真は1995年12月 6 日発売の「The European Magazine」の17ページより引用）
（下左）“魔術の達人”が儀式で全裸になった魔女が床にデザインされたペンタグラムに寝て、ペンタグラムの力で“エネルギー”を呼び込む様子の写真。（『Heartbeat of the Dragon（竜の心臓の鼓動）』より引用）
（下右）カナダ出身のロックバンド「ラッシュ」のアルバムカバー。全裸でペンタグラムのエネルギーを求める男が印象的。

「Popular Science」誌は、写真に写っている合成星の企画を提案し、結果として9.11の追悼の光として採用された。ニューヨークの上空をゆっくり飛んだ光をペンタグラムの形にしたのは、9.11の恐怖から地上の人々を落ち着かせるためとデザイナー達は信じている。読者の皆さんは自分の街の上空に悪魔崇拝の印であるペンタグラムが飛んでいる姿を見たいと思うだろうか？

「Fortean Times」は現実に起こる奇妙や不思議なことを取り上げるイギリスの月刊誌。2000年３月発売号では、アメリカ出身の科学者ジャック・パーソンズが自分の発明品を利用した不思議な旅をする特集を記事にした。ジャックは悪魔崇拝者でアレイスター・クロウリーが設立したオカルト団体、東方聖堂騎士団の団員だった。ジャックは50年以上前に謎の爆発でこの世を去ったが、胸には誰を崇拝していたか現代人に見せつけている。彼は今もなおイルミナティのエリートに尊敬されている。NASAはパーソンズの影響で後に火星のクレーターに名前をつけた。また彼は反キリストを呼び込むためにオカルトの集まりで性行為の儀式を行っていた。性行為が絡む儀式は悪魔崇拝者の間で“Babalon Working”（ババロンの働き）と呼ばれている。

（上左）欧州共同体の理事会が採用した公式ポスターにはバビロンの塔がデザインされ、右下には「Europe Many Tongues One Voice」（多数の言語、でも１つの声、それがヨーロッパ）と書かれている。バビロンの塔の上には円を形成する多数のペンタグラムが確認できる。フリーメーソン会員は自分達の愛称として“Builder”（建設者）を思いついた。旧約聖書の創世記を見ると、バビロンの塔を建設していた人々を混乱させ、その結果人々は複数の言語を話すようになり、そしてバビロンの塔の価値はなくなった。このポスターはその様子を暗示している。
（上右）中国共産党の独裁者だった毛沢東が冠る帽子には赤いペンタグラムがデザインされている。独裁者時代の毛沢東は１億人以上もの中国人を虐殺している。この残酷な虐殺は共産主義の仕組みを作った悪魔崇拝者のカール・マルクスの教義によるものである。マルクスはイルミナティに所属するユダヤ人だった。
（下）“The Great Experiment”（偉大な実験）はロシアの芸術家イリヤ・グラズノフが描いたこの壁画のタイトルだった。壁画は、20世紀ロシアの歴史を想像するとグラズノフは主張した。悪魔の星が全体のコンテナになっており、その中にレーニン、トロツキー、ゴルバチョフやその他の共産主義者が悪魔の星であるペンタグラムと一緒に写っている。

第27章

# 天から落ちる電光

彼らに言われた。「わたしはサタンが電光のように天から落ちるのを見た。わたしはあなたがたに、へびやさそりを踏みつけ、敵のあらゆる力に打ち勝つ権威を授けた。だから、あなたがたに害をおよぼす者はまったく無いであろう。」

ルカの福音書10章18節～19節に記されたイエス・キリストの言葉

電光は長い間、〝光を当てられた〟イルミナティのエリートにとってはルシファーの象徴となっている。ヨハネの福音書10章8節には「わたしはサタンが電光のように天から落ちるのを見た」というイエス・キリストの言葉が記されている。またエペソ人への手紙2章2節を見ると悪魔は「空中の権を持つ君」と呼ばれている。

イルミナティの由来となっている古代宗教では天から電光のように堕ちたルシファーが蛇となり、神を崇拝の対象として作り上げた。怒りに満ち、手から電光を敵に放つ姿のゼウスとジュピターの神を古代ローマ人と古代ギリシャ人が崇拝の対象としていた。例の電光のデザインはナチスドイツに利用されていたし、多くのロックバンドや「ハリー・ポッター」の映画と書籍でも使われている。

本章でもイルミナティのもう1つの印である電光を知ることとなる。この印の由来はタントラの伝統にある。タントラの伝統で電光は男の笏、宝石、または神の魔法の杖として認識されている。ヒンドゥー教で電光は火神のアグニの印であり、その印は、両目の間ある額の第3の目を崇拝する僧侶によって与えられた。

この絵には北欧神話に登場する神、トールが電光のハンマーを持っているのが描かれている。下の部分にはオカルトで重要視されている黒色の山羊の角が描かれている。フリーメーソンでハンマーの使用は権力の行使の証。ソ連は国旗にハンマーがデザインされている。

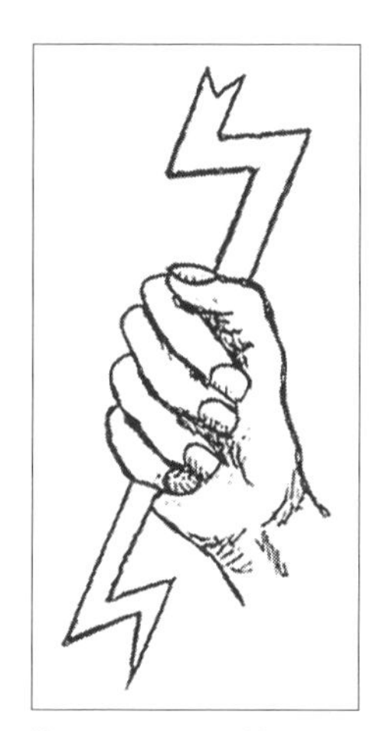

電光はギリシャ神話の登場する神々の父とされるゼウスの印。北欧ではオーディンの神として崇拝の対象とされていた。

（上左）オズワルド・モズレーが結成した英国新党の大会に３万人もの人がかけつけた。英国国旗には太陽神オシリスの印であるＸの字がしっかりとデザインされている。英国国旗の下には電光がデザインされた英国新党のロゴがある。
（上右）ナチスドイツの強制収容所に到着する受刑者を診察する医師の白衣には、円に囲まれたＳの字が２字がデザインされている。（写真はジュディス・ライスマン著『Kinsey: Crimes & Consequences（犯罪と帰結）』より引用）
（下左）1939年にイギリスで新党を結成し、行進に出る代表のオズワルド・モズレー。英国新党の国旗は円に囲まれた電光がデザインされている。モズレーは連合の結束を意味すると主張した。実際にこの国旗周辺に集まっているのはファシストの人間。英国新党が最終的に目指していたのは共産主義であった。
（下右）ヒットラーユーゲントのラッパ隊の稲妻のバナーは、古代の謎の宗教ではオカルトの印だった。電光はＳの字に似た形でデザインされているが、これが「Satan」のＳである。

電光は長い間サタンの印として利用されていた。ルカの福音書10章18節には“彼らに言われた、「わたしはサタンが電光のように天から落ちるのを見た」”というイエス・キリストの言葉が記されている。「ハリー・ポッター」の影響で何千万人もの子供が額に悪魔の印を塗った。この記事にも額に悪魔の印を塗った２人の子供が載っている。（写真は1999年９月20日発売の「タイム」より引用）

（上左）『ハリー・ポッター』の書店ディスプレイ。ここでも悪魔の印がハリーの額に塗られている。
（上右）クリスチャンの親は子供に『ハリー・ポッター』のような魔術の本を買い与えないことに躊躇してはいけない。残念ながら魔術はキリスト教社会の中でもかなり普及している。
（下左）2000年10月23日に発売された「タイム」にフルカラーでFTD社（Florists' Transworld Delivery）のこの広告が掲載された。この広告でFTD社は魔法は一般市民の考えを明るくさせたと説明している。右上には、この広告が子供に人気のディズニーキャラクターのプーさんに基づくと書かれている。
（下右）教役者組織「プリズン・フェローシップ」を設立しチャールズ・コルソンはこの組織を設立する為にシカゴで行われた世界宗教会議で100万ドルの支援を受けた。現在『ハリー・ポッター』の書籍発売に力を入れている。キリスト教に改宗したと自称する彼の書籍は全米のほとんどのキリスト教書店に置かれている。

# 第28章
# 赤い星、拳、鎌、ハンマーやその他共産主義にまつわる陰謀

ああ、全地を砕いた鎚はついに折れ砕ける。ああ、バビロンはついに国々のうちの恐るべき見ものとなる。主は武器の倉を開いてその怒りの武器を取り出された。主なる万軍の神が、カルデヤびとの地に事を行われるからである。

旧約聖書エレミア書50章23節、25節

共産主義はユダヤ人が思いついた制度

英国元首相ウィンストン・チャーチル

人類の歴史上最も残酷だった制度はソ連の共産主義だ。作家のアレクサンドル・ソルジェニーツィンによると、ソ連影響下の共産圏で強制収容所で虐殺された人数は、少なくとも６６００万人にも上るという。そのほとんどが農民や小規模のビジネスマンだった。それに比べるとヒットラーを率いるナチス

ドイツはある意味ケチだったといっていい。本物のホーロコストはドイツではなく、ソ連で起きたのだからヒットラーとヒムラーは嫉妬したのかもしれない。

残念ながら、ソ連でホーロコストが行われた事実を知る人は多くない。それも無理はない。ユダヤ人支配下の情報機関はホーロコストがナチスドイツの単独犯罪であるかのように報道し、世界中の報道機関はレニーン、スターリン、カガノーヴィチ等を中心としたソ連、赤星の虐殺テロを黙認してきた。カール・マルクスが〝創設〟した共産主義の理論をレーニンが引用したのだった。

## ユダヤ人血統と共産主義リーダーのつながり

欧米メディアが共産主義の犯罪を暴くことができなかった理由は実に簡単だ。それは、共産主義のリーダー達が皆ユダヤ人だったからである！

ロシアに位置するレーニンの博物館でさえ、レーニンが隠れユダヤ人だった事実を認めている。市民の虐殺に関わったトロツキーはニューヨークのブロンクス区に住んでいた。本名はLev Bronstein（レフ・ブロンステイン）。

スターリンに関しては3人で形成される「トロイカ（処刑の決定権を持つソ連の委員会）」の1人でユダヤ人とのハーフだった。幼少期を過ごしたジョージア州の自宅では唯一の習得言語だったイディッシュ語を話していた。スターリンの本当の名字はユダヤ系のジュガシヴィリ（Dzhugashvilli）だった。

カール・マルクスに関してはユダヤ系ドイツ人で彼の祖父はユダヤ教のラビだった。世界中で起きた共産革命は、アメリカに拠点を置くユダヤ系金融屋のシフ財閥、ドイツを拠点に置くユダヤ系金融屋のウォーバーグ財閥とロスチャイルド財閥が資金援助している。

共産主義の仕組みにユダヤ人はゼロから関わっている。

カール・マルクスは資本主義も共産主義もユダヤ系カバラの理論に基づいていることを知っていた。経済的に進歩していくのも、イルミナティの哲学であるヘルダーのテーゼとアンチテーゼの弁証法を実行するために行われたことも知っていたのだ。アルバート・パイクは著書『Morals and Dogma（道徳的な教義）』でユダヤ系カバラの「水槽」についての記述は正しい。〝殺人魚〟が同じ汚染水で泳いでいたことを記しているのだ。

レーニンからプーチンまで、共産主義という制度の裏にユダヤ系カバラという直線でつながっている。現代では「民主資本主義」という制度の裏でゴルバチョフ、エリツィンとプーチンと、その直線は続いている。

フリッツ・スプリングマイヤーは著書『Bloodlines of the Illuminati（イルミナティの血統）』で、ロシアの共産主義政治家とその配偶者とユダヤ人のつながりについて暴露している。例えば、スターリンはユダヤ人の血を引くロシアの政治家カガノーヴィチの娘を嫁に貰っている。同書にこう続く。

「ボリス・エリツィンはヨシフ・スターリンとロザ・カガノーヴィチの間に生まれた娘を嫁に貰っている。ロザ・カガノーヴィチの父親はイルミナティに所属していた……ロザもスターリンも隠れユダヤ人だった。

レーニンはクルプスカヤというユダヤ人女性を嫁に貰い、モロトフもユダヤ系の女性と結婚していた。スターリンはユダヤ人の血を引くロシアの政治家カガノーヴィチの娘を嫁に貰っている。ラーザリ・カガノーヴィチの兄はソ連政治局に勤めていたし、ラーザリの息子、ミハイル・カガノーヴィチはスターリンの娘、スヴェトラーナを嫁に貰っている。ボリス・エリツィンの本名はバルーク・エリヤ（Baruch Ellia）というユダヤ系の名前である。エリツィンはデイビッド・ロックフェラーと親しかった」

## 共産主義はユダヤ人が思いついた制度

ロンドンの「Illustrated Herald」紙の取材に対してチャーチル首相は「共産主義はユダヤ人が思いついた制度」と堂々と語っている。

さらにその記事を読んでいくと、多くの血が流された歴史的な革命にはユダヤ人が絡んでいるとも語っており、ユダヤ人が革命に絡む歴史は1776年にアダム・ヴァイスハウプトがイルミナティを設立した頃に遡るという。さらにチャーチルは「庶民を弱体化させる陰謀は日に日にその力が増している……これらの犯罪の中心にいるのはロシア帝国の政治リーダー達だ」と。

作家のアレクサンドル・ソルジェニーツィンによると、ソ連にあった強制収容所に勤めていた看守の6割がユダヤ人だったが、8割と指摘する歴史研究家もいる。ラヴレンチー・ベリヤを含み、チェーカーやKGBの最高責任者の座に就いた人間も皆ユダヤ人だった。

## イルミナティと共産主義のメイデイ

アダム・ヴァイスハウプトがイルミナティを設立したのは5月1日。これはレーニンが共産主義を祝った日と同じだ。

今も毎年モスクワで5月1日に「メイデイパレード」が行われる。魔術師や異教のカレンダーで5月1日が祝日になっているのは単なる偶然なのだろうか？　この日、異教のヨーロッパでは子供と大人は“Beltane”（ベルタネ）の祭りを祝う。月のポールとして知られている男根のシンボルの周りに祝うイベントがあった。

## 狼とフリーメーソン

スウェーデン出身の作家ジュリ・リナは共産主義の陰謀を暴露する著書『Under the Sign of the Scorpion（蠍の印の支配下で）』で亡くなる前の数ヶ月間の車椅子生活を余儀なくされていたウラジミール・レーニンの姿について記している。その頃のレーニンは梅毒という性病に体と脳を蝕(むしば)まれ、毎日自宅のベランダに出るように要求し、そこで狂ったように、狼のように何時間も吠えていたという。レーニンを含むスターリン、エリツィン、ゴルバチョフといったソ連の共産主義政治家は皆フリーメーソンのパリグランドロッジに所属していた。

アルバート・パイクは自身の著書『Encyclopedia of Freemasonry（フリーメーソンの百科事典）』でアレクサンドル・ケレンスキー（レーニンの直接の前任者）を含むロシア革命に関わった共産主義者は皆フリーメーソンに所属していたと暴露している。

「1917年に起きたロシア革命はこれらのロッジから始まった。ケレンスキー政権のメンバーは皆フリーメーソンに所属していた」と。

フリーメーソンや関連の秘密結社や団体は裏でユダヤ人に操られている。筆者はマルクスやレーニンをはじめとした共産主義政治家達が同性愛者だったと証明できる資料を持ち合わせている。ベリアは幼児性愛者だったし、彼らは女性の扱いがかなり乱暴だった。だからこの男達の配偶者となった女性達は不幸な生涯を送った。事実、スターリンの妻だった1人の女性は自殺している。

## 共産主義のサインと印

本章で述べたように、共産主義制度そのものを作ったのはユダヤ系カバラ、悪魔崇拝やフリーメーソンに絡むユダヤ人である（カール・マルクスは悪魔教会の正規祭司だった）。そうなると当然、共産主義のサインや印がユダヤ系カバラ、悪魔崇拝やフリーメーソンに基づいているという理屈が成立する。この狂人達は共産主義の印である赤星を崇拝していたのは言うまでもない。

### 拳

共産圏の政治家達は表舞台で共産主義のアイデンティティの印として拳を見せている。拳は神に宣戦布告をする古代バビロンの群衆の印だったと主張するキリスト教指導者もいる。握りしめている手である拳は、イルミナティのエリートにとっては秘密、偽装、ヘルメス主義の印である。拳は（イルミナティに関係なく）「俗」や「現品」の印であり、興味深いことに仏教の規範と同じである。

ピーター・ラックマンはオカルトに関する研究で『Black is Beautiful（黒は美しい）』という論文を発表し、拳についてこんなことを記している。

「今日人々が見せる"Salute"（乾杯）の印は、1920年に形成されたエイブラハム・リンカーン旅団（スターリン主義）のメンバー達が1930年にスペインで内戦が起きていた頃にニューヨークの共産党大会で表現していた印である。さらに60年代にアメリカで結成されたブラックパンサー党の印としても採用されて、キング牧師の支持者は「Black Powers Salute」と呼ばれていた」

この印は今日でも黒人を中心に結成された政党によって使われており、ジェシー・ジャクソンがその答えを見せてくれた。

フリーメーソンの儀式で拳はヨークライト9階級に当たる「Select Master Degree（選りすぐりの親方）」の階級の「Dueguard」（最終防衛）のポーズである。そのポーズは両手の拳を握り、両腕をL字型（定規型）に上げて行われる。この儀式の印について、リチャードソンモニターの書に解説されている。「Select Master Degree（選りすぐりの親方）」の儀式の印の1つはマスターメーソン（3階級）に似ている。両方の手が拳のように握られ、義務を果たさなければ両手が切り落とされる処罰を受けるという。何てことだ。フリーメーソンのエリートにとって、拳は手が切り落とされる処罰の印だったのだ。

左は「Select Master Degree」（選りすぐりの親方）の儀式の印（リチャードソンモニターの書84ページ）。右はリチャードソンのモニター書93ページに記載されたイラストでSecret Monitorの階級の儀式の解説が記されている。

共産主義がこれに絡んでる。読者はフリーメーソンのエリートが何を伝えようとしているのか意識する必要がある。ロッジで行われるSecret Monitorの階級の儀式では、共産主義の“Salute”（乾杯）と同様に拳に握りしめた片手をLの字に上げる。

## ハンマーと鎌

鎌は全世界共通で死神の印として認識されている。しかし、共産主義にとってハンマーと鎌は、労働者、プロレタリアート、または群衆に対する共産主義でのリーダーシップの証である。

ハンマーの意味は共産主義政治家の裏に潜む悪魔崇拝者は封印しているが、似たような意味があることは明白だ。『The Herder Dictionary of Symbols（ヘルダーの印の辞書）』を見ると、ハンマーはパワーと力強さを意味し、「文化によっては、悪にから保護する魔術の印がハンマーとして表現されることがある」と記されている。

すべてのフリーメーソンロッジにはハンマーが用意されており、“Worshipful Master”（名高きマスター）が権威を振る舞う時に使われる。

ヘレナ・ブラヴァツキーの邪悪な著書である『The Secret Doctrine』にはルシファーの力が〝聖なるハンマー〟になると記されており、そしてそれがロッジのグランドマスターの木槌になると記されている。サラ・テリーはフリーメーソン関連の秘密結社である東方騎士団に所属し、ハンマーは北欧神話に登場する神、トールの電光が起源で力強さやパワーの証であると記している。

イルミナティの目指すゴールは旧約聖書のバビロンを復活させることである。それは創世記で神が破壊したものを元に戻すという意味で預言を成就させる目的があるからである。

「その地に、いくさの叫びと、大いなる滅びがある。ああ、全地を砕いた鎚はついに折れ砕ける。ああ、バビロンはついに国々のうちの恐るべき見ものとなる。バビロンよ、わたしは、おまえを捕えるためにわなをかけたが、おまえはそれにかかった。そしておまえはそれを知らなかった。おまえは主に敵したので、尋ね出され、捕えられた。主は武器の倉を開いてその怒りの武器を取り出された。主なる万軍の神が、カルデヤびとの地に事を行われるからである」（エレミヤ書50章22節）

## 赤星

赤星は全世界共通で共産主義の印として認識されている。本書の26章で筆者は星のオカルト的意味について解説し、星はイルミナティの哲学では偽の神の象徴であることを述べた。ルシファーは「光の天使」やBlazing Star（燃え盛る星）や太陽神に化けてイルミナティのエリートを欺いている。

プーチン大統領は2000年に軍で庶民の自由を抑制し、ソ連時代の赤い国旗と同じ赤色の国旗としてロシア軍で採用し、そして赤星をロシア軍の象徴として正式に採用した。防衛大臣時代のセルゲイ・イワノフはプーチンが出席する会議で「星は皆にとって聖なるものである」と発言している。

この赤星は共産圏でけではなく、米軍の軍服や戦闘車にもデザインされている。第二次世界大戦が始まった頃にバーナード・バルークに資金援助を受け、ルーズベルトはシオニスト達の要望に応えるような形でペンタゴンその計画を実行させた。

## 赤色

いったいなぜ赤色にこだわるのだろうか？　聖書に登場する緋色のバビロンの大娼婦に関係しているのだろうか？　また聖書にはエサウが赤色で生まれたと記されており（創世記25章25節）、神は〝エサウを憎んだ〟とも記されている（マラキ1章3節）。

赤色は長い歴史で姦淫と暴力の象徴とされてきた。古代インドのヴェーダでは、シヴァを「大波」や「赤い女神」として崇拝の対象とされていた。火星も古代で「赤神」として崇拝の対象とされていた。スカンディナヴィアの北欧神話に登場するオーディンは赤色の服を身につけてている。ヴァイキングのヒーローの命日はカレンダーで「赤い日」として制定されている。ロビンは森の中の魔女の神で、人間が生け贄になった時、「赤いクックロビン」に捧げられた伝説がある。もう少し新しい話をすると、アリス・ベーリーの著書『A Treatise On The Seven Rays（7つの線についての論文）』ではオカルトにおける色の重要性について記されている。

「最初の3つの線の色は赤、青、黄色で赤は『計画』及び『パワー』である」とベーリーは指摘してい

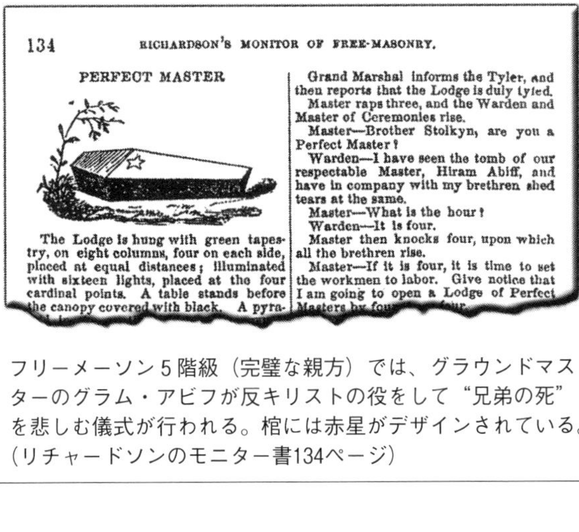

134　RICHARDSON'S MONITOR OF FREE-MASONRY.

PERFECT MASTER

The Lodge is hung with green tapestry, on eight columns, four on each side, placed at equal distances; illuminated with sixteen lights, placed at the four cardinal points. A table stands before the canopy covered with black. A pyra-

Grand Marshal informs the Tyler, and then reports that the Lodge is duly tyled.
Master raps three, and the Warden and Master of Ceremonies rise.
Master—Brother Stolkyn, are you a Perfect Master?
Warden—I have seen the tomb of our respectable Master, Hiram Abiff, and have in company with my brethren shed tears at the same.
Master—What is the hour?
Warden—It is four.
Master then knocks four, upon which all the brethren rise.
Master—If it is four, it is time to set the workmen to labor. Give notice that I am going to open a Lodge of Perfect Masters by four

フリーメーソン5階級（完璧な親方）では、グラウンドマスターのグラム・アビフが反キリストの役をして“兄弟の死”を悲しむ儀式が行われる。棺には赤星がデザインされている。（リチャードソンのモニター書134ページ）

る。

フェイバー・ビレンは自身の著書『The Symbolism of Color（色の印の意味）』で最初に赤色について記し、こう指摘している。

・エジプト神話では、神シュウは赤色で赤の動物はセスを象徴であった
・収穫の女神セレスに取って、赤いケシは神聖だった。
・ワインの神ディオニュソスの顔は、時々赤く塗られていた。

筆者の研究で赤色について判明したことは、虐殺や破壊がもたらす血、炎の象徴として採用されたということである。悪魔も赤い獣としてたとえられることもある。

共産主義が目指したのは〝赤い獣〟だったのだろうか？　それとも、〝レッドドラゴン〟なのだろうか？

(上左) NAACP (全米黒人地位向上協会) の大会で “Salute”「乾杯」の印を表現するジョン・ケリー。
(上右) アメリカ国旗の前に立って “Salute”「乾杯」の印を表現しているのは大統領に立候補をしたジョン・ケリー。
(下左) 1993年に共産主義の伝統的な握り拳の敬礼をするクリントン大統領。
(下右) テキサス州の政治集会でマルクス主義の伝統的な握り拳の敬礼をするのは米軍元帥のウェズリー・クラーク。(写真は2003年9月30日発売の「Austin American-Statesman」より引用)

（上左）16年間（1931年～1946年）にわたってアメリカ共産党の書記長を務めたアール・ブラウダー。この写真は1936年に行われた共産党大会で“Salute”「乾杯」の印を表現した。ブラウダーはソ連の独裁者スターリンと親しく、そして密かにルーズベルト大統領の下で働いていた。
（上右）米国上院議員ジョン・エドワーズが2004年の副大統領選挙に出馬したジョン・ケリー上院議員の演説で“Salute”「乾杯」の印を表現してみせた。
（下左）ニューヨーク州議院のベラ・アバグはフェニシスト、レズビアンで共産主義を支持していた。彼女はヒラリー・クリントンと親しかった。
（下右）南アフリカの政治リーダーのネルソン・マンデラと共産党員だった妻のウィニーと共産党書記長。

POLITICS

ADIOS

fronted earlier he "might not have needed to demonstrate his worthiness." But now, remembering Dallet, Osheroff says flatly, "There were very few tears lost on him."

For a long time, Osheroff concedes, he avoided the dark side of Spain, the compromises, the deceptions. "If you're driven by the blinding force of passion, you're not going to criticize it," he explains. "It's a religion, a crusade." Shortly after the war, Osheroff read *Homage*

to have been a sham. The republic had shipped gold reserves to Moscow for safekeeping. Stalin simply impounded the treasure, deeming it payment for arms and supplies, for which he charged exorbitant prices. Meanwhile, even as Russian propaganda mills spun out the gossamer of "the Popular Front" and maintained that the first order of business was to defeat Franco, Moscow's people on the ground were burrowing deeper into the government, seizing hold of other power centers (the military,

In other words, had Stalin prevailed, Spain would have become a dictatorship depressingly similar to the one Franco ultimately installed. It is an appalling irony.

But it isn't news to Osheroff. Long years of hard thought have led him to the same conclusion. He recalls a seminar he taught some years back at the University of Washington. The students "asked me a tough question: 'Would it have been better if your side had won?' I had to go home and think about that one. Now I think it

(上左) 若い頃のビル・クリントンの写真だが、腑に落ちない。たった16歳の高校生がなぜ、ワシントンD.C.に行って、そして当時の大統領だったジョン・ケネディと握手をする機会があったというのだろうか？　この写真が撮られてから数年後、クリントンは共産主義のデモに参加していた。
(上右) 1982年にアーカンソー州の最年少知事に当選したビル・クリントン。彼と一緒に隣で喜ぶのは妻のヒラリー。
(下左) 共産党の国際旅団はスペインで流血の内戦を戦った。無慈悲な赤い集団の一部は1938年にバルセロナで集会を行った。(2001年９月号の「ヴァニティ・フェア」の302ページより引用)
(下右) イスラム教聖職者のルーホッラー・ホメイニーはポスターで握り拳をしている。彼は死ぬ直前までイランの最高指導者を務めた。

（上左）こちらの写真でも南アフリカの政治リーダーのネルソン・マンデラと共産党員だった妻のウィニーが共産主義の印である“Salute”「乾杯」を表現している。この夫婦は多くの“首のパーティー”と呼ばれる拷問を指示していた。この拷問はガソリンの入ったタイヤーを首にかけて火を付けるという残酷なものだった。（写真は『The Words of Nelson Mandela（ネルソン・マンデラの言葉）』の43ページより引用）

（上右）ブラックパワーという団体のロゴ。

（下左）イギリスの悪魔教会の大祭司だったアレイスター・クロウリーの手（左）の影は悪魔の顔を形成し、ソ連の独裁者だったレフ・トロツキー（右）の絵に似ている。トロツキーの絵はギリシャ語の出版物に掲載されたものだったのに対して、クロウリーの写真はイギリスの出版物に掲載されたもので関連性はない。トロツキーは隠れ悪魔崇拝者で本名はユダヤ系のブロンスタイン（Bronstein）であった。ロシアで何千人ものクリスチャンが捕らえられ、強制収容所へ収監され拷問を受けた時は喜んでいた。だが、トロツキーは斧を振り回す暗殺者の手によってメキシコで殺害された。

（下右）共産主義の星神？　トロツキーの命令で1920年に作られたこのポスターには“聖人ジョージ”が“資本主義のドラゴン”として描かれている。だが、資本主義側のユダヤ系金融屋のウォーバーグ財閥とロスチャイルド財閥の資金援助の下で1917年以降にスターリン、レーニンやトロツキーはソ連共産党という赤いテロ集団のリーダーになっている。トロツキーとその子分達はドラゴンに服従していた！

（上左）ラスベガスの舞台でシルク・ドゥ・ソレイユ（太陽のサーカス）のパフォーマーが握り拳の敬礼をする場面。シルク・ドゥ・ソレイユは見事な舞台で大ヒットしている。その活躍の裏には悪魔崇拝者の影響がある。
（上右）イエス・キリストとキリスト教を嫌うソ連共産党の悪党達はこの下品な絵を展示した。最後の晩餐の絵だが、イエス・キリストと弟子達がひどく酔っ払っている状態で描写されている。ソ連共産党はユダヤ人革命家によって結成された。
（下左）ヴォー・グエン・ザップは、ベトナム戦争で北ベトナム軍のゲリラのリーダーを務め、ベトナムから米軍とその支援国だった日本とフランスを撤退させることに成功した人物。そしてベトナム共産党を結成した人物。ベトナムの国旗には、赤いペンタグラムがデザインされている。
（下右）1992年に米上院議会で演説を行ったエリツィンは拳の印を見せている。それに対して、米上院議員達は歓迎して拍手をした。（写真は1992年７月18日発売の「The Washington Post」の１ページより引用）

同志を消失。イルミナティはすべての歴史を偽装した。証拠が欲しい？
ソ連の政治リーダー達のこの２枚の写真を比較してみるといい。２枚目の写真では明らかに１人足りないのでは？　２枚目の写真では１人が抜かれて、歴史が塗り替えられた。イルミナティに所属したソ連のエリート達は不祥事を起こした同志の痕跡を歴史から抹殺する必要があると感じたのである。ジョージ・オーウェルの小説『1984年』さながらに、図書館にある教科書も変更しなければならなかったのだ。嘘の歴史作りは今もなお東西で継続されている。真珠湾攻撃、ケネディ暗殺、９.11等はエリートが支配するメディアによって作り上げられた。（写真は『The Commissar Vanishes』と1997年11月10日発売の「ニューズウィーク」の80ページに掲載されていた）

（上左）ハンマー、鎌、赤星等は共産主義の印と公式ロゴとして採用された。15世紀のこの図に描かれた古代の土星神は死の象徴として鎌を運ぶと言われたという。また土星神の股間には星があり、右下には角の生えた山羊（サタン）があり、そして左下には水べアラ（水瓶座のサタンの占星術の年齢）が描かれている。オカルト通の人間は土星をサタンの象徴としている。理由は土星が太陽系で6番目の惑星だからである。
（上右）1930年にカナダのトロントの平和記念碑でフリーメーソンが創設したShriners（シュライナーズ）というイスラム教団体の彫像は祭壇でアッラーに誓いをたてるポーズをしている。地球儀の上に乗った天使が両手に持っているものは、ソ連の紋章と国連の紋章のデザインと同じものである。彫像の名は“Lady of Peace”（平和の聖母）で、ソ連の愛称の「Peace-loving country」（平和を愛する国）と似ており、そして国連は世界平和に貢献するために作られたと宣言している。
（写真はフレッド・ファン・デヴェンター著『Parade to Glory – The Shriners and Their Caravan to Doctiny（栄光へのパレード：シュライナーズと彼らの運命のキャラバン）』より引用）
（下左）赤星の内側にデザインされた鎌とハンマーの合体。
（下右）ソ連の紋章と国連の紋章のデザインが似ていることは否定できない。筆者の知人が教えてくれた事実だが、キャデラック自動車の製品や広告、レノックスチャイナ社、ジョージディッケルウィスキーや大手タバコメーカーのウィンストンの商品でも見かけるという。

知識豊富なクリスチャン陰謀研究家のジョン・ダニエルは自身の著書『Scarlet and the Beast（スカーレットとビースト）』でフリーメーソンと共産主義の共通点を暴露している。素晴らしい暴露本だ。コンパスと定規の間にGの字が入ったロゴは全世界共通でフリーメーソンのロゴとして認識されている。ダニエルによると、ロッジの神（偽の神）が天と地を創造するにあたって利用した道具である。実際のところGの字はグノーシス主義の印で“Generative process”（性行為）の意味である。ダニエルは実際にフリーメーソンはセックスを重要視するオカルト団体であると指摘している。
イギリスのフリーメーソンロッジが中央でハンマーを振り回す人間の腕をGの字に変更した。ハンマーを振り回す人間の腕は、天地を創造するフリーメーソンのビルダーの“仕事中の姿”を暗示している。フリーメーソンでは人間が神（God）になる。ハンマーを振り回す人間の腕共産主義及び社会主義の起源となっている。この印はベーキングソーダのベストセラーブランドのロゴとなっている。大富豪のアーマンド・ハマーは石油会社のCEOで共産主義への敬意を払う意味でそのように名乗るようになった。また、コンパスと定規の間に位置するGの字は、ハンマーを振り回す人間の腕で暗示されている。
最後にフランスロッジのコンパスと定規について解説する。このロッジに所属していた会員達は反キリスト教主義者で共産主義を推進していた。1877年にこのロッジの最高指導者は「神は存在しない。存在するのは人類のみ」と発言している。だが、彼らは共産主義のシンボルとして知られているハンマーと鎌をGodのGに置き換えている。これは“普通の人間の集団”の意味で置き換えたと言う。フランスロッジでGの字に置き換えられたコンパスと定規の間のシンボルは、神を否定する証であるとダニエルは指摘している。そしてアルバート・パイクは自身の著書『Morals and Dogma（道徳的な教義）』で“サタン”という名の人間は存在せず、サタンは神の存在を否定する力であると記している。（絵はジョン・ダニエル著書『Scarlet and the Beast（スカーレットとビースト）』より引用）

ユダヤ人共産主義独裁者のスターリンは亡くなった共産主義の独裁者を記念してこの設計図の通りにビルと建てる計画をしたが、結果として無駄な努力だった。レーニンの後継者となったスターリンは、築家ボリス・イオファンにこの建物の設計作業を委託していた。世界一高いビルにする計画でその名は「Palace of the Soviets」（ソビエト宮殿）となる予定だった。この建物のデザインはマヤのピラミッドとバビロンの塔に基づいている。レーニンの記念碑のために選択された場所は、19世紀にかつて「救世主キリスト教会」という大聖堂が建てられていた土地の一部である。スターリンの命令でこの大聖堂は解体されたが、第二次世界大戦が邪魔となり、結果としてレーニンの記念碑を建設する計画は水の泡となった。設計図を見ると記念碑の頂点にレーニンの彫像があり、右手を上げて指で天の方向をを指している。イザヤ書14章13節～14節には「あなたはさきに心のうちに言った、『わたしは天にのぼり、わたしの王座を高く神の星の上におき、北の果なる集会の山に座し、雲のいただきにのぼり、いと高き者のようになろう」と記されているから、ここから思いついたのだろう。しかし、ルシファーの運命は永遠に地獄に投獄されることだ！

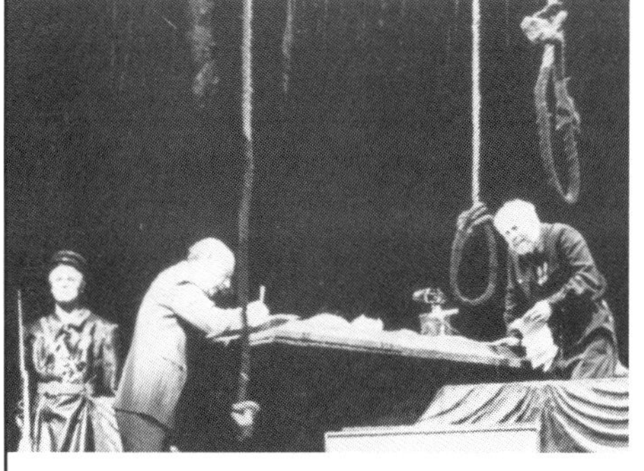

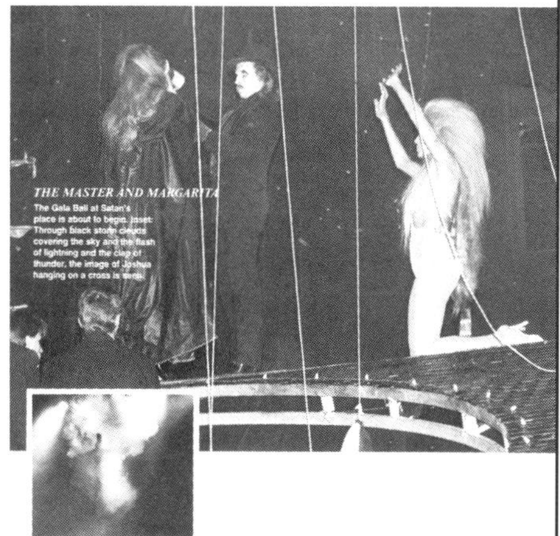

THE MASTER AND MARGARITA
The Gala Ball at Satan's place is about to begin. Inset: Through black storm clouds covering the sky and the flash of lightning and the clap of thunder, the image of Joshua hanging on a cross is seen.


# Black magic holds sway over a paranoid Kremlin

A fanatic of the occult is now dictating Russian policy, writes **Miranda Anichkina**

**Three wise men (from left, at front): Boris Yeltsin, Defence Minister Pavel Grachev and Alexander Korzhakov**

WORLD leaders gathering in Moscow this month will be treated to gala concerts, receptions and dinners in the Kremlin Palace. They will be hosted by a beaming, if stressed, President Boris Yeltsin, eager to boost his electoral chances by putting some grand guests on display. But behind the carefully orchestrated parade of Russian pomp, an almost Stalinesque paranoia and hysteria is gripping the country's top officials.

The president's men are now reduced to communicating via slips of paper which they burn in ashtrays, while the entire staff lives in terror of the man known as the Black Magician – a KGB general who apparently studies the occult in order to determine national policy.

He is General Georgy Georgievich Rogozin, who is said to prepare daily horoscopes for top Kremlin officials, as well as scanning space to determine budget issues, using spinning saucers in his Kremlin office and punctuating his working

that they are now subject to a level of surveillance undreamt of even during the worst days of the KGB. Well-connected Kremlin correspondents tell of sources pointing to air-conditioning systems and light bulbs, while conducting conversations about the weather.

Meanwhile, they are feverishly scribbling notes on scraps of paper. One top-ranking official stuffed pencils inside the keyholes of his safe while talking to *Sevodnya* newspaper correspondent Sergei Parkhomenko, suspecting video cameras to be installed inside. Others insist on meeting journalists in the

hakov, a shadowy figure in charge of the presidential bodyguard who is widely reported to control the president.

Rogozin is one of only three generals in the presidential team along with Korzhakov and Admiral Zakharov, the man who masterminded the 1993 storming of the White House. Born in 1942 in Vladivostok, the Black Magician joined the KGB at 21 and enjoyed a meteoric rise. From 1989 to 1991 he was the chief scientist in the first division of the institute dealing with security problems.

It was at this point that his obsession with the occult

develop his bizarre techniques. "Georgy is a complete fanatic of the occult and I am sure that he has got the necessary equipment for his experiments.

"In any organisation you are bound to get a few people who get paranoid," said Sergei Parkhomenko, the Russian journalist who has put together a dossier of the strange goings-on, "but *everybody* I talk to at the Kremlin confirms the nightmare. Sane people are all drained by the atmosphere of petty and humiliating surveillance and people reporting on each other."

Both Rogozin and his boss Korzhakov are accountable to the secretive GUO, the security service for all state buildings. In one year the number of staff at the GUO has risen to 44,000. Now, some members of the Duma have begun to demand that the GUO should be subjected to the legal constraints of the constitution.

Members of the Russian Parliament question what kind of influence is being wielded by this former KGB officer with his projects and what proportion of state funds are being squandered on black magic.

The mere fact that these rumours are circulating so

（上左）「The Scarlet Island」というロシアの劇団。
（上右）「The Master and Margarita」というロシアの劇団で「Gala Ball」というサタンの儀式がロシア語で始まろうとしている様子。
（下左）かつてのロシア皇帝が行っていたオカルト儀式の魔術が蘇った！　もしかして、また封印された？　1995年５月５日～11日に発売された「The European」紙の４ページにはロシアの大物政治家と黒魔術師の関連について記されている。クレムリン（旧ロシア帝国の宮殿）で行われていた魔術の主な種類はマントラ、瞑想、占星術、星占い、テレキネシス、紡績ソーサー、コード化されたメッセージ、リモートビューイング、タロットカード等である。
（下右）「The Fourteen Red Huts」というオカルトの舞台でレーニンの写真を持つ女優。

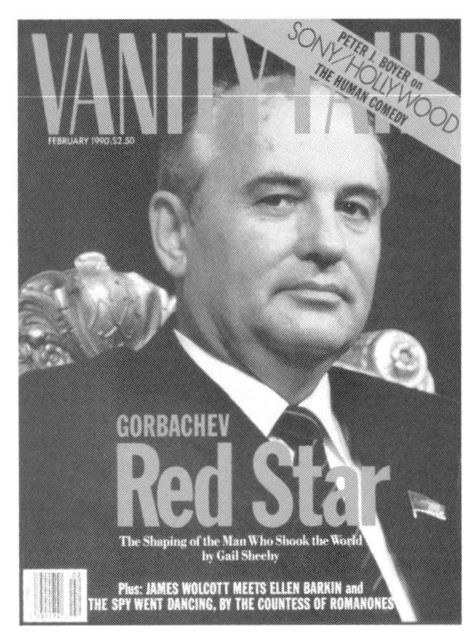

（上左）1999年１月４日発売の「ニューズウィーク」に掲載されたジョン・アシュクロフト上院議員の写真には、明らかにオカルトシンボルが写っている。後に彼は検事総長に「真の信者」と呼ばれている。アシュクロフトが座っている椅子の色は赤でその椅子にデザインされた星の色のはゴールド。
そして彼の背後には、アメリカ合衆国の国旗が多数見受けられるが、州を意味する50の星と一緒にゴールドの大きな星が確認できる。イルミナティのエリートにとっては、赤とゴールドは重要視されている色である。
（上右）1000年２月発売の「Vanity Fair」誌の見出しは「Gorbachov Rod Star」（ゴルバチョフ、赤い星）だった。もちろん見出しの色は赤。
（下）赤色のペンタグラムは共産主義のロゴとして全世界共通で認識されている。なのに、いったいなぜ全米で名の知られた大手百貨店のメイシーズは、自社の買い物袋に赤の星を採用したのだろうか？

ケネディ暗殺の容疑で逮捕された直後のリー・ハーヴェイ・オズワルド。このポーズで彼は密かに共産主義者達のエージェントだったことを暗示しているのだろうか？

**Back to Senate**

Sen. John Kerry returns to Capitol Hill today, 'changed forever' by his White House run ■ 5A

大統領選挙に出馬した時に拳の印を見せたジョン・ケリー上院議員

第１次ブッシュ政権で司法長官を務めたジョン・アシュクロフトはフリーメーソンに所属していた。司法長官の就任式で宣誓をする彼は聖書に手を置いていない。「Criminal Politics」誌に掲載されたこの写真を見ると、ホワイトハウスや報道では彼がクリスチャンであるかのように紹介しているが、実際のところ世界的に陰謀を働く秘密結社側の人間であると思われる。彼が手を置いた本は法律の本？もしかして、タルムード……？

## テックス・マーズの著書（未訳）

『Day of Hunger, Day of Chaos（飢えとカオスの日々）』

『Project L.U.C.I.D: The Beast 666 Universal Human Control System（プロジェクト L.U.C.I.D：獣666による人類管理システム）』

『Circle of Intrigue: The Hidden Inner of the Global Illuminati Conspiracy（陰謀のサークル：グローバルなイルミナティ陰謀の封印された内側）』

『Big Sister Is Watching You: Hillary Clinton and the White House Feminists Who Now Control America and Tell the President What to Do（ビッグシスターは監視している：ヒラリー・クリントンとホワイトハウスのフェミニストたちは今アメリカを支配し大統領に何をするべきか命令している）』

『Dark Majesty: The Secret Brotherhood and the Magic of a Thousand Points of Light（闇の多数派：秘密の友愛と数千にも及ぶ光の魔法）』

『Millennium: Peace, Promises, and the Day They Take Our Money Away（ミレニアム：平和、約束。そして彼らが我々の富を強奪する日）』

『America Shattered（打ち砕かれたアメリカ）』

『New Age Cults and Religions（ニューエイジカルトと宗教）』

『Mystery Mark of the New Age（ニューエイジの謎の印）』

『Dark Secrets of the New Age（ニューエイジの闇の秘密）』

# 翻訳者あとがき

テックス・マーズが出版したこの本には今まで知らなかった情報がたくさん記載されており、大変勉強になりました。

そして彼がプロテスタント教会の牧師であることは翻訳している最中に知った事実なのです。僕もイエス・キリストを信じるクリスチャンであり、テックス・マーズ氏が牧師である事実を知った時は大変嬉しかったです。

テックス牧師のようにイルミナティと聖書の関連性を研究してきました。『CODEX MAGICA』を翻訳して、イルミナティのエリート達が全人類にとって危険な悪魔崇拝者であることを改めて痛感させられました。

ヒカルランドから出版した『99%がバカに洗脳された国NIPPON!』でも僕は悪魔崇拝者が表舞台で表現する印やシンボルについて取り上げていますが、『CODEX MAGICA』を翻訳して、その奥深さに驚きました。

自分自身にとって大変勉強になりましたし、今後の執筆や講演活動で活かせる情報がたくさん載っています。翻訳する機会を与えてくれたヒカルランドの石井社長に感謝しています。

宮城ジョージ

宮城ジョージ　みやしろ ジョージ
昭和59年6月14日ブラジル・バイア州生まれ。

父が日本人で母がブラジル人、10歳までの幼少期をブラジルで過ごし、それから父の仕事の都合で一家で来日。千葉の高校を卒業後、職を転々とし2007年にはＪリーグモンテディオ山形でブラジル人選手の通訳として勤務。後に物流関連会社に転職するも、英語を話せるようになりたいと思い2011年秋頃から約１年間ワーキングホリデービザでオーストラリア留学を経験。2012年秋に帰国し、しばらく旅をする生活を送る。20代前半頃には世の中は嘘でできていることに気づき、それをきっかけに2014年から作家、そして語学を生かして翻訳家として活動を開始。日本語、英語、ポルトガル語、スペイン語、イタリア語、ガリシア語が堪能。日本とブラジルの二重国籍。著書に『99％がバカに洗脳された国 NIPPON』（ヒカルランド）。

公式サイト
www.georgemiyashirofreelance.com

旅を中心としたブログ
George Miyashiro の旅のブログ
http://ameblo.jp/georgeshige/

陰謀情報を中心にやっているブログ
George Miyashiro'Journal
http://georgemiyashiro.blog.fc2.com

Twitter
@georgemiyashiro

CODEX MAGICA

# フリーメーソン・イルミナティの洗脳魔術体系

そのシンボル・サイン・儀礼そして使われ方

第一刷　2015年11月30日

著者　テックス・マーズ

訳者　宮城ジョージ

発行人　石井健資

発行所　株式会社ヒカルランド
〒162-0821　東京都新宿区津久戸町3-11　TH1ビル6F
電話　03-6265-0852　ファックス　03-6265-0853
http://www.hikaruland.co.jp　info@hikaruland.co.jp

振替　00180-8-496587

本文・カバー・製本　中央精版印刷株式会社

DTP　株式会社キャップス

編集担当　TakeCO



ISBN978-4-86471-326-9

場所：ヒカルランドパーク
料金：20,000円
日時：2015年12月23日（祝日）開場9：00〜

①9：30〜10：20 **宮城ジョージ**

②10：30〜11：20 **菅沼光弘**

③11：30〜12：20 **池田整治**

ランチタイム休憩1時間

④13：20〜14：10 **板垣英憲**

⑤14：20〜15：10 **ベンジャミン・フルフォード**

⑥15：20〜16：10 **中丸 薫**

休憩、ヒーリングタイム30分
場の浄化セット実演／肩凝りセット実演など

⑦16：40〜17：30 **船瀬俊介**

⑧17：40〜18：30 **内記正時**

⑨18：40〜19：30 **飛鳥昭雄**

# 神楽坂♥(ハート)散歩
# ヒカルランドパーク

**ヒカルランドパーク3周年記念**
**特別イベントの開催が決定いたしました!**

**テーマは「2016年どうなるNIPPON、**
**この9人が語り尽くす大激動の今!」**

宮城ジョージ

菅沼光弘

池田整治

板垣英憲

ベンジャミン・フルフォード

中丸 薫

船瀬俊介

内記正時

飛鳥昭雄

◉お申し込みのお客さまには、ヒカルランドパークの《ポイントカード☆☆☆☆☆5つ分=ヒカルランドの本2冊》をもれなくプレゼント(高額本は除く。ともはつよし社の本のプレゼントは1人1冊まで)。軽食、飲み物付。そのほかにも参加特典を用意して皆様のご来場をお待ちしております!
◉今回は当日支払いは無しになります。「振り込み完了=申し込み完了」となりますので宜しくご了解のほど、お願い申し上げます!

## このままで日本を守れるのか!?
## 2016年２月11日建国記念日に有意の者たちよ
## この２つの講演会にご参集ください！

### その《１》
### 日本人になった青い目のサムライ
### ベンジャミン・フルフォードが吠える！

講師：ベンジャミン・フルフォード

その著書『闇の支配者たちの情報操作戦略 サイオプス』が話題！
今日本で何が起きているのか？　超高度な軍事謀略「サイオプス（心理作戦）」の真っ只中に置かれた日本人に送られる最大級のサバイバル警告！

日時：2016年２月11日（木・祝日）　開場 14：00　開演 14：30　終了 16：30
料金：5,000円　会場＆申し込み：ヒカルランドパーク

### その《２》
### マイナンバー制とマイクロチップで日本人を終わらせてなるものか～と船瀬が吠える！

講師：船瀬俊介

その著書『死のマイクロチップ』が話題！
日本と日本人の風土の護り人と化した船瀬さんがいま最も恐れていること――それはマイナンバー制の目的はただ一つ日本人に死のマイクロチップを埋め込むための下拵えであること！　知らねばホントにホトケになってしまうぞ～！
ここは否が応でも船瀬さんの話に耳を傾けるっきゃない！

日時：2016年２月11日（木・祝日）　開場 16：30　開演 17：00　終了 19：00
料金：5,000円　会場＆申し込み：ヒカルランドパーク

（この２月11日の３つのセミナーを全て最後まで聴講された方にはセミナー終了時に3,000円キャッシュバックの特典があります）

## 神楽坂♥(ハート)散歩
## ヒカルランドパーク

### 『CODEX MAGICA フリーメーソン・イルミナティの洗脳魔術体系』出版記念セミナー開催です！

講師：宮城ジョージ

得意なポルトガル語、スペイン語、英語を駆使して情報探索する著者が満を持して紹介した本『CODEX MAGICA フリーメーソン・イルミナティの洗脳魔術体系』のさらなる奥深き話題を皆様とご一緒にネット映像を見ながら語り尽くすドキドキハラハラの２時間です！
日本の官僚も課長以上は全員フリーメーソンであると噂されるこの国で、私たちはいかに身を守り、正常な社会を維持していくのか――ヒントに満ちた、タブーなしの著者のフリートークは必聴モノです！
奮ってのご参加お待ちしております～

日時：2016年２月11日（木・祝日）　開場 11：30　開演 12：00　終了 14：00
料金：5,000円（軽食付）　会場＆申し込み：ヒカルランドパーク

ヒカルランドパーク
JR 飯田橋駅東口または地下鉄 B1出口（徒歩10分弱）
住所：東京都新宿区津久戸町3−11 飯田橋 TH1ビル 7F
電話：03−5225−2671（平日10時−17時）
メール：info@hikarulandpark.jp
URL：http://hikarulandpark.jp/
Twitter アカウント：@hikarulandpark
ホームページからもチケット予約＆購入できます。

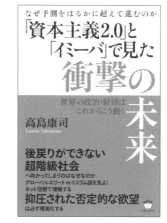

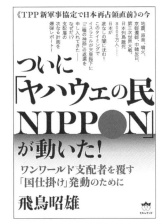